Karl Andree

Die Afrikanische Wüste und das Land der Schwarzen am obern Nil

Karl Andree

Die Afrikanische Wüste und das Land der Schwarzen am obern Nil

ISBN/EAN: 9783742870865

Hergestellt in Europa, USA, Kanada, Australien, Japan

Cover: Foto ©ninafisch / pixelio.de

Manufactured and distributed by brebook publishing software (www.brebook.com)

Karl Andree

Die Afrikanische Wüste und das Land der Schwarzen am obern Nil

Die Afrikanische Wüste

und

das Land der Schwarzen am obern Nil.

Nach dem Französischen

des

Grafen d'Escayrac de Lauture.

Neue Ausgabe.

Leipzig, 1867.
Verlag von G. Senf's Buchhandlung.

Vorwort.

Das Werk welches wir dem Leser in einer deutschen Bearbeitung vorlegen, hat in der Urschrift folgenden Titel:
Le Désert et le Soudan. Par M. le Comte d'Escayrac de Lauture, Membre de la Commission centrale de la société de géographie, Membre de la société asiatique de Paris et de la société orientale. Paris, Novembre 1853. 628 Seiten groß Octav.

Graf d'Escayrac de Lauture hat mit Eifer geographischen und linguistischen Studien obgelegen, mehrere arabische Volksmundarten sich zu eigen gemacht, und darauf weite Wanderungen in verschiedenen Theilen Afrika's unternommen. Er besuchte Madagaskar und die Komoro-Inseln, war auf Zanzibar, verweilte längere Zeit in Marokko, der Berberei und im Dattellande, durchzog Aegypten, Nubien, Kordofan und Sennaar, war in den Hafenplätzen am Rothen Meer, und schloß seine achtjährige Reise mit einem Aufenthalt in Syrien und Palästina.

Das afrikanische Festland nimmt gerade in unseren Tagen die allgemeine Theilnahme abermals in Anspruch; es ist als ob die Zeiten Mungo Parks wiedergekehrt wären. Kühne Reisende wagen, oftmals nicht ohne glücklichen Erfolg, von verschiedenen Seiten her in das Innere jenes räthselhaften Erdtheils einzudringen, aus welchem uns auch heute noch, gerade wie einst den Griechen und Römern, immer Neues und Ueberraschendes gemeldet wird. Semper aliquid novi ex Africa. Wir Deutschen können mit gerechtem Stolz auf eine lange Reihe unserer Landsleute hinweisen, welche sich um die Erforschung Afrika's unsterbliche Verdienste erworben, der Wissenschaft großen Nutzen geleistet, und zum Theil ihren edlen Eifer mit dem Leben bezahlt haben. Unser ist „eine Milchstraße glänzenden Ruhmes"; wir brauchen andere Völker nicht zu beneiden; die deutschen Reisenden stehen in erster Linie voran.

Seit die Dampfschifffahrt auf dem Mittelländischen Meere, insbesondere durch den Triester Lloyd, einen so großen Aufschwung genommen hat und die Communication in Aegypten selbst mannigfach erleichtert worden ist, strömen unablässig ganze Schaaren von Europäern in das alte sagenreiche und wunderbare Land der Pharaonen. Doch wagen nur wenige sich über die Katarakten des großen Stromes hinaus; die Regionen am obern Nil werden nur selten besucht. Und doch sind Nubien, Kordofan und Sennaar in vielfacher Hinsicht von hohem Interesse. Bis zu Anfang unseres Jahrhunderts galten sie für eine Art von äußerster Thule; sie waren von allem Verkehr mit der Außenwelt beinahe völlig abgesperrt. Aber nach dem Fall der Mamelukenherrschaft und seitdem Mehemed Ali das Nilthal beherrschte, wurden sie für Kaufleute und Missionäre, für Naturforscher und überhaupt für jeden wißbegierigen Reisenden zugängig. Nichts hindert nun den Europäer bis dahin vorzudringen, wo die Herrschaft der Aegypter ihre Grenze findet.

Man hat von jeher die nilotischen Regionen als classischen Boden für Geschichte, Erdkunde, Ethnographie und Naturwissenschaften überhaupt betrachtet; sie sind aber auch für den Handel von nicht geringer Erheblichkeit, indem sie eine Menge werthvoller Landeserzeugnisse auf die Märkte bringen. Ihre Wichtigkeit wird noch klarer hervortreten, sobald sie erst stärker als seither von den Wellenschlägen des großen Verkehrs berührt werden. Es scheint außer Zweifel daß eine Durchstechung der Landenge von Suez demnächst aus dem Bereiche der Pläne in jenes der Thatsachen treten werde, und vielleicht schon im Laufe des nächsten Jahrzehends ihre Verwirklichung findet. Sie kann nicht verfehlen auch auf das äthiopische Oberland tief eingreifend zu wirken. Schon deshalb würde es sich verlohnen jene productenreichen Länder mit ihren Handelsbahnen ins Auge zu fassen.

Die Aufnahme des vorliegenden Werkes in die Bibliothek für Länder- und Völkerkunde rechtfertigt sich von selber. Die Persönlichkeit des Verfassers gewinnt uns Theilnahme ab. Schon als Jüngling empfindet er Abneigung gegen das unruhige Treiben in der Hauptstadt seines Vaterlandes, er sehnt sich von der Seine weg an den fernen Nil; und in der bunten Pariser Gesellschaft mit ihren glänzenden Nichtigkeiten empfindet er einen unwiderstehlichen Hang, die gelbe einförmige Wüste aufzusuchen. Nachdem er sich genügend vorbereitet hat, steuert er nach Afrika hinüber, wird ein Wanderer in der Sahara und ein Schiffer auf dem Ocean. Wir finden daß er eine große Energie des Willens bethätigt; er besitzt eine klare Anschauung der Dinge, ist frei von volksthümlichen oder kirchlichen Vorurtheilen und dabei ein feiner Beobachter. Seine Auffassung ist eben so lebendig wie seine Darstellung klar und leicht; er versteht es mit praktischem Sinn auch für scheinbar geringfügige Einzelheiten Theilnahme zu erwecken. Ueberhaupt schildert er unbefangen und freimütbig was er gesehen hat. Die Hauptsache bleibt ihm der Mensch; er hat mit den Bewohnern der Wüste und der Nilländer gelebt wie ein Araber oder Nuba. Den Mohamedanismus in Afrika betrachtet er nicht durch ein europäisch gefärbtes Glas, sondern erläutert ihn aus dem Boden heraus auf welchem er entstand, und aus der Eigenthümlichkeit des Volkes, durch welches er im Orient zur Herrschaft gelangte. So ist er im Stande dem Islam Gerechtigkeit wiederfahren zu lassen, und mit dem Koran in der Hand dem Leser manches Vorurtheil zu benehmen. Ueberall spricht er als Augenzeuge, erzählt seine eigenen Erlebnisse.

Der Bearbeiter hat nichts von der Eigenthümlichkeit des Verfassers verwischt, auch da nicht, wo die Rücksicht auf den Umfang, welchen dieser Band nicht überschreiten durfte, einige Abkürzungen verlangte. Die allgemeinen Betrachtungen über die Barbarei der rohen Völker und der Abschnitt über den amerikanischen Sclavenhandel sind weggeblieben, weil sie in keiner unmittelbaren Beziehung zum Sudan und zur Sahara stehen. Dagegen wurden hin und wieder erläuternde Anmerkungen hinzugefügt.

Dresden, den 1. Juni 1855.

Karl Andree.

Inhalt.

Erstes Kapitel.
Zur physikalischen Geographie von Afrika.
Die Klimate. — Das Datteland. — Die Dattelpalme und deren Anbau. — Anblick der Wüste. — Temperatur. — Winde. — Orkane. — Sandhosen. — Simun. — Luft- und Wasserspiegelung. S. 1—29.

Zweites Kapitel.
Der Sudan.
Die Regengrenzen. — Seen und Julas. — Der Pflanzenwuchs. — Der Baobab. — Flora und Fauna. — Klimatische Verhältnisse. S. 29—48.

Drittes Kapitel.
Der Islam und die Mohamedaner.

1. Der Islam als Religionssystem.
Ueberlieferungen und Dogmen. — Gebräuche beim Cultus. — Moralische Vorschriften. — Strenge des muselmännischen Lebens. S. 49—65.

2. Der Islam als politisches System.
Staats- und bürgerliche Gesetzgebung. — Abgaben. — Handel und Wandel. — Testamente. — Gerechtigkeitspflege. — Das Strafgesetz und dessen Eigenthümlichkeiten. S. 65—78.

3. Die moralischen Zustände der heutigen Muselmänner.
Religiöse Duldsamkeit. — Religiöse Orden. — Unwissenheit und Vorurtheile. — Trunksucht und Haschisch. S. 78—104.

4. Ursachen der Barbarei unter den Afrikanern.
Mangel an Küstenentwickelung. — Der Einfluß der Wüste. — Die Einwirkungen des Islam. S. 104—108.

Viertes Kapitel.
Die Araber.
1. Allgemeine Schilderung.
Hirtenstämme. — Wanderungen. — Sprache. — Geberdensprache. — Körperliche Beschaffenheit.   S. 108—131.

2. Die arabischen Frauen.
Zelte. — Gastfreundschaft. — Viehheerden. — Pferde. — Jagden.
    S. 132—148.

3. Die Regierung der Araberstämme.
Geiseln. — Adel. — Irreligiosität. — Deïsmus. — Europäer.   S. 148—166.

4. Die Kriege der Araber.
Arabische Blutrache. — Waffen. — Zweikampf. — Passiver Muth. — Stolz der Nomaden.   S. 167—184.

Fünftes Kapitel.
Die schwarzen Menschen.
1. Allgemeine Schilderung.
Hautfarbe. — Körperbeschaffenheit. — Die Fabel von geschwänzten Menschen. — Menschenfresser. — Untergeordnete geistige Anlagen, Narben und Maale. — Infibulation.   S. 184—192.

2. Die Sitten der Schwarzen.
Wohnungen. — Dörfer. — Behandlung der Weiber. — Delfa. — Gewerbsamkeit der Sudanier. — Münze in Kordofan. — Anbau des Dokhn. — Merissa. — Trocknen des Fleisches. — Gewürze. S. 193—204.

3. Regierungsverhältnisse.
Feudalregierung. — Kriege und Kriegführung. — Gegenwärtige Eintheilung des Sudan. — Stellung gegenüber der ägyptischen Herrschaft. — Religion. — Maliki-Ritus. — Ulemas. — Fakihs-tekruris.
    S. 204—220.

4. Die heidnischen Schwarzen.
Ihre Barbarei. — Taggeleh. — Geschichte Nassr's. — Das Land jenseits Taggeleh. — Schwierigkeit in dasselbe einzudringen. — Wohnungen der Götzendiener. — Körperabzeichen. — Rechtlichkeit und Anstelligkeit. — Soldaten und Missionen.   S. 220—231.

5. Die Ghazwas.
Gesetz des Dschihad. — Ungesetzlichkeit der Ghazwas. — Mohamed Ali's Sclavenraubzüge. — Sclavenraub. — Behandlung der Sclaven im Sudan.   S. 231—254.

Sechstes Kapitel.
Der Handelsverkehr im Sudan.

1. Geschichte des Handelsverkehrs im Sudan.

Verbindungen mit den Ländern des Rif im Alterthum, vor der Eroberung Aegyptens und der barbareskischen Regentschaften durch die Türken. — Niederlassungen der Franzosen in Afrika. — Neue Stellung der Aegypter und der Türken. — Unternehmungen der Engländer.
S. 254—258.

2. Die Handelswaaren der Wüste und des Sudan.

Was diese Länder in Zukunft dem Verkehr zu liefern vermögen. — Ein- und Ausfuhren aus dem Rif und aus Europa. — Vortheile welche der Handel mit dem Sudan abwirft. S. 258—265.

3. Die Handelsbahnen.

Die Seegrenzen des Sudan. — Senegal und Niger. — Die Verkehrsstraßen durch die Wüste. — Mogador; Tripoli; Benghazy. — Der Nil. — Handel von Kordofan. — Die Karawane von Syut nach Dar Fur. — Die Straßen von Soaken nach Berber, und von Keneh nach Kosseir. S. 265—284.

4. Die Karawanenzüge.

Merkzeichen und Zeitmessung. — Die Sandspuren. — Die Führer. — Die Brunnen der Wüste. — Beschaffenheit des Wassers. S. 284—290.

5. Transportmittel in der Wüste.

Kameele und Dromedare. — Wie man sie abrichtet. — Karawanen und ihre Art zu reisen. S. 290—304.

Erstes Kapitel.
Zur physikalischen Geographie von Afrika.

Die Klimate. — Das Dattelland. — Die Dattelpalme und deren Anbau. — Anblick der Wüste. — Temperatur. — Winde. — Orkane. — Sandhosen. — Simun. — Luft- und Wasserspiegelung.

Das afrikanische Festland im Norden des Erdgleichers zerfällt in vier klimatische Gürtel: in die Zone der Winterregen, in die regenlose Zone, in jene der Sommerregen und in eine Zone, in welcher es das ganze Jahr hindurch nicht an Regen mangelt. Die erste dieser Regionen beginnt am Gestade des mittelländischen Meeres und wird im Süden von einer Linie begrenzt, die, fast parallel mit der Küste laufend, sich im Allgemeinen nicht über einhundert Wegestunden von derselben entfernt. Die Nordwinde treiben ihr vom Mittelmeere her Feuchtigkeit zu; im Winter halten die Atlasketten und das Ghariangebirge den Zug der Wolken auf, die nicht weiter nach Süden gehen und das Gestadeland reichlich mit Regen versorgen. Im Sommer dagegen bilden sich keine dichten Wolken, sondern nur leichte Dunstmassen, die hoch emporsteigen und durch die Aequatorialströmungen nach Norden zurückgetrieben werden.

Dem Zuge der Wolken sind die Grenzen nicht durch die Gebirge, sondern durch die Wärme vorgezeichnet. In Aegypten reicht der Regen nur selten über Kairo hinaus; in dieser Stadt selbst ist die Luft beinahe stets wunderbar rein und klar; die starken und dichten Nebeldünste, welche sich in Folge der Ueberschwemmungen des Nils bilden, werden von den Wüstenwinden bis nach Cypern getrieben. Die Region, welche Winterregen hat, verdankt diesen letzteren ihre Fruchtbarkeit; allemal ist auf eine ergiebige Ernte zu hoffen, wenn sie reichlich fallen.

Im Gharb, das heißt in Marocco, in Algerien und den Regentschaften Tunis und Tripolis, sind im Laufe der Jahrhunderte die Gebirge eines großen Theils ihrer Waldungen beraubt worden; und man spürt nun die Folgen dieser Entholzung auf eine äußerst empfindliche Weise. Denn in den Wintermonaten stürzen hundert und aber hundert wilde Gießbäche von den Felsen herab, treiben Steinmassen in's Unterland, verwüsten die Felder, übersäen weit und breit die Ebenen mit Sand und Geröll, reißen die Thalschluchten noch tiefer auf, und entwurzeln Bäume. Im Februar verschwinden diese Gießbäche und wilden Wasser; dann zeigt eine Reihenfolge kleiner Lachen (Sobha) einige Tage lang noch ihren Lauf und dessen tiefste Stellen an. Bald aber verschwinden auch diese Pfützen und der ausgetrocknete Wadi ist nun zu einem gangbaren Wege oder Graben geworden. Der Araber, wenn er seinen Durst löschen will, gräbt ein Loch an den tiefen Stellen, wo er dann schlammiges und brakiges Wasser findet.

Eine kleine Anzahl von Gefließen bildet eine Ausnahme von dieser allgemeinen Regel und behält das ganze Jahr hindurch Wasser; sie nützen aber dem Ackerbau wenig, weil sie zur Zeit der Winterregen verheerend ihre Ufer überfluthen und nur in seltenen Fällen zur Bewässerung der Felder verwandt werden können.

Die Ebenen der Sahara liegen im Allgemeinen niedriger, als der Wasserstand des mittelländischen Meeres;*) sie sind durch einen Ge-

---

*) Diese Ansicht, daß Nordafrika und insbesondere die Sahara eine Tiefebene bilde, welche zum Theil niedriger liege als der Wasserspiegel des Meeres, hat sich in der neuesten Zeit als unhaltbar herausgestellt. Nicht minder jene, welcher gemäß südlich vom Tschad-See Alpengebirge und hohe Tafelländer vorhanden seien. Die Reisen vom Barth, Overweg und Vogel haben ergeben, daß von beidem gerade das Gegentheil der Fall sei. Die Sahara ist ein ausgedehntes Tafelland von eintausend bis zweitausend Fuß Höhe; und der Tschad-See und der Schariflusß bilden eine Einsenkung, welche bei dreihundertfünfzig Fuß ihre Minimalhöhe von jenem See erreicht, dessen Umgebung weit und breit eine Alluvialebene bildet. Aus den von Petermann bekannt gemachten Mittheilungen geht hervor, daß Vogel, nachdem er die Oase von Aghadem verlassen, welche mehr als zweihundertfünfzig geographische Meilen nördlich von Kuka liegt, keinen Stein oder Felsen mehr sah, bis er nach Wasa kam, hundert Meilen südsüdöstlich von Kuka. Hier ist also, im Herzen Centralafrika's, ein Alluvial-Landstrich zwischen beiden Punkten von dreihundertfünfzig geographischen Meilen. A.

birgsdamm geschützt, der von Marokko bis Aegypten reicht. Im Atlas erreicht derselbe seine beträchtlichste Höhe und Breite, springt dann nach der Küste von Tripolis über, bildet dort das Ghariangebirge, erscheint bei Benghazy wieder und zieht dann dem Gestade entlang bis nach Aegypten. Nördlich von dieser Kette dehnt sich in Algerien das Tell aus, die nördlichste Region Afrika's, welche vielfache Uebereinstimmung mit Andalusien, Sicilien und Palästina darbietet. Die klimatischen Verhältnisse sind dieselben; man baut da wie dort Getreide, Gerste, Oelbäume, Maulbeerbäume, den Weinstock, die Orange, die Feige und die Korkeiche; der Cactus ist aus Amerika dorthin verpflanzt worden. Eigentliche Colonialerzeugnisse gedeihen dort nicht; selbst die Dattelpalme kommt nur selten vor. In dieser Beziehung sind die Küstenstellen von Tripolis und Aegypten günstiger gestellt; sie bilden die Region, welche von den Arabern insbesondere als das Rif bezeichnet wird. Doch findet diese Benennung auch im Allgemeinen Anwendung auf die gesammte anbaufähige Gegend im Norden der Sahara.

Das Regenwasser, welches in den Wintermonaten von den Südabhängen des Atlas, des Gharian und der Gebirge von Derna herabströmt, verliert sich im Sande, aber der Mensch versteht dasselbe oft wieder aufzufinden. Oftmals erscheint es in weiter Entfernung wieder und bildet eine Quelle, einen Bach, Teich oder See, der dann während der Sommerhitze verschwindet, und dessen Vorhandensein nur durch salzige Ausschläge auf dem mit Steinsalz geschwängerten Boden angedeutet wird. Dahin gehören die Schott in der Sahara, und jene von Nefta und Tozer, die ich im Mai 1849 besuchte. An solchen Quellen, Bächen und Teichen hat sich eine betriebsame Bevölkerung angesiedelt, für welche der Dattelbaum von großem Nutzen ist. Er hat den Regen nicht gern, aber seine Wurzeln verlangen häufige Bewässerung. So kommt es, daß in der Wüste jedes Gewässer von einem grünen Eilande umgeben ist, von einer Oase, oder, wie der Araber sagt, einer Uah. Sie ist allemal rings von einem Sandmeer umzogen; ihre Unabhängigkeit wird nur selten bedroht, die Gemeinde bildet einen Staat, in welchem das Ansehen der Häuptlinge nach der Anzahl ihrer Dattelpalmen bemessen wird. Manchmal bildet ein Archipelagus solcher Oasen einen kleinen Staatenbund, zum Beispiel jene von Tuggurt im südlichen Algerien; aber Tuggurt ist nur der Kern oder Mittelpunkt eines Bundes, der einem benachbarten Oasenbunde gegenüber steht: Man kann im Allgemeinen behaupten, daß in der Wüste der Begriff der Nachbarschaft gleichbedeutend ist mit Eifersucht und Nebenbuhlerschaft, und daß er die Allianz ausschließt.

Die afrikanische Wüste ist in ihrer ganzen Ausdehnung dem Anbau der Dattelpalme günstig; denn die äußersten Grenzen dieses unschätzbaren Baumes liegen in der nördlichen Halbkugel und im Binnenlande zwischen dem 12. und 37. Grade der Breite. Am Meeresstrande überschreitet er sie oftmals, namentlich nach Süden hin, und manchmal tritt er in der unmittelbaren Nähe des Aequators auf. In der Wüste findet man ihn überall; Früchte giebt er aber nur, wenn er bewässert wird. Man kann, sobald man ihn an dürren Stellen wachsen sieht, allemal den Schluß ziehen, daß dort einst ein Wasserplatz vorhanden gewesen. Dieser Palme sagen gewisse Breiten und Bodenverhältnisse ganz besonders zu, und so erklärt es sich, daß die Oasen im Süden des obenerwähnten Gebirgsdammes, dem 33. Breitengrade entlang, eine lange Kette bilden, welche man als Belad el Dscherid, die Region der Dattelpalmen, das Datteland bezeichnet. Sie erstreckt sich von den Gestaden des atlantischen Oceans über Tafilelt, Wargla, Tuggurt, Nefta, Tripoli, die Oasen Siwah und Audschelah bis an den Nil, und hat nach Süden hin einige Verzweigungen. Dahin gehören das Land der Tuareks, Ghadames, Ghat, Fezzan, die Oasen Khardscheh und Dakhileh; sie durchzieht ferner, den Nil entlang, die gesammte Region in welcher überhaupt Datteln wachsen. Aegypten und Nubien sind lediglich eine ungeheure Oase, welche nur durch ihre Ausdehnung sich von den übrigen unterscheidet.

In Aegypten ist, wie in den übrigen Oasen, die Bewässerung durchaus nothwendig, wenn der Boden Ertrag geben soll; und nachdem die Ueberschwemmung des Nils aufgehört hat, muß eine künstliche Berieselung stattfinden. Der vielgerühmte Nilschlamm hat ganz gewiß befruchtende Eigenschaften, aber man hat seinen Nutzen doch häufig übertrieben. Das Wasser ist der Hauptdünger der afrikanischen Felder

In den Oasen der Sahara ersetzen Wasser und Sonne den Nilschlamm, und die Gärten von Nefta stehen hinter jenen von Rosette in keiner Weise zurück. Der fette Schlamm scheint, meiner Ansicht nach, dem Dattelbaume nicht zuzusagen, denn weder in Aegypten, noch selbst bei Sukkot in Nubien trägt er so saftige Früchte, wie bei Nefta. Freilich verwendet der Anwohner des Nils auf die Dattelpalme nicht die erforderliche Sorgfalt, er läßt es derselben namentlich an Bewässerung fehlen; er kümmert sich mehr um den Anbau von Reis, Getreide, Bohnen, Baumwolle und Zucker. Dagegen ist in den Oasen des Belad el Dscherid der Dattelbaum Gegenstand einer äußerst sorgfältigen Pflege; man pflanzt ihn rautenförmig und führt ihm jeden Morgen, vermittelst eines kleinen Grabens, das nöthige Wasser zu. Innerhalb dieser Wasserrinne umgiebt eine etwa zwei Fuß hohe Aufschüttung den Fuß des Baumes und schützt die neuen Wurzelansätze.

Man zieht die Dattelpalme aus Setzreisern, die einen Baum von derselben Art geben, welcher der Schößling angehörte; mit den aus dem Samenkern gezogenen, die ohnehin nur sehr langsam wachsen, ist das nicht allemal der Fall. Der junge Baum giebt, wenn er weiblich ist, nach vier oder fünf Jahren die ersten Früchte; man hindert aber die rasche Entwickelung, um ihn nicht anzustrengen; auch sind dann die Früchte noch nicht gut, erscheinen als Misgeburten (Sisch) und der Kern entwickelt sich nicht gehörig. Die Dattelpalme kann zweihundert bis zweihundertfunfzig Jahre erreichen, doch sieht man nur selten Bäume, die über achtzig Jahre alt sind. Wenn sie absterben wollen oder sollen, zapft man ihnen im Frühjahr, unterhalb der Blätter am Stamme, an drei Stellen den Saft ab, und fängt diesen in Gefäßen auf, die an jedem Morgen ausgeleert werden. Diese drei Gefäße enthalten etwa funfzehn Maaß (Litres), und das Abzapfen kann zwei bis drei Monate fortgesetzt werden. Man nennt diese Flüssigkeit im Dattellande Lagmi; sie hat in Farbe und Geschmack Aehnlichkeit mit der Kokusmilch und dem Palmwein, welchen man aus der Elaïs guincensis gewinnt. Von diesem Lagmi wird in den Oasen eine große Menge verbraucht; an jedem Morgen rufen Kinder, welche ihn feil bieten: „Lagmi mlihah ia Lagmi!" Nach etwa vierundzwanzig

Stunden geht derselbe in Gährung über; die Juden bereiten aus dem Lagmi einen sehr mittelmäßigen Branntwein.

Im April stehen alle Dattelbäume in Blüthe; schon im März sammelt man die Blüthe der männlichen Dattelpalme (Dokar), theilt jeden Blüthenbüschel in eine Menge kleiner Trauben oder Kätzchen und hängt diese an die weiblichen Blüthen. Der weiße Samenstaub, der Pollen, der ersteren verbreitet einen ähnlichen Geruch wie das menschliche Sperma, die Araber halten ihn daher für ein Aphrodisiacum und essen entweder den Blüthenstaub, oder die Blüthen selbst, obgleich ein Verbot dagegen besteht; denn man will die männlichen Bäume schonen, von welchen, im Vergleich zu den weiblichen, eine nur geringe Anzahl vorhanden ist. Vielleicht erzeugt die Natur überhaupt weit mehr weibliche Bäume, oder die Dattelpflanzer zerstören die meisten männlichen, sobald ihr Geschlecht sich zeigt; gewiß ist, daß es Oasen giebt, in welchen sich nur sehr wenige männliche Dattpalmen befinden, und daß deren nur fünf bis sechs auf je tausend weibliche Stämme gerechnet werden.

Die Dattelernte findet, je nachdem die Arten sind, im October oder November statt. Man wirft die Frucht vom Baume herab auf Matten; die frische Dattel (Tamr) ist die beste; die trockene (Bela) wird insgemein ausgekernt und läßt sich leicht aufbewahren, nachdem man sie einige Zeit der Sonne ausgesetzt hat. Sie schwitzt dann einen Theil ihres reichlichen Zuckergehaltes aus, den die Dscheridier sammeln; es ist der sogenannte Dattelhonig. Die getrockneten Früchte werden in mannigfacher Weise benutzt, namentlich zu allerlei Teig und Gebäck; mit Mehl gemischt und durchgeknetet geben sie ein gesundes Brot (Bsissa), das sehr nahrhaft ist und einen angenehmen Geschmack hat. Man kann auch Branntwein aus der Dattel bereiten; er wird in Aegypten und Nubien viel getrunken; namentlich ist er bei den Kopten beliebt, und soll als Ersatz für den weit besseren Traubenbranntwein von Chios dienen.

Ich könnte etwa sechszig verschiedene Arten von Datteln namhaft machen, und es giebt noch viele andere, die mir gar nicht bekannt geworden sind. Die Früchte der verschiedenen Varietäten weichen, in

Bezug auf ihre Gestalt, sehr wesentlich von einander ab; sie ist länglich oder abgerundet, oval, walzenförmig ꝛc.; die Farbe gelb, braun, röthlich, weißgelb ꝛc. Anfangs ist die Dattel weiß; geht dann in's Röthliche über und wird im Allgemeinen zuletzt gelb; diese Farbe bleibt. Die guten Datteln sind durchsichtig; die ägyptischen, mit Ausnahme der langen gelblichen Art von Rosette, ißt man, wenn sie roth sind; sie reifen nicht gut, lassen sich nicht ordentlich trocknen, verderben auch leicht und bekommen schnell Würmer. Die Dattel hat insgemein die Gestalt des Kerns, und nach diesem kann man auf die Beschaffenheit der Frucht schließen. Misgeburten erkennt man leicht an der nierenförmigen Gestalt der Frucht; die Abzehrung hat ihren Grund darin, daß die Befruchtung fehlte, oder die Eigenschaft des Baumes selbst der letzteren widerstrebte. Im Belad el Dscherid nennt man diese Dattelmisgeburten Bla halef und Sisch; sie kommen am meisten bei den Arten Ammeri und Saroti vor, und man giebt sie den Pferden zu fressen; sie sind aber eine ungesunde, schwer verdauliche Nahrung. In verschiedenen Büchern habe ich gelesen, daß man die in Wasser aufgeweichten Dattelkerne, in Ermangelung von Getreide, den Kameelen füttere; auch habe ich davon reden hören, selbst aber nie etwas dergleichen gesehen. Auf keinen Fall können die Dattelkerne das den Kameelen nöthige anderweitige Futter ersetzen.

Der bei Weitem vorzüglichste Dattelbaum ist der Degleh, den man im Belad el Dscherid baut; er wird bis achtzig Fuß hoch, trägt weit reichlicher Früchte als alle anderen Arten und die Dattel ist im October reif. Er hat dann acht bis zehn Fruchtbüschel, jeden von zwölf bis zwanzig Pfund schwer. Diese Dattel ist länglich, etwas abgeplattet und gefurcht, von Farbe schöngelb, mehr oder weniger dunkel, das Fleisch durchsichtig und von köstlichem Geschmack. Arme Leute genießen diese Frucht nur selten, sie begnügen sich mit anderen Arten, namentlich mit der Haligdattel, die allgemein ist. Auch in Nefta kommt die Degleh häufig vor; die Früchte werden ausgeführt. Ich erwähne noch die Monakhirdattel; sie hat die Länge eines kleinen Fingers und gilt für noch vorzüglicher, als selbst die Degleh, ist aber sehr selten, geht gar nicht in den Handel, und was davon in Tozer und Nefta gewonnen wird, wird Alles auf die Tafel des Bey's von Tunis geliefert.

Die Trungha ist ebenso groß, schmeckt aber nicht so gut. Die Ammeri wird zuerst reif, die Lagu zuletzt.

In den Oasen Tozer und Nefta erhielt ich 1849 von den Häuptlingen die Namen von fünfunddreißig Dattelarten, welche dort angebaut werden.*) Die Datteln von Tafilelt und überhaupt der marokkanischen Oasen haben einen guten Ruf. Die Sultany, in der Oase Siwah, wird gern gegessen und gilt für ein Aphrodisiacum; die Sayd wird nach Aegypten ausgeführt, die Waedy nur dem Vieh gefüttert; die Gazaly giebt nur Sisch. Die nubische Schibba ist sehr umfangreich, aber nicht so gut als die Bettamudi und Berekawi. Die feineren Arten kommen nicht sehr häufig vor, die übrigen sind dagegen in großer Menge vorhanden. Zwischen Wadi Halfa und Khartum stehen gewiß eine Million Dattelbäume, wofür an die ägyptische Regierung reichlich eine Million Piaster an Abgaben gezahlt werden muß. Das Product wird von nubischen Kaufleuten im Sennaar, Kordofan und Dar Fur verkauft. Ueber die arabischen Datteln habe ich hier nicht zu reden. Die Dattelpalme überschreitet im Allgemeinen den dreiunddreißigsten Breitegrad nicht; indessen findet man sie an einzelnen Stellen in Spanien an den Küsten des mittelländischen Meeres, und im portugiesischen Königreich Algarve, wo einst die Araber Datteln gepflanzt haben. Auch Sicilien, Syrien und Anatolien haben Dattelbäume; es ist aber schwer, mit Genauigkeit zu bestimmen, bis zu welcher Breite die Früchte ordentlich reif werden; die örtliche Lage ist dabei von entscheidender Bedeutung. Im Gharb erntet man sie noch unter dem 36. Grade; bei Jaffa, in einer niedrigern Breite, werden sie niemals reif. Nach Süden hin bildet im Binnenlande der 12. Breitengrad die Grenze der Dattelpalme. Dort bringt der

---

*) Monatblr. — Degleb beidah. — Degleb hamra. — Hallg. — Stemy. — Khuad stemi. — Beschu. — Khuad beschu. — Tozer zeit. — Khuad tozer zeit. — Gahsby. — Khuad gabsby. — Pfoghus. — Herra. — Trungha. — Kenta. — Kentisch. — Blua. — Mansur. — Shal. — Abaled. — Ammeri. — Khuad Ammeri. — Saroti. — Gundi. — Nefasch. — Zerfini. — Lagu. — Gern el Ghazal. — Schedbalb. — Khanna groa. — Obers. — Gremsa. — Ktob. — Zaburi. — In der Oase Siwah trifft man die Arten: Sultany. — Sayd. — Freyeh. — Kalby. Waedi. — Gazali. — Bei Snkkot in Nubien werden angebaut: Kuntela. — Berekawi. — Bettamudi. — Dogona. — Kedewenta. — Mursaye. — Schibba.

Baum jährlich zwei Ernten; die eine, nach Ablauf der trockenen Jahreszeit, im Mai, giebt Früchte, die wenig Fleisch aber sehr viel Zucker haben; die andere im August, nach der Regenzeit; dann sind die Früchte sehr umfangreich, aber nicht sehr zuckerhaltig, und zu feucht als daß man sie lange aufbewahren könnte. Die Bewohner des Belad el Dscherid pflücken gleich nach der Ernte die Blätter ab und lassen nur eine kleine Krone stehen, die dann allmälig wächst und die künftige Ernte beschattet.

Die Dattel ist für die Oasenbewohner ein unschätzbares Nahrungsmittel; sie ist auch ein wichtiger Gegenstand des Austausches mit dem Rif, und insbesondere mit den Arabern, welche eine große Menge dieser Frucht verspeisen. Während meiner Reisen im Belad el Dscherid erhielt ich an jedem Morgen vom Vorsteher des Dorfes eine prächtige Datteltraube auf einer großen hölzernen Schüssel; ringsum lagen etwa ein Dutzend in kleine Kuchen geformter Butterstückchen (Ftir). Es giebt einen wahren Leckerbissen, wenn man den Kern aus dem Dattelfleische herausnimmt und statt desselben eine Mandel oder ein Stück Butter hineinlegt. Mit Eiern zubereitet, liefert die Frucht den arabischen Tafeln einige ganz vortreffliche Schüsseln. Zur Zeit der Ernte kann Jedermann in den Dattelgärten soviel Früchte essen, als ihm beliebt, nur darf er Nichts mit fortnehmen. Aus den Fasern, welche den jungen Fruchtbüschel umgeben (Leff der Araber), bereitet man Seile, die freilich rauh und keineswegs dauerhaft sind, aber doch nutzbare Verwendung finden; der Baum selbst giebt ein ganz erträgliches Bauholz; man stützt damit die Terrassen, und benutzt es auch zum Decken der Häuser. Als Brennholz ist es vortrefflich, da es langsam brennt und eine große Hitze giebt. Auch die Dattelkerne feuern gut, sind aber nur schwer in Brand zu bringen.

Nach alle dem Gesagten begreift man, warum die Araber einen so großen Werth auf diesen Baum legen. Es gilt für ein Verbrechen, ihn vor der Zeit umzuhauen, und der Islam ist mit dieser Idee völlig einverstanden. Als der Khalif Abu Bekr seine Feldherren zur Eroberung von Irak aussendete, schärfte er ihnen ausdrücklich ein, die Fruchtbäume unangetastet zu lassen. Schon Moses hatte den Israeliten dieselbe Weisung gegeben. „Wenn Du vor einer Stadt lange liegen mußt, wider die Du streitest, sie zu erobern, so sollst Du die Bäume nicht verderben, daß Du mit Aexten daran fahrest; denn Du kannst davon essen, darum sollst Du sie nicht ausrotten. Ist es doch Holz auf dem Felde und nicht Mensch, daß es vor Dir ein Bollwerk sein möge." (Buch 5. Kapitel 20. Vers 19.) Aber die muselmännischen Krieger haben ein solches Gebot oftmals mißachtet, selbst die, welche sich für Auserwählte Gottes und Vertheidiger des Glaubens ausgaben, übertraten es. So vernichtete Abd el Kader ben mahi ed din in wenigen Tagen die Existenzmittel der Bewohner von Ain Madhi, in Algerien, welche ihre Thore ihm nicht öffneten. Der Bewohner der Oase ist von seinen Dattelbäumen abhängig; einem Feinde, den er nicht besiegen kann, muß er sich unterwerfen, sobald dieser sich anschickt, diese Palmen niederzuhauen. Sein Land wird auf eine Reihe von Jahren unbewohnbar, sobald ihm die Hauptfrucht genommen wird.

Ueber den Oasen liegt eine wunderbare Pracht und Frische und im Gegensatz zur Wüste gewinnen sie einen noch erhöhten Reiz. Unter und zwischen den Datteln, die etwa sechs Schritt breit von einander stehen, wachsen Aprikosenbäume, Pfirsiche, Granatbäume mit ihren schönrothen Blüthen, Orangen mit ihren goldenen Früchten, Henneh mit rothen Kügelchen, und selbst der Apfelbaum. Von einer Dattelpalme zur anderen schlingen sich Rebengewinde; alle anbaufähige Stellen tragen Getreide, namentlich Mais und Gerste, auch Klee und Tabak. Das Ganze bildet prächtige Gärten, die bei den Arabern Beda heißen. Die Dörfer liegen am Rande der Oase auf unfruchtbarem Boden, damit ja kein der Bewässerung fähiger, also fruchtbarer Fleck unbenutzt bleibe. Es giebt keine Gegend auf Erden, die eine reinere Atmosphäre hätte, als die Wüste Centralafrika's; sie ist beinahe ohne alle Dünste, die Sonne gießt über die Bodenfläche einen blendenden Glanz aus, und Alles, worauf dieses Licht fällt, spiegelt in wunderbarer Helle; was im Schatten bleibt, hebt sich scharf ab und bildet auf der Oberfläche der Wüste ebenso viele dunkele Gegenstände. Aber diese Härte, im Gegensatz zwischen Licht und Schatten, nimmt der Landschaft im Ganzen alle Anmuth und Harmonie; sie hat vielmehr etwas befremdend Großartiges, sie ist hart und wild; sie bildet einen völligen Contrast zu einer niederländischen Landschaft. In der Tageszeit, wo das

Licht am stärksten wirkt, ließe sich diese bizarre Natur mit ihrem Spiegelglanze durch den Pinsel gar nicht wiedergeben; nur bei Sonnenaufgang oder am Abend, wenn das Gestirn des Tages hinabgesunken ist, möchten die Hauptzüge, welche die Wüste darbietet, sich einigermaßen annähernd zeichnen oder malen lassen. Aber auch Morgens und Abends thut diese Landschaft europäischen Augen gewissermaßen weh, und wer in Afrika gewesen ist, wird geneigt sein, malerische Darstellungen derselben für unwahrscheinlich oder übertrieben zu halten. Aber der Anblick der Wüste, der unermeßliche Horizont, die Einförmigkeit und das tiefe Schweigen, welches auf dem Ganzen ruht, machen einen gewaltigen Eindruck auf Jeden, der sich zum ersten Male in eine solche Welt versetzt sieht. Das Meer und das Eis in den Polargegenden haben eine ähnliche Wirkung; man fühlt sich einsam und schwach in einer so großartigen und doch so einfachen und einförmigen Naturumgebung; es lagert sich tiefer Ernst über unsern Geist; unsere Gedanken fassen sich zusammen und gewinnen an Tiefe; bei religiösen Menschen wird das Gefühl noch inniger, die Einbildungskraft dichterischer Naturen gewinnt höheren Flug. Und dabei wird inmitten dieser Wüste der Stolz des Menschen wach, denn er fühlt sich hier als den Herrn der Schöpfung, er bekämpft die Wüste und wappnet sich gegen tausend Gefahren; er fühlt in der Einsamkeit sich gehoben.

Für jeden Anblick, welchen die Wüste darbietet, haben die Araber eine besondere Benennung; diese ist aber nicht immer dieselbe in den verschiedenen Landestheilen, sondern verschieden in Wargla und in Tripoli, in Kordofan oder Bornu. Die Wüste ist bewohnbar, Fiafi, oder unbewohnbar, Khela; sie hat Gesträuche, Haitia; ist bewaldet, Ghaba; steinig, Serir, oder mit großen Felsblöcken übersäet, Warr. Sie heißt, wenn sie eine Hochfläche bildet, Dschebel (Gebirge), im Gegensatz zum maritimen Flachlande, Sahel (Plural Sowahel) oder Nedsched im Gegensatz von Tehama.

Der 17. Breitegrad bildet die äußerste Grenze der Sommerregen, und die natürliche Grenze der Wüste und des Sudan; zwischen dieser Linie und der Grenze der Sommerregen erblickt das Auge nur ungeheure Sandebenen, Dünen, welche fortwährend vom Winde gepeitscht werden, ausgedehnte Hochflächen mit nackt liegendem Gestein, und besäet mit dunklem Getrümmer. Der Pflanzenwuchs mangelt dieser öden Region; er hat sich in die Tiefthäler an den Nil, oder in die quellenreichen Oasen geflüchtet.

Das Klima des nordafrikanischen Gestadelandes erscheint keineswegs als ein excessives. Dieser Küstenrand empfängt vom mittelländischen Meere her Nordwinde, welche, auf ihrem Zuge über Schneegebirge und eine weite Wasserfläche, wässerige Dünste nach Süden treiben; auch ist er durch hohe Bergketten von der Wüste getrennt. Die Römer fanden im numidischen Oberlande die Temperatur ihrer Heimath wieder, und die französischen Feldherren, welche die Spuren, die jenes Kriegervolk dort zurückgelassen, wieder auffanden, preisen mit Recht die römische Umsicht, weil sie das Leben der Soldaten zu schonen verstand. Aber diese günstige Abstufung zwischen Winterkälte und Sommerhitze hört auf, sobald man die Grenze der Wüste überschreitet. Von da ab giebt es weder Frühling noch Herbst mehr, und die ungemein starke Ausstrahlung eines durchaus dürren Bodens unter einem stets heiteren Himmel, bewirkt sehr beträchtliche und plötzliche Temperaturwechsel. Diese Variationen erreichen in den Wintermonaten vom Morgen bis zum Abend ihr Maximum; ich habe unter dem 17. Breitengrade mehr als einmal beobachtet, daß der Wärmemesser bei Sonnenaufgang nur + 5 Grad zeigte, und um 1 Uhr Mittags, wo die Wärme ihr Maximum erreichte, auf + 35 Grad stieg. Hier stellt sich also binnen 7 Stunden ein Temperaturwechsel von 30 Graden heraus. An so schroffe Uebergänge will der Körper sich nicht gewöhnen; die Kälte scheint bei Nacht unerträglich, die Tageshitze empfindet man auf das Drückendste. An sich haben jene beiden Temperaturstände nichts Excessives; der Körper kann wohl einen Polarwinter und die Sommerwärme im Süden ertragen, aber nicht so leicht den plötzlichen Uebergang von einer mitteleuropäischen Nacht zu einem glühheißen indischen Tage. Doch hat derselbe nicht eben lebensgefährliche Krankheiten im Gefolge, wohl aber fühlt man sich früh Morgens leidend und am Tage abgemattet. Der Sommer ist allerdings wenig gesund und entsetzlich heiß, aber er erscheint in seiner Weise weniger streng als der Winter; denn wenn am Tage der Wärmemesser manchmal bis auf 45 und 48 Grad steigt, so fällt er doch des Nachts nur selten unter

35 Grad, und der Unterschied beträgt demnach nur etwa 10 Grad. Ich habe in Kordofan höhere Temperaturen gefunden als jene, welche Denham und senegambische Reisende unter gleichen Breiten beobachteten. Der Grund ist einfach. Senegambien liegt am Meere, Bornu liegt am Tschad-See und ist von vielen Flüssen bewässert; die Nähe großer Wassermassen übt Einfluß auf die Temparatur, die Luft erhitzt sich auf dem Sande weit mehr als über dem Wasser. Namentlich ist der Einfluß rasch fließender Ströme von Bedeutung, der weiße Nil kann dafür Zeugniß geben. Ich beobachtete im Monat Mai in Kordofan, bei einem starken Südwinde, zur Mittagszeit, anderthalb Tagereisen vom Strom entfernt 49°8. Zwei Tage später, gleichfalls unter Mittag, und bei demselben Winde verzeichnete ich am Stromufer nur + 45 Grad. Ich möchte daraus den Schluß ziehen, daß manchmal ein Unterschied von 5 Grad zwischen dem Stromthal eines großen Flusses und den mit ihm parallel laufenden Thälern vorhanden sei.

Der höchste Stand der Jahrestemperatur fällt in der Wüste, in einem Theile des Rif, in Aegypten und im Sudan in die Monate April und Mai. Denham's Tagebuch giebt für Kuka als Maximum 42 Grad C., um 3 Uhr Nachmittags, an; die mittlere Monatstemperatur für dieselbe Tageszeit beträgt 40 Grad. Beobachtungen zwischen 1 und 1¼ Uhr Mittags würden vielleicht 2 Grad mehr ergeben haben. Zudem hat Kuka eine ganz eigenthümliche Lage; der Tschad-See und der Yeu sind nicht weit entfernt, und müssen auf die Thermometerstände jener Gegend Einfluß üben. Ich glaube daher, daß man im Allgemeinen als Tagesmaximum für den Maimonat, und abgesehen von besonderen örtlichen Verhältnissen, eine Temperatur von 45 Grad annehmen kann, welche bei Südwinden manchmal bis auf 50 Grad steigen kann.

Diese Temperatur wird dem Sudan und dem größten Theil der Wüste gemeinschaftlich sein; aber die Regengüsse, welche sich vom Juni an jenseit des 17. Breitengrades einstellen, tragen wesentlich dazu bei, sie zu vermindern. Die mittlere Monatstemperatur im Juni beträgt für Kuka, um 3 Uhr Nachmittags, nur noch 36 Grad und für 6 Uhr Morgens 28 Grad. Im August, während der großen Regenzeit hat man für 3 Uhr Nachmittags 27 und für 6 Uhr Morgens

24 Grad; der Temperaturwechsel am Tage ist unbeträchtlich. December ist der am wenigsten warme Monat; man hat dann in Kuka für drei Uhr Nachmittags 25 Grad, für sechs Uhr Morgens 18 Grad. In der Wüste ist in derselben Jahreszeit die Variation dreifach; man kann durchschnittlich für Morgens 6 Uhr 8 Grad, für Mittags 1½ Uhr 30 Grad annehmen. Die niedrigste Temperatur, welche in Kuka beobachtet wurde, beträgt 15°6, am zweiten December um 6 Uhr Morgens. Für die Temperaturen einiger Punkte am Senegal giebt folgende Tabelle eine Uebersicht.

Temperaturen zu:	Maximum.	Minimum.	Mittlere.
Saint Louis	34°,68	14°	24°,75
Richard Tol	40°	11°,50	26°,63
Dagana	36°,56	19°	27°,81
Bakel	37°,31	20°,87	27°,50
Gorée	32°,81	17°	24°,87

In Bakel hat Hecquard, welcher auf jenem Handelsposten befehligte, oftmals einen noch viel höhern Thermometerstand beobachtet; in Richard Tol ist Morgens früh der Wärmemesser auf 8°75 gefallen und an demselben Tage bis auf 40 Grad im Schatten gestiegen.

Die Regen, welche den Sudan abkühlen, üben auch auf die Temperatur der Wüstenregion, wohin sie selber nicht reichen, einen gewissen Einfluß. Diese Regen rufen das Wachsthum von Gesträuchen im Sudan hervor, und diese tragen ihrerseits dazu bei, jene Gegend weniger heiß zu machen als die benachbarten Wüsten. Alexander von Humboldt hat vortrefflich nachgewiesen, welchen Einfluß der Baumwuchs auf die klimatischen Verhältnisse übt.

Für das afrikanische Klima ist aber hauptsächlich die Richtung der Winde von ganz ungemeiner Erheblichkeit. Bekanntlich werden die Polarströmungen der Luft durch die Umdrehung der Erde nach Westen abgelenkt; sie suchen zwischen den Wendekreisen fortwährend die erwärmte Luft zu ersetzen, welche sich ausdehnt und in die höheren Regionen strömt, um die Polargegenden zu gewinnen. Diesen ununterbrochenen Umlauf der Atmosphäre, der nur durch gewisse örtliche Umstände in Einzelnheiten modificirt wird, müssen wir im Auge behalten. In Afrika ist der Einfluß der Polar-Luftströmungen sehr beträchtlich. Kein anderes Festland hat unter dem Aequator Bodenverhältnisse aufzuweisen, die einer äußerst starken Wärmeausstrahlung so günstig wären; in keiner andern Region werden beträchtlichere Massen Luft erhitzt, ausgedehnt und emporgehoben; und die ungemeine Verdünnung der Luft unter dem Aequater zieht die dichteren Luftströme von den Polen herbei, um den Platz auszufüllen. Die Polarwinde wehen auf der nördlichen Halbkugel aus Nordosten; aber die ungleiche Erwärmung des Bodens in Afrika und der beweglichen Fläche des atlantischen Oceans führen sie unabläßig nach dem Innern des Festlandes hin; sie wehen hauptsächlich von Norden her über das östliche Becken des mittelländischen Meeres, und aus Nordwesten über das westliche Becken dieses Binnenmeeres, sodann über die morokkanischen Küsten desOceans. Am Senegal herrscht einen Theil des Jahres hindurch der Nordost; es wird behauptet, daß er oft den Karawanen Gefahr bringe und ungeheure Sandmassen ins Meer treibe.

An der Küste Senegambiens laufen die Winde im Juni durch West nach Süd, und von Juni bis October wechseln sie zwischen Südwest und Südost; sie treiben über diese ganze Region Gewölk hin, das sich auf dem atlantischen Ocean bildet und in Sommerregen herabströmt. Eine ähnliche Erscheinung zeigt sich in den östlichen Gegenden des Sudan. Hier gehen die Winde durch Ost nach Süd; von Juni bis October ist im Sennaar und in Nordofan der Südost vorherrschend, und diese Regionen erhalten ihre Jahresregen vom indischen Ocean her. Während der angegebenen Jahreszeit wehe im Golf von Oman der Nordost-Monsun und bei Madagaskar der Südost-Monsun. Zu Anfang der Regenzeit ist die Atmosphäre außerordentlich stark mit Electricität geschwängert; es blitzt allnächtlich und Donnerwetter sind sehr häufig.

Die ungemein hohen Temperaturen im April und Mai haben ihre Ursache darin, daß die heißen Luftströmungen bei ihrem Vordringen nach Norden hin sich um so tiefer hinabsenken, je weiter sie sich von ihrem Ausgangspunkt entfernen. Nach Europa gelangen sie erst nachdem sie auf dem mittelländischen Meere einen großen Theil ihrer Trockenheit und Hitze zurückgelassen haben. Wir kennen sie als Solano und Siroco (in der Schweiz und Tyrol als Föhn), bei den Afrikanern werden sie Guibli oder Südwind, Simun, Harmattan und Khamsin genannt, weil sie in den funfzig Tagen erscheinen, welche der Frühlingsnachtgleiche folgen. Sie wehen überall in einer den Polarströmungen entgegengesetzten Richtung. Mir scheint als ob der senegambische Harmattan frühzeitiger eintrete als alle anderen; seine Richtung wechselt gewöhnlich zwischen Ostsüdost und Ostnordost; diese letztere scheint er am spätesten zu gewinnen.

Oftmals habe ich im Mai und Juni, etwa unter dem 15. Grade Nordwinde angetroffen, deren Hitze und Trockenheit jenen des Simun nichts nachgaben. Die Ursache ist folgende: Von der Frühlingsnachtgleiche bis zur Sommersonnenwende, bilden heiße Luftströmungen sich namentlich im nördlichen Sudan und im südlichen Theile der Wüste; die Linie, auf welcher dieses der Fall ist, wechselt fortwährend mit der Abweichung der Sonne. Sobald nun diese Abweichung einige Minuten oder vielleicht einen Grad über einen gegebenen Parallel steigt, strömt die ausgedehnte Luft zugleich nach Norden und Süden, und so wird der Khamsin für den Sudan zu einem Nordwinde. Die Verdünnung zieht von dieser Seite die schon weniger warme Luft aus den Aequatorialgegenden und besonders jene von den benachbarten Meeren herbei. Zu gleicher Zeit kühlen Regen den Sudan und Afrika ab, während auch vom mittelländischen Meere her den Nordwinden der Sieg bleibt; der Khamsin setzt sich gerade durch die Stärke seiner Wirkung selbst ein Ziel. Zwanzig Tage vor der Sommersonnenwende ist schon nichts mehr von ihm zu spüren, und die Herbstnachtgleiche erscheint ohne daß er wiederkäme.

Auf festen steinigen Boden übt der Wind weiter keinen Einfluß aus, desto mehr aber auf den feinen leichten Sand. Er wirbelt ihn empor, treibt ihn vorwärts, bildet Hügel und Dünen, die weit vorrücken und nicht selten ausgedehnte Flächen in Besitz nehmen, sobald der Mensch ihnen nicht entgegenarbeitet. Insgemein geht die Richtung der großen atmosphärischen Strömungen senkrecht mit den Gestaden, oder zeigt doch ein Bestreben es zu thun, sobald sie in ihre Nähe kommt. Zwischen den Wendekreisen weht der Seewind oft am Tage und weicht bei Nacht dem Landwinde: Manchmal sind die Seewinde das ganze Jahr hindurch ständig, zum Beispiel an einem Theil der brasilischen Küste; manchmal wehen sie nur zu einer gewissen Jahreszeit, oder sie bilden einen sehr bestimmt auftretenden Monsun, z. B. den Südost-Monsun. Im indischen Ocean treten sie nur häufiger auf als die übrigen und bilden dann den vorherrschenden Wind einer Jahreszeit oder auch des ganzen Jahres überhaupt.

Der Landwind zerstört in den heißen Ländern keineswegs das, was die großen Windzüge auf dem Boden geschaffen haben; er verweht die Dünen nicht, weil er, gebildet durch die erwärmte Luft welche emporsteigt und in schräger Richtung sich ausdehnt, insgemein in eine höhere Region hinaufgeht, als der Seewind, der kälter und dichter ist, und näher dem Boden seine größte Stärke entwickelt. An der afrikanischen Küste des Mittelmeeres kommen Nordwinde in allen Jahreszeiten vor, am häufigsten aber zur Herbstzeit. Das afrikanische Festland zwischen Tripoli und El Arisch ist vom Meere nur durch eine niedrige Kette getrennt; vor dieser liegt überall eine breite Kante, die in niedrigem sandigen Strand ausläuft, z. B. in der Syrte, an der libyschen Küste und in Aegypten. An diesem flachen Gestade, das unablässig durch das mittelländische Meer mit seinem Sande überdeckt wird, bilden sich, unter dem Einflusse der Nordwinde, die afrikanischen Dünen; auch häufen sich am Fuße der Kalkgebirge große Schuttmassen, welche zuweilen über die vorliegenden Felsen hinabstürzen. Die ungeheuren Dünen von El Arisch, auf der Grenze von Aegypten und Syrien, erscheinen in jeder Beziehung charakteristisch. Sie sind in steter Bewegung, erhöhen sich, stürzen wieder zusammen, rücken von einer Stelle zur andern, verändern unaufhörlich ihre Gipfel und haben ein so wechselndes Ansehen, daß selbst die Bewohner von El Arisch sich mit Mühe in diesem Gewirr zurecht finden. In Afrika geschieht aber von den Bewohnern nichts, um einem weitern Vordringen der Dünen zu wehren; der Sand gewinnt alljährlich neues Gebiet; man findet ihn überall, wo die Küstengebirge ihm keine Schranke entgegensetzen, schon bis in außerordentlich weite Entfernung vom Gestade. In Europa wird angenommen, daß die Dünen alljährlich etwa 60 bis 75 Fuß weit vorrücken; demgemäß würden sie in etwa vier bis fünftausend Jahren eine Strecke von ungefähr 25 Wegstunden erobern können, wenn ihrem Vordringen nicht gesteuert würde. In Afrika häuft sich der Sand fortwährend am Fuße der Gesteinmassen, an den Hügelabhängen, und bedeckt auch die Hochflächen am Gestade. Schon ein mäßig starker Wind zerstreut in der Ebene den feinen Obersand von den Dünen, ein stärkerer Wind fegt ihn weit und breit umher, und treibt ihn oft bis in weite Fernen; dann lagert er sich auf anderen Bergen oder Hochflächen ab, oder bleibt in anderen Theilen der Ebene liegen. Die Richtung des Windes wird um so mehr horizontal sein, je stärker die Kraft der Bewegung ist. Wird die Luft ruhig, oder tritt eine Windstille zwischen zwei Windstößen ein, dann entsteht ein verticaler Sandregen. Die Parabel, welche der Sand beim Herabfallen beschreibt, führt ihn etwa oben auf einen Hügel oder auf eine Hochfläche; dann packt der Wind ihn bald wieder, und an solchen Stellen kann er sich nur in den Vertiefungen und Felsspalten anhäufen. In weitausgedehnten Ebenen wird der Wind ihm nicht mehr viel anhaben; dort bildet er auf der sandigen Oberfläche allerlei Wellen, welche auf der Windseite, ähnlich wie die Dünen, eine sanfte Böschung haben; auf der andern Seite ist diese letztere weit steiler. Im Fortgange der Zeit können diese kleinen Wellen allerdings Dünen bilden, aber auf den Ebenen der Sahara viel langsamer als im Gestadelande. In den Thälern, welche eine Richtung von Ost nach West haben, liegt der Sand weit fester, und er wird auch bei heftigem Winde kaum gekräuselt; der Luftzug geht über ihn fast spurlos hinweg. Gerade in solchen niedrigen, tiefliegenden Strecken häuft sich der Sand fortwährend an, und bildet eine um so mächtigere Schichtlage, je tiefer der Urboden liegt. So vermindert der Sand unablässig die Depression in den weiten Ebenen der Sahara, die im Allgemeinen tiefer liegen als der Wasserspiegel des Mittelmeeres.*)

Aus dem eben Gesagten ergiebt sich eine Schlußfolgerung von nicht geringer praktischer Bedeutung. Der Sand, welcher von den Dünen kommt, lagert sich nur auf den Ebenen fest ab; man kann daher von vorne herein annehmen, daß in der Wüste alles steinige Gelände

---

*) Es ist schon weiter oben angedeutet worden, daß diese seither allgemein angenommene Ansicht sich, in Folge der Beobachtungen deutscher Reisenden, als falsch herausgestellt hat. A.

hoch, der sandige Boden dagegen tief liegt. Der Boden der Hochebenen und Gebirge von älterer Formation ist im Allgemeinen für das Wasser undurchdringlich; man findet deshalb sowohl in der Region der tropischen wie der Winterregen Wasser, sobald man bis auf eine gewisse Tiefe in den Sand gräbt, insbesondere aber da wo er festliegt und dunkel ist.

Nach ihrem Anblick läßt sich die Wüste naturgemäß in folgender Weise eintheilen: — Serir ist der nicht von Sand bedeckte primitive Boden. Er begreift die Hochflächen, Serir, und die Gebirge, Dschebal. — Sahar sind Tiefebenen und Tiefthäler, in welchen der Urboden mit Sand überlagert ist. — Ghud, das System der beweglichen Dünen, sowohl am Meeresufer wie inmitten der Ebenen; sie sind hier wie dort den Einwirkungen der heftig wehenden Winde ausgesetzt.

Einige Theile der Wüste gewähren den Heerden der Nomaden eine dürftige, magere Weide. An einzelnen Stellen wachsen dornige und verkrüppelte Pflanzen im Sande; jede derselben steht auf einem kleinen Erdhügel, ohne gerade die Mitte desselben einzunehmen. Der Gipfel liegt vielmehr ein wenig im Winde der Pflanze und findet in den unteren Verzweigungen eine Stütze. Der Sand, welchen die Nordwinde auf dem Boden vor sich her treiben, bildet sonst überall kleine Wellen, welche zusammenfallen, sobald sie größer geworden sind. An den Wurzeln oder dem Stamm einer Pflanze, findet der Sand ein Hinderniß, das ihn aufhält. Nach und nach kommen zu der ersten Welle mehrere andere hinzu, sie bilden dann einen kleinen Hügel, dessen vordere Böschung den Stamm der Pflanze umfaßt; in diesem Boden keimen die ausgefallenen Saamenkörner empor, und so entstehen neue Hindernisse, die größer sind als das erstere; der Hügel wächst an, so lange der Pflanzenwuchs auf ihm vorhanden ist oder die Wurzeln ihn zusammenhalten. Manchmal liegt der Sand ein paar Zoll höher als das gewöhnliche Niveau der Ebene; sobald nun der Nordwind etwas stark geht, fegt er ihn weg und treibt ihn gen Süden. In diesem Falle deckt jede Pflanze, jedes im Wege liegende Hinderniß, den südlich von ihr liegenden Sand gleichsam wie ein davorgestellter Schirm; dieser Sand kann nicht fortgetrieben werden, und an ihm hat der Reisende einen sichern Fingerzeig über die Richtung der Winde. Sie wehen nach Sonnenuntergang am stärksten, in Folge der gewaltigen Ausdehnung, welche bei Tage durch die Erhitzung des Bodens in den niedrigeren Schichten der Atmosphäre stattfindet. Wenn aber der Wind, statt über die Erde hinwegzustreichen, nur in beträchtlicher Höhe wehte, so würde der durch ihn von den Dünen oder von den hohen Serir aufgetriebene Sand wie Hagel schräg, oder bei augenblicklicher Windstille senkrecht wie Regen herabfallen, und dann natürlich Wirkungen hervorbringen, die von den oben geschilderten völlig verschieben sind.

Während einer schönen Juninacht reiste ich in der Wüste der Bischaras, etwa drei Tagereisen von Soaken, das damals mein Reiseziel war. Ich bewunderte die erstaunliche Klarheit des unbewölkten sternenhellen Himmels; die Atmosphäre war vollkommen ruhig. Plötzlich gewann Alles einen andern Anblick, in Osten zog eine schwarze Wolke auf, kam mit erschreckender Schnelligkeit näher herangezogen und hatte bald den halben Himmel überzogen. Gleich nachher überdeckte uns ein heftiger urplötzlicher Windstoß mit Sand, und schlug uns kleine Kiesel vom Umfang einer Erbse ins Gesicht; er kam gerade aus Osten, also aus dem Striche, wohin unser Weg führte. Die Kameele wären nicht dahin zu bringen gewesen, ihm entgegen zu gehen, sie hatten eine Richtung seitwärts genommen, und uns wäre es schwer gefallen, mit ihnen den rechten Weg inne zu halten. Ueberdies waren wir bald von einer ungeheuern Sandwolke umgeben und standen in der dichtesten Finsterniß. Das Gesicht hatten wir uns verhüllt; trotzdem füllten sich die Augen mit Sand, sobald wir sie öffneten. In Folge des dadurch erzeugten Reizes und des Blutandranges nach den Capillargefäßen der transparenten Hornhaut, erschien uns alles was wir noch etwa zu erblicken vermochten, in einer ganz eigenthümlich röthlichen Färbung. Die Kameele sanken bei jedem Schritte in die Knie und stöhnten. Nur mit Mühe konnte ich meine Leute zusammenbringen; sie waren in der Dunkelheit und bei der Widerspänstigkeit der Kameele auseinander gekommen, und liefen Gefahr sich zu verlieren. Meine Stimme war, so laut ich sie auch anstrengte, kaum auf einige Schritte zu vernehmen. Wir machten Halt. Die Kameele legten sich;

meine Leute waren von dem Sand- und Kieselhagel dermaßen zerpeitscht, hatten Nasen, Augen und Mund so voll Sand, daß ich nicht abladen ließ. Ich lehnte mich an mein Hedschin, dessen hoher Sattel mir einigen Schutz gewährte, umhüllte meinen Kopf mit einem tripolitanischen Shawl, der mir sonst zum Gürtel diente, mochte mich aber nicht niederlegen, weil ich unter dem Sande verschüttet zu werden fürchtete. Doch schlummerte ich ein und meine Leute thaten ein Gleiches. Bei Tagesanbruch, als wir erwachten, war die Luft wieder ruhig, der Himmel klar. Die Kameele lagen bis an den Hals im Sande, der sich in Folge ihrer unruhigen Bewegungen nur noch mehr rings um sie aufgehäuft haben mochte; einer meiner Kameeltreiber war völlig bedeckt; nur sein Kopf sah hervor. Er schlief noch; als ich ihn weckte ging ich über seine Beine hinweg, ohne sie zu sehen; er hatte ein paar Zoll hoch Sand auf Leib und Brust liegen. Auch mein Säbel, den ich neben mich hingelegt hatte, war gleichfalls mit Sand überdeckt. Endlich brachen wir auf und zogen weiter. Ich fragte unsern Führer, ob wir wirklich von ernsthafter Gefahr bedroht gewesen seien? Seine Antwort lautete: „Die Gefahr war groß; Du wirst Dich bald davon überzeugen." Nach Verlauf von etwa einer halben Stunde gewahrte ich vor uns eine Reihe von Dünen, die mich auf den ersten Blick erkennen ließen, was vorgegangen war; sie schnitten im rechten Winkel den Weg, welchen wir zu machen hatten, und wir mußten hinüber. Dabei bemerkten wir, daß Gesträuche, die durchschnittlich eine Höhe von 6 bis 7 Fuß hatten, nur etwa zwei bis drei Fuß aus dem Sande hervorragten, und auf einigen Stellen nur noch ihre höchsten Zweigspitzen zeigten. Während dieser einen Nacht war also der ganze Strauch von jenem beweglichen Sande überschüttet worden. Wenn derselbe Windstoß von welchem wir überascht wurden, uns mitten in diesen Dünen heimgesucht hätte, so würden wir mit unseren Kameelen gar nichts anzufangen gewußt haben; wir wären aus dem Labyrinth nicht herausgekommen, hätten den rechten Weg verloren und das Aeußerste befürchten müssen.

Die Sanddünen stürzen allerdings ein; aber niemals ist eine Karawane von einem Sandregen oder von den Sandwellen, welche der Wind auf der Ebene vor sich hertreibt, begraben worden. Diese Fabel ist bekanntlich klassisch. Man spricht selten von der afrikanischen

Wüste, ohne zu erwähnen, daß das Heer des Kambyses und eine römische Legion vom Sande verschüttet worden seien; auch weiß man von Handelskarawanen zu erzählen, die angeblich dasselbe Schicksal erlitten haben. Ich bin der Ansicht, daß diese Heeresabtheilungen und Karawanen ganz einfach von ihrem Wege abgekommen sind, vielleicht weil sie durch treulose Führer irre geleitet wurden, und daß sie dann vor Durst verschmachteten. Die Spuren, welche sie hinter sich zurück gelassen hatten, wurden bald vom Winde verwischt; es verging deshalb längere Zeit, ehe man sie auffand; die ausgedörrten Leichname und die Knochen waren längst in Staub zerfallen, bevor der Zufall eine Ghazwa, oder jagdlustige Araber an Ort und Stelle führte.

Mitten in ausgedehnten Sahar bin ich zuweilen von außerordentlich heftigen Windstößen überfallen worden. Die Luft bewegte sich mit einer Schnelligkeit von 90 bis 120 Fuß in der Sekunde; diese gewaltige atmosphärische Strömung hätte Bäume, die in ihren Strichen gestanden wären, umreißen, ein Schiff auf offenem Meere hätte mit einem Sturmsegel vor ihr treiben müssen. Auf der Bodenfläche beobachtete ich aber keine anderen Erscheinungen, als die oben geschilderten; in den Sahar bemerkte ich keine solche Gefahr, wie sie im Ghud allerdings vorhanden ist. Uebrigens kann man wirkliche Gefahr auch auf einzelnen Sandebenen laufen, auf solchen nämlich, deren Oberfläche in Folge des Regens, der sie gesättigt hat, fest geworden ist; sie überdeckt einen trockenen, sehr feinen Sand, der leicht nachgiebt, und unter welchem man versinkt, sobald die obere Kruste bricht. Solche Ebenen kann man, gleich tiefen Schneeflächen oder sehr dünnem Eise nur passiren, wenn man sehr große Sohlen, oder ein den Schneeschuhen ähnliches Gestell unter den Füßen hat. Von einem Offizier des französischen Generalstabes, de Sainte Marie, ist diese Erscheinung mehrfach beobachtet worden, und zwar in jenem Theile der Sahara, welche die Regentschaft Tunis vom Paschalik Tripoli scheidet.

Wie auf dem Ocean Wasserhosen, so giebt es in der Wüste Sandhosen; im Ghud und in den Sahar sind sie keineswegs seltene Erscheinungen; doch habe ich sie in jenen Gegenden niemals so häufig beobachtet, als am Nil, wo diese Wirbel einen Staub emporheben, der leichter ist, als der Wüstensand, und den ihnen der Alluvialboden am

Strome liefert. Sie entstehen hier ohne Zweifel dadurch, daß die Wüstenwinde und die Luftströmung, welche dem Flußthal entlang zieht, zusammentreffen. Diese Sandhosen scheinen mir nicht so hoch und umfangreich zu sein wie die Wasserhosen, welche von den Seefahrern in den chinesischen Meeren beobachtet werden. Sie durchlaufen oft eine weite Strecke, setzen manchmal über den Nil und drohen den Flußbarken Gefahr. Packen sie die Segel, so scheitert allemal das Fahrzeug. Zuletzt fallen sie in sich selber zusammen und lassen dann einen kegelförmigen Sandhaufen zurück, der manchmal zwei bis drei Fuß Höhe hat, meist aber nur einige Zolle.

Weiter oben ist angegeben worden, wie jener Wind der dürren Regionen entsteht, der als Harmattan, Simun, Khamsin, Samiel, Guibli, Siroco bekannt ist. Man hat von ihm viel Uebertriebenes gesagt; ich will deshalb noch etwas näher auf den Gegenstand eingehen. Hauptmerkmale dieses Windes sind seine hohe Temperatur und seine große Trockniß. Er stellt sich öfter in Böen und mit heißen Stößen ein als mit anhaltendem Wehen; es scheint, als ob er wellenförmig auf der Erdoberfläche sich fortbewege. Die Araber sagen, der Seewind bewege sich wagerecht, der Wüstenwind dagegen springe, galoppire und mache Vertiefungen in den Sand. Diese eigenthümliche Bewegung läßt sich namentlich von unten nach oben auf dem erhitzten Boden der Wüste wahrnehmen; sie ist im Grunde nichts anderes, als das schräge allmälige Emporsteigen der warmen Luft in die höheren Schichten der Atmosphäre. Die in solcher Richtung bewegte Luft fegt den Sand, welcher auf ihrem Zuge liegt, weiter fort, hebt ihn empor, treibt ihn bis zu einer beträchtlichen Höhe, von wo er dann als Sandhagel oder als Sandregen herabfällt. Trifft er aber auf seinem Wege einen Staub, der leichter und feiner ist als der Sand, so wird er denselben weit höher in die Luft treiben als diesen letztern, wird ihn länger anhalten, aus ihm mächtige Staubwolken bilden und mit diesen weite Entfernungen zurücklegen. Die afrikanische Küste des mittelländischen Meeres ist, besonders im Maimonat, nicht selten von Staubwolken überzogen, welche oft drei Tage lang den Himmel verdecken; die Sonne erscheint dann wie eine röthliche oder braune Scheibe ohne Strahlen. Aus diesen Wolken fällt unablässig ein kaum bemerk-

barer Staubregen herab, der alle Gegenstände bedeckt, überall hindringt,
sogar bis in die Uhrgehäuse, in welchen man ihn erst dann verspürt,
wenn die Räder nicht mehr gehen wollen. Dieser Staub ist insgemein
röthlich, namentlich der welcher in Tripoli fällt; er besteht aus Theil-
chen einer ungeheuren Menge mikroskopischer Infusorien; manchmal
wird er aber auch nur aus zersetzten kalkhaltigen und eisenhaltigen Ge-
steinsarten gebildet. In Tripoli, zu Kairo und am Senegal steigt der
Wärmemesser beim Khamsin manchmal auf 45 Grad, eine äußerst hohe
Temperatur, wenn man bedenkt, daß die Sonne fast immer bedeckt ist,
wenn dieser Wind geht. In wenigen Augenblicken trocknet er die
Wasserlachen auf welche in seinem Wege liegen, auch berstet der Boden
und Leichname verwesen nicht. Auf den menschlichen Körper übt er
gleichfalls einen sehr empfindlichen Einfluß; die Haut wird schuppig,
der anfangs sehr starke Schweiß hört plötzlich auf, stellt sich wieder ein
wenn man getrunken hat, hält dann aber nur sehr kurze Zeit an. Das
Blut wird scharf und dick, der gereizte Magen verdaut nur die aller-
leichtesten Speisen, der Durst ist heftig, das Athmen schwer, und die
Augen fühlen sich ermüdet. Alte Geschwüre und frische Wunden schließen sich und heilen überraschend schnell; manche miasmatischen Krankheiten und Faulfieber verschwinden beim Khamsin. Nur die Dyssenterie
nimmt zuweilen einen tödlichen Ausgang; auch entsteht manchmal
Blutandrang nach dem Kopfe. Aber im Allgemeinen verspürt man
nur etwas Gereiztheit, die Eßlust wird schwächer, der Kopf wird ein
wenig schwer, man empfindet eine leichte Migraine. Wer ganz gesund
ist, findet sich allerdings durch ihn etwas behindert, aber für die Kranken
ist er heilsam. Er ist keineswegs ungesund oder gar tödlich, wie man
wohl behauptet hat. Ich selbst bin in der Wüste mehr als einmal dem
Khamsin begegnet. Nur mit Mühe konnte ich die heiße Luft einathmen,
die mir das Gesicht beinahe versengte; ich hatte Mund, Nase und Augen
voll Staub; aber dabei fühlte ich mich weder krank noch geschwächt,
und wenn der Simun vorüber war, blieb nicht einmal Mattigkeit zurück.
Es ist oft gesagt worden, daß die Karawanen still halten müssen, wenn
dieser Wind weht; daß die Kameele, wenn sie sein Herannahen wittern,
die Schnauze in den Sand stecken; endlich daß die Menschen dasselbe
thäten, um einem sonst sichern Tode zu entgehen. Auch darin liegt

Uebertreibung. Die Kameele lassen sich nicht gern den Sand ins Gesicht treiben; wenn das der Fall ist, werden sie unruhig und lassen sich nur mit Mühe leiten; der Wüstenwind steigert ihren Durst, und wenn sie anhalten, stecken sie allerdings die Schnauze in den Sand, um sie ein wenig zu kühlen. So lange aber die Karawanen die Sonne sehen oder am Horizont ein Merkzeichen erblicken, unterbrechen sie ihren Zug nicht; ohnehin zwingen der Durst der Kameele und die ausgetrockneten Wasserschläuche sie, möglichst rasch den nächsten Brunnen zu erreichen, den ein zwei oder drei Tage anhaltender Simun leicht seines Wassers berauben könnte. Sie müssen demnach dem Winde Trotz bieten, Hitze und Sandstürme nicht scheuen und die Kameele antreiben. Der Führer hat volle Ursache in seiner Aufmerksamkeit nicht nachzulassen; denn alle Wegespuren sind bald verschwunden, der herabfallende Staub bildet, wenn man so sagen darf, einen dichten Nebel, die Stimme verliert sich im Winde und in dem wirbelnden Sande; man hört um so schwerer, da die Ohren mit Staub angefüllt sind, und das Innere derselben, gleich den Augenlidern und dem Schlunde, anschwellt.

Ich muß noch Einiges über die Luftspiegelung (Mirage, Fata Morgana) in der Wüste bemerken. Sie zeigt sich nicht selten auf dem Sande, über Felsen, insbesondere aber auf den mit Salz geschwängerten Ebenen, welche die Bewohner der Sahara als Schott bezeichnen. Ich kenne in der Wüste vier verschiedene Arten dieser Erscheinung. — Erstens: Gestalt und Umfang der Erscheinungen werden verändert; sie stellen sich weit höher dar, als sie wirklich sind, man kann ihre Entfernung nicht so genau bestimmen; einige Sandhügel sehen aus wie große Berge, die Kameele scheinen auf Stelzen zu gehen und auf dem Meere nimmt man einen Kauffahrer für einen großen Dreidecker. Die Gestalt der Gegenstände ist nicht scharf gezeichnet sondern unbestimmt, sie scheinen in der Luft zu schweben, ihre Lage und Stellung verändert sich dem Beschauer gegenüber. Derartige Erscheinungen zeigen sich häufig über dem Sande, wenn das Licht sehr stark und die Hitze beträchtlich ist. — Zweitens: die Gegenstände werden ganz einfach reflectirt. Eine derartige Luftspiegelung kommt in der Wüste selten vor, ist aber häufig auf den Schott, wo das Bild der Sonne sich manchmal ganz so reflectirt, wie auf dem Meere. — Drittens: Gegenstände, welche unter dem Horizonte liegen, erscheinen vergrößert und verkehrt; ihre Dimensionen vermindern sich, je näher sie dem Horizonte kommen, und wenn sie in den Kreis eintreten, schwindet die Erscheinung, die Gegenstände nehmen ihre wahre Lage ein, und ihre Dimensionen entsprechen der Entfernung, in welcher sie vom Beschauer sich befinden. Diese Spiegelung wird manchmal im Sommer auf den Schott beobachtet. Dann zeigt sich plötzlich nahe am Horizonte ein Kameel von außerordentlicher Länge; der Kopf berührt den Gesichtskreis, während das Thier selbst eine umgekehrte Stellung hat und mit den Beinen in der Luft geht. Bald aber werden die Proportionen des Kameels kleiner, es verschwindet allmälig und zuletzt erkennt man nur noch einen schwarzen Punkt. Das Kameel hat dann den Horizont überschritten, sein Bild hat die richtige Gestalt angenommen, ist anfangs kaum sichtbar und wird dann, ganz den Gesetzen der Perspective gemäß, immer größer, je näher es kommt. Ich selbst habe diese Erscheinung unvollkommen beobachtet, sie ist mir aber von vielen Bewohnern der Sahara geschildert worden. — Viertens: Man sieht in einiger Entfernung einen Teich, einen See, das Meer, so deutlich vor sich, daß eine Täuschung kaum möglich zu sein scheint. Gerade von dieser Erscheinung wird am meisten geschrieben und gesprochen; Alle, die im Orient oder in Afrika gereist sind, haben sie gesehen. Sie kommt aber im Innern dieses Erdtheils nicht häufig vor, und in Aegypten ist sie so selten, daß sie mir während eines zweijährigen Aufenthaltes gar nicht zu Gesicht gekommen ist. Ohne Zweifel kann sie an den salzigen Gestaden des Delta entstehen, ich möchte aber in Abrede stellen, daß sie jemals in den angebauten Gegenden des Delta beobachtet worden sei. Am günstigsten für diese Art von Mirage scheint ein ebenes Gelände mit feinem körnigen von Salz geschwängerten Quarzsande zu sein; doch habe ich sie auch in breiten Thälern auf der Oberfläche der Serir beobachtet, einmal sogar inmitten steilabschüssiger Felsen von beträchtlicher Höhe. Mir ist es immer so vorgekommen, als ob das Bild sich vorzugsweise an jenem Theile des Horizontes erzeuge, welchen die Sonnenstrahlen am directesten beleuchteten, oder auf welchen sie schon einige Zeit eingewirkt hatten. Uebrigens habe ich nie bemerkt, daß der Sand, an den

Stellen, wo das Bild sich zeigte, eine merklich höhere Erwärmung gehabt hätte, als in anderen Theilen der Wüste. Der Himmel war allemal äußerst rein; zuweilen habe ich die Spiegelung bei Sonnenaufgang gesehen, und immer verschwand sie bei Sonnenuntergang. Nur ein einziges Mal hatte ich sie den ganzen Tag über vor Augen. Inmitten des Wassers blieben die Felsen, Bäume und dornigen Gesträuche der Wüste fortwährend sichtbar, und behielten ziemlich genau ihre wahre Gestalt, die indessen manchmal höher und größer war. Die Gesträuche schienen in einem Sumpfe zu stehen, die Bäume plötzlich überschwemmt zu werden, und die Felsen glichen Riffen im Meere, welche die Einfahrt zu einer Bucht schlossen.

Auf der Ebene zeigte sich die Spiegelung in der Entfernung von drei bis vier Kilometern (etwa einer halben deutschen Meile); der jenseits befindliche Umriß des Bildes war insgemein vom Horizonte durch einen Randschein getrennt, dessen Höhe ungefähr dem Durchmesser der Sonne gleichkam. Dieser Rand war aber nicht allemal in ununterbrochenem Zusammenhange; er war zum Beispiel auf der Strecke von einigen Graden durch eine Verlängerung des Wasserbildes unterbrochen, so daß dieses wie ein Meerbusen oder wie ein weiter See erschien, in welchen ein Fluß fällt: es war an beiden Seiten offen und glich einem Binnenmeere, wie jenem von Marmora, mit zwei Ausgängen, oder einem Strome mit gekrümtem Laufe, oder einem breiten Meereskanale, der ein malerisches Ansehen hatte, wie die Straße von Gibraltar, oder einförmig erschien, wie der Biesbosch in Holland. Auch war es, als ob derselbe Rand, wenn er an vielen Stellen unterbrochen und vom Horizont weit entfernt sich darstellte, eine lange Kette flacher oder gebirgiger Inseln bilde; sie waren dürr oder grün. Die Breite des Bildes nahm oft den vierten Theil, selten die Hälfte des Horizontes ein, bildete einen concentrischen Bogen mit demselben und hatte gewöhnlich 60 bis 80 Grade; manchmal aber beschrieben zwei einander sehr nahe gerückte Bilder den halben Umfang. Nur ein einziges Mal habe ich drei Bilder zugleich bemerkt, deren Gesammtentwickelung etwa 240 Grade einnehmen mochte. Es war am Morgen; die eine Spiegelung erhob sich in Südost und war am deutlichsten; die beiden anderen, in Nordost und Südwest, erschienen unbestimmter und glichen ausgedehnten Sümpfen. Mir ist es übrigens so vorgekommen, als ob der Rand, welcher dem Beschauer zunächst liegt, sich weniger klar abhebe, als der andere; nach dem letztern hin scheint das Wasser allemal tiefer zu sein. Doch ist diese Tiefe nie sehr beträchtlich, und das Bild fast immer unbestimmt; gewöhnlich sieht es aus wie ein Morast, eine Wasserlache, ein Teich, oder ein fast ausgetrocknetes Salzbecken. Nur in Kordofan habe ich im Mai Flüsse, Golfe und Meeresarme beobachtet. Ich sage im Maimonat, und ich glaube, daß im nördlichen Sudan um diese Jahreszeit, wenn die Declination der Sonne sie dem Wendekreise nähert und schon in den Norden der Regen-Region rückt, diese Erscheinungen am öftersten sich zeigen; während der Winterszeit, welche auf der nördlichen Halbkugel im Juni anfängt und im Oktober endigt, ist der Himmel zu viel bedeckt. Ich glaube, daß sie im nördlichen Theile des Sudan sich am meisten in den Monaten April und Mai zeigen; in den südlichen Theilen desselben im August und Semptember; in Nordafrika im Juli; in der Region, welche zwischen Congo und Mozambique liegt, im Oktober.

Niemals habe ich eine Luftspiegelung beobachtet, wenn starker Wind ging; bei mäßiger Luftströmung tritt das Bild weniger klar hervor und es scheint, als ob das Wasser einen leisen Wellenschlag habe. Die Kameele deren Geruch weit sicherer und weiter trägt als ihr Gesicht, lassen sich durch diese Mirage nie berücken, aber für das menschliche Auge ist die Täuschung ganz vollkommen. Eines Tages ritt ich in der Wüste durch eine Kette ziemlich beträchtlicher Hügel; in der Entfernung, in welcher gewöhnlich die Spiegelung zu sein pflegt, gewahrte ich eine große Wasserlache. Auf meine Frage: was das sei, entgegnete mein Führer; die Luftspiegelung. Aber die Kameele beschleunigten ihre Schritte und wurden ungeduldig. „Das ist Wasser," sagte ich, „die Thiere riechen es; und sieh nur hin, wir kommen ihm immer näher." Der Führer sprengte mit seinem Kameele voran, — und fand wirklich eine Ansammlung von Wasser, die vom letzten Regen her noch stand. Wasser und Spiegelung sind demnach einander täuschend ähnlich; und wenn die Mirage oft Wasser zu sein scheint, so gleicht auch manchmal das letztere der erstern so genau, daß auch das geübteste Auge sich täuscht. Einer meiner nubischen Diener, der nie das Rothe Meer gesehen hatte, wollte nicht glauben, daß er Wasser vor sich habe, als er die See erblickte; so sehr glich es, aus der Ferne gesehen der Luftspiegelung.

Zweites Kapitel.
Der Sudan.

Die Regengrenzen. — Seen und Fulas. — Der Pflanzenwuchs. — Der Baobab. — Flora und Fauna. — Klimatische Verhältnisse.

Die Nordgrenze der Sommerregen liegt zwischen dem 16. und 17. Breitengrade. Unter dem 17. Grade sind sie schon selten, zeigen sich aber wohl manchmal im August. Je näher man dem Aequater kommt, um so länger dauert die Regenzeit. Ich nehme eine eigene Zone an, die ich als jene bezeichne, in welcher es das ganze Jahr hindurch an Regen nicht mangelt; sie reicht im Norden des Aequators bis ungefähr zum 8. Breitengrade. Auf dem atlantischen Ocean entspricht ihr die Zone der Windstillen und der Stürme, welche bei den französischen Seeleuten als „der schwarze Topf" bezeichnet wird. Beide Nachtgleichen bringen hier vier bis fünf Monate lang starke Regengüsse, während die Zone der Sommerregen dergleichen, im Norden des Aequators, nur vom Juni bis Oktober hat; im Süden des Gleichers, wo sie um ein Beträchtliches breiter ist, dauern die Sommerregen von December bis April.

Aus dem eben Gesagten läßt sich unter anderen die Schlußfolgerung ziehen, daß eine Stadt wie Timbuctu, wenn sie, wie behauptet wird, keinen Regen hat, nicht tiefer als 17 Grad, höchstens als 16 Grad liegen kann. Die Lage des Tschad-Sees wie Major Denham sie verzeichnet, ist ziemlich genau und dürfte höchstens einen Grad weiter nördlich gerückt werden, weil die Expedition, welche die Ufer aufnahm, die Regengrenze unter den 16. Grad N. Br. verlegt. Auf Denham's Charte steht neben dem Brunnen von Giogio-Balwi, unter der angegebenen Breite angemerkt: „Hier findet man die ersten Bäume, und die tropischen Regen hören auf." Für die Bestimmung dieser Regengrenze sind mir meine Beobachtungen in der Bahiudawüste maaßgebend. Sie liegt dort zwei Tagereisen vom heutigen Dongola, bei Omm Belilah; doch fallen lang anhaltende Regen erst von Dschebel Haraza an. Wenn die Breite, welche unsere Charten für Dongola angeben, richtig ist, so würde die Regengrenze auf dieser Seite unter 17½ Grad N. Br. fallen; Haraza liegt etwa unterm 16. Grad, die Beobachtungen am Senegal bestätigen dieses Gesetz; dort fallen die Regen von Juni bis Oktober, reichen aber nicht bis nach Portendick. Auch im Sudan entstehen, eben so wie in Nordafrika, in Folge der Regen zeitweilige Gefließe; im Frühjahr ist ihr Bett zum Theil ausgetrocknet, und hat dann nur Wasserlachen (Birak) aufzuweisen. Dieselben Regen nähren die Quellflüsse von Strömen, welche, gleich dem Niger, Neu, Schari, Tschadda, Nil etc. eben dadurch aus ihren Ufern treten. Die Mächtigkeit dieser Ueberschwemmungen ist durch die Länge des Laufes bedingt, welchen sie jenseit des 17. Grades haben, und durch die größere oder geringere Menge von Zuflüssen, die aus jener Region ihnen zuströmt.

Die Anschwellung der Gewässer findet natürlich erst statt, nachdem der Regen sich schon einige Zeit eingestellt hat, und sie wird um so später eintreten, je weiter der Punkt des Stromes, wo man sie beobachtet, nördlich vom 17. Grad N. Br. entfernt liegt. Bei dieser Gelegenheit will ich Einiges über die Quellen des Nils bemerken. Ich fasse dabei besonders die Zeit ins Auge, während welcher dieser Strom oder Zuflüsse im Sennaar anschwellen. Pater Ignaz Knoblecher, Vorstand der katholischen Mission zu Khartum, hat beobachtet, daß unter dem 4. Grade der Weiße Nil vom Januar an zu steigen beginnt. Diese Thatsache läßt sich nur erklären wenn man die Quellen dieses Stroms weithin im Süden des Aequators annimmt; sein oberer Lauf ist dem Regen der südlichen Halbkugel unterworfen, der vom December bis Mai fällt. Andere Beobachtungen dagegen, welche von namhaften Männern zu Khartum angestellt wurden, sodann jene von Linant Bey, lassen die Annahme nicht gelten, daß der Weiße Nil unter dem 4. Grad im Monat Januar anzuschwellen beginne. Somit herrscht über diesen Punkt noch Ungewißheit. Einige Geographen, z. B. Abadie, verlegen die Quellen des Weißen Nils nach Osten hin; andere, gestützt auf die Aussage des Fellatahsultans Bello, und in Uebereinstimmung mit den meisten Afrikanern, verlegen sie nach Westen, verwechseln sie sogar mit jenen des Niger, und betrachten diesen entweder als den obern Lauf des Nils, oder als einen Arm desselben. Fresnel nahm sogar an, Nil und Niger gingen aus ein und demselben See auf der südlichen Hemisphäre hervor! Ich will die Frage hier nicht entscheiden, sondern nur bemerken, daß höchst wahrscheinlich der Weiße Nil seine Quelle im Süden des Aequators hat, etwa unter dem 6. Grade. Vielleicht kommt er aus einem großen See, von welchem ich auf Zanzibar sprechen hörte.

Die Quellen des Weißen Nils wären längst entdeckt, wenn zur Lösung dieses Problems weiter nichts als Muth erforderlich wäre. Nicht minder nöthig ist aber eine ausdauernde und unermüdliche Geduld. Wer die Expedition unternehmen will, muß außerdem sich völlig acclimatisirt haben, und nothwendig über große Mittel verschiedener Art verfügen können. Die Entdecker müßten unter dem 4. Grade überwintern, falls dieser Ausdruck erlaubt ist. Wenn sie Khartum zum Ausgangspunkt nehmen, erreichen sie jene Breite etwa um die Zeit, in welcher das Wasser fällt; sie müssen dann warten bis die neue Stromanschwellung erscheint. Somit sind für die Expedition achtzehn Monate bis zwei Jahre erforderlich; sie muß auf eben so lange mit Schiffsbrot versehen sein; Fleisch findet sie überall. Auch ist erforderlich daß sie über hinlängliche Menschenkräfte verfüge, um Wohnungen bauen und sich im Nothfall mit bewaffneter Hand vertheidigen zu können.

Jene Flüsse im Sudan, welche in einen Binnensee fallen, der keinen Abfluß nach dem Meere hat, oder sich in Wasserbecken, wie der Tschad-See, ergießen; haben die Wirkung, daß das Wasser alljährlich über die Ufer tritt; und diese Ueberschwemmung wird noch vergrößert, wenn zeitweilige Wasserläufe und starke Regengüsse hinzukommen. Deshalb sind die Seen im Innern Afrikas alljährlich bedeutenden Anschwellungen unterworfen, namentlich der Tschad. Dieser sowohl wie der Fittreh, kann in der einen Jahreszeit Aehnlichkeit mit einem großen Moraste haben, trocknet aber nie völlig aus.*) Es giebt aber noch

---

*) Bekanntlich verhält es sich mit einigen Gewässern in Südamerika ganz ähnlich, z. B. mit dem Karayes-See. Der oben erwähnte

eine zweite Klasse von Binnenbecken in der Region der Regen, die ich als intermittirende Seen bezeichnen möchte. Sie sind bei den Bewohnern des Sennaar, in Kordofan und Dar Fur unter der Benennung Fulas bekannt. In jedem tiefen und geschlossenen Thalgrunde, überhaupt in jeder tiefen Bodeneinsenkung kann ein solcher See sich bilden, das Regenwasser fließt dort zusammen, und hat keinen Abzug. Wenn nun nicht, wie in Indien, jährlich gegen 4 Ellen Wasser fällt, sondern nur ein Drittel oder die Hälfte dieses Betrages, dann können die Fulas bis zur Zeit ihrer größten Entwickelung, vom September an, zwei bis drei Fuß Wasserhöhe erreichen. Aber vom Ende Oktobers an erhalten sie keinen neuen Zuwachs mehr, die von einem heitern Himmel sehr begünstigte Verdunstung geht dann rasch vor sich, und nach einer Dürre von vier bis acht Wochen bleibt von diesem Regenwasser nichts weiter übrig als die Feuchtigkeit welche der Boden bewahrt, und ein üppiger Pflanzenwuchs. Diese Vegetation von Gesträuchen geht bei der starken Hitze im April und Mai zu Grunde; ihre Ueberbleibsel werden in der nächsten Regenzeit zersetzt; sie bilden eine dünne Schicht von Dammerde und erhöhen somit allerdings unmerklich den Boden, der auf solche Weise fruchtbarer wird. Auch die Ueberbleibsel der großen Menge mikroskopischer Infusorien, welche in diesen flachen Gewässern leben, tragen zur Bildung einer solchen Humusschicht bei; dazu kommen noch Insekten, insbesondere Mücken, welche am Rande der Fulas häufig sind, und andere kleine Thiere; sodann Partikeln thierischen oder vegetabilischen Ursprungs, welche der Wind nach diesen tiefliegenden Gegenden treibt, wo sie dann liegen bleiben. So entsteht nach und nach eine Lage von Dammerde. Aber der Boden der Fulas wird auch erhöht durch Sand welcher herbeitreibt, sich an den Wurzeln der Pflanzen festlegt, und an denselben, gerade wie in der Wüste, kleine Hügel bildet. Das Bett des intermittirenden Sees ist somit beträchtlichen Veränderungen unterworfen, und es kann vorkommen, daß nach Ablauf einer langen Reihe von Jahren die Fula überhaupt verschwindet. Ein Winter und überhaupt ein trockenes und sehr

---

Neufluß, welcher in den Tschad-See mündet, ist im Sommer fast ausgetrocknet. Der Fittreh liegt vier Tagereisen vom Südostende des Tschad, und fünf bis sechs südlich von Wara, der Hauptstadt Waday's. Er hat keinen Abzug. A.

heißes Frühjahr, können allerdings durch ganz verschiedene Mittel, ein ganz ähnliches Ergebniß herbeiführen. Es entstehen nämlich zuweilen tiefe Erdspalten; in diese bringt das Regenwasser und erreicht dann Erdschichten, welche ihm das Durchsickern gestatten, oder große unterirdische Höhlen und Spalten*), so daß es gänzlich von der Oberfläche verschwindet. Kordofan ist gegenwärtig Schauplatz einer eigenthümlichen Erscheinung, in deren Wirklichkeit ich Zweifel setzen würde, wenn nicht das einstimmige Zeugniß der Eingebornen mich von derselben überzeugt hätte. Die Nuba sagen: Das Wasser geht aus unserm Lande fort; es zieht sich immer mehr in die Tiefe und droht völlig zu verschwinden. In den Tagen unserer Väter hatten die Fulas einen doppelt so großen Umfang als heute. An der und der Stelle brauchten wir vor wenigen Jahren nur mannstief zu graben und trafen sicherlich Wasser; jetzt müssen wir schon drei oder viermal so tief kommen und finden es doch bei weitem nicht so reichlich. Die Nuba fügen hinzu daß nicht etwa Dürre die Schuld davon trage; die wahre Ursache des Misgeschicks von welchem sie heimgesucht werden, finden sie nicht heraus, sie wälzen daher die ganze Schuld auf die unbarmherzige Tyrannei der Aegypter. Sie meinen die Verbrechen und Sünden dieser habsüchtigen Herrscher hätten den Fluch des Himmels auf das Land herabgezogen.

Die Thatsache selbst ist richtig, und bestätigt sich wenn man die alten Brunnen näher untersucht. Ich will noch eines andern Umstandes erwähnen der mir sonderbar vorkam. Man findet in ein und demselben Brunnen eine Aufeinanderfolge von Wasser, das ganz verschiedene Eigenschaften hat; in dem einen Jahre ist es klar und hell, im folgenden dagegen schlammig; auf süßes Wasser folgt im nächsten Jahre brakiges; in diesem Monate ist es durchaus gesund, eine Reihe von Monaten später schadet es dem Vieh, das davon trinkt. Endlich ereignet es sich auch, daß das Wasser heute völlig verschwunden, aber im nächsten Jahre wieder vorhanden ist. Dieser Umstand rührt wohl daher, daß das Niveau der unterirdischen Gewässer manchmal tiefer wird und späterhin wieder höher steigt. So erklärt es sich, daß Brunnen, welche seit langer Zeit gar kein Wasser mehr gegeben haben und beinahe verschüttet lagen, manchmal das Wiedereröffnen

---

*) Aehnlich wie die Sonatas in Yucatan. A.

reichlich lohnen. Die Geologen mögen näher auf diesen Gegenstand eingehen; ich meinerseits möchte annehmen, daß diese Verschiedenheit des Niveaus und der Beschaffenheit des Wassers ihre Ursache in der heftigen Wirkung der unterirdischen Ströme haben, die über starke Abhänge fließen, an den Lagen und Schichten, über und durch welche sie gehen, beträchtliche Veränderungen bewirken, sich häufig neue Wege bahnen und namentlich salzhaltige Schichten aufreißen, welche ihrem starken Andrange nur geringen Widerstand entgegensetzen.

Die Fulas und ihre Umgebungen sind außerordentlich ungesund. Die Sonne entwickelt in dem feuchten, an vegetabilischen Stoffen reichen Boden gefährliche Miasmen, und diese erzeugen gefährliche Wechselfieber, die leicht einen tödtlichen Ausgang nehmen. Diese Dünste entstehen vorzugsweise in den ersten Monaten der trocknen Jahreszeit, steigen am Tage rasch empor und werden von den Luftströmungen weiter getragen; wenn aber Stille eintritt, oder eine niedrigere Temperatur diese Dünste verdichtet und niederschlägt, dann liegen sie über den Fulas wie ein Nebelschleier. Sie sind namentlich früh und Abends ungemein nachtheilig, ganz besonders aber wenn man noch bei nüchternem Magen ist. Auf Madagaskar üben bekanntlich die Mangrovebäume einen äußerst unheilvollen Einfluß auf die Gesundheit. Diese Bäume wachsen am Meeresgestade, senken ihre Wurzeln in das Salzwasser, verschlingen dieselben in mannigfaltigstem Gewirr und bedecken den schlammigen Grund in welchem sie wachsen wie mit einem Netze. In diesem fangen sich Früchte, Blätter, abgestorbene Zweige, Fische, Schaalthiere und Mollusken. Das Alles fault durcheinander, und so entsteht ein Brennpunkt für Ansteckung, dessen Wirkungen sich weithin fühlbar machen.*) Die Fulas erinnern an jene grauenvollen Gestadesümpfe; auch diese stehenden Gewässer, welche während der trockenen Jahreszeit rasch verdünsten, sind für den Menschen eine gefährliche Nachbarschaft; er hat sie am meisten zu fürchten, so lange die ersten Regen im Jahre fallen. Dann erzeugen sich noch mehr Miasmen, weil die Zersetzung aller auf dem Boden befindlichen Stoffe erleichtert wird. Es kann also nicht überraschen, daß aus der Erde in jener Zeit ein eigen-

---

*) Dasselbe ist an den westindischen Küsten der Fall. A.

thümlicher Geruch aufsteigt, den man wohl mit dem verglichen hat, welchen nasser Thon entwickelt, den man in einen heißen Ofen legt.

Es liegt nicht in meiner Absicht, die orographischen Verhältnisse des centralen Sudan ausführlich zu erörtern; ich glaube auch nicht daß bei der noch sehr mangelhaften Kunde, welche wir von jener Region besitzen, sich darüber etwas Bestimmtes sagen läßt. Näher bekannt sind uns erst die Gebirgsterrasse im Mandingolande, die Ketten in der Nähe der Westküste, jene am Rothen Meere und die Gebirge und Hochebenen Abyssiniens. In Bezug auf Centralafrika wissen wir nur, daß gegen den 4. Grad nördlicher Breite die letzten großen Stufen einer großen Kette liegen, deren Umrisse am fernen Horizont auftreten. Erst südlich von Kordofan, etwa unter dem 7. oder 8. Grade beginnt das Land sich beträchtlich zu erheben. Dar Fur ist von Kordofan durch eine Hügelkette getrennt, und gehört zum Stromgebiete des Weißen Nils, Waday dagegen im Allgemeinen zu jenem des Tschad-Sees. In Waday beginnen die Bodenerhebungen und zwar nur sehr allmälig weit im Süden, an der Grenze des Landes der Fertit.*) Denham und Clapperton haben hohe Gebirge nur in der Nähe von Mora verzeichnet, in derselben Zone, etwa unterm 10. Grad N. Breite. Man darf also annehmen, daß Bornu, Waday und Dar Fur im Allgemeinen ebene, nur von Dünen oder Hügeln durchzogene, Länder sind; auch scheint es daß Dar Fur im Allgemeinen nach Süden abfällt, Waday und Bornu dagegen nach dem Tschad-See; diese centrale Gegend hat demnach nur wenig Relief. Daraus erklären sich manche Erscheinungen, zum Beispiel der Einfluß welchen die südlichen Gebirgsketten auf den Zug und die Richtung der Wolken und die Regenmenge in den Zonen haben, welche von ihnen durchzogen werden. Ich will ferner darauf hinweisen, daß die Völker im Unterlande den Islam angenommen haben, während dagegen die Gebirgsbewohner ihm enschiedenen Widerstand entgegen setzen. Diese Gebirge sind das letzte Asyl des Fetischdienstes, der Götzendienerei und des wilden Lebens in Centralafrika.

---

*) Es ist schon weiter oben (Anmerkung S. 2.) darauf hingewiesen worden, daß Vogel im Herzen, von Centralafrika, bis 100 Meilen südöstlich von Kuka eine ungeheure Alluvialebene auch dort fand, wo man früher Hochgebirge vermuthet hatte. 　　　　　　　　A.

Die dürre Region bietet einen äußerst einförmigen, zugleich traurigen und großartigen Anblick dar. Aber die ganze Natur wird eine andere, sobald man nach Süden hin sich dem siebenzehnten Breitengrade nähert. Zuerst unterbrechen einige verkrüppelte und dornige Gesträuche die Eintönigkeit; bald nachher findet man den Boden dicht mit Kräutern bedeckt, am Horizont erblickt man auf allen Seiten Wälder von Akazien und Gummibäumen, hie und da von weiten Lichtungen unterbrochen. Dieser Wald ist der Sudan, in diesem für Menschen theilweise unzugängigen Gestrüpp dorniger Pflanzen hausen wilde Thiere, in diesem Lande leben Giraffe und Strauß. Dort weidet der gebräunte arabische Hirt sein Vieh, sammelt der Sklave Gummi, welchen sein Herr in den Handel bringt, und in den Lichtungen bestellt der Ackerbauer den Boden; er säet Getreide, sobald die Regenzeit vorüber ist. Diese Busch- oder Strauchwüsten haben große Aehnlichkeit mit den Carrascos und Carrasqueiros in Brasilien. Im Sudan bestehen diese Carrascos aus weitausgedehnten Ebenen die mit einem nicht hohen Pflanzenwuchs bedeckt sind, vorzugsweise mit gesellig nebeneinander wachsenden Pflanzen, deren Arten von einer Ebene zur andern nicht beträchtlich von einander verschieden sind. Die Carrasqueiros im Sudan liegen etwas südlicher, bilden ungeheure, fast undurchdringliche Wälder, deren Bäume vorzugsweise zur Familie der Leguminosen und zu dem Genus Acacia gehören. Sie erreichen selten eine Höhe von mehr als zehn Fuß. Das Wort Carrasco bedeutet in der portugiesischen Sprache Henker, und die von Dornen starrenden Carrascos und Carrasqueiros rechtfertigen vollkommen diese Benennung. Beim Anblick derselben gedenkt man unwillkürlich des Waldes in der Hölle, welchen Dante schildert.

Die gewaltige Hitze und Dürre welche von November bis Mai herrschen, halten das Wachsthum und die Entwickelung der meisten Bäume im Sudan zurück; sie verlieren dann, ganz in ähnlicher Weise wie es in unseren nordischen Klimaten der Fall ist, ihre Blätter; die Rinde des Gummibaumes vertrocknet und bekommt Ritzen und Spalten; auch der Splint unter der Rinde berstet, und aus diesen Wunden, welche die Hitze dem Baume schlägt, quillt der Saft und verdichtet sich zu runden, halbflüssigen Massen von Gummi, welche bald hart werden und gleichfalls Runzeln bekommen. Das Blattwerk vieler Gesträuche bildet einen umgekehrten Kegel, und dann im obern Theile eine beinahe gerade Linie. Manchmal entwurzelt ein Windstoß diese Bäume, der Sturm wirft sie in der Art um, daß das Untere zu oberst gestellt wird; in dieser seltsamen Stellung bleiben sie lange; ihre Zweige haften am Boden und die verdorrten Wurzeln stehen in der Luft.

Vom 12. Breitengrad an erheben sich, in Zwischenräumen, Baobabs aus dem Dickicht und erdrücken dann durch ihre wahrhaft gigantische Masse alles was sie umgiebt. Der Reisende geräth in Erstaustaunen, wenn er aus der Ferne diese gewaltigen Bäume erblickt; neben denselben erscheinen ihm die Mimosen und Gummibäume wie Krautbüschel. Der D e l e y b tritt erst unter dem 8. oder 9. Grad auf und scheint am liebsten an Flußufern zu wachsen, besonders an jenen des Weißen Nils, namentlich da wo sie hoch liegen. Der Dum ist im Sudan nur selten. Phönix pusilla ist an der Küste häufig; in Kordofan habe ich diesen Baum nicht bemerkt. Ich glaube auch nicht daß Chamaerops humilis bis in diese Breite reicht, und meine daß die Palmen im Allgemeinen nur in einer sehr niedrigen Breite oder in der Nähe der beiden Oceane wachsen. Einige derselben bedürfen der salzgeschwängerten Meeresluft, wenn sie überhaupt gedeihen sollen; z. B. die Kokospalme, welche ganz Zanzibar bedeckt; sodann die Dattelpalme, die sich im Innern nicht tiefer als bis zum 12. Grad erstreckt, doch aber an den Küsten Senegambiens und Yemens gedeiht. Der muselmännische Sudan kennt die Palmen kaum.

Während die Dattelpalme, Phönix dactilifera, gleichsam als Symbol der Oasen, als der Hauptbaum der regenlosen Gegenden erscheint, gilt mir der B a o b a b für das wahre Sinnbild des Sudan im Allgemeinen und insbesondere jener Zone, in welcher Sommerregen fallen. Man muß diesen Giganten des tropischen Pflanzenwuchses gesehen haben, um sich einen Begriff von ihm machen zu können; man glaubt zu träumen, wenn man ihn erblickt. Der Baobab gehört zur Familie der Malvaceen und bildet das Geschlecht Adansonia. Er heißt so nach dem Pflanzenkundigen Adanson, der ihn zuerst beschreibt. Die Deutschen nennen ihn A f f e n b r o t b a u m. Adanson giebt als

Dimensionen für einen einjährigen Baobab anderthalb Zoll Durchmesser und 5 Fuß Höhe. Ein Baum, welchen er maß, hatte 73 Fuß Höhe und 30 Fuß Durchmesser; er schätzte das Alter desselben auf 5000 Jahre. Meine persönlichen Beobachtungen stimmen mit jener ersten Angabe nicht überein. In Kordofan habe ich eine unzählige Menge junger Baobabs gesehen, deren Alter sich nur schwer hätte bestimmen lassen; sie hatten alle mehr als einen Zoll im Durchmesser und weniger als zwei Fuß Höhe. Adanson, der wahrscheinlich gar keine jungen und kleinen Baobabs sah, hat seine Berechnungen wohl auf die an sich sehr verständige Annahme gegründet, daß ihre Entwickelung ganz nach denselben Gesetzen stattfinde, wie jene aller anderen Dicotyledonen. Das ist aber keineswegs der Fall; und nichts gleicht im Kleinen einem fünftausendjährigen Baobab mehr, als ein Bäumchen, das nur einen Fuß Höhe hat. Das Verhältniß des Durchmessers zur Höhe ist dasselbe oder der Unterschied doch fast ganz unmerklich, und die drei oder vier geneigten Aeste welche den Stamm endigen, sind schon mit zahlreichen Verzweigungen bedeckt. Jede äußere Aehnlichkeit verschwindet, sobald Blätter die junge Pflanze bedecken. Da aber der Baobab im Winter und Frühjahr bei der großen Dürre seine Blätter verliert, so kann man dieses seltsame Naturspiel sehr wohl beobachten. Adanson maß einen Baum, dessen Alter er auf 5500 Jahre schätzt. Ich habe einen Baobab zu Melbes, unfern von Lobeid, gemessen, von dem man mir viel sprach. Er hatte 15 Faden, jeden zu 5 Fuß 6 Zoll, im Umfang; dieser mochte somit $82\frac{1}{2}$ Fuß betragen; im Durchmesser hielt er etwa 26 Fuß.

In einer Höhe von 20 bis 25 Fuß endigt der Stamm; nun laufen wagerecht drei, vier oder fünf ungeheure Aeste von ihm aus, die sich gegen die Erde hin neigen, welcher sie bis auf etwa 10 Fuß sich nähern; dann streben sie wieder empor und senden ihrer ganzen Länge nach eine große Anzahl starker Verzweigungen aus, die fast alle ihre Richtung nach oben nehmen. Das Holz ist so zart und schwammig, daß schon bei nicht sehr starkem Wind die Zweige in Bewegung gerathen, und zwar viel stärker als jene hundertjähriger Eichen in unseren Wäldern. Die Rinde ist dünn und der Stamm glatt. Die sehr entwickelten, der Oberfläche nahe liegenden Wurzeln erstrecken sich bis in eine weite

Entfernung, und gewähren dem Reisenden schattige Sitzbänke. Sobald das Individuum ein gewisses Wachsthum erreicht hat, fängt der Gipfel des Stammes auf der Stelle, wo die großen Aeste sich abzweigen, zu verderben an; er „geht au", wird von oben nach unten mehr und mehr hohl, aber die Rindenlage bleibt gesund und lebendig, sie geht in ihrer Entwickelung fort, und dasselbe ist mit den Zweigen der Fall, welche durch sie ununterbrochen aus den Wurzeln die zur Nahrung erforderlichen Säfte erhalten. Der hohle Raum in der Mitte des Stammes füllt sich während der Regenzeit mit Wasser, das sich so lange wie in einem verschlossenen Becken hält, da es gegen die Sonnenstrahlen geschützt ist. Der Baobab ist dann eine vegetabilische Cisterne, die von den Nomaden oder den Bewohnern des nächsten Dorfes benutzt wird; sie verkaufen das Wasser an die Reisenden. Derartige Wasserplätze sind im Sudan keineswegs selten. Die Araber in Kordofan klettern auf den Baum, füllen das Wasser aus demselben in lederne Eimer, und lassen diese von oben hinab. Jener portugiesischen Reisebeschreibung zufolge, die ich gelesen hatte, ist man in Congo geschickter. Dort bohrt man den Stamm an, läßt so viel Wasser als man gerade braucht ablaufen, und verstopft das Loch für die Röhre wieder. Die Portugiesen nennen deshalb den Affenbrotbaum Imbondeiro. Auf jene Weise kann freilich der erste beste, welcher zum Baume kommt, sich Wasser verschaffen, und vielleicht nur aus diesem Grunde wird in Ostafrika das Anbohren des Baobab unterlassen. Am Senegal wohnen die Leute manchmal in dem Baume, halten darin Berathungen, stellen ihre Götzenbilder hinein, begraben auch wohl in ihm ihre Todten.

Das Blatt ist fingerförmig, wie das schon die botanische Benennung Adansonia digitata erkennen läßt; es hat Aehnlichkeit mit jenem der Roßkastanie, und erscheint für den gewaltigen Baum, auf welchem es wächst, vergleichungsweise klein; er trägt ohnehin keine beträchtliche Laubmenge. Die von einer ziemlich festen grünen Hülle umgebene Frucht, von oblonger Form und mehr als einen Fuß lang, enthält Kerne die mit einem weißlichen Brei umgeben sind; dieser wird zur Zeit der Reife hart und zerbrechlich. Die Frucht hat einen scharfen Geschmack, ist abstringirend und ein schätzbares Heilmittel.

Man benützt sie auch zum Zuckerwerck, und zerstoßen mit Milch versetzt giebt sie eine angenehme Crême.

Unter den Pflanzen aus derselben Familie wächst im Sudan noch ein Baumwollenbaum von geringer Höhe, der nur wenige Früchte trägt. In Dubneys Herbarium finden wir 12 Malvaceen, 33 Leguminosen und 45 Gramineen verzeichnet. Dieser letztern Classe hatte der genannte Arzt ganz besondere Aufmerksamkeit geschenkt. Aber nicht die Gräser sondern die Leguminosen, namentlich die baumartigen, charakterisiren die Flora des nördlichen Sudan; und wenn auch die Zahl der ihr angehörenden Arten nicht gerade beträchtlicher sein sollte als jene anderer Familien, so stehen sie doch alle voran durch die Bedeutung und Anzahl der Individuen. Von Mimosen finden wir Gummibäume, z. B. Acacia nilotica, A. verec, A. senegalensis und manche andere mehr. Das Gummi wird vor Eintritt der Winterzeit gesammelt, nachdem es in festen Zustand gerathen ist. Das beste kommt nicht etwa aus Arabien, sondern aus Kordofan. Frühzeitig einfallender Regen schadet der Durchsichtigkeit des Gummis und vermindert den Geldwerth desselben. Die Acacia Adansonii liefert ein röthliches Product, das schwer aufzulösen ist und, gleich der Rinde und den Früchten desselben Baumes und des eigentlichen Gummibaumes, abstringirende Eigenschaften hat. Die Körner heißen bei den Arabern, welche dieselben beim Ledergerben benützen, G o r a d. Zu den Mimoseen gehören auch der S u n t, S e y a l und T a l a h h. Ich führe noch einige Leguminosen an. Der T a m a r i n d e n b a u m (T a m r h i n d i) wird in Nubien und im Sennar A r d e b genannt; er liefert ein in jenen Klimaten sehr werthvolles Heilmittel. Der S e n e s s t r a u c h, (S a n a - m a k a; Cassia obovata) kommt in verschiedenen Arten vor; die eine derselben, den S a b a k, benützen die Gerber, eine andere, S c h i s m e h, liefert ein Arzneimittel gegen die Augenkrankheit. Eine Indigopflanze, sehr reichhaltig an Färbestoff ist die Parkia africana; ein großer Baum, der über einen großen Theil des Sudan verbreitet ist; in Senegambien kommt er wenig vor, dagegen ist er auf den von Mandingos bewohnten Hochebenen gemein. Seine Körner geben, wenn man sie röstet, eine dem Kaffee ähnliche Substanz; aus dem die Frucht umgebenden Fleisch bereitet man ein säuerliches scharfes Getränk. Der A g u l und der

Ayun gehören in dieselbe Classe, und wenn ich nicht irre auch die Gurubohne, welche von den Afrikanern gern gekauet wird; ihr Gebrauch ist sehr heilsam.

Unter den Gräsern muß ich den Reis anführen, der in einigen Fulas gebaut wird; sodann einige Arten Durah, Sorghum vulgare. Auch Mais wird gepflanzt; das Angolibrohr hat zuckerhaltiges Mark und giebt eine röthliche Farbe. Der Bambus ist für die Region der Palmen charakteristischer als für jene der Leguminosen. Außer den schon angeführten Gräsern sind manche andere Pflanzen vorhanden, welche dem Menschen Nahrung geben. Dahin gehören der Dokhn, Pennisetum spicatum; der Bamieh, Hibiscus esculentus, der in Senegambien Gombaut genannt wird; der Melukhieh, Corchorus olitorius; einige Arten von Bohnen, Wassermelonen, rother Piment, der Maulbeerfeigenbaum und noch ein anderer Feigenbaum; der Rhamnus lotus, der Helyg oder ägyptische Balanit, der Ingwer und einige andere. Ich muß außerdem noch erwähnen den Ricinus oder Wunderbaum, der an feuchten Stellen wächst, die Ferula asa fetida; Asclepias gigantea mit deren Früchten man Kissen ausstopft, und deren leichtes Holz eine für die Pulverbereitung geeignete Kohle giebt; das Henneh, Lawsonia inermis, ein abstringirendes Mittel, welches die Menstruation befördert, und zuweilen benützt wird um Abtreibungen hervorzubringen, dabei aber allemal höchst gefährlich wirkt. Einige Cruciferen werden sehr gesucht, weil sie antiskorbutisch sind; der Tabak scheint in einigen Gegenden des Sudan schon seit langer Zeit bekannt zu sein; Haschisch, Cannabis indica, wird geraucht und wirkt berauschend; ein Stramonium wirkt noch stärker und ist weit gefährlicher als der Haschisch. Die Nux vomica ist glücklicherweise nur selten; sie würde unter den Barbaren nicht sowohl als Arzneimittel benützt werden, sondern nur die Verbrechen vermehren.

In Afrika, wo der gewaltigste aller Bäume wächst, lebt auch das mächtigste Landsäugethier, der Elephant. Die afrikanische Thierwelt ist nicht so glänzend und mannigfaltig wie die amerikanische; es fehlen ihr die zahllosen Schaaren von Vögeln mit buntem und glänzendem Gefieder, die Myriaden von Insekten, welche in mannigfaltigster Farbenpracht spiegeln und blinken, und namentlich den Wäldern Brasiliens einen so eigenthümlichen Reiz verleihen. Afrika hat nicht eine solche Fülle von Thieren, aber dafür sind sie großartiger, riesenhafter. Zierliche Gestalt und Farbenschmuck mangeln ihnen, sie sind einfacher und haben rohe Kraft. Aecht afrikanisch sind das Flußpferd, das Rhinoceros, die Giraffe, der Zebu, der Strauß, die Boa. Alle diese Thiere begegnen sich im Sudan, und für einige von ihnen scheint der Aufenthalt in der heißen Zone Lebensbedingung zu sein. Es hieße aber die Wirkung für die Ursache nehmen, wenn man für sie im Norden eine Grenze feststellte, welche mit jener des Sudan zusammenfällt. Wenn sie dieselbe nicht überschreiten, so liegt das an eigenthümlichen Umständen, die sich leicht ermessen lassen; insbesondere am Regenmangel, ferner, daß in Folge desselben Wasser fehlt, und an der Dürre. Die Temperatur der Wüstenzone würde diesen Thieren sogar zusagen, aber es ist dort weder Wasser noch Nahrung vorhanden, und sie würden in derselben stets nur an wenigen bestimmten Oertlichkeiten gedeihen können. In der Regenzeit rücken sie allerdings etwas weiter vor, aber sobald die Dürre eintritt weichen sie wieder zurück und suchen die Weideplätze im Sudan auf; in der Wüste erscheinen sie nur selten und zeitweilig, und halten sich allemal in der Nähe der Oasen und Tränken auf. Der „Löwe der Wüste" der „Adler der Wüste" und manche andere Thiere, welchen man seltsam genug die Wüste zum Aufenthalt angewiesen, meiden dieselbe klüglich. Auf Jagdstreifen überschreiten sie wohl manchmal die Grenze derselben, verweilen aber niemals längere Zeit in ihr; auch die pflanzenfressenden Thiere, welche vor den Raubthieren fliehen, gehen nur nothgedrungen und um sich vor ihren Verfolgern zu retten, in die Wüste. Das Raubthier muß oft Wasser haben, und schon deshalb möglichst schnell seinen Lagerplatz wieder aufsuchen.

Unter den großen Thieren Afrika's sind einige der Region eigenthümlich, in welcher die Winterregen und die Sommerregen fallen, andere gehören nur der letztern an. Strauß, Gazelle, Löwe, Schakal und selbst die Hyäne leben zugleich im Süden des Belad el Dscherid und im Sudan, doch so daß der Schakal im Sudan, die Hyäne in der Sahara seltener ist. Der Elephant, das Flußpferd, das Rhinoceros, einige Antilopen, Thiere, welche mehr Hitze und viel Wasser nöthig haben, leben ausschließlich in den Zonen, wo im Sommer und das ganze Jahr hindurch Regen fällt. Der afrikanische Elephant unterscheidet sich von dem asiatischen durch seinen runden Kopf, convexe Stirn, und größere Ohren; er ist ungemein intelligent, wenn auch nicht in so hohem Grade wie der indische. Während der trockenen Jahreszeit, in welcher er keine fetten Weiden findet, streift er einsam umher; sobald aber die Regenzeit eintritt, schaart er sich heerdenweis zusammen. Jeder Trupp erkennt ein altes Männchen als Häuptling oder Anführer an; die Araber nennen denselben, weil er so wichtige Obliegenheiten hat, den Khabir. Er verläßt seine Truppe, wenn am Horizont Blitze zucken, und finstere regenverkündende Wolken in derselben Richtung heraufziehen, und läuft nach dieser Seite voraus. Nach reichlichem Regen, wenn Pflanzenwuchs sich eingestellt hat, weiß das geübte Auge des Khabir wohl zu ermessen, wie viele Tage etwa die Heerde an jener Stelle Nahrung finden könne. Nachdem er sich darüber vergewissert, kehrt er zum Trupp zurück, führt ihn im Trabe an Ort und Stelle, und eilt weiter, um gleich wieder andere Weideplätze aufzusuchen. Der Leser wundert sich vielleicht über meine Behauptung, daß der Khabir ganz genau weiß, wie lange seine Angehörigen auf einem bestimmten Punkte Nahrung finden, und doch ist die Sache außer allem Zweifel; der Beweis liegt darin, daß der Khabir, sobald alles abgefressen ist, wieder erscheint, das Zeichen zum Aufbruch giebt, und die Heerde nach einem andern Weideplatze führt, den er inzwischen ausgekundschaftet hat. Die Elephanten stehen einander mit wunderbarer Geschicklichkeit bei. Einer fällt in eine von Menschen gegrabene, sorgfältig überdeckte Grube, und kann sich allein aus derselben nicht heraushelfen. Dann kommen zwei seiner Gefährten, verschlingen ihre Rüssel mit dem seinigen, geben sich alle Mühe, ihn so herauszuziehen und erreichen nicht selten ihren Zweck. Der Elephant bricht einen Zweig ab, wenn die Fliegen ihm lästig werden und gebraucht denselben als Wedel. Manchmal hört der Reisende im Sudan, mitten in einem Akazienwalde, aus der Entfernung ein Krachen von Bäumen; das Geräusch kommt näher und dauert an; es rührt von Elephanten her, die vorüberziehen. Sie gehen in geradem Striche, brechen und treten nieder was ihnen im Wege ist, drücken gemeinschaftlich mit ihren Schultern gegen einen Stamm, und wenn sie ihn auf diese Weise nicht umwerfen können, so brechen sie mit ihren Rüsseln Zweig nach Zweig ab, und Stück nach Stück.

Der Königstiger kommt in Afrika nicht vor; dagegen sind die Tigerkatze, Löwe, Panther und Hyäne sehr häufig. Einige dieser Thiere wohnen in Höhlen, andere auf Bäumen, noch andere suchen nur ein wenig Schatten, nachdem sie sich sattgefressen haben, und verdauen in Ruhe. Gegen Sonnenaufgang stellt der Löwe seine nächtliche Jagd ein, zieht sich in dichtes Gestrüpp zurück, legt sich unter einen Baum und schläft ein. Sorfältig hat er die Stelle ausgewählt die am östlichen Rande des Schattens sich befindet; denn es liegt ihm daran, möglichst lange die Sonnenstrahlen von sich abzuhalten. Gleich dem Löwen zeigt sich die Hyäne nur bei Nacht; vor ihr machen sich die Schakals bemerklich, werden aber von ihr verjagt; beide besuchen menschliche Wohorte, und man hört das Heulen des Schakals (i-a-u, i-a-u) und jenes der Hyäne (ommu oder humm) bis gegen Einbruch der Morgendämmerung. Die Hyäne ist in Kordofan sehr häufig und kommt in zwei Varietäten vor; die eine lebt im Gebirge, die andere in den Ebenen; eine Stunde nach Sonnenuntergang erscheinen sie in den Ortschaften, namentlich in Lobeid, und sind eine wahre Plage. Den Menschen greifen sie nicht an, und man bekümmert sich um die Hyänen so wenig, wie um die herrenlosen Hunde, welche bei Nacht in den Straßen Kairos umherlaufen. Das Pferd wehrt sich sehr gut gegen die Hyäne, aber Esel und Schaafe fallen ihr zum Opfer. Die Esel übernachten im Hofraum der Häuser, der mit einem einfachen Zaun oder mit Dornenreisig umhegt ist; diese Schranke wird manchmal von den Hyänen erklimmt oder durchbrochen. Sie nähren sich vorzugsweise von Aas; man trifft sie deshalb häufig in der Nähe von Schlachtereien und auf Kirchhöfen, wo sie oft die halbverwesten Leichname ausscharren. Sie schleppen todte Thiere fort, die man nicht zu begraben braucht, auch wohl Sklaven; denn man giebt sich nicht immer die Mühe, diese einzuscharren!

Das Innere Afrika's hat wenige Schlangen, doch kommt im Sennaar eine sehr gefährliche Art vor, die Assaleh. Skorpione sieht man in verschiedenen Varietäten, einige sehr große und nicht wenig gefährlich, halten sich unter der Rinde alter Bäume auf, besonders in der

Nähe von Flüssen oder Morästen. Die Araber in Kordofan haben mir eine Wurzel gezeigt, die sie Dschebr el Agreb nennen, d. h. Skorpionswurzel; wenn man sie in die Hand nimmt und einen Skorpion darauf legt so bleibt er unbeweglich, scheint ganz betäubt und man braucht keinen Stich zu befürchten. Ameisen sind im Sudan in großer Menge vorhanden; der Stich einer kleinen Art ist sehr schmerzhaft; die Eigenthümlichkeiten der Arba (vom Worte Ard, Erde) würden eine aufmerksame Untersuchung lohnen. In Amerika ist eine ihr sehr ähnliche Varietät, unter der Bennenung Vague-Vague bekannt. Die Arba ist etwa so groß wie unsere gewöhnliche Ameise und nährt sich haupsächlich von Holz, frißt aber auch Alles, was in ihren Bereich fällt: Leder, Fleisch, Pappe und besonders Papier. Nur mit großer Mühe sichert man Bücher und Schuhwerk vor ihr; mir haben diese Thiere in einer einzigen Nacht einen in Pappe gebundenen Atlas und das Futteral eines Fernrohrs wenigstens zur Hälfte zerfressen, und nur der Zufall fügte es, daß ich die völlige Zerstörung abwenden konnte. Ich nahm noch zu rechter Zeit den Atlas, um in demselben etwas nachzusehen. Seit jener Zeit legte ich meine Sachen auf Bretter, die an Seilen in der Luft schwebten; so machen es auch die Nuba mit den Nahrungsmitteln, welche sie aufbewahren wollen. Ihr Getreide schütten sie in große Gruben, tiefe Silos (Matamura), deren Boden und Seitenwände mit dem Kraute Katkat, ausgelegt sind. Dadurch ist es vor den Arbas geschützt. Durch gutes Mauerwerk, dichte Kalklagen und sehr festen Mörtel können sie gleichfalls nicht hindurch dringen. Sie arbeiten unterirdisch, unterbrechen aber ihre Thätigkeit nicht, wenn sie an die Oberfläche kommen. Vermittelst einer klebrigen, ihnen eigenthümlichen Absonderung binden sie auch die feinsten Staubtheilchen zusammen und bilden daraus eine Art von Mörtel; damit bauen sie Gänge, welche unablässig vergrößert werden und zwar so, daß der Anbau immer von Innen nach Außen bewerkstelligt wird. So haben sie verdeckte Galerien. Ihr interessantes Gebäude umgiebt zum Beispiel einen von der Hitze ausgedörrten Leichnam, einen Koffer oder irgend einen andern in der Wüste zurückgebliebenen Gegenstand, oder, was am meisten vorkommt, einen Baumstamm. Es hat an seiner Basis einen Radius von drei bis zu vier Fuß, manchmal eine Höhe bis zu vier Fuß und wird erst verlassen, nachdem der Gegenstand verzehrt ist, welcher zu dem Bau Veranlassung gab. Wenn dieser Ameisenhügel die untersten Zweige in der Wüste erreicht, dann sind dieselben bald ausgefressen; es bleibt nur die Rinde, und der erste Windhauch bricht alles zusammen. Die Ardas halten dann ihr Festmahl.

Es kann als ein im Allgemeinen gültiger Satz aufgestellt werden, daß Krankheiten, welche man sich im Sudan während der Regenmonate zuzieht, in der Wüste rasch geheilt werden. Ich habe davon viele Beispiele erlebt, und wenn in Kordofan Jemand über Unwohlsein klagt, das als Vorläufer bedenklicher Krankheiten betrachtet werden kann, so sagt man ihm: „Mache Dich auf, lebe eine Weile in der Sandgegend unter dem Zelt; dort athmest Du reine Luft, und bald wirst Du vollkommen hergestellt wieder hieher zurückkehren können." Wenn aber die Krankheit rasch sich entwickelt und nur erst spät in ihrem Verlaufe gehemmt wird, dann thut man wohl, gar nicht nach dem Sudan zurückzukehren, weil ein Rückfall, der allemal den Tod im Gefolge hat, vorausgesetzt werden darf. Die Wüste ist im Vergleich zu den bewohnbaren Gegenden unter gleichen Breiten in der That sehr gesund. Doctor Celle hat scharfsinnig entwickelt, welch ein großer Unterschied zwischen den Gesundheitsverhältnissen und den Heilwirkungen in heißen und trockenen Ländern im Gegensatz zu heißfeuchten stattfindet; die Regenmonate und die trockene Jahreszeit bilden ganz entschiedene Gegensätze.

Unter dem Einfluß einer hohen Temperatur und einer scharfen, trockenen Luft tritt starker Schweiß hervor, das Blut verliert an wässerigen Bestandtheilen, wird scharf und gereizt, und die Folgen bestehen in einer sehr merkbaren Aufregung. Alles stärkende muß man sorgfältig vermeiden; schon eine geringe Quantität Wein macht trunken; Kaffee, rother und schwarzer Pfeffer sind schädlich. Abführungs- und Brechmittel haben eine erschrecklich starke Wirkung und man muß sie so viel als möglich vermeiden; höchstens darf man zu Senesblättern, Tamarindendecoct und Limonade greifen. Leichte Pflanzenkost und Milch sind dem Körper am zuträglichsten. Unter dem Einfluß feuchter Hitze wird dagegen das Blut wässeriger, die Eingeweide werden geschwächt und lassen bei ihren Verrichtungen viel zu wünschen übrig;

der Appetit nimmt ab, dagegen stellt sich lebhafter übertriebener Durst ein. Hier sind reizende, stärkende Mittel am rechten Orte; die Verdauung muß durch künstliche Mittel befördert werden, insbesondere durch Asafetida und rothen Pfeffer. Selbst ein Uebermaß im Genuß geistiger Getränke hat nicht gerade schädliche Folgen, und Spirituosen scheinen manchmal ein wirksames Mittel gegen Miasmen abzugeben, denen man sich aber, wie früher bemerkt wurde, niemals mit nüchternem Magen aussetzen darf. Abführungs- und Brechmittel, überhaupt drastische Sachen, wirken nur wenn sie in großen Gaben genommen werden, und auch dann bleibt manchmal die Wirkung aus; man fühlt eine allgemeine Abspannung, ist matt und müde, man möchte sagen Geist und Körper sind demoralisirt; und dieser Zustand hat nicht selten Unterleibsverstopfungen und Leberkrankheiten im Gefolge. Zuweilen stellt sich Scharbock ein, besonders bei sehr feuchter Luft, und nach dem Genuß von Wasser das an gewissen Oertlichkeiten gefunden wird. So ist die Bemannung von Schiffen, welche zu Aden Wasser einnehmen, allemal skorbutischen Krankheiten unterworfen. Ich erwähne dieses Umstandes, weil das Wasser von Aden ziemlich dasselbe ist, wie jenes in Afrika auf den Grenzen des Sudan und an den Wasserplätzen in der Wüste.

Die Wirkungen des heftigen und plötzlichen Temperaturwechsels verspürt man in den heißen Ländern weit mehr an den Verdauungswerkzeugen als am Athmen. Diarrhöe und Dyssenterie stellen sich häufig ein und entwickeln sich um so stärker, je mehr der Körper geschwächt und die gewöhnliche Nahrung dürftig ist. Deshalb richten diese Krankheiten in Aegypten gerade unter den Fellahs so große Verwüstungen an; denn diese Bauern leben vorzugsweise von Gurken, Kürbissen, rohen Zwiebeln und frischen Datteln; die eingewanderten Türken und Europäer werden viel weniger heimgesucht, weil sie kräftige, gesunde Speisen genießen, Kleider von Wolle und Seide tragen und in geschlossenen Gemächern schlafen. Nordeuropäer sollen sich nicht in den Sudan wagen, eben so wenig Leute aus Gegenden, in denen Fieber herrschen, und solche die schon durch Miasmen geschwächt sind. Ferner müssen ihn alle meiden, die an Leber, Magen und Unterleib nicht kerngesund sich fühlen. Aber selbst Leute von kräftigster Gesundheit können im Sudan den Krankheiten nur entgehen, wenn sie eine äußerst strenge, den verschiedenen Jahreszeiten angemessene Lebensweise beobachten. Wer sich unwohl fühlt soll möglichst rasch das Klima wechseln, und europäischen Heilmitteln die ganz empirische Methode der Landeseingebornen vorziehen. Die Flora ist im Sudan reich an abstringirenden, anregenden und bitteren stärkenden Mitteln; auch fehlt es nicht an antispasmodischen und solchen, welche die Menstruation befördern. Es sind also Arzneimittel vorhanden gegen Krankheiten, wie sie, ein heißfeuchtes Klima im Winter, und ein sehr veränderliches aber immer sehr heißes Wetter in den übrigen Monaten erzeugt. Die Wechselfieber nehmen leicht eine sehr gefährliche Wendung, können aber im Anfang durch landesübliche Mittel geheilt werden, welche Aehnlichkeit mit der Quinquina haben. Der Gorad und das abstringirende Fruchtmark der Adansonia wirken kräftig gegen Dyssenterie; Augenentzündungen heilt man mit zerquetschtem und verdürrtem Fruchtwerk des Baobab. Die Ophthalmie ist bekanntlich in Aegypten sehr häufig, im Sudan dagegen selten, obwohl hier alle Ursachen, aus welchen man sie herleitet, in hohem Grade vorhanden sind, nämlich starker Lichtglanz, Wiederstrahlen der Sonne, feiner Sand, Ueberschwemmung des Tieflandes ꝛc. Der Sonnenstich ist in Afrika sehr gefährlich, aber alle bösen Folgen werden vermieden, wenn man äußerlich Henneh gegen ihn anwendet.

Gegen Würmer ist der Kusso, der im Sudan Schao.genannt wird, äußerst wirksam. Gegen syphilitische Krankheiten wenden die Nuba ein besonderes Specificum an, die Tereba, eine graue Erde die in Nubien vorkommt, und die vielleicht mit Quecksilber geschwängert ist. Der Kranke muß drei Tage hungern und so viel Tereba als möglich verschlucken; dann setzt man drei Tage lang aus, und fährt mit der Behandlung immer drei Tage lang abwechselnd fort, bis die Heilung vollendet ist. Im Sudan behaupten die Leute, daß auch noch so stark eingewurzelte Krankheiten nach Verlauf von neun Tagen schon weichen; ich bin aber Zeuge gewesen, daß dem nicht so ist, und überhaupt möchten nur wenig Leute kräftig genug sein, um eine so heroische Kur auszuhalten. Ich sah daß ein Sklav daran starb.

Drittes Kapitel.
Der Islam und die Mohamedaner.
1. Der Islam als Religionssystem.

Ueberlieferungen und Dogmen. — Gebräuche beim Cultus. — Moralische Vorschriften. — Strenge des muselmännischen Lebens.

Der Islam ist in einem großen Theile Afrikas zur Herrschaft gelangt. Er kam auf den Flügeln der Eroberung und des Apostolats, verdrängte Fetischverehrung und Vielgötterei, und gewinnt auch jetzt noch ununterbrochen an Ausdehnung. Er ist nicht lediglich ein Cultus, dessen Wirksamkeit etwa auf die Tempel beschränkt bliebe, sondern ein Religionssystem mit einer verwickelten Dogmatik. Noch mehr; der Islam bildet und umfaßt eine ganze Gesetzgebung, deren gründliche Kenntniß die mohamedanischen Völker Afrikas nicht entbehren können. Auch für den frommen Sudan enthält der Koran die bürgerliche Gesetzgebung.

Wer mit dem Islam näher vertraut ist, wird diesem Religionssysteme seine Achtung nicht versagen. Seine Grundlehre ist die Einheit Gottes. Dieser Gott hat weder Sohn noch Vater, noch seines Gleichen; er ist ohne körperliche Gestalt, hat keinen Anfang gehabt und wird kein Ende nehmen; sein Wissen umfaßt alle Vergangenheit und alle Zukunft; er ist Herr unseres Geschicks, er liebt das Gute, er gestattet daß Böses vorhanden sei, aber er liebt das Böse nicht und will es nicht. In diesen Lehrsätzen ist auch viel Christliches enthalten, und über die Freiheit des Menschen wie über die Präscienz Gottes sind die Väter der trienter Kirchenversammlung und die muselmännischen Theologen ein und derselben Ansicht. Ein Fetwa des Großmufti von Konstantinopel sagt: Wenn einer den freien Willen des Menschen läugnet, und Gott für den Urheber aller Handlungen der Kreatur ausgiebt, dann soll er (wie jeder Abtrünnige) sein Glaubensbekenntniß und die Ceremonie seiner Heirath erneuern; beharrt er bei seinem Unglauben, dann ist er des Todes würdig.

Der Wille Gottes und der Ausdruck welcher denselben heiligt, ist ewig wie Gott selbst. Der Koran ist einem gewissen Propheten in einem gewissen Jahrhundert offenbart worden; aber dieser ewige Koran ist, gleich allen göttlichen Offenbarungen, unerschaffen, und hat seinen Anfang erst genommen als zum ersten Male seine Verse dem Ohr der Menschen vernehmbar wurden.

Indem Gott die sichtbare Welt in sechs Tagen schuf, verlangte er Anbetung auf Erden; deshalb bildete er den Adam aus einem Erdenkloß. Adam wurde am Freitag erschaffen, und dieser Tag gilt dem Islam für geheiligt; er ist nicht zum Ruhen bestimmt sondern für das Gebet in Gemeinsamkeit mit andern Gläubigen. Adam war der erste sichtbare Prophet, denn Mohamed's Seele existirte schon vor Adam. Alle menschlichen Seelen waren in Adam gleichsam im Keime vereinigt, und huldigten Gott, und bekannten den Islam. Gott stellte das Menschengeschlecht höher als die Geister und alle Engel, mit Ausnahme von Mikaïl (Michael), Dschebraïl (Gabriel), Israfil und Asraïl. Ein widerspänstiger Engel, Eblis, der sich vor Adam nicht niederwerfen wollte, wurde in die Hölle geschleudert. Der dankbare Adam erbaute im Mittelpunkte der Erde zu Ehren Gottes den Tempel der Kaaba; er steht genau unter dem Beit mamur, jener Stätte an welcher die Engel beten. In manchen anderen Punkten weicht die Tradition des Korans wenig von jener der Bibel ab; die verbotene Frucht soll Weizen gewesen sein. Adam hatte eine große Anzahl Propheten zu Nachfolgern. Die bedeutendsten waren: Noah, den Gott aus der allgemeinen Sündfluth rettete; Abraham, welcher die Kaaba neu baute, mit Hülfe seines Sohnes Ismaël, dessen Opfer Gott von ihm gefordert hatte. Zum Andenken an jenes Opfer wurde das Opfer des Ïd-el-Kebir (Kurban beiram) eingesetzt, welches die Pilger auf dem Berge Arafat darbringen.

Joseph war einer der Auserwählten Gottes, Hud war Prophet des Volkes von Ad, und Saleh Prophet der Themudäer. Dieses ruchlose Volk opferte die wunderthätige Kameelstute Salehs. Die Aditen und Themudäer wurden für ihre Gottlosigkeit bestraft und gänzlich vernichtet.

Gott gab Moses den Pentateuch; dem David die Psalmen; dem Salomo unterwarf er die Geister und die Vögel. Dieser Fürst errichtete zu Gottes Ehren einen prächtigen Tempel, welchen der Khalif Omar neu baute. Große Propheten waren ferner Elias, Jonas, Dzaïr

(Esra) welchen, sagt der Koran, die Juden als Gottes Sohn betrachten, Alexander Zuhl-Karnein und Yaya (der heilige Johannes). Das Evangelium offenbarte Gott dem Jesus, Sohn der Maria. Dieser Prophet wurde, durch Einwirkung des göttlichen Hauches, ohne Sünden empfangen, wie die Jungfrau auch, welche ihn gebar. Die Christen geben ihn für einen Sohn Gottes aus, die Juden wollten ihn tödten; aber statt seiner tödteten sie, da Gott sie irre leitete, den Judas, und Jesus fuhr, wie Elias, lebendig gen Himmel, von wo er herab kommen wird am jüngsten Tage, um zu tödten den Debschal, das heißt den Antichrist, und zu richten über die Todten und über die Lebendigen.

Die Juden und Christen hatten die Texte des Pentateuch, der Psalmen, und des Evangeliums verfälscht; dieses letztere Buch hatte die Ankunft des Trösters verkündet. Dieser Paraklet erschien; er war der größte aller Propheten und wird der letzte sein. Auf Erden war sein Name Mohamed Ibn Abballah el Haschemy, aus dem Stamme Fikr-Koreïsch; durch diesen ist er ein Nachkomme Ismaïls. Seine Geburt wurde durch Wunder vorher verkündet; das Feuer der Magier erlosch; König Khosroes hatte einen Traum welcher ihm den Untergang seines Reiches voraus verkündigte. Als der Prophet noch ein Kind war, öffnete ein Engel sein Herz und reinigte es. Er heirathete die Khadidschah, und hatte so lange sie lebte, fünfundzwanzig Jahre, kein Weib außer ihr. Später heirathete er die Aïscha und nahm mehrere andere Frauen. Von seinen Söhnen hat keiner ihn überlebt; unter seinen Töchtern ist Fatma am berühmtesten; sie heirathete den Ali.

Mohamed erhielt seine erste Offenbarung als er vierzig Jahre alt war. Der Engel Gabriel brachte ihm den Surat el Alak (das 96. Kapitel des Koran). Die erste Bekehrung war jene der Khadidscha. Bei einem Gastmahl verkündete der Prophet seinen Gästen die Sendung welche er zu erfüllen habe. Unter allen erklärte sich nur Ali für ihn. Die Koreïschiten verfolgten den Abgesandten Gottes und alle die sich zu ihm bekehrten. Seine Anhänger mußten flüchten, zerstreuten sich, und manche gingen nach Abyssinien, wo der Radjaschi oder König sie wohlwollend behandelte. Später sah der Prophet sich gezwungen, seiner Heimath den Rücken zu kehren; er floh mit Abu Bekr nach Medina. Das ist die Flucht (Hedschira, Hedschra), auf welcher mehr als ein Wunder geschah. Zu Medina wurde der Prophet mit Begeisterung aufgenommen; er sah sich nach einiger Zeit an der Spitze eines kleinen Heeres. Diese Zahl bestand aus vielen seiner bisherigen Schüler, aus Flüchtlingen gleich ihm (Mohabscherin) und den neuerworbenen Anhängern, die Ansariehs, Hülfsgenossen, genannt wurden. Unter die ersten Thaten dieser Muselmänner gehört der Sieg von Bedr; aber nach kurzer Waffenruhe begann der Kampf mit den Koreïschiten abermals, der Prophet bemächtigte sich Mekkas, vollzog dort die Gebräuche der Pilgerschaft, warf die Götzenbilder aus der Kaaba und weihte diesen Tempel lediglich und allein für den Dienst des wahren Gottes. Nach dem Siege verbannte der Prophet nur vier von seinen Feinden; Abu Sofian ibn Ommeyah, Oberhaupt der Mekkaner, wandte sich dem Islam zu. Sein Sohn Moawiah gründete das Khalifat der Ommiaden oder Beni Ommeyah.

Der Prophet hatte in Medina eine Moschee erbaut, den ersten Tempel, in welchem der Koran vorgelesen wurde; der Prophet selbst verkündete die Freitagskhotbeh, und betete mit seinen Schülern. Damals stellte man sich beim Beten in der Richtung nach Jerusalem; dann aber brachte der Engel Gabriel einen Vers in Folge dessen man diese Richtung mit jener nach der Kaaba zu vertauschte. Als Mohamed seine Sendung auf Erden erfüllt hatte, starb er, 63 Jahre alt, zu Medina, wo er auch begraben wurde. Das meiste was uns von seinen Handlungen und Worten überliefert worden ist, hat seine Frau Aischa gesammelt; sie half später auch die zerstreuten Offenbarungen des Koran in Reihe und Ordnung bringen.

Als Oberhaupt der Gläubigen, Emir el Mumenin, folgte dem Propheten Abu Bekr; er ist der erste unter den Heiligen. Ihm folgte Omar, der zweite unter den Heiligen; unter seinem Khalifat erfochten die Muselmänner glänzende Siege. Nach ihm kam Othman, der dritte unter den Heiligen; dann Ali, der vierte unter den Heiligen. Der Prophet hatte gesagt: das gesetzliche Khalifat wird nur dreißig Jahre nach mir dauern. Deshalb haben nach Ali's Tode die Regierungen ferner keinen göttlichen Ursprung; sie stützen sich auf Macht und Gewalt; diese bildet ihr alleiniges Recht. Aber man muß ihnen nichtsdestoweniger Gehorsam leisten, so lange sie vom muselmännischen

Glauben nicht abfallen. Es versteht sich von selbst, daß die Fürsten und ihre Hoftheologen mit einem solchen Grundsatze nicht einverstanden sind; jene geben sich für Nachfolger des Abu Bekr und Omar aus, die dann allerdings eine große Menge Nachfolger auf einmal gehabt haben müßten. Im Anfange des zehnten Jahrhunderts der Hedschira unterwarfen die arabischen Völker sich dem Sultan Selim Khan, dem Unbeugsamen, Grausamen (Jawuhs), und der Scherif von Mekka, Abu Barakat, stellte ihm die Schlüssel der Kaaba zu. Deshalb hat er auf seine Nachfolger, die Padischahs aus dem Stamme Osmans, den pomphaften Titel eines Oberhaupts des Islam (Imam el Musselmin) und des Beschützers der beiden heiligen und edelen Städte Mekka und Medina (el Haramin usch Kherifin) vererbt. Der Mufti von Konstantinopel, als Stellvertreter des Padischah in geistlichen Angelegenheiten, wird von den Türken als eine Art Papst betrachtet; sie legen ihm aber nicht etwa Unfehlbarkeit bei, wie die Katholiken ihrem geistlichen Oberhaupte. Denn die Türken sind überzeugt, daß die Unfehlbarkeit eine Eigenschaft Gottes allein sei, welche er nicht einmal seinem Propheten zuerkannt habe. In allen muselmännischen Reichen wird der Name des Herrschers auf die Münzen geprägt und in der Khotbe oder Predigt erwähnt; das ist aber lediglich ein äußerer Brauch, der weiter keine innere Bedeutung hat.

Die Söhne Ali's und der Fatma, die von den ehrgeizigen Ommiaden getödtet wurden, Hassan und Hossein (wovon man die Duale Hassanin und Hosseïnin bildete), gelten als Fürsten der Märtyrer. Ihre Abkömmlinge in männlicher wie in weiblicher Linie werden Seyds und Scherifs genannt, und sollen eigentlich neben den Ülema die erste Classe im Staate bilden; das ist aber keineswegs der Fall. Das Andenken einiger Eremiten steht in hohen Ehren, zum Beispiel des Abd el Kader Dschelani, Ahmed Rufayi, Ibrahim Dessuki und Ahmed Bedawi; dieser letztere war ein Säulenheiliger. Nach dem Ausspruche des Propheten haben vier Weiber den höchsten Grad der Heiligkeit erreicht; nämlich Asia, die Frau Pharao's; Maria, Imrâms Tochter und Mutter des Jesus; Khadidscha die Frau, und Fatma die Tochter Mohameds. Ihnen sind in allen muselmännischen Ländern viele

Moscheen geweiht. Seyda Seineb, Schwester der Hassanin ist Schutzpatronin von Kairo.

Der Koran ist in 114 sehr ungleiche Suras eingetheilt, die zusammen 6660, oder nach einigen Theologen 6666 Ayats oder Verse haben. Er bildet dreißig Hefte oder Dschus, die in halbe und viertel Hefte zerfallen.*) Man unterscheidet zwischen jenen Versen welche sich lediglich auf die Lehre beziehen, und jenen welche von der Moral und den Gesetzen handeln. Das sechsunddreißigste Kapitel, genannt Surat ye sin, so genannt nach seinen beiden Anfangsbuchstaben, wird als das Herz des Koran betrachtet, Qalb el Kuran; man liest es am Todtenbette, um die Seele eines Sterbenden von den Qualen des Fegefeuers zu befreien, ꝛc. Das erste Kapitel el Fathha, d. h. die Eröffnung hat nur sieben Ayat; es wird bei allen Rikats des Gebets hergesagt; ferner, wenn man einen frommen Gang (Tawaf) um das Grab eines Heiligen macht, wenn man eine Reise antritt, wenn man einen Handel abgeschlossen, und noch bei vielen anderen Gelegenheiten. Fast bei allen Handlungen des religiösen oder bürgerlichen Lebens spielt der Fathha eine Rolle.**) Beim Gebet werden, nächst dem Fathha, die kürzesten Kapitel (Surat el ikhlass, Surat el kauther, Surat el asr, Surat el Koreïsch) öfter als die längeren hergesagt. Durch den Surat en nas und den Surat el falak macht man Satans Anschläge zu nichte (esch Scheïtan). Der Surat el kafirun findet manchmal eine eigenthümliche Anwendung, denn dieses Kapitel muß ein Muselmann hersagen, den man für betrunken hält. Die einzelnen Verse unterscheiden sich von einander nur dadurch, daß dieselben Worte in ihnen eine verschiedene Reihenfolge haben; und ein Betrunkener

---

*) Wir haben eine vortrefflich deutsche Uebersetzung des heiligen Buches der Mohamedaner: Der Koran. Aus dem Arabischen wortgetreu übersetzt und mit erläuternden Anmerkungen versehen von Dr. L. Ullmann. Dritte Auflage, Bielefeld 1853. Eine ausgezeichnete historisch-kritische Einleitung in den Koran hat unser großer Orientalist G. Weil in Heidelberg geliefert. X.

**) Diese erste Sure lautet: Lob und Preis dem Weltenherr, dem Allerbarmer, der da herrscht am Tage des Gerichts. Dir wollen wir dienen und zu Dir wollen wir flehen, auf daß Du uns führest den rechten Weg, den Weg derer die Deiner Gnade sich freuen, und nicht den Weg derer, über welche Dir zuerst, und nicht den der Irrenden. A.

wird es nur selten dahinbringen, sie nicht zu verwechseln.*) Das Hersagen des Koran Khatmeh ist ein verdienstliches Werk und hat Gottes Segen zur Folge; an das Hersagen gewisser Kapitel sind Indulgenzen geknüpft.

Der Koran darf nicht gedruckt werden, so wenig wie irgend ein anderes Buch über Religion. Aus diesem Verbot erklärt es sich, weshalb die Korane welche in Malta gedruckt werden, in Aegypten und anderwärts nicht verkäuflich sind, obwohl sie nur etwa vier bis fünf Francs kosten, oder nur den fünften Theil so viel wie man für eine hübsche Abschrift geben muß. Durch jenes Verbot soll der Wiedergabe und Vervielfältigung von Fehlern entgegengearbeitet werden. Es kommen aber dergleichen, und zwar sehr wunderliche, auch in manchen Abschriften vor. So hatte ein Abschreiber beinahe den ganzen Koran ohne den geringsten Fehler zu Papier gebracht. Am Ende des Surat el nas hatte er nur noch die Worte beizufügen: Men edschb schennati un nas; da ruft unter seinem Fenster plötzlich ein Zwiebelhändler seine Waare aus: ia bessal! ia bessal! Statt die oben erwähnten Worte zu schreiben, setzt er in seiner Zerstreuung hin: ia bessal! das heißt Zwiebeln!

Wer den ganzen Koran auswendig weiß, hat den Titel **Hafizh**, d. h. er weiß ihn auswendig. Der Koran ist die Grundlage der Theologie wie des Rechts. Alle klar und deutlich in ihm ausgedrückten Lehrsätze und Pflichten sind von unbedingter Verbindlichkeit (**Fard**); wer gegen sie verstößt oder sie in Zweifel zieht, begeht ein Verbrechen (**Haram**). Jene Lehrsätze und Pflichten dagegen, die nicht so klar und deutlich angezeigt sind, und welche die Theologen der ersten Jahrhunderte nur auf eine Erklärung des Textes begründen, haben nur eine kanonische Verpflichtung (**Wadschib**); wer sich gegen sie verfehlt oder sie bezweifelt, läßt sich eine tadelnswerthe Handlung (**Mekruhh**) zu Schulden kommen.

---

*) Diese Sure ist die 109. und lautet: Sprich: „O ihr Ungläubigen, ich verehre nicht das was ihr verehret, und ihr verehret nicht was ich verehre, und ich werde auch nie verehren das was ihr verehret, und ihr werdet nie verehren das was ich verehre. Ihr habt eure Religion und ich die meinige." Einige Araber hatten nämlich von Mohamed verlangt, er solle ein Jahr lang ihre Götter verehren, und dann wollten sie eben so lange seinen Gott verehren. Darauf erhielt er die obige Offenbarung. A.

Es ist, abgesehen vom Koran, verdienstlich den Beispielen zu folgen, welche in den Ueberlieferungen des Propheten enthalten sind. Diese Ueberlieferungen nennt man Sunneh. In dieser Beziehung ist Alles bestimmt worden, und zwar durch die Doctoren der ersten vier Jahrhunderte nach der Hedschira, insbesondere durch die sogenannten Mudschtähits, und durch die Imams der vier orthodoxen Ritus, nämlich: Abu Hanifa, dessen Ritus die Türken und einige Morgenländer befolgen; Schafey, dessen Ritus auf der arabischen Halbinsel vorherrscht und eben so in Aegypten, wo sich, zu Kairo, sein Grab befindet; Malik, dessen Ritus die Syrier, Tunesen, Algierer, Marokkaner und die Völker des Sudan angenommen haben, und Hanbal. Dieser letztere hat nur wenige Schüler, und blos in Arabien und Aegypten. Alle diese Doctoren sind abweichender Meinung nur über Fragen welche der Koran nicht scharf und genau bestimmt hat, über welche demnach keine unbedingte Gewißheit vorhanden sein kann.

Das einfachste Glaubensbekenntniß ist folgendes: „Es ist kein Gott außer Gott, und Mohamed ist Gottes Prophet." La ilaha il' Allah u Mohamed rassul Allah. Vollständiger lautet es: „Ich glaube an Gott, an seine Engel, an seine Bücher, an seine Propheten, an das jüngste Gericht, und daran, daß Gott von Ewigkeit Alles vorhergewußt hat, das Gute und das Böse." Der Glaube ist wirksamer als die Werke; ewige Strafen werden nur Ungläubigen zutheil. Muselmänner die ein lasterhaftes Leben geführt, müssen sich im Fegefeuer reinigen; aber für jene deren Seele rein ist von Schmutz, öffnet sich der Himmel; eben so für die welche ihre Verbrechen durch Gebete sühnten, oder durch Reue oder Martyrthum. Das höchste Glück, welches den Auserwählten zutheil wird, ist der Anblick Gottes (er raïet). Die himmlischen Gärten und die Huris sind nur bildliche Ausdrücke, wie aus dem zweiten Kapitel des Koran hervorgeht; Surat el Bagara.*)

---

*) Das heißt Eure der Kuh. Die Stelle lautet: „Verkünde denen so da glauben und das Gute thun daß sie kommen werden in Gärten, von Bächen durchwässert, und so oft sie deren Früchte genießen, werden sie sprechen: Diese Früchte haben auch früher schon zur Speise uns gedient; so ähnlich werden sie sein. Auch reine und unbefleckte Frauen werden ihnen zutheil, und ewig sollen sie dort verweilen. Fürwahr, Gott braucht sich nicht zu scheuen, wenn er Gleichnisse von Insekten und noch Kleinerm nimmt. A.

Nach Aufzählung der himmlischen Freuden wird gesagt; daß Gott zur Bezeichnung des Vergleiches auch die geringfügigsten Dinge nicht verschmähe, und wäre es nur eine Mücke. — Ein muselmännischer Dichter hat sogar gesagt: „Herr, ich will nicht Deine Gärten und nicht Deine Schatten des Paradieses, ich verabscheue die Huris welche Du mir versprichst. Ich würde den Himmel fliehen und ihn verachten, wenn ich in ihm nicht den erhabenen Glanz Deines Antlitzes schauen sollte."

Es giebt sieben Höllen und acht Himmel; im höchsten Himmel steht der Thron Gottes (e t Arsch). Gleich nach seinem Tode wird der Mensch von zwei Engeln, Monker und Nekir, verhört; sie fragen ihn: „Wer ist Dein Gott, was Dein Cultus, Dein Buch, und wer Dein Prophet? Nach welcher Richtung wendest Du Dich beim Gebet?" Der Muselmann antwortet: „Mein Gott ist der alleinige Gott, mein Cultus der Islam, mein Buch der Koran, mein Prophet Mohamed, meine Richtung (Kibla) die hochedle Kaaba." Das jüngste Gericht wird vierzig Jahre währen. Das Ende der Welt wird durch manche Anzeigen vorher verkündet; die Handlungen der Menschen werden in einer Waage gewogen. Die Menschen werden die Brücke Sirat überschreiten und jenseit derselben den Himmel schauen, unter welchen die Flammen der Hölle lodern. Auf dieser Brücke wird der Fuß des Gottlosen straucheln, aber der Gläubige und Gerechte wird über den schmalen Pfad hinübergelangen mit der Schnelligkeit eines rennenden Rosses.

Der Islam hat unter seine Dogmen manche christliche Vorstellungen aufgenommen; dahin gehört der Glaube an Schutzengel, an die Dazwischenkunft der Heiligen, den Ablaß ꝛc. Er erlegt dem Gläubigen fünf Hauptpflichten auf: — das Glaubensbekenntniß, das Gebet; daß er den zehnten Theil seines Einkommens als Almosen spende; die Fasten im Ramadhan beobachte, und nach Mekka pilgere. Auf die Einzelheiten des Cultus will ich nicht ausführlich eingehen, und nur beiläufig erwähnen, daß das Gebet überall gehalten werden kann, falls überhaupt der Boden dafür geeignet ist. Der Gläubige soll täglich fünfmal beten, nämlich die Gebete: Salath el sebschr, Salath el dhohr, Salath el asr, Salath el mogreb, und Salath el Ascha; wegen der fünf

Propheten Adam, Abraham, Jonas, Moses und Jesus. Das gemeinschaftliche Gebet am Freitag kann nur in einer Stadt, einem Wohnort, gehalten werden, unter dem Vorsitze eines vom Herrscher Beauftragten, gleichviel welchen Rang derselbe habe. Es muß zu diesem Zweck eine Anzahl von Gläubigen versammelt sein, nach dem Malki-Ritus drei, nach dem Hanefi-Ritus zwölf, nach dem Schafey-Ritus vierzig. Sie bilden die Versammlung (Dschehmah). Die Reisenden, das heißt Alle, welche sich nicht länger als vierzehn Tage an einem Orte aufhalten, sind nicht verpflichtet diesem Gebete beizuwohnen. Ein Muselmann der in einem Lande verweilt, das unter der Herrschaft Ungläubiger steht, wird immer als Reisender angesehen. Man baut daher keine Moscheen in christlichen Ländern. Nur wer rein ist darf beten oder aus dem Koran lesen. Wenn die Reinheit durch geschlechtlichen Verkehr, natürliche Bedürfnisse und dergleichen verloren gegangen ist, so muß der Muselmann ein Bad (Ghusl) nehmen, oder eine Abwaschung (Uduh). Er nimmt, wenn Wasser mangelt, Sand oder trockenen Staub, schlägt die Hände gegen einander, fährt damit über das Gesicht; das ist der Teyemmûm.

Man hat oft behauptet der Islam sei eine durchaus sinnliche Religion, die nur deshalb so großen Einfluß auf die Orientalen gewonnen habe, weil sie alle möglichen Ausschweifungen gut heiße. Das ist aber durchaus nicht der Fall. Ich erinnere nur an das Verbot des Weins und aller Substanzen welche dem Menschen die Herrschaft über sich selbst rauben; an den Monat Ramadhan während dessen der Muselmann sich vom Morgen bis zum Abend aller Speisen und Getränke, des Tabaks ꝛc. enthalten muß.

Die Pilgerfahrt nach Mekka hat der Islam beibehalten; sie war schon im hohen Alterthume bei den Völkern der arabischen Halbinsel herkömmlich, und wurde auch von den in Aegypten lebenden Arabern unternommen. Die Pilger welche die vorgeschriebenen Bräuche in Mekka vollziehen wollen, müssen zur Zeit des iid el Kebir, also am zehnten Tage des Monats Sül hadsch sich dort eingefunden haben.*)
Jeder Gläubige soll bekanntlich, wenn er kann, einmal in seinem Leben

---

*) Der Monat Sül hadsch oder Dsül hedsche begann im Jahre 1270 nach der Flucht, 1854, am 25. August.   A.

die Pilgerreise machen. Wer in Mekka beim heiligen Grabe war, erhält den Titel Hadschi, der um so mehr in Ansehen steht, je weiter das Land von Mekka entfernt liegt, und je schwieriger und gefahrvoller die Reise dorthin war. Im Mittelalter war ein gleiches mit den christlichen Pilgern der Fall, die nach Jerusalem wallfahrteten. Heutzutage ist das eine sehr kurze und leichte Reise; man fährt in einigen Tagen aus einem europäischen Hafen des Mittelmeeres auf einem Dampfschiffe nach der syrischen Küste, hat von Jaffa nach Jerusalem nur zwölf Meilen, und kehrt in der heiligen Stadt in einem Kloster oder in einer europäischen Gastwirthschaft ein. Eine solche Pilgerfahrt kostet nicht viel Geld oder Zeit, ist weder beschwerlich noch gefahrvoll, eine Lustpartie von vier oder sechs Wochen, und doch, von wie wenigen wird sie unternommen! Ich habe im Gelobten Lande die Fremdenbücher durchblättert, die Namen vieler Engländer gelesen die von Kairo nach Damaskus gingen, aber Pilger habe ich wenige gefunden, nur dann und wann einen katholischen Priester oder einen anglikanischen oder lutherischen Missionär, der nach Indien oder der Ostküste von Afrika sich begab. Nach einer Schätzung des Abbé Michon kommen jährlich etwa achtzig katholische Pilger nach Jerusalem, von den frömmern Orthodoxen (griechischer Kirche) etwa zwölftausend. Dagegen brechen alljährlich sechzigtausend Pilger auf von Indien, Persien, der Türkei, Marokko oder aus dem Sudan, und trotzen allen Beschwerlichkeiten und Gefahren um nach Mekka zu wallfahrten. Dort steht doch nur das erste Bethaus, das der Mensch seinem Schöpfer zu Ehren erbaut hat; es umschließt nicht das Grab eines Propheten, und noch weniger, was in Jerusalem nach Meinung der Christen der Fall ist, das Grab und die Spuren Gottes selber. Die bei weitem größte Anzahl der Pilger bedarf zur Pilgerfahrt etwa sechs Monate; manche sind zwei Jahre unterwegs, etwa ein Viertheil kommt gar nicht wieder heim, er wird von Krankheit, Durst und Hunger hinweggerafft, oder verendet unter Lanzenstichen des plündernden Arabers in der Wüste.

Almosengeben wird auf das dringendste eingeschärft; es ist nicht eine Sache des Beliebens sondern für die Reichen eine ausdrückliche Verpflichtung. Wer reich ist soll den zehnten Theil seines Einkommens, der Kaufmann den zehnten Theil von seinem Profit für die Armen geben,

Der Koran schärft unter anderm Folgendes ein: Gieb Deinem Nächsten was Du ihnen schuldig bist; reiche Almosen den Armen und den Reisenden (17.²⁸). Unterdrücke nicht den Waisen und verstoße nicht den Bettler, sondern verbreite die Wohlthat Deines Herrn (93.⁹ und ¹⁰). Zeige Menschenfreundlichkeit gegen alle Menschen (2.⁷⁷). Suche nicht das schlechteste von dem Deinigen aus um es zu vergeben; biete nichts an was Du nicht auch empfangen möchtest (2.²⁶⁸ und ²⁶⁹). Spende Almosen bei Tag und Nacht, insgeheim und öffentlich; Du wirst den Lohn dafür aus den Händen des Ewigen erhalten, und wirst geschützt sein vor Schreck und Qual (2.²⁷⁴). Man kann seine guten Werke öffentlich thun, es ist aber besser sie zu verhehlen; der Allmächtige ist Zeuge dessen was geschieht (2.²⁷²). Das Gute so Du thust, wirst Du bei Gott wieder finden (2.¹⁰⁴). Ich könnte noch eine Menge anderer Stellen anführen die nicht minder bestimmt lauten. Die Tradition legt dem Propheten folgende Sprüche in den Mund: Das Almosen berührt die Hand Gottes bevor es noch in jene des Armen gelangt. — Wehe dem der gesättigt stirbt und seinen Nachbar hungernd zurück läßt. — Er hat ferner gesagt: Die letzte Hülfsquelle des Menschen muß das Almosenerbitten sein. — Im Koran lesen wir die schönen Worte: „Arbeit bewahrt vor Armuth. O mein Diener, rühre nur Deine Hand und Reichthum wird in Fülle aus ihr hervorströmen."

Der Islam hat die Beschneidung beibehalten; Moses hatte sie den Aegyptern entlehnt. Herodot schreibt: „Alle Völker mit Ausnahme derer welche von den Aegyptern Unterweisung erhielten, lassen ihre Geschlechtsglieder im natürlichen Zustande, sie dagegen lassen sich beschneiden." Dieser Brauch, welcher sich bei den Mohamedanern auf das Beispiel des Propheten gründet, gilt für verdienstlich, ist aber nicht etwa unbedingt nothwendig. Er erscheint aber durch das Herkommen geheiligt, die Muselmänner unterscheiden sich dadurch von den Christen und auch von den Israeliten, welche die Beschneidung in einer andern Weise vornehmen. Aber viele Muselmänner, namentlich Nomaden, Gebirgsbewohner und die noch Halbwilden umgehen die Beschneidung, und in der türkischen Armee sowohl als im ägyptischen Heere findet man viele Soldaten, welche der Operation erst unterworfen wurden nachdem sie unter die Fahne getreten waren. Das Kind ist also nicht erst nach der Beschneidung, sondern gleich mit der Geburt mohamedanisch, und dann wird ihm auch sogleich sein Name gegeben, nicht erst am Tage der Beschneidung. Der Imam wird herbeigeholt um den Neugebornen das Glaubensbekenntniß ins Ohr zu flüstern.

Die Leiche eines Muselmannes muß so schnell als möglich, mindestens vierundzwanzig Stunden nach dem Ableben begraben werden; man muß ferner den Sarg in schnellem Schritte nach der Begräbnißstätte tragen. Diese Verfügung des religiösen Gesetzes hat ihren Grund in Gesundheitsrücksichten. Allerdings können dabei Scheintodte beerdigt werden, weil man das gewisseste Zeichen des Todes, die Verwesung, nicht abwartet. Leider ist eine Ueberlieferung in Abgang gekommen, die verlangte daß der Sarg nur sehr lose zusammen gefügt sein durfte; man legte etwas Speise hinein, und der Deckel durfte an der einen Seite nicht zugenagelt werden; auch warf man Anfangs nur wenig Erde darauf.

Die Mohamedaner beten den Rosenkranz ab; er enthält neunundneunzig Kugeln; bei jeder einzelnen, welche man durch die Finger gehen läßt, wird ein frommer Ausruf gesprochen, der sich auf die Eigenschaften Gottes oder auf die Namen des Propheten bezieht; zum Beispiel: Gott ist groß, Lob sei Gott, Ruhm sei Gott, und dergleichen. Der Zikr wird allein von den Derwischen oder doch unter ihrer Leitung vorgenommen. Er besteht darin, daß man die Eigenschaften Gottes anruft, und dabei den Kopf schüttelt und den Körper bewegt. Die Gläubigen stellen sich dabei in einen Kreis und kehren einander das Gesicht zu.

Ich habe schon weiter oben bemerkt, das Manche den Islam verwerfen, er sei ein Cultus in welchem die Materie verherrlicht, der Sensualismus vergöttlicht werde, und daß sie ferner behaupten, er habe seine großen Erfolge lediglich diesem Umstande zu verdanken. Die Sache verhält sich aber ganz anders. Denn der Islam verdient dergleichen Vorwürfe nicht nur nicht, sondern im Gegentheil, jeder einsichtsvolle und unbefangene Beobachter wird zugestehen müssen, daß der Geist dieser Religion ein klösterlicher Geist, und ein wahrhaft muselmännisches Leben auch ein ascetisches Leben sei. Der strengen Fasten während des Ramadhan ist schon erwähnt worden; dazu kommt daß manche Vergnügungen gänzlich untersagt, alle berauschenden Getränke und manche Speisen verboten sind. Der Muselmann darf kein Fleisch von einem Schweine essen, weil dieses Thier, sobald es sich selbst überlassen bleibt, seine Nahrung auch im widerwärtigsten Schmuze sucht. Aus ähnlichen Gründen darf man auch nichts von Thieren genießen welche Fleisch fressen; die wilden Thiere, und selbst der Hund, sind deshalb unrein. Die kezerischen Mohamedaner, Frauen welche gern stark beleibt werden möchten, und einige Anhänger des Imam Malek, essen allerdings Hundefleisch. Das Schweinefleisch ist in heißen Ländern schwer verdaulich, und die Aerzte sind der Ansicht, daß der viele Speck, welchen unsere Matrosen genießen, sie nicht etwa kräftige, sondern Hautkrankheiten verursache. Unter allen mohamedanischen Völkern sind es nur allein die Turkomanen, bei welchen Pferdefleisch ein gewöhnliches Nahrungsmittel ist; dasselbe gilt aber im Allgemeinen für eine tadelnswerthe Speise (Mekruhh). Das Schöpsenfleisch ist viel besser als das Kameelfleisch; dieses leztere wird besonders von den Arabern auf der Halbinsel sehr häufig genossen. Das Blut aller Thiere gilt für unrein, nicht aber das Fett, welches Moses den Israeliten verbot. „Das sei eine ewige Sitte bei euern Nachkommen, in allen euern Wohnungen, daß ihr kein Fett noch Blut esset." 3. Buch Mose III. 17. Unrein ist das Blut weil es für ein Werkzeug und einen Träger des Lebens gilt, und dieses im Herzen wohnt, es bildet die Seele durch welche die Thiere sich von den Pflanzen unterscheiden. „Denn des Leibes Leben ist im Blute."

Alle Substanzen, deren Genuß dem Menschen den Gebrauch der Vernunft raubt, erklärt der Islam für unrein. Die Vorschrift ist bestimmt und allgemein. Sie lautet: Kullu muskirûn haram, das heißt: Alles was trunken macht, ist verboten. Wenn ein Mensch sich in saurer Milch betrinken könnte, so müßte er für seine ganze Lebenszeit auf dieses Getränk verzichten. Der Koran bemerkt: im Genusse des Weins liegt Gutes und Böses, aber das Gute wird vom Bösen bei weitem überwogen. Der Prophet hat gesagt: „Der Wein ist Vater des Verbrechens", und er hat ferner geäußert: „Wein zu trinken ist nicht minder strafbar als die Gözen anzubeten." Salomo spricht: „Der Wein macht lose Leute und starkes Getränk macht wild; wer dazu Lust hat, wird nimmermehr weise." Sprüche XX. 1. So strenge Vorschriften werden nur von einer geringen Anzahl religiöser und enthaltsamer Leute befolgt; die überwiegende Mehrzahl verfehlt sich insgeheim dagegen, und hat es von jeher gethan. Manche muselmännische Fürsten waren dem Genusse geistiger Getränke bis zum Uebermaß ergeben; vor nicht gar langen Jahren ist einer derselben sogar am Säuferwahnsinn gestorben.

Der Islam verbietet ferner die Glücksspiele, Tanz und Musik, die Darstellung belebter Gegenstände durch Zeichnen, Malen und Bildhauerkunst, weil das Ergebniß derartiger Darstellungen kein anderes sei als die Völker dem Götzendienste in die Arme zu führen. Gott hat in der Bibel gesagt, daß man ihn nicht im Abbild vorstellen, auch kein Bild von dem machen solle was im Himmel und auf Erden sei. Die Moscheen sind deshalb nur mit Arabesken oder Inschriften verziert, bei welchen die Kunst des Schönschreibers eine Zierlichkeit erreicht, von welcher wir uns in Europa kaum eine Vorstellung machen. Schmucksachen, goldene und silberne Geräthe, gestickte Kleider, Wohlgerüche und dergleichen sind nur Weibern und Kindern gestattet.

Muselmännische Frauen von Stand verdecken, namentlich in den Städten, sorgfältig ihr Gesicht, die Bäuerinnen und Beduininnen dagegen nehmen es in dieser Beziehung viel weniger genau. Der Schleier ist unumgänglich, es scheint aber als ob der Prophet von den Frauen nur gefordert habe, daß sie Busen und Hals, Haare, Hände und Füße bedecken, ihr Gesicht aber sehen lassen können. Die Theologen verlangen aber daß auch das Gesicht verschleiert werde, und diese Sitte ist allerdings seit den ältesten Zeiten im Morgenlande weit verbreitet und herkömmlich. Auch der Apostel Paulus verlangt daß die Frauen verschleiert zum Gottesdienste kommen. Er wollte, sehr verständig, aus dem Tempel Gottes eine Putzsucht und Koketterie verbannen, die dort am allerübelsten angebracht ist. Der Schleier hat aber, wo er allgemein getragen wird, und keine Ausnahmen vorkommen, einen unbestreitbaren Vortheil. (?) Er verhindert daß der Mann welcher heirathen will, sich nicht im Voraus einen klaren Begriff von den Vorzügen und der Anmuth eines Weibes bilden kann; er hört nur was Mutter und

Schwestern über seine zukünftige Gattin sagen. Nach der Heirath wird er der etwaigen Fehler oder der Unschönheit seiner Frau nicht sobald inne als wenn er vorher mannigfache Vergleiche hätte anstellen können. (?) Der Jüngling hat keine Gelegenheit viele und unnütze Liebesintriguen anzuspinnen und heirathet früh, und auch von der Natur mit nicht vielen Reizen bedachte Mädchen sind nicht leicht in Gefahr unvermählt zu bleiben.

Man erzählt im Orient ein artiges Geschichtchen. In Konstantinopel hatte ein junger Kaufmann an seine Bude die Worte geschrieben: „Die Verschlagenheit der Männer übertrifft jene der Weiber." Ein bildschönes Mädchen liest auf einem Gange durch den Bazar diese Inschrift, und faßt sogleich den Entschluß diesem Kaufmann einen Possen zu spielen. Die Schöne tritt in den Laden, besieht einige Waaren, unterhält sich mit dem Kaufmann, thut als ob ohne ihr Zuthun der Schleier sich löse und läßt dabei flüchtig ihr Gesicht sehen; hebt dann die eine Hand so empor, daß ihr schön gerundeter Arm sichtbar wird und dessen blendende Weiße nicht verhüllt bleibt, und versteht es ferner so anzustellen, daß auch ihr prächtig geformtes Bein dem verschlagenen Kaufmann ins Auge fallen muß. Beim Anblick so vieler Reize geräth dieser in nicht geringe Wallung, vergißt seine Siebensachen, und hat nur noch Sinn für die Schöne, die eben forteilt. Sie geht von nun an einige Tage nacheinander mehrmals vor seinem Laden vorbei, und am Ende geräth der Kaufmann außer sich. Er ermannt sich zu einer Liebeserklärung, bittet sie, sie möge sich ihm zu erkennen geben, und seine Hand annehmen. Die Schöne äußert: ihr Vater sei ein sehr geiziger Kadi, von welchem sie gar keine Mitgift zu erwarten habe. Wenn Freier kämen, sage er immer seine Tochter sei einäugig und von unverträglicher Gemüthsart. Aber am andern Morgen ging der Kaufmann doch zum Kadi und bat ihn um die Hand seiner Tochter. Der Kadi gab die Antwort auf welche der Bewerber schon gefaßt war. „Meine Tochter ist sehr häßlich, und es wäre mir leid, wenn Du Dich darüber auch nur einen Augenblick täuschtest. Es wird Dich gereuen, wenn Du sie heirathest; also laß das Ding bleiben, und suche Dir eine passendere Frau." Allein der rasend verliebte Kaufmann blieb bei seinem Verlangen, und nun sagte der Kadi: „Geschehe also was Du willst; ich brauche mir nicht vorzuwerfen, daß ich Dich hätte täuschen wollen. Du hast mir also nach der Heirath etwaige Mängel, die Du an meiner Tochter bemerkst, nicht vorzuwerfen; ich gebe sie Dir zum Weibe; lebe glücklich mit ihr." Der Kaufmann also heirathete die Tochter des Kadi. Erst in der Hochzeitnacht konnte er sich überzeugen, daß der Vater die Wahrheit gesagt, und die bewußte Schöne ihn hinters Licht geführt hatte. Er war Ehemann einer andern geworden.

Am nächsten Tage saß er mit trübseliger Miene in seiner Bude. Da ging seine Schöne abermals vorüber und grüßte ihn mit der freundlichsten Miene von der Welt. "Ach, Du hast mich unglücklich gemacht!" rief er ihr entgegen. "Meine Liebe zu Dir hat mich in einen Abgrund geschleudert! Weshalb treibst Du Deinen Spott mit mir?" Lächelnd entgegnete sie: "Weil Du auf Deine Bude den Wahlspruch schriebst: Die Verschlagenheit und List der Männer geht über jene der Weiber. Da wollte ich Dir zeigen daß gerade das Gegentheil der Fall sei. Du liebst mich und Du gefällst auch mir; ich bin bereit die Dinge ins Gleiche zu bringen und will Dich heirathen; aber zuvor muß Deine Frau damit einverstanden sein, denn sie ist meine Freundin. Sie ist häßlich und konnte deshalb keinen Mann bekommen; Du hast sie geheirathet, sie wird wie Deine Schwester und ich werde Deine Frau sein." Damit war der verliebte Kaufmann, wie man leicht begreift, vollkommen einverstanden.

2. Der Islam als politisches System.

Staats- und bürgerliche Gesetzgebung. — Abgaben. — Handel und Wandel. — Testamente. — Gerechtigkeitspflege. — Das Strafgesetz und dessen Eigenthümlichkeiten.

Ich habe schon früher darauf hingewiesen, daß in den muselmännischen Staaten der Gegenwart keine Gewalt vorhanden ist, welche das sogenannte göttliche Recht in Anspruch nehmen könnte. Es giebt also auch keinen „legitimen" Monarchen, und wenn einer sich für den einzigen und rechtmäßigen Nachfolger der vier ersten Kalifen ausgeben wollte, so wäre das lediglich eine unbefugte Anmaßung. Die Herrschaft und Machtbefugniß eines Fürsten steht als eine Thatsache da, welche man hinnimmt und sich gefallen läßt, wie sie eben Nutzen bringt, und weil es strafbar wäre sich gegen sie aufzulehnen; denn Bürgerkrieg und Anarchie sind unter allen Umständen ein Unglück. Aber der Mangel an einem klaren Gesetz über die Thronfolge, welches dem ältesten Sohne nach Ableben seines Vaters die Regierungsgewalt sichert, hat die nachtheiligsten Folgen. Sobald der Fürst gestorben ist, machen Oheime, Vettern, Brüder und Kinder die Krone einander streitig, und der Zwist muß durch Waffengewalt entschieden werden, falls nicht etwa einer der Bewerber dem andern rasch zuvorgekommen ist; auch dann muß er der Selbsterhaltung wegen die Besiegten um einen Kopf kürzer machen. Es war deshalb bis auf eine nicht weit hinter uns liegende Zeit in Konstantinopel herkömmlich, die möglichen Thronerben in den Harem zu verweisen oder ihrem Leben durch Schwert, Gift oder seidene Schnur ein Ende zu machen; auch wurden sie wohl gleich bei der Geburt getödtet.

Der Koran sagt: „Wir haben die Güter der Erde getheilt, wir haben die Stände eingesetzt, durch welche die Menschen sich unterscheiden, welche sie erhöhen oder erniedrigen, dem einen die Herrschaft geben und den andern zum Gehorsam verpflichten." Nichtsdestoweniger ist der Geist des Islam demokratisch. Die Menschen sind gleich wie die Zähne eines Kammes; so hat der Prophet gesagt. Seine Nachkommen, die Scherifs und Seiden, haben zu allen Zeiten große Achtung genossen, aber ihr Vorrang vor den übrigen Mohamedanern ist eigentlich nur ein theoretischer und im praktischen Leben ohne Bedeutung. Man trifft daher viele Nachkommen des Propheten in niedrigen Lebensverhältnissen und dürftigen Umständen. Außerdem haben die Türken von jeher die Politik befolgt, den Adel zu vernichten, dagegen die Macht und Gewalt der Feldherren und höheren Beamten zeitweilig zu verstärken. Diese Leute gingen und gehen zumeist aus den tiefern Schichten des Volkes oder aus den Reihen der Mameluken hervor; sie sind nichts weiter als Creaturen und Sclaven des Herrschers, der sie emporhob und jeden Augenblick wieder stürzen kann. Das Reich der Osmanen ist hauptsächlich auch dadurch so tief herabgekommen, weil ihm eine Aristokratie fehlt, weil alle bedeutenden Köpfe auf das gewöhnliche Niveau herabgedrückt werden, weil nicht das Verdienst den Ausschlag giebt, sondern nur Gunst entscheidet; deshalb ist auch die Regierung verderbt und ohne Kraft. Hätte Rom eine so große Rolle in der Welt gespielt ohne seine Patricier, welche das Volk führten? Oder wäre ohne eine Aristokratie Venedig so berühmt geworden? Oder hätte England ohne seine Oligarchie die Herrschaft der Meere gewonnen und so viele Königreiche erobert?

Die Bestimmungen welche das muselmännische Gesetz in Bezug auf die Staatsfinanzen enthält, werden jetzt nicht mehr beobachtet. Nach jenen Gesetzen erhob der Fiscus Abgaben von Bodenerzeugnissen und dem Handelsverkehr. Sie waren sehr gering und reichten bei wachsenden Bedürfnissen des Staates nicht aus; sie wurden namentlich dann unzureichend, als regelmäßige Heere errichtet wurden. Man mußte also zu anderen Steuern greifen. Man hat dabei die Auskunft getroffen, daß sie für vorübergehende Beiträge ausgegeben werden und lediglich bestimmt seien, augenblickliche Bedürfnisse zu decken; angeblich sollen sie demnächst wieder wegfallen. In alten Zeiten wurden die öffentlichen Einnahmen, je nachdem sie aus der einen oder andern Quelle flossen, in vier verschiedene Kassen abgeführt. Aus der einen mußte die Regierung ihre Ausgaben bestreiten; aus den drei übrigen Säckeln unterstützte man Hülfsbedürftige, kaufte man unglückliche Schuldner los, erleichterte die Freilassung der Sclaven; auch wurden armen Reisenden Mittel zur Rückkehr in die Heimath gegeben.

Heirathen gilt nicht nur für verdienstlich, sondern für eine Pflicht. Beide Theile müssen ihre Einwilligung gegeben haben. Der Vater kann sein minderjähriges Kind verehelichen, aber es muß seine ausdrückliche Einwilligung ertheilen, sobald es die Großjährigkeit erreicht hat; ohne diese nachträgliche Zustimmung wäre die Ehe ungültig. Die Vermählung findet in Gegenwart von Zeugen statt; gewöhnlich sind beide Brautleute durch ihre Familien vertreten. Der Imam des Pfarrsprengels leitet das Ganze und schreibt die Vertragsbedingungen auf. Der Mann muß eine Hochzeitsgabe darbringen und fügt ein Brautgeschenk hinzu; die Frau bringt einiges Hausgeräth mit. Die Hochzeit dauert vier Tage, aber vollzogen wird die Vermählung von Seiten des Brautpaars erst in der Nacht von Donnerstag auf Freitag, denn in jener Nacht ist, nach Aussage der Ueberlieferung, der Prophet empfangen worden.

So viel als irgend möglich muß die Heirath angemessen und standesgemäß sein. Ehen unter Verwandten und sogar unter Milchbrüdern und Milchschwestern sind unerlaubt, weil die Amme gewissermaßen als Mutter betrachtet wird. Man darf keine Frau heirathen mit welcher man in einer strafbaren Verbindung gestanden hat, und Sclavinnen nur wenn man sie freiläßt; man darf aber mit ihnen leben, und giebt sie frei oder heirathet sie sobald man Kinder mit ihnen gezeugt. Der Muselmann darf vier gesetzliche Frauen neben einander haben; er soll alle gleich gut behandeln, jeder eine einzelne abgesonderte Wohnung geben, und sie abwechselnd der Reihe nach besuchen. Ein Muselmann kann eine Kitabi heirathen, das heißt, eine Christin oder Jüdin (men al el Kitab, einem Volke angehörend das von Gott ein Buch erhalten hat), aber nicht eine Götzendienerin, abd el es nam, oder eine Parsi, die recht eigentlich giaur ist. Eine mohamedanische Frau darf sich mit keinem Ungläubigen vermählen. Die Kinder eines Muselmannes und einer Kitabi folgen der Religion ihres Vaters. In Ehen zwischen Juden und Christen sollen die Kinder zum Christenthum halten, das in den Augen der Muselmänner unter den beiden Religionen für die weniger schlechte gilt.

Die Gewalt des Ehemannes ist sehr beschränkt. Die Frau braucht ihrem Manne auf keiner Reise zu folgen, welche Safer ist, das heißt länger als drei Tage dauert. Sclaven können nur mit Einwilligung ihres Besitzers heirathen; ein Sclav darf nicht mehr als zwei Frauen haben; wird er frei, so kann er eine früher eingegangene Ehe für nichtig erklären. Getrennt ist die Ehe wenn einer der beiden Gatten vom Islam abfällt, und wenn der Mann die Frau verstößt. Er braucht ihr lediglich die Worte zu sagen: „Ich verstoße Dich." Aber der Prophet hat gesprochen: „Wehe dem welcher seine Frau der Lust halber verstößt." Die Frau wohnt in einem solchen Falle noch drei Monate im Hause des Mannes, wird aber von ihm nicht besucht; die Verstoßung wird rückgängig, wenn er binnen dieser Zeit sich ihr wieder naht. Eine dreimalige Verstoßung schließt jede Wiederannäherung aus. Unter den Türken wird selten eine Frau verstoßen, in Aegypten ist es öfter der Fall, namentlich bei ärmeren Leuten. Die Scheidung findet durch gerichtliche Entscheidung statt mit Einwilligung beider Theile, oder wenn der Mann die Vaterschaft ableugnet, oder wenn das Unvermögen des Mannes unzweifelhaft festgestellt ist. Bei der Vermählung wird nur die erste Hälfte des Hochzeitsgeschenkes der Frau zurückgegeben; bei der Scheidung bekommt sie die andere. Durch diese Verfügung soll dahin gewirkt werden, daß die Männer nicht allzuhäufig mit ihren Frauen wechseln. Vor einigen Jahren wurde diese gesetzliche Bestimmung von einem Statthalter zu Damaskus in sinnreicher Weise ausgebeutet. Er wollte der sehr stark im Schwange gehenden Prostitution einen Damm entgegensetzen. Sobald ein Regierungsbeamter gegen die Verordnung sich verfehlte und in einem schlechten Hause betroffen wurde, ließ der Statthalter ihn sammt dem öffentlichen Mädchen, bei welchem man ihn gefunden, vorführen. Dann sprach er beide mit scheinbarem Wohlwollen folgendermaßen an: „Ihr liebt euch, deshalb vermähle ich euch hiermit, und behalte mir vor den Betrag des Hochzeitsgeschenks festzusetzen." Das geschah dann auch, und allemal erreichte der Betrag eine außerordentliche Höhe. Ein solcher Beamter durfte keinen Widerspruch wagen; er sah sich nun an eine lose Dirne gekettet, die er obendrein aufmerksam behandeln mußte, denn sonst ging sie zum Statthalter, klagte auf Scheidung, und ging mit der beträchtlichen Ausstattung fort.

Jedes Kind das sechs Monate nach geschlossener Heirath zur Welt kommt, gilt für ehelich geboren, wenn nicht von Seiten des Vaters ausdrücklich dagegen Einsprache erhoben wird. Für ehelich wird gleichfalls ein Kind erachtet, das von einer Witwe geboren wird, die binnen vierundzwanzig Monanaten nach dem Ableben ihres Mannes nicht wieder vermählt war. Der Imam Malek erklärt sogar solche Kinder für rechtmäßig, welche vor Anbeginn des siebenten Jahres der Witwenschaft zur Welt kommen. Einst waren mehrere Ülemas und ein türkischer Kaufmann, dieser von etwas beschränktem Verstande, bei mir, als das Gespräch auf den eben erwähnten Gegenstand fiel. Der Kaufmann erzählte, er sei einundzwanzig Monate nach dem Tode seines Vaters geboren worden. Wir alle lachten laut auf. Als ich mit den Ülemas allein war, fragte ich wie sie hätten lachen können, da eine solche Geburt ja durch das Religionsgesetz für rechtmäßig erklärt werde. Der eine Ulema, ein sehr aufgeklärter Mann, entgegnete: das sei allerdings richtig; das Gesetz habe aber keineswegs sagen wollen, daß eine Geburt so spät erfolgen könne, sondern es habe nur Nachsicht gegen die Schwächen der Frauen, und wolle für Fehltritte derselben nicht die unschuldigen Kinder büßen lassen.

Nach der Scheidung kann die Mutter ihre Knaben bis zum siebenten oder neunten Jahre bei sich behalten, je nach dem Ritus, zu welchem sie sich bekennt; die Töchter bleiben bis zu ihrer Mannbarkeit oder Vermählung bei ihr. Die väterliche Gewalt ist ausgedehnter als in den christlichen Staaten Europas aber nicht so sehr wie bei den Römern. Ich schließe diese Bemerkungen, indem ich hervorhebe, daß die Ehe keineswegs immer heilig gehalten wird, denn Untreue kommt keineswegs selten vor. Es giebt keine Civilstandsregister. In Aegypten erzählt man von drei Soldaten welche eine und dieselbe Frau geheirathet hatten, ohne es nur zu ahnen; sie waren überrascht als sie sich einmal bei ihr zusammenfanden. Die Frau wurde vor den Kadi gebracht; zu ihrer Entschuldigung gab sie an, die Soldaten seien sehr arm und könnten jeder ihr nur ein Brot bringen; eins davon esse sie selber und die beiden andern verkaufe sie, um von dem Erlöse das Allernothwendigste anzuschaffen. Sie erhielt in Berücksichtigung ihrer beschränkten Verstandeskräfte weiter keine Strafe, als daß sie aus der Stadt verwiesen wurde.

Das muselmännische Gesetz erkennt vier Arten von Vergesellschaftungen zu Handelszwecken an (Schirket), je nachdem die Theilhaber ihre gesammte Habe, oder nur Capitalien, oder Arbeitsthätigkeit, oder Credit der Gesellschaft zuertheilen. Diese letztere wird aufgelöst durch den Tod oder die Abtrünnigkeit eines Theilhabers; damit hören die gegenseitigen Verpflichtungen der Theilhaber, des Auftraggebers und des Geschäftsführers auf. Handel vermittelst eines Austausches von Waaren, Verkauf gegen Credit oder gegen Vorschuß, kann je nach seiner Beschaffenheit erlaubt sein, oder unerlaubt, tadelnswerth, null und nichtig, oder er bedarf der Bestätigung ꝛc. Es ist zum Beispiel sehr tadelnswerth wenn Jemand am Freitag zur Zeit des Gottesdienstes etwas verkauft, oder wenn er den Koran verkauft, oder einem

Ungläubigen einen Sclaven verkauft, oder eine Sclavin von ihrem Sohne trennt. Null und nichtig ist es, wenn man einen freien Mann als Sclaven verhandelt, wenn man ein zu frommen Stiftungen gehörendes Grundstück (Walf) verkauft, oder Gegenstände deren Gebrauch die Religion verbietet und die für unrein gelten. Der Handel mit diesen letztern ist nur Ungläubigen gestattet. Thiere und Sclaven, an welchen Fehler, Mängel und Krankheiten entdeckt werden, muß der Verkäufer zurücknehmen. Gewinn welchen ein betrügerischer Handel oder der Wucher oder die Anlage einer Summe Geldes auf Zinsen abwirft, ist unerlaubt, eben so der Gewinn beim Spiel. Wechsel erkennt das Gesetz nicht an.

Alle diese Bestimmungen sind geeignet den Verkehr zu lähmen, den Aufschwung der Gewerbsamkeit zu hemmen; sie verstoßen gegen alle Grundregeln einer verständigen Volkswirthschaft. Sie werden auch nicht buchstäblich befolgt. Uebrigens ist die muselmännische Gesetzgebung nachsichtig gegen die Schwachen und wohlwollend für die Armen, und daher gegen den zahlungsunfähigen Schuldner bei weitem nicht so streng als die unsrige; sie erlaubt allerdings einen solchen ins Gefängniß zu setzen, doch geschieht es nur selten. Die Behörden suchen wo möglich einen Vergleich herbeizuführen und gewähren dem Schuldner große Erleichterung beim Abtragen der Summe.

Die verschiedenen Gewerke bilden bei den Arabern und Türken je eine Körperschaft, deren jede einen Vorsteher hat (Amin). Gewöhnlich wird derselbe von der Behörde ernannt, und muß als Sachverständiger sein Gutachten abgeben, wenn Streitigkeiten vorkommen bei welchen sein Gewerk betheiligt ist. Jede Körperschaft hat ihren besondern Bazar, wo alle Buden oder Werkstätten der Gewerbsgenossen bei einander sind; der Käufer kann also Beschaffenheit und Preis der Waare bei den verschiedenen Verkäufern vergleichen. Uebrigens kennen die Muselmänner keinen Zunftzwang oder solche beschränkende Verordnungen wie die europäischen Gewerbsinnungen sie hatten oder noch haben. Jeder kann nach Belieben seinen Geschäftszweig wählen. Eine solche barbarische Ausschließlichkeit ist dem muselmännischen Geiste eben so fremd als feudale Leibeigenschaft. In Aegypten ist diese letztere, innerhalb gewisser Grenzen, allerdings vorhanden, aber in diesem Lande war sie zu allen Zeiten einheimisch. Die Pyramiden welche die Pharaonen erbauten, wurden von Frohndpflichtigen im Herrendienst erbaut.

Ein Testamentsvollstrecker, der Kadi, und ein von diesem ernannter Beamter, welcher Kassam, der Theiler, genannt wird, theilen den Nachlaß der Verstorbenen unter seine Erben; vorher werden Leichen= kosten, Schulden und gültige Vermächtnisse abgezogen. Diese letzteren sind nur in so weit gültig als sie, wenn rechtmäßige Erben vorhanden sind, ein Drittel des gesammten Nachlasses nicht übersteigen. Recht= mäßige Erben sind die Descendenten und Ascendenten, der überlebende Ehegatte, Brüder und Schwestern, der Herr des Sclaven, der Patron des Freigelassenen, der welcher an Kindesstatt angenommen hat und der Adoptirte. In Ermangelung dieser Erben darf man seine ge= sammte Habe einem Muselmann vermachen, oder einer Körperschaft, einer Moschee, nie aber einem Christen, einem Juden, oder einer Person die in einem nicht muselmännischen Lande (Dar Harb) ansässig ist. Fehlt ein Testament so nimmt der Fiscus das Vermögen an sich. Die nächsten Verwandten schließen entferntere von der Erbschaft aus; die Verwandten in männlicher Linie gehen jenen der weiblichen vor. Alle rechtmäßigen Söhne, gleichviel ob von einer freien Frau oder von einer Sclavin geboren, erben zu gleichen Theilen. Der Tochter spricht das Gesetz die Hälfte dessen zu, was der Sohn erbt. Ein Erblasser der das Capital seines Vermögens einer Moschee vermacht, kann die Nutz= nießung zwischen Söhnen und Töchtern gleichmäßig vertheilen. Hinter= läßt der Verstorbene einen großjährigen Sohn, so wird dieser Vor= mund der Familie und ist von rechtswegen Testamentsvollstrecker des väterlichen Willens. In Ermangelung eines solchen Sohnes fallen die= selben Befugnisse den männlichen Verwandten in aufsteigender Linie, den Seitenverwandten derselben Linie zu, und so fort.

Bei den Muselmännern gilt der Grundsatz, daß der Landesherr als einziger gesetzlicher Besitzer des Bodens angesehen wird; deshalb nennen die Türken ihren Khan Padischah, das heißt Theiler, nämlich der Grundstücke. Dieses Recht findet aber keine Anwendung auf die Erzeugnisse des Gewerbfleißes, auf Häuser ꝛc., und in Bezug auf Grund und Boden ist es gleichfalls rein theoretisch; der Fürst bestätigt nur, wenn das Eigenthum von einer Hand in die andere übergeht. Zur Zeit der Eroberung wurden Güter an die Sieger ausgetheilt; diese Edelgüter (Timar) sind von gewissen Lasten befreit. Die türkischen Kadis erhalten, aber nur auf Zeitfrist, manchmal Lehngüter (Arpalik). Endlich müssen die Grundstücke die sich im Besitz von Christen befinden, gewisse Abgaben zahlen. Eine besondere Art von Eigenthum bilden die frommen Schenkungen (Wakfs, in Algerien Babuhs); bei ihnen hat der Schenknehmer anfangs das bloße Eigenthumsrecht, während der Schenkgeber fortfährt die Einkünfte zu beziehen; diese vermehren sich nicht unbeträchtlich, da das Gesetz den Wakfs ansehnliche Privilegien gestattet.

Das Recht wird durch Kadis oder Magistrate gesprochen, welche der Landesherr ernennt. Alles Gesetz geht vom Koran aus oder ist in dessen Auslegungen enthalten; die Rechtsgelahrtheit gründet sich auf die Aussprüche des Propheten und die Verordnungen der ersten Khalifen. Der Richter muß demnach ein Theolog sein und die Magistratur bildet eine Abtheilung der Geistlichkeit und zwar die höchste und angesehenste. Die Verrichtungen beim Gottesdienste, das Vorlesen des Gebets, der Ruf zur Moschee und dergleichen erfordert keine große Gelehrsamkeit, und erwirbt denen, welche sich damit befassen, keine besondere Hochachtung; sie bekommen auch entweder gar kein Gehalt, oder so wenig daß es gar nicht der Rede werth ist. Die Khatibs der ersten Moscheen in Kairo erhalten monatlich kaum so viel als fünf Francs. Jeder begabtere Student wendet sich daher nicht dem Cultus zu, sondern bemüht sich um eine Richterstelle. In einigen Ländern muß er dann freilich dem herrschenden Volksstamm angehören. In Aegypten zum Beispiel fallen auf die achtzehnhundert bis zweitausend arabischen Studenten, welche die Universität bei der Moschee El Azhar besuchen, nur wenige Aemter von Belang. Der Kadi ist ein hervorragendes Mitglied der Geistlichkeit, gewissermaßen Bischof in seinem Sprengel, und zugleich Oberrichter; er ernennt und überwacht die Angestellten bei den Moscheen; nur allein der Khatib versieht den Dienst kraft einer besondern Vollmacht, die er vom Landesherrn bekommt. Ferner hat der Kadi insgemein die Oberaufsicht über die Verwaltung der Wakfsgüter; er ist der natürliche Beschützer der Waisen und vertheilt die Erbschaften. Neben und unter ihm steht der Mufti als berathender Richter, dessen Entscheidungen (Fetwa) in zweifelhaften Fällen das Gesetz auslegen; er hat dasselbe aber niemals zu vollziehen. Auch in Gewissensangelegenheiten wird er oft um Rath gefragt. Der Mufti von Konstantinopel ist unter allen bei weitem der einflußreichste; er hat manche Befugnisse wie sie im alten Rom den Prätoren zustanden. Der Kadi urtheilt in letzter Stelle, und seine Entscheidungen können nur dann für ungültig erklärt werden, wenn sie offenbar eine Verletzung des Gesetzes enthalten. Man kann von ihm keine Taxe wieder zurückfordern; von Werthen deren Besitz streitig ist, erhebt er im Voraus gewöhnlich fünf Procent, und von Erbschaften die er vertheilt, zwei bis drei Procent. Wer den Proceß gewinnt bezahlt die Kosten.

Der Landesherr ist verbunden seinen Magistraten so viel anzuweisen, daß sie leben können, er giebt ihnen aber kein Gehalt. Der Richter hält einen Schreiber, und nimmt Beihülfsrichter, sobald er es für nöthig erachtet. Die Verhandlungen sind öffentlich, die Parteien führen ihre Sache in eigener Person, nur in Civilklagen wird ein Anwalt gestattet. Bei Civilklagen ist der Prozeßgang so, daß zuerst der Kläger die Frage, um welche es sich handelt, auseinander setzt, seine Rechtsansprüche hervorhebt und Gerechtigkeit verlangt. Darauf verhört der Kadi den Beklagten. Leugnet dieser, so hat der Kläger zwei Zeugen zu stellen, und wenn er solche nicht beibringen kann, den Eid zu leisten. Weigert er sich nach dreimaliger Aufforderung desselben, so wird er verurtheilt. In peinlichen Klagen ist der Eid unzulässig. Leibesstrafen sollen nur in Folge der Aussage zweier Zeugen oder nach Eingeständniß des Beschuldigten zuerkannt werden. Jeder freie, volljährige, im Besitz seiner Verstandeskräfte befindliche Mohamedaner kann vor Gericht Zeugniß ablegen. Das Zeugniß zweier weiblichen Zeugen wird dem eines männlichen gleich geachtet. Unter Volljährigkeit versteht man im Allgemeinen die Mannbarkeit. Ein Verwandter, ein Sclav, ein Diener kann in einem Rechtsstreite seines Verwandten oder seines Herrn kein Zeugniß ablegen. Ferner ist die Fähigkeit als Zeuge aufzutreten verwirkt durch schlechten Ruf, durch eine frühere Verurtheilung, und Vernachlässigung der Obliegenheiten und Pflichten welche die Religion vorschreibt. Christen, Juden ꝛc. können nur zeugen wenn sie einen Proceß gegen Muselmänner haben. Zeugenbeweis geht dem schriftlichen Beweise vor.

Das Strafgesetzbuch des Islam ist sehr einfach. Ich will nicht in Einzelheiten eingehen, sondern nur einige bezeichnende Merkmale hervorheben. Gotteslästerung ist das größte Verbrechen und wird mit dem Tode bestraft; dann folgt der Abfall vom wahren Glauben, auf welchen dieselbe Strafe gesetzt ist, falls der Schuldige sich nicht wieder bekehrt. Verbrechen gegen den Staat werden verhältnißmäßig geahndet; doch sollen sie, dem Gesetze zufolge, keine Geldstrafe oder Confiscation zum Besten des Herrschers im Gefolge haben. In dieser Hinsicht bleibt aber das Gesetz insgemein unbeachtet. Die Tödtung eines Menschen zerfällt in sechs Abstufungen. Wird sie vermittelst einer Waffe begangen durch welche auf einen einzigen Streich der Tod erfolgt, so soll sie mit dem Tode bestraft werden; nur Minderjährige und Blödsinnige kommen in einem solchen Falle mit Geldbußen ab. Imam Schafey, dessen Ritus in Aegypten und Arabien der herrschende ist, bewilligt diesen letztern Vorzug auch dem Muselmann welcher einen Ungläubigen oder Sclaven getödtet hat. Ein Todschlag, ohne Absicht und Vorbedacht begangen, gleichviel ob mit einer quetschenden Waffe, oder in Folge eines Irrthums, oder eines Zufalles, wird nur durch Zahlung des Blutpreises gebüßt, und durch die gesetzlich vorgeschriebene Sühne; diese besteht in Freigebung eines Sclaven oder in zweimonatlichem Fasten. Die vermittelst einer quetschenden Waffe verübte Tödtung hat aber Todesstrafe für den Thäter zur Folge, wenn die Verwandten den Blutpreis nicht annehmen wollen. Zufällige Tödtung, zum Beispiel wenn ein Vorübergehender von einer baufälligen Mauer erschlagen wird, die in gutem Stande hätte sein müssen, wird von dem, an welchem die Schuld liegt, durch Erlegung des Blutpreises (Diyeh) gesühnt. Er kann auch den Todten mit beerben, wenn er anders dazu berechtigt ist. Seit den Tagen Abdallahs, Mohameds Vater, ist der Blutpreis für die Tödtung eines freien Mannes auf einhundert Kameelstuten festgesetzt worden, und auf fünfzig für ein Weib. Für einen getödteten Sclaven wird der Kaufpreis desselben gezahlt; aber nie erhält der Herr des Sclaven, wie viel er auch für denselben gezahlt haben möge, mehr als den Betrag der Diyeh für einen freien Mann ist. Die Familie des Mannes welcher wegen Tödtung zur Leibes- und Lebensstrafe verurtheilt worden ist, wendet sich an die beeinträchtigte Familie und bemüht sich die Sache vermittelst Zahlung beizulegen, welche höher oder geringer ist als der Diyeh. Das nennt man Sulh; selten gewährt die klagende Partei vollkommenen Nachlaß (Afu). Tödtung die man in Folge berechtigter Selbstvertheidigung, oder an einem Gotteslästerer ꝛc. begeht, zieht keine Strafe nach sich. Der Selbstmord ist ein viel größeres Verbrechen als Todschlag; er kommt aber nur selten bei Völkern vor die aufrichtig im Glauben sind und nicht ein so schwergedrücktes Leben haben wie die europäischen Proletarier.

Für Wunden und Verstümmelung gilt die **Wiedervergeltung**. Der Koran hat sie in folgendem Verse genehmigt: „In diesem Buche (dem Pentateuch) haben wir den Juden vorgeschrieben Seele um Seele, Auge um Auge, Nase um Nase, Ohr um Ohr, Zahn um Zahn, und Wiedervergeltung für alle Wunden." Es ist aber dem Schuldigen erlaubt sich für einen Theil des Blutpreises loszukaufen; er zahlt dann die Hälfte für ein Doppelglied, wie Arm, Bein, Auge, und den zweiunddreißigsten Theil für einen Zahn. Die Beraubung der männlichen Ruthe bedingt den ganzen Blutpreis. In der Praxis wird aber die Wiedervergeltung im Allgemeinen durch eine Strafe ersetzt, die sich mehr unseren europäischen Sätzen nähert.

Das Gesetz giebt keine Ermächtigung zur Folter, sie wird aber in peinlichen Fällen oft angewendet. Manche sind der Ansicht, daß ohne Anwendung der Tortur gar keine peinliche Rechtspflege möglich sei in Ländern, die gar keine oder eine schlechte Polizei haben und wo die Nachforschungen der Behörden so oft vergeblich sind. Für Ehebruch verordnet das Gesetz die Steinigung, und zwar sowohl für den Mann wie für das Weib. Aber es verlangt auch daß vier Zeugen die Schuldigen überrascht und mit eigenen Augen die Ausübung des Verbrechens angesehen haben. Diese sind überdies nicht verpflichtet dem Gerichte mitzutheilen was sie wissen; es gilt zudem für verdienstlich, eine Unrechtfertigkeit, durch welche man selber nicht zu leiden hat, nicht weiter zu verfolgen. Ferner wird das Urtheil nicht vollstreckt, wenn

Die mohamedanischen Strafgesetze.

einer der Angeklagten nachher seine Aussage widerruft und zurücknimmt. Beharren sie aber darauf, so müssen sie selber die Obliegenheiten des Henkers übernehmen und auf die in Folge ihrer Aussage Verurtheilten die ersten Steine werfen. Seit den Tagen des Propheten sollen nur zwei Steinigungen wegen Ehebruchs vorgekommen seien. Hier zeigt sich abermals, wie nachsichtig die muselmännische Gesetzgebung gegen die Frauen verfährt. Die Steinigung kommt schon in der mosaischen Gesetzgebung vor; wie Jesus über die Ehebrecherin und deren Ankläger urtheilte, ist bekannt. Unnatürliche Laster bestraft das muselmännische Gesetz je nach dem Stande des Angeklagten durch öffentliche Bekanntmachung, Gefängnißstrafe und Bastonnade; Aehnliches ist der Fall gegenüber solchen, welche nicht regelmäßig das Gebet verrichten, sich einen Titel anmaßen, z. B. sich Emir oder Scherif nennen, und für Frauen, die gegen ihre Männer ungehorsam sind. Imam Schafey belegt Päderastie mit Todesstrafe; es scheint aber nicht als ob Androhung einer so strengen Strafe, die ohnehin in Abgang gekommen ist, in Aegypten auch nur die geringste Wirkung gehabt habe.

Diebstahl wird nach dem Gesetz mit Abnahme der rechten Hand gestraft; im Wiederholungsfalle mit Verlust des rechten Fußes, der linken Hand, des linken Fußes. Auch diese Bestimmung wird fast nie mehr angewendet, und ist durch Gefängniß, Eisenstrafe und Bastonnade ersetzt worden. Die letztere kennt schon Moses. „Wenn man ihm vierzig Schläge gegeben hat, soll man ihn nicht mehr schlagen, auf daß nicht, so man ihm mehr Schläge giebt, er nicht zu viel geschlagen werde, und dein Bruder scheußlich vor Deinem Auge sei." 5 Mose 25, 4. Der Islam hat diese Strafe beibehalten, er will sie aber nicht so streng und scharf vollzogen wissen, wie es z. B. bei den Türken geschieht. Nach der Tradition des Propheten soll sie in der Weise gegeben werden, daß man den Ellnbogen des Arms, welcher den Streich führt, auf die Hüfte stützt, so daß nur der Vorderarm allein bewegt werden kann. So ist die Strafe weniger eine körperliche Züchtigung als eine Erniedrigung; die Türken übertreiben sie.

Der Herr ist pecuniär für seine Sclaven bis zum Betrag ihres Kaufpreises haftbar. Der Sclav wird im Allgemeinen für Vergehen, deren er sich schuldig macht, nur mit der Hälfte der Strafe belegt, welche in demselben Fall einem freien Manne zuerkannt wird. Man nimmt an, er habe nicht dasselbe Unterscheidungsvermögen und geringern Verstand; er wird gleichsam als ein Minderjähriger betrachtet, für welchen sein Herr einzustehen hat.

Eine bemerkenswerthe, aber wie manche andere in Vergessenheit gerathene, Verfügung des Gesetzes spricht den von aller Strafe frei, welcher dem Sclaven eines andern die Ketten abnimmt und ihm dadurch die Flucht möglich macht. Wenn der Islam die Sclaven auch nicht frei gegeben hat, so ermuntert er doch wenigstens alle Bestrebungen, ihre Freiheit herbeizuführen.

3. Die moralischen Zustände der heutigen Muselmänner.

Religiöse Duldsamkeit. — Religiöse Orden. — Unwissenheit und Vorurtheile. — Trunksucht und Haschisch.

Von Manchen wird behauptet der Islam sei im Absterben begriffen. Wer aber die Dinge so beurtheilt, hat gewiß nur oberflächlich beobachtet und sich an die Schattenseiten gehalten. Allerdings sieht man in Konstantinopel Stutzer, klägliche Abkömmlinge eines Volkes von Helden, welche in unverständiger Weise unsere europäische Civilisation nachäffen, verweichlicht sind und unsere Laster annehmen; Spione der Russen oder Lakaien der Engländer, welche in dummem Hochmuth auf die Religion herabsehen, der sie verdanken was sie sind und was zu sein sie doch gar nicht werth erscheinen. Die Zahl derartiger Personen, die sich selbst zu Grunde richten und ihr Vaterland verrathen, ist allerdings nicht beträchtlich. Zudem werden sie vom Volke verachtet, das am Glauben seiner Väter festhält. Und dieser Glaube hat nie zuvor in hellerm Glanze gestrahlt. Die Zahl der Ungläubigen und Gleichgültigen unter den Muselmännern ist heute nicht beträchtlicher als während der ersten Jahrhunderte nach der Flucht des Propheten; ich möchte sogar behaupten daß sie weit geringer sei als damals. Dieser religiöse Geist des Islam der so viele Großthaten erzeugte, tritt allerdings nicht mehr so ruhmreich zu Tage, aber nicht etwa weil er demoralisirt wäre und vor dem Kriege zurückbebte, denn das Volk ist noch wie es früher gewesen. Aber seit langer Zeit mangelt ihm der rechte Anführer; es fehlt die Hand, welche das Schwert Mohameds des Eroberers, Selims des Unerschütterlichen und Solimans des Gesetzgebers zu handhaben verstände.

Der Islam hat weder in Afrika und Asien, noch in Europa irgend etwas eingebüßt. Ueberall ist der Glaube lebendig, und wenn Frömmigkeit nicht so häufig angetroffen wird als der Glaube, so ist dem zu allen Zeiten gerade so und nicht anders gewesen. Ein Muselmann der alle Vorschriften des Gesetzes treulich erfüllt, kommt allerdings nicht sehr oft vor, und die Moscheen werden nicht so häufig besucht als die Vorschrift es verlangt; aber der Andrang zu ihnen ist doch mindestens vier- oder fünfmal stärker als zu den Kirchen in Frankreich. Eine Ueberlieferung des Propheten sagt: „Wer ohne triftige Entschuldigung dreimal hinter einander am Freitage den Gottesdienst versäumt, kann angesehen werden als habe er das Gesetz von sich geworfen. Die Zahl der Muselmänner würde allerdings beträchtlich zusammenschmelzen, wenn diesem Gesetz strenge Folge gegeben würde. Die am wenigsten andächtigen Personen gehören gerade jener Classe an, welche in Europa am Kirchenglauben hängt, nämlich Frauen, Bauern und das gemeine Volk. Es leuchtet ohne Weiteres ein, weshalb es sich gerade so und nicht anders verhält.

Unter den Andächtigen sind viele beschränkte Köpfe, hochmüthige, aufgeblasene Menschen, voll von Dünkel; sie halten Unduldsamkeit für Tugend und Selbstüberhebung für Weisheit. Der wahre, echte Muselmann ist ein ganz anderer Mensch. Er sucht die Lehren seines Glaubens zu ergründen und trachtet die Urschriften des Gesetzes zu erfüllen. Er nimmt den Propheten zum Vorbild in Worten, Handlungen und Tracht, lebt für sich mäßig und einfach, ist freigebig gegen die Armen, wohlwollend und väterlich gegen seine Dienerschaft. Er ist auch im Glücke bescheiden und verliert im Unglück den Muth nicht; er bleibt ungeplagt vom Ehrgeiz und trägt den Druck, mit welchem eine tyrannische Regierung ihn belastet, ohne Murren. Er ist duldsam und meidet keineswegs den Verkehr mit Juden oder Christen, verschließt ihnen auch nicht den Eingang zur Moschee, denn er erinnert sich, was der Prophet gethan. Als dieser zu Medina vernahm, daß Juden, die von Khaibar gekommen waren, kein Nachtlager fanden, lud er sie in den Tempel ein, welchen er durch sein Gebet geheiligt hatte, und ließ sie in demselben schlafen. Ein solcher Muselmann lebt allerdings der Hoffnung, daß es ihm gelingen werde, durch Sanftmuth und Ueberredung einige Seelen dem wahren Gott zu gewinnen; er weiß die herrlichen Worte des Ayat el Kursi im zweiten Kapitel des Koran auswendig, welche lauten: „In Sachen der Religion verübe keine Gewaltthätigkeit, denn die Wahrheit läßt sich vom Irrthum leicht unterscheiden." Und wie ein anderer Spruch besagt: „Gott hat uns nur allein mit der **Verkündigung** der Lehre beauftragt." Für solche Duldsamkeit können die Muselmänner der frühesten Zeit zum Beispiel dienen. Christen und Juden durften in Mekka wohnen, ehe Omar von einem Christen ermordet wurde. Als derselbe Omar in Jerusalem einzog, reichte er dem Patriarchen die Hand; er mochte in der Kirche des heiligen Grabes nicht beten, weil er befürchtete, daß einst die Muselmänner sie den Christen rauben könnten, wenn er sie durch sein Gebet geweiht habe. Sein Heer eroberte Damascus. Er machte den Christen den Vorschlag, die Kirche des heiligen Johannes (Seydna Yaya) mit ihnen zu theilen. Sie weigerten sich dessen; da nahm er sich diese Hälfte, zahlte ihnen aber vorher den Geldwerth derselben aus. Das war der „wilde" Omar. Ich könnte noch eine lange Reihe ähnlicher Vorgänge anführen, will aber nur an den Imam Abu Hanifa erinnern. Er hielt Vorträge über Rechtsgelahrtheit unter den Hallen einer Moschee; gegenüber wohnte ein Christ. Dieser unnütze Christ pochte auf die gutmüthige Nachsicht der Muselmänner; denn sobald Abu Hanifa zu reden begann, stellte er sich an seine Thür, trank Wein, sang unzüchtige Lieder und störte in anstößigster Weise den Unterricht. Die mohamedanischen Studenten waren geneigt, diesen Christen in seine Schranken zurückzuweisen, aber Abu Hanifa hielt sie zurück, und wollte nicht einmal, daß sie bei der Behörde Klage führten. Er sprach: „Uns schaden seine Gesänge nicht und ihm scheinen sie Vergnügen zu machen; lassen wir ihn also fortfahren." Eines Tages indeß wurde der Sänger in Folge anderweitiger Unrechtfertigkeiten verhaftet. Abu Hanifa erhielt Kunde davon, ging sogleich zum Kalifen und erwirkte die Freilassung. Nach etwa einer Woche sah er ihn an der Thür einer Moschee stehen und fragte: „Singst Du nicht mehr; sind Dir Durst und Stimme zumal ausgegangen?" Der Christ antwortete: „Nein, ich singe nur noch das Lob Gottes. Seine Gnade hat mich berührt, und ich bitte Dich, daß Du mein Glaubensbekenntniß anhörst." Dieser Neubekehrte wurde einer der eifrigsten Schüler Abu Hanifa's, und zeichnete sich später durch heiliges Leben und Eifer für die Lehre aus.

Von allen mohamedanischen Völkern haben von jeher die Türken am meisten Hochmuth und Verachtung gegen andere Völker gezeigt. Die Schuld davon trifft weniger den Islam als das specifische Türkenthum. Der Osmane wird von früher Jugend auf mit Dünkel genährt; er hört so viel von den Großthaten seiner Vorfahren, und täuscht sich völlig über seine dermalige Schwäche. Er ist auch nicht blos gegen Juden und Christen hochfahrend, sondern behandelt die ihm unterworfenen Völkerschaften, zum Beispiel die arabischen, ganz in derselben Weise. Selbst die Abstammung vom Propheten gilt in seinen Augen nichts. Man konnte in Konstantinopel gar nicht begreifen, daß Mohamed Ali Leute aus den Reihen seiner ägyptischen Unterthanen zu Officieren machte, und in Kairo werden diese eingeborenen ägyptischen Officiere noch heutzutage als Fellahs, Bauern, bezeichnet; einen eingeborenen Obersten nennt man Bey Fellah. Der berühmte Abd el Kader Mahi ed din, gilt in den Augen der Türken doch nur für einen arabischen Hund, obwohl er ein muselmännisches Land so tapfer gegen die ungläubigen Franzosen vertheidigt hat. Ibrahim Pascha beförderte in Syrien türkische Gefangene zu Officiersstellen in seinem Heere. Er verstand sehr gut Arabisch, mochte es aber nicht sprechen, und ließ die Anliegen der Syrier oder Aegypter sich ins Türkische übersetzen. Die angebliche religiöse Unduldsamkeit der Türken ist eigentlich nur ein heraufgeschraubter nationaler Dünkel, der bis zur Unverschämtheit sich steigert. Man begreift daß der Türke sich Juden und Christen gegenüber ein unverschämtes Benehmen erlaubt; sie sind so feig und gemein, daß sie nichts Besseres verdienen. Der Armenier mit seinem Habichtsschnabel und seinem Hasenherzen (Tuschan), und der Grieche, der nicht minder treulos ist als seine Vorfahren, sind Schmarotzer ihrer türkischen Gebieter. In der Jugend lassen sie sich von ihnen zu abscheulichen Lüsten benutzen, später sind sie bei den schmuzigsten Dingen Kuppler und Zwischenträger, Spione; und wenn sie am Ende in Folge so erbärmlichen Lebens zu Geld und Habe gelangen, treiben sie mit ihrem Gelde Wucher und machen sich abermals in ihrer Weise nützlich oder unentbehrlich. Dieselben Laster und dieselben Gewohnheiten findet man auch häufig bei Europäern, die mit den Türken lange Zeit in genauem Verkehr gestanden haben; auch ihnen muß man in alle Wege mistrauen.

Den Muselmännern ist jeder Fanatismus fremd, der den Glaubensboten zum Henker macht; sie haben bei ihren Siegen stets eine große Mäßigung gezeigt. Der Islam hat sich den Völkern nie mit dem Säbel in der Faust aufgezwungen. Ueberall ist unter der Herrschaft muselmännischer Fürsten den Christen wie den Juden die freie Ausübung ihrer Religion unverwehrt geblieben. Das heilige Grab zu Jerusalem ist noch heute im Besitze der Christen; die Araber und Türken haben nie daran gedacht, es sich anzueignen, oder zu zerstören. Mit Recht konnte Lamartine äußern: „Mögen die Christen, Hand aufs Herz, sich fragen, was sie wohl mit der Kaaba gemacht hätten, falls Mekka in ihre Hände gerathen wäre? Würden dann wohl noch die Muselmänner dorthin wallfahrten können, um an ihren heiligen Stätten zu beten?" Wenn in der Türkei einmal irgend eine kleine christliche Secte verfolgt werden durfte, so liegt der Grund in der Habsucht von Ministern, welche an Christen das Privilegium verkauft hatten, andere Christen zu verfolgen. So bezahlten ehemals die schismatischen Armenier das Recht, die nicht schismatischen Armenier zu verfolgen.

Also man hat die Muselmänner des Fanatismus beschuldigt. Wahr ist im Gegentheil, daß sie sich durch Toleranz, in der Türkei wenigstens, zu Grunde gerichtet haben. Dieselben Christen, welche nie von einer Religionsverfolgung heimgesucht worden sind, verrathen von vorn herein das osmanische Reich. Nach dem Siege hätten die Kalifen und ihre Nachfolger, die Fürsten aus dem Hause Osman's, mit leichter Mühe den unterworfenen Völkern Mohamed's Religion aufzwingen können. Die Staatsklugheit hätte es geboten. Aber die Stimme der Religion war mächtiger; sie schrieb Duldung vor. Die Ursachen der ungemein raschen Ausbreitung des Islam muß man also nicht in Zwang, Verfolgung und Gewaltmaßregeln suchen. Funfzig Jahre nach Mohameds Flucht reichte der Islam schon von Turkestan bis nach Spanien; ein großer Theil von Asien und Afrika war für ihn gewonnen. Der eigentliche Grund, aus welchem dieser beispiellose Fortschritt sich erklärt, liegt in der bewundernswürdigen Leichtigkeit, mit welcher die neue Religion den Völkern sich assimilirt. Wer Muselmann werden will, gleichviel welchem Volke er angehöre und in welcher Religion er erzogen worden sei, braucht nur einige wenige Worte auszusprechen. Sobald das geheiligte Glaubensbekenntniß: „Es giebt keinen andern Gott als Gott und Mohamed ist Gottes Prophet," über seine Lippen gekommen ist, wird er damit auch Bruder aller Muselmänner. Dann konnte er ihren siegreichen Fahnen sich anschließen, Länder erobern, Völker bezwingen, an den Früchten der Siege theilhaben, und Ansprüche auf eine Stelle geltend machen. Mehr als ein Mufti zu Konstantinopel war ursprünglich Christ.

Der Mohamedanismus kennt religiöse Orden, sie haben aber mit dem christlichen Mönchswesen keine Aehnlichkeit. Er kennt keinen unfehlbaren Papst, keine Jesuiten, keine durchgreifende Disciplin. Solche Orden, welche ihren Ursprung auf legitime Kalifen zurückführen, wie die Mevlevis auf Abu Bekr, die Bektaschis auf Ali, und andere auf Omar, verhüllen unter dieser falschen Behauptung ihren indisch-persischen Ursprung; sie verdecken mit dem Mantel des Islam ihre Geheimlehren; sie enthalten Reminiscenzen jener Lehren, wie Pythagoras sie nach Aegypten brachte, oder wie Epicur sie lehrte und wie der unsterbliche Lucretius sie uns kennen lehrt.

Die Bektaschis leiten ihren Ursprung von Hadschi Bektasch her, der unter Omar die Janitscharen segnete. Gleichviel ob Hadschi Bektasch sich zu ihren heutigen Lehren bekannte, oder ob diese erst später Aufnahme fanden, soviel ist gewiß: mit dem Islam haben diese Lehren keine Berührungspunkte. Der Bektaschi von echtem Schrot und Korn zeigt öffentlich einen lebhaften Glaubenseifer und inbrünstige Andacht; sein eigentliches Wesen tritt dagegen innerhalb der Klostermauern zu Tage, wohin kein ungeweihter Blick der Menge bringt, und von welchem selbst Derwische anderer Orden ausgeschlossen bleiben. Die Derwische vom Orden der Bektaschi tragen eine spitzige Mütze von rother Wolle mit einem breiten Aufschlage von schwarzem Pelz; die Eingeweihten bringen auf ihrer Thür ein mystisches Zeichen

6*

an, namentlich ein Bild des Löwen Hayder, das sinnbildliche Thier des Ali, Sohn des Abu Taleb, der den Beinamen Hayder führte. Ein Bektaschi begrüßt auf der Straße seinen Mitbruder in der Weise, daß er, wie der Gott des Schweigens, den geöffneten Zeigefinger seiner rechten Hand auf die Lippen legt; dem Uneingeweihten sagt er, es geschehe, um an die Geberde zu erinnern, mit welcher beim Hersagen des Glaubensbekenntnisses das Gebet begleitet wird. Der Bektaschi hat folgende Ansichten: Jede menschliche Seele ist ein Theil der Gottheit, und die Gottheit hat ihren Sitz nur im Menschen. Die ewige Seele hat vergängliche Organe zu Dienerinnen, und wechselt deshalb fortwährend ihren Aufenthalt, sie verläßt aber die Erde nicht. Himmel und Hölle wären Fabel, wenn die Erde selber nicht ein Paradies wäre für den Menschen, welcher in die Mysterien des Vergnügens eingeweiht ist. Ein solcher kennt keinen Schrecken vor dem Tode, der eine trauervolle Lüge ist, und vor der Hölle, dieser ebenso kläglichen Unwahrheit. Die gesammte Moral besteht darin, daß man die Güter dieser Welt genieße, ohne seine Nebenmenschen zu benachtheiligen; was einen Andern nicht schadet, ist erlaubt und gleichgiltig. Der Weise versteht es, seine Genüsse zu regeln und zu ordnen; denn der Genuß des Vergnügens ist eine Wissenschaft, die ihre Grade hat, ein Mysterium, welches sich dem Auge des Eingeweihten allmälig enthüllt. Von allen Freuden ist aber Beschaulichkeit die allerhöchste; sie steigert sich zu himmlischen Gesichten und Verzückungen. Dieser Hang zur Beschaulichkeit verwirrt manchem Bektaschi die Sinne, besonders wenn er berauschende Substanzen, namentlich das Haschisch, zu Hilfe nimmt. In politischer Beziehung waren die Bektaschis allezeit revolutionair, meuterisch und getreue Bundesgenossen der Janitscharen. Diese sind vernichtet, aber die Bektaschis stehen noch einflußreich da; die Anzahl ihrer Affiliirten, welche nicht in Klöstern wohnen, ist in Asien und in der europäischen Türkei sehr beträchtlich; in Konstantinopel hörte ich behaupten, daß fast ein Drittel der Bevölkerung zu ihnen gehöre, und es ist gewiß nicht übertrieben, wenn man sie auf ein Fünftel schätzt. Die Bektaschis gestatten übrigens auch Nicht-Muselmännern den Beitritt. Die Mevlevis sind in dieser Beziehung nicht so willfährig, haben aber große Zuneigung für die Christen, wie die Rufayis für die Juden.

Bei den Türken wird der Islam durch die unabläſſige Einwirkung der religiöſen Orden untergraben; aber dieſe Gefahr iſt zu allen Zeiten vorhanden geweſen und hat ſchon früher mehr als einmal weit größere Beſorgniſſe erregt, als gegenwärtig. Sie erſtreckt ſich aber nur auf Europa und Aſien; in Afrika hat man nichts von ihr zu befürchten. Bei den Menſchen arabiſcher Abſtammung ſtehen dieſe Orden in keiner beſondern Achtung; jene ſind im Allgemeinen mit den Lehren des Islam weit beſſer bekannt, als die Türken, deshalb findet man bei ihnen auch nur ſchwache Spuren der fünfunddreißig bis vierzig Congregationen, welche in der Türkei wurzeln. In Kairo ſind die am meiſten geachteten Genoſſenſchaften jene des Seyd Ahmed Bedawi, deſſen Grab ſich zu Tanta befindet, des Scheikh Ibrahim ed Deſſuki, der zwiſchen Roſetta und Deſſuk am Ufer des Nils begraben liegt; des Abd el Kader Dſchelami und des Ahmed Rufaџi. Auch im Gharb ſind einige Orden; ſie haben ſämmtlich ihren Urſprung in Marokko und gehören zur Congregation Ali's, wie die Derkawi und Aiſſawa; ihre Angehörigen ſind aber weit mehr Gaukler als Heilige.

Bis zu den mohamedaniſchen Völkern im Süden iſt das Derwiſchweſen nicht gedrungen, höchſtens verirrt ſich einmal ein Derwiſch bis dahin. Im Sudan waltet örtlicher Aberglaube vor, der einen ganz eigenthümlichen Charakter hat. Die Ülemas würden, beiläufig bemerkt, nichts ausrichten, wenn ſie gegen jene Congregationen auftreten wollten, da das Volk dieſen letzteren ſehr zugethan iſt.

Während des Kalifats der Abaſſiden that ſich das arabiſche Volk in allen Zweigen der Wiſſenſchaft hervor; es bildete gleichſam die Kette, vermittelſt welcher die in tiefe Barbarei verſunkenen Chriſten mit der Cultur der alten Griechen in Verbindung geſetzt wurden. Wie kam es nun, daß auf dieſe ſchönen Tage des Islam jene Rohheit und Unwiſſenheit der Muſelmänner unſerer Zeit folgen konnte? Weshalb hat jener prächtige Aufſchwung keine dauernden Reſultate gehabt? Darauf antwortet das Vorurtheil: gerade der Islam habe weitere Fortſchritte gehemmt und verhindert, weil die Wiſſenſchaft dem religiöſen Dogma gefährlich werde. Meiner Anſicht zufolge hat aber jener Verfall ſeine Urſachen in drei ganz anderen Verhältniſſen. Und zwar zuerst darin, daß keine einheitliche legitime Regierung vorhanden war, die sich auf ein klares Thronfolge-Gesetz hätte gründen und stützen können. Dem Ehrgeiz und den Streitigkeiten in den Fürstenfamilien war jeder Vorwand genommen, sobald ein solches Gesetz die Erbfolge fest geregelt hätte. Zweitens hatten die Vertheidigungskriege, zu welchen die Muselmänner von Seiten der Christen gezwungen wurden, sehr nachtheilige Wirkungen. Namentlich erscheinen die Kreuzzüge als eine Gegenfluth, als ein Rückströmen gegen die Ueberschwemmung, durch welche das arabische Volk bis zum äußersten Westen Europa's vorgedrungen war. Drittens wurde großes Unheil angerichtet durch die verheerenden Züge Timur's und dadurch, daß die arabischen Völker von den noch rohen Türken unterworfen wurden. Diese kannten keine Achtung vor der Wissenschaft und gaben, gleich den Tataren, Alles nur auf die rohe Gewalt.

Welche Civilisation hätte so vielen Schlägen widerstehen können? Das arabische Reich wurde angegriffen und unterjocht durch Barbaren, die aus Mittelasien hervorströmten; es wurde von einem ähnlichen Schicksal betroffen, wie das Reich der Römer. Seitdem die Türken herrschen, ist die Wissenschaft in Verfall gerathen. Anfangs fand sie noch eine Stätte bei den Rechtsgelehrten und Priestern, allmälig aber wurde Alles vernachlässigt, was nicht ausschließlich Bezug hatte auf die Verwaltung der Gerechtigkeitspflege und die Erfüllung religiöser Vorschriften. Die Dichtkunst diente allerdings dann und wann den Fürsten und Großen zum Zeitvertreib, aber die Poesie sollte jetzt nur noch niedrige, gemeine Seelen erfreuen, und verlor deshalb ihren erhabenen Charakter und büßte jede philosophische Tragweite ein. Sie entwarf fabelhafte Kriegsschilderungen, oder gab schlüpfrige Verse, um die ohnehin schon unreine Phantasie noch mehr zu entflammen. Statt der bewundernswürdigen Gedichte des Imam Schafey haben die Muselmänner unserer Tage die Romane, welche von Antar und Abu Zett handeln, die Märchen von Tausend und Einer Nacht, und die türkischen Lieder, welche noch weniger keusch sind als die Ghaselen des Hafis. Von Wissenschaft ist längst keine Rede mehr; so wenige Leute können lesen, oder, wenn sie hoch im Range stehen, mögen lesen, daß zum Beispiel ein ägyptischer Oberst oder Major, wenn er eine Zuschrift erhält, einen Christen kommen läßt, der sie entziffern muß. Diesem theilt er oberflächlich mit, in welchem Sinne geantwortet werden soll, und drückt nachher sein Siegel unten hin. Seinen Namen unterschreibt man nur vor Gericht und vermittelst der Hand des Richters. Der Khan der Tataren und der Sultan der Türken tauchten ehemals ihre Finger in die Tinte und drückten sie auf die Erlasse; in derselben Weise machte man auch wohl Merkzeichen, um ein Eigenthumsrecht oder eine Besitznahme kenntlich zu machen. Noch jetzt gewahrt man in der Sophienkirche zu Konstantinopel das Handzeichen Mohameds des Zweiten. Als er in die Kirche trat, drückte er es auf eine Säule und rief: Bu benum, das gehört mir! Der Tughra der heutigen Sultane erinnert noch an diese Art zu unterzeichnen; die drei schwarzen Streifen, welche gleich Fahnen von der Unterschrift auslaufen, sind Spuren der Finger, welche der Fürst über das Papier gleiten ließ und nachzog, sobald er unterzeichnet hatte.

In der Mathematik suchen die heutigen Muselmänner nur noch die gemeinen Elemente, welche der Kadi eben nothdürftig braucht, um Erbschaften zu theilen. Die Erdkunde giebt unserm Planeten die Gestalt einer Fläche; im Mittelpunkte liegt das Heiligthum von Mekka; am Umfange ziehen sich der Bahar es Zolmat und der Dschebel Kaf hin, welche von Geistern bewohnt werden. Die Geschichte ist in Vergessenheit gerathen, die Bücher, in welchen ihr Andenken aufbewahrt ist, sind in den Bibliotheken vergraben und werden nicht mehr befragt. Die Moschee von El Azhar zu Kairo giebt den an ihr Studirenden wohl religiöse Bücher in die Hände, aber die unermeßlich werthvollen geschichtlichen und literarischen Reichthümer werden der gelehrten Welt vorenthalten.

Lediglich und allein die Theologie wird studirt. Aber in jener eben erwähnten hochberühmten Moschee, der angesehensten Universität in Afrika, werden die achtzehnhundert Studenten von der Geistlichkeit unterrichtet lediglich in Logik (ilm el mantik), Grammatik (ilm en nahhu), in der Theodicee des Senusi, oder vielmehr in der Wissenschaft von der Einheit Gottes (ilm et tauahhid), und im Commentar zum Koran (ilm tessir el Kuran). Alles wird auswendig gelernt. Der Lehrer liest nur einen Satz, die Zuhörer schreiben denselben nach oder wiederholen ihn; dann wird er vom Professor erläutert. Nachdem dieser gefragt, ob ein Jeder den Sinn wohl aufgefaßt und begriffen habe, geht er zu einem neuen Satz über. Bei einer solchen Unterrichtsweise kann es nicht fehlen, daß die Zuhörer eine einförmige Abrichtung erhalten; sie sehen sich ohnehin auf eine nur geringe Anzahl von Lehrbüchern verwiesen, erhalten keinen Begriff von Kritik, Alles bleibt im herkömmlichen Gleise. Wo es an aller Philosophie gebricht, da hat das Fabelhafte vollen Spielraum. So sind denn die wunderlichsten Vorstellungen, von welchen der Koran gar nichts weiß, landläufig geworden. Alle Legenden wimmeln von Wundern, und selbst die Zeitgeschichte wird zur Legende.

Als Mohamed Ali, der später Pascha von Aegypten wurde, noch ein Knabe war, half er seinem Vater bei ländlichen Arbeiten. Da brachte er eines Tages dem Propheten Khisr etwas Wasser. Der Prophet erschien als Derwisch und ihn plagte der Durst sehr. Einige Jahre später geht Mohamed Ali durch dem Bazar zu Konstantinopel. Dort sieht er jenen Derwisch wieder, der von einer Seite zur andern läuft und laut ruft: „Wer will Aegypten für zwanzig Paras kaufen? Wer will Aegypten?" Er bleibt vor Mohamed stehen, erhält von diesem zwanzig Paras und sagt beim Weggehen: „Aegypten ist Dein, Gott hat es Dir gegeben, geh und nimm es!" Mohamed Ali geht wirklich nach Aegypten. Er wird beinahe toll vor Ehrgeiz und seine Gefährten nennen ihn Deli Mohamed Ali. Aber Gott ist ihm gewogen, und er wird Herrscher von Aegypten. Ein Eseltreiber zu Kairo macht in wenigen Secunden die Reise nach Mekka und gilt seitdem für heilig. Am Abend vor dem großen Beiram rennt er durch den Suhk es slahh, den Waffenbazar, schwingt einen Säbel und verkündet, daß er abreisen werde. Es fehlt nie, daß die Pilger ihn am folgenden Tage auf dem Dschebel Arafat sehen!

Unter den heutigen Muselmännern gehen die wunderlichsten Vorstellungen im Schwunge. Sie glauben an die Unsichtbarkeit gewisser Heiligen, deren Aufenthalt angegeben wird, zum Beispiel der Kutb el mutawall; sie glauben an das zweite Gesicht, an Hexerei und bösen Blick, den eine geöffnete Hand und andere dergleichen Manipulationen abwenden, falls Der, von welchem man ihn fürchtet, nicht den Namen

Gottes anruft. Sie glauben an die Wirksamkeit der Talismane, an Gespenster, Erscheinungen und Gesichte. All dieser Aberglaube reicht übrigens schon in die Zeiten vor dem Mohamedanismus hinauf, und gerade die wunderlichsten Vorstellungen lassen sich aus dem alten Aegypten herleiten. So glaubt man zu Kenneh im Said, daß die Seele jedes neugeborenen Kindes während der Nacht in den Leib einer Katze übergehe, die am Morgen verendet und verschwindet. Wird die Katze verwundet, so empfindet das Kind den Schmerz, und wird sie getödtet, so stirbt auch das Kind. Die Mütter rufen deshalb: „Muselmänner, schließt Eure Fenster, versteckt Eure Speisen, und thut den Katzen nichts zu Leide, wenn sie kommen; Gott wird's Euch lohnen!" Die Geistlichen können gegen dergleichen Vorurtheile nichts ausrichten, denn sie sind allzutief eingewurzelt. Namentlich zeigen sich die Aegypter sehr hartnäckig. Kaiser Hadrian hat uns mitgetheilt, daß sie den Jesus mit dem Serapis identificirten, um ihn verehren zu können.

Es ist eine richtige Bemerkung Volney's, daß es heutzutage im Morgenlande noch gerade so viele Wunder gebe wie vor Zeiten, eben weil dort die Unwissenheit noch völlig so groß ist. Die neu zum Islam Bekehrten geben gewöhnlich Visionen vor. Hier eine Geschichte. Ein zum Islam bekehrter Christ war Kapudan Pascha geworden und mußte mit seiner Flotte gegen die Venetianer in See stechen. Am Abend vor dem Tage, an welchem eine Schlacht stattfinden sollte, stiegen in ihm über seine neue Religion allerlei Zweifel auf. Er beschloß, sich wieder von ihr abzuwenden, und seine Rückkehr zum Christenthum dadurch zu verherrlichen, daß er den Venetianern die Flotte ausliefern wollte. Aber kaum war er eingeschlummert, als ihm ein schreckliches Gesicht erschien. Vor seinen Füßen that sich ein tiefer, tiefer Brunnen auf, und aus diesem stieg eine große Schlange empor, aus deren Rachen Feuer hervorsprühte. Da sprang er vom Lager auf, ließ den Schiffsgeistlichen rufen und fragte ihn um die Bedeutung des Traumes. Dieser verstand sich auf das Auslegen und Deuten, sagte dem Kapudan Pascha, daß seine Seele in großer Gefahr geschwebt, daß aber Gott noch bei Zeiten ihn gewarnt habe. Nun dachte der Admiral nicht mehr an Verrath und schlug mit Gottes Hilfe die Christen aufs Haupt. Später wurde er Großwessir. Oft stellten sich Griechen und Armenier bei ihm ein, die zum Islam übertreten wollten und vorgaben, sie hätten Gesichte gehabt. Dann fragte der Kapudan Pascha allemal: „Habt Ihr einen Brunnen gesehen, und was kam aus demselben hervor?" Durch diese Frage geriethen sie in Verwirrung, und sie wußten nicht, was sie antworten sollten. Da ließ der Wessir ihnen den Kopf abschlagen und sprach: „So sollen Alle sterben, die über Gott und dessen Verehrung spotten."

Dem großen Küprüli Pascha erzählte ein Grieche, er habe eine Vision gehabt und der Prophet sei ihm erschienen. „Was," rief der Greis, „seit achtzig Jahren bitte ich Gott tagtäglich fünfmal darum, ich habe nie das Fasten versäumt, und nie hat mich der Prophet gewürdigt, mir zu erscheinen. Und nun will ein Hund und Weintrinker ihn gesehen haben!"

Also die Muselmänner sind unwissend, Vorurtheile jedoch haben sie nicht mehr und nicht weniger als die Europäer auch. Aber bei uns giebt es doch eine Aristokratie des Geistes und der Bildung, die sich aller Vorurtheile möglichst zu entschlagen sucht; bei den Orientalen mangelt jedoch eine solche.

Die Goldmacherei mußte für ununterrichtete Leute, die Hang zum Vergnügen haben und angestrengte Arbeit scheuen, sehr anziehend sein. Deswegen sind die mohamedanischen Völker, insbesondere die Araber, schon seit Jahrhunderten der Alchymie ergeben und noch heute nicht gänzlich von ihr abgekommen. Sie glauben nicht nur, daß man aus jedem Metall Gold bereiten könne, sondern halten sich fest überzeugt, daß dergleichen täglich verfertigt werde, nur könne man schwer hinter das Geheimniß kommen. Vielleicht will Gott nicht, daß die Mächtigen der Erde dasselbe kennen lernen; er entdeckt es nur wenigen Derwischen, und gerade solchen, welche arm sind, die Güter dieser Welt verachten, und sich des Goldes nur bedienen zum Ruhme des Glaubens und zum Wohlergehen ihrer Nebenmenschen.

- Der gelehrte Dschaber ging eines Tages durch den Bazar. Da bemerkte er, daß ringsum an der Bude eines Specereihändlers viele kleine Stücken Papier angeklebt waren, und ging näher hinzu, um zu sehen, was darauf stand. Zu seiner nicht geringen Verwunderung las er auf allen dieselben Worte, und diese lauteten: Allah inhal

Goldmacherei und Wunderglauben. 91

Dschaber, das heißt: Gott verderbe den Dschaber. Der arabische Gelehrte hatte den Specereihändler nie gesehen und fragte deshalb: „Wie kommt es denn, daß Du die Bude mit Papieren beklebt hast, welche Gottes Fluch auf Dschaber herabrufen?" Der Krämer entgegnete: „Wohl möge Gott diesen Dschaber für und für verderben. Vor einigen Jahren war ich noch ein wohlhabender Mann. Da spielte das Unglück mir ein Buch in die Hände, das dieser Betrüger über das Goldmachen geschrieben hat. Nun fing ich zu arbeiten an, scheute keine Kosten und keine Mühe, aber Alles war vergeblich; und als ich am Ende zur Besinnung kam, war ich ein zu Grunde gerichteter Mann. Dschaber ist an meinem Unglück Schuld, und ich rufe Gottes Fluch auf ihn herab." Dschaber entgegnete: „Nun, wenn Du zu Grunde gerichtet bist, Deine Bude schließen und Deinen Handel einstellen mußt, so wird Dir wohl nichts anders übrig bleiben, als daß Du einem andern Gewerbszweige Dich zuwendest. Willst Du mir folgen und Alles thun, was ich Dir befehle, so möchte ich Dich wohl aus Deinen Nöthen reißen, und mit Gottes Hilfe kannst Du noch reich werden." Wer war froher als der Kaufmann? Er schloß seinen Laden und ging mit Dschaber. Unterwegs kamen sie an einer Bude vorüber, in welcher Reis feil war. Dschaber kaufte zwei Pfund; eins davon gab er dem Specereihändler. Späterhin theilte er mit ihm Kohlen, Butter, Salz, gab ihm ein Kochgeschirr und nahm selbst ein solches in die Hand. So führte er ihn in seine Küche und an den Heerd; dann sprach er: „Wir haben nun Beide Alles zur Hand, was zur Bereitung eines Pilau erforderlich ist. Stelle Du Dich nun hierher an den Heerd, ich will mich dorthin stellen. Wir wollen Pilau kochen, und wenn Jeder von uns ihn gut zubereitet, so wird der eine etwa so ausfallen wie der andere." Und so gingen sie ans Werk; Dschaber brachte seine Kohlen in Brand, kochte Wasser, that Butter und Salz hinein und bereitete das Gericht. Dem Specereihändler dagegen wollte die Sache nicht von der Hand gehen, er kam nicht recht zu Stande. Dschaber blickte ihn lächelnd an und sprach: „Siehe, ich bin beinahe fertig und Du hast kaum angefangen, und doch ist nichts leichter als einen Pilau zu bereiten. Aber jedes Ding will gelernt sein. Du kannst nicht einmal Reis kochen und wolltest doch Gold machen! Wundere Dich ja nicht, daß es

Dir nicht gelingen wollte, höre auf, Dschaber zu verwünschen, und widme Dich mit Eifer und Ausdauer der Wissenschaft, wie er es gethan; oder noch besser, laß Dich gar nicht auf Dinge ein, welche Deine Fassungskraft und Dein Vermögen übersteigen: dann lebst Du ohne Sorgen und kannst wohlhabend werden." Die Geschichte fügt hinzu, daß Dschaber, nachdem er dem Krämer diesen Verweis gegeben, ihn zwar nicht das Goldmachen lehrte, wohl aber ihm zeigte, wie man sehr wohlschmeckende Pasteten bereiten müsse. Durch diese Kunst kam der vormalige Specereihändler wieder zu Wohlstand.

Meiner Ansicht nach liegt die Schuld jener Sittenverderbniß, welche wir bei Türken und Arabern finden, an der Jahrhunderte langen Berührung, in welcher sie mit zwei so verderbten Völkern, wie Griechen und Persern, stehen. Dasselbe gilt von den Russen, die auch Zöglinge der Griechen sind, deren Religion sie angenommen haben. Allerdings hatte Mohamed der Zweite, bevor er als Sieger in Konstantinopel einzog, schon in Brussa und Adrianopel einen Hof, an welchem Pracht und Luxus herrschte. Aber es war der Hof eines Soldaten, der Pomp eines Lagers. Der Sultan besaß Sclaven, Diener und Rosse in Menge, man trug homerische Gerichte auf seine Tafeln, wohlgefüllte berghohe Schüsseln Reis, und saure Milch soviel das Herz begehrte. Dann aber zog er in den Palast der Komnenen ein. Dort fand er Schätze, die sein Auge blendeten, Bäder mit Porphyr ausgelegt, Galerien von Marmor und prunkvolle Schlafgemächer. Eine zitternde Schaar von Beamten und Verschnittenen öffnete ihm die Pforten zu den Frauengemächern, in welchen er die himmlischen Huris zu sehen glaubte. Der Khan warf sich den kaiserlichen Mantel um die Schultern, übersetzte all diesen byzantinischen Pomp ins Türkische, nannte die Frauengemächer Harems und machte aus Kirchen Moscheen. Und dem Beispiele des Herrschers folgten die Krieger. Die Türken waren Gebieter eines durch und durch verderbten Volkes geworden, und ehe lange Zeit verging, hatten sie die Laster desselben schon nachgeahmt. Bei ihnen wurden, gerade wie bei den Griechen, Aemter, Gunstbezeigungen, gerichtliche Entscheidungen für Geld feil. Die Türken nahmen auch von den Griechen das Laster der Päderastie an, für welche Griechenland immer gleichsam die hohe Schule gewesen ist.

Sie ist auch bei den Italienern und Chinesen häufig, und erscheint als Frucht einer überreifen Civilisation, die ja stets Entartung des Geschmacks nicht nur in der Kunst, sondern auch in Vergnügungen und Zeitvertreib zu haben pflegt. Nichts berechtigt uns zu der Annahme, daß die Araber und Türken jene Abscheulichkeit vor den Zeiten der Eroberung gekannt haben. Ich muß bemerken, daß sie vorzüglich nur bei reichen Leuten im Schwang ist, die ohnehin eine zahlreiche Schaar von Frauen im Harem haben. Der Landmann aber oder der Beduine, der doch so lange ledig leben muß, bis er den Kaufpreis für seine künftige Frau dem Schwiegervater erlegen kann, kennt jenes Laster nicht, übt es wenigstens nicht aus, und schämt sich der Türken und seiner reichen Landsleute, die demselben fröhnen. Die Schwarzen in Afrika sind ihm nicht ergeben, es ist ihnen völlig unbekannt. Bei Türken und Persern kommt eine analoge Abscheulichkeit auch beim weiblichen Geschlechte vor, aber erst in der neuern Zeit hat dieselbe weitere Verbreitung gewonnen. Ich behaupte zuversichtlich, daß sie aus dem westlichen Europa zu den Morgenländerinnen gelangt ist.

In allen Lebensverhältnissen herrscht äußerste Verderbtheit, Unzuverlässigkeit, Mangel an Treue und Glauben, und Bestechlichkeit. Die Aemter werden von den Ministern verkauft, und wer sie erstanden hat betrachtet sie als Erpressungsmaschinen, deren Druck um so stärker ist, weil selten auf eine lange Amtsdauer gerechnet werden darf. Der Beamte sucht deshalb auf jede Weise Geld zu machen und alle Mittel sind ihm recht; er will möglichst schnell reich werden, das Uebrige kümmert ihn nicht. Wer am meisten bietet erhält Recht; falsche Zeugen welche den Processirenden ihre Dienste antragen, sind vor jeder Gerichtsstube in Menge zu haben; der Richter läßt sie zu oder verwirft ihre Aussage, je nachdem der falsche Zeuge von dem, welcher Recht behalten soll, erkauft oder nicht erkauft worden ist. Auch zehrt der Wucher am Marke des Volkes. Der Islam hat ihn verboten, den Muselmännern erscheint er gehässig; die Wucherer hat man deshalb in den niedrigen Schichten der christlichen und jüdischen Bevölkerung und unter den Eingewanderten zu suchen. Sie leihen auf Pfänder, geben Vorschüsse auf die nächste Ernte, oder kaufen dieselbe schon auf dem Halme; sie machen großen Profit an den Soldscheinen, welche den Truppen gegeben werden, und von diesem Profit machen sie wieder Ankäufe für die Regierung. Und mehr als einmal haben die Wucherer gezeigt, wie sie bei hohen Staatsbeamten Operationen durchzusetzen verstanden, vermittelst welcher der Werth der Gold- und Silbermünzen auf die anstößigste Weise verändert wurde. Das Gold steigt, wenn sie Zahlungen zu machen haben, es fällt wenn Zahlungen zu empfangen sind. Es ist ein Schimpf und eine Schande! Ueberall Corruption, überall Gemeinheit, überall Verrath, Raub und Plünderung. Das Alles fällt nicht etwa dem Islam als solchem zur Last, es ist ein Wiederschein von Byzanz; die Türken sind darin lediglich ein Abbild der Griechen und ihrer Zöglinge. *)

Das mohamedanische Gesetz verbietet bekanntlich alle berauschenden Mittel ohne Ausnahme; nicht blos den Wein, sondern auch Alkohol, Opium, Belladonna, Safran, Haschisch, Kat Yemini und Ambergris; leider wird aber dieses Verbot nicht beobachtet, obwohl man dabei die Oeffentlichkeit vermeidet, weil in diesem Falle eine gerichtliche Bestrafung nicht ausbliebe. Die Türken trinken viel Branntwein und können davon weit mehr vertragen als die Europäer; ich habe gesehen daß manche Tag für Tag vier Quart zu sich nahmen, und er war 18 bis 20 Grad stark; andere tranken große Gläser Kirschenwasser und reinen Absynth ohne daß es ihnen etwas gethan hätte. Wein wird von den Muselmännern nur in den Ländern getrunken wo er wächst, namentlich in Anatolien und Syrien, wo die Christen ihn bereiten; in anderen Gegenden ist er nur den Reicheren, natürlich insgeheim, zugängig.

Ich will hier eine Geschichte erzählen die bezeichnend für die orientalische Anschauung ist. Ein Khatib wollte eines Freitags zur Moschee gehen um dort das Gebet abzuhalten. Ein Nachbar, an dessen Hause er vorüber kam, bat ihn ein wenig einzutreten und mit in den Garten

---

*) Wir geben dem Verfasser im Allgemeinen ganz recht; er vergißt aber zu bemerken, daß eine gleiche, eine vielleicht noch ärgere Corruption auch in Persien vorhanden ist. Die Christen im Orient taugen im Durchschnitt gewiß sehr wenig, und sind schon in der europäischen Türkei mehr oder weniger Barbaren. Aber man darf nicht übersehen daß alle mohamedanischen Staaten ohne irgend eine Ausnahme sich im Stadium des tiefsten Verfalles und einer größern oder geringern Auflösung befinden. Es scheint fast als habe der gesammte Orient sich abgelebt. Er ist faul durch und durch, gleichviel ob er mohamedanisch oder christlich sei. A.

zu kommen, wo er einige Bekannte treffen werde. Der Khatib hatte noch ein Weilchen Zeit und folgte der Einladung. Aber es überraschte ihn nicht wenig, als er sah, daß seine Freunde im Garten ein Zechgelag hielten und gar nicht daran dachten sich auf das Gebet in der Moschee vorzubereiten. Sie scherzten und reichten ihm den Becher: „Trink doch nur einen Schluck, thu uns den Gefallen!" riefen sie. Der Khatib, nachdem er sich ein wenig gesperrt, trank wirklich ein Glas Wein. Das machte den Uebrigen Freude; nun trank ein Jeder auf seine Gesundheit, und der Khatib mußte schon aus Höflichkeit Bescheid thun. Nie zuvor hatte er Wein genossen; kein Wunder daß derselbe ihm zu Kopfe stieg. Aber inzwischen war es Zeit geworden in die Moschee zu gehen und vorzubeten. So verließ denn der Khatib die lustigen Brüder, ging in die Moschee und stieg nicht ohne einige Mühe die Stufen zum Betstuhl hinan. Nun war er allerdings glücklich oben, aber es fing an ihn zu schwindeln. Alles drehte sich vor ihm im Wirbel, er mußte sich mit den Händen festhalten. Das Gebet wollte nicht über die Lippen, die Zunge stammelte, und der unglückselige Khatib konnte nicht weiter reden, er blieb stecken, zu großem Erstaunen der andächtigen Versammlung. Plötzlich entleerte sich sein Magen des ihm aufgezwungenen Inhaltes, der die Moschee besudelte. Nun wußten die Muselmänner woher das Stammeln kam. In Folge dieser Krisis wurde der Khatib plötzlich nüchtern. Von allen Seiten wurde er mit Schimpf und Schmach überhäuft, und begriff nun wohl, daß lediglich die schleunigste Flucht ihn retten konnte. So rannte er spornstreichs aus der Moschee, schwang sich auf den ersten besten Maulesel, und jagte weiter so lange das Thier unter ihm nur Athem holen wollte. Endlich kam er an eine Schlucht durch welche ein Bach floß; dort hielt er an. Dein Thier wird wohl durstig sein, dachte er, und führte es am Zaum zu Wasser; aber es wollte nicht trinken, so viel er ihm auch zuredete. Da sah der Khatib ein, daß Gott ihm habe eine Lehre geben wollen; er schlug die Augen zum Himmel auf und sprach: „O Gott, ich bin dummer wie dieses Thier, denn es will nicht trinken weil es keinen Durst hat, ich kann es nicht mit Güte und nicht mit Gewalt dazu bringen. Und ich habe mich überreden lassen ein starkes Getränk zu genießen, das ich nicht mag, das unrein und verboten ist!"

Der Orientale zieht aber, wenn er sich berauschen will, Opium und Haschisch dem Wein und überhaupt den geistigen Getränken vor; in den Augen der öffentlichen Meinung finden diese Substanzen wohl etwas weniger Ungnade. Der Safran verursacht einen starken, sehr unangenehmen Kopfschmerz. Ueber das Haschisch ist während der letzten Jahre viel geschrieben worden, und doch ist der Gegenstand noch bei weitem nicht hinlänglich erörtert. Die Pflanze aus welcher man es bereitet, der Hanf, Cannabis indica, wächst auch in Afrika; wahrscheinlich ist dieser Hanf aus dem Sudan nach Tunis und nach Tripoli gekommen, wo man ihn Tekruri nennt, also mit demselben Namen belegt, mit dem man auch die schwarzen Mekkapilger bezeichnet, um deren Heimatland anzudeuten. Vielleicht ist, wie einige Geographen meinen, Tekrur der Name einer Provinz im Sudan, vielleicht stammt er auch von einem arabischen Wurzelwort, das verbessern, vollkommener machen bedeutet. In Persien heißt dieser Hanf wie im Arabischen, Esrar, die Geheimnisse.

Das Wort Haschisch bedeutet ganz einfach Kraut. Vielleicht nennt man es so weil es für das Kraut aller Kräuter gilt, oder um nicht die Aufmerksamkeit der Vorübergehenden zu erregen, wenn man es im Bazar oder im Kaffeehause verlangt. Ich hörte in Kairo daß Leute in einem Kaffeehause Branntwein mit den Worten verlangten: Gieb mir von dem da (eb dini men dika); und dagegen konnte auch der Frömmste nichts einzuwenden haben.

Das Haschisch verdankt seine Wirkung einem eigenthümlichen Harz das ein in Aegypten ansässiger Pharmaceut, Gastinel, aus dem Hanf gewonnen hat und das er Haschischin nennt. Dasselbe hat eine schöngrüne Farbe, ist klebrig-zäh und hat einen unangenehmen Geschmack. Ich wüßte nichts womit ich diese eigenthümliche Substanz vergleichen könnte. Die Orientalen bereiten ihr Haschisch in anderer Weise; sie benützen Stengel und Blüthen des Hanfes, und sind der Meinung daß jeder Theil der Pflanze seine besonderen Eigenschaften habe. Das Haschisch von Buchara wird am meisten geschätzt, weil es angeblich die allerschönsten Gesichte hervorbringt; jenes von Tunis soll viele erotische Visionen erzeugen; das in Aegypten, Persien, der Türkei, dem Hedschas und in Syrien bereitete steht jenen beiden nach. Man trocknet die Pflanze und stößt sie zu Pulver, das graugrün ist und als Zuthat bei Zuckerwerk und anderen Süßigkeiten dient. Sehr einfach ist die Bereitung des **Damesk**; man kocht den Staub mit etwas Wasser und setzt, je nachdem dieses verdünstet, frische Butter hinzu, fügt etwas Honig bei, rührt Alles wohl durch einander bis es einen gleichartigen Teig bildet, und nimmt diesen vom Feuer weg. Man kann ihn gleich gebrauchen oder aufbewahren, da er sich einige Monate hindurch gut hält. Das Damamesk hat die Farbe des Hanfstaubes. Man nimmt davon auf einmal nur so viel wie etwa eine Nuß an Umfang hat; die Liebhaber genießen täglich vier bis fünf solcher Stückchen. Die Wirkung stellt sich, je nachdem die Gabe größer oder kleiner war, in dreiviertel bis anderthalb Stunden ein. Die Hindu bereiten den Haschischextrakt weit sinnreicher; sie thun das Pulver in ein Säckchen, das sie über siedendes Wasser hängen; dann dringt der Dampf hinein und befeuchtet den Staub, den man durchseihet. So gewinnt man einen grünen Saft, der schnell trocknet. Das ist der ächte Haschischextrakt, der überall im Orient sehr gesucht und unter dem Namen **Bengali** bekannt ist. Das Haschisch wird auch in anderer Weise zubereitet und manchmal mit anderen Substanzen versetzt. Zu Pillen nimmt man Zimmt 3 Drachmen, Rosenknospen 3, Gewürznelken 2, Opium 1, Haschisch 1 und Safran 3 Drachmen. Dazu thut man Rosenwasser und Zucker nach Verhältniß, schlägt Eigelb hinzu, und theilt die Masse in fünfzig Pillen. Die Orientalen preisen auch eine andere an Opium reichhaltige Mischung, das **Theriak**, von welchem die Aerzte früher Gebrauch machten; jetzt ist es in Vergessenheit gerathen. Man feuchtet auch wohl den Haschischstaub an, läßt ihn langsam warm werden, und knetet ihn zu kleinen runden Stücken oder länglichen Walzen; an der Form sieht man wo er verfertigt wurde. Wer das Haschisch **rauchen** will schneidet von dieser Masse ein Stück von etwa Nagels Größe und zerbricht es in zwei oder drei Theile; diese werden auf den Kopf des **Bury** gelegt, — d. h. der Narghileh, an welcher der Wasserbehälter, **Schischeh**, durch eine Kokosnuß ersetzt wird, und an der sich statt des gewöhnlichen Schwungrohrs, **Leya** (Schwanz), ein Rohr von Rosen-Jasmin- oder Kirschholz befindet, — auf den Tumbak und unter die glühenden Kohlen, durch welche es in Brand geräth. Diese Kohlen für die Narghileh werden aus gepulverter mit Salpeter versetzter Holzkohle bereitet, welche man durch etwas Honig wieder verbindet.

Das Haschisch geräth leicht in Brand, beschleunigt auch die Verbrennung des Tumbaks oder Tabaks auf welchen man es gelegt hat. Der Rauch ist scharf, reizt den Schlund und bringt Husten hervor; er ist voll und sehr weiß, der Geruch ist jener der Pflanze überhaupt. Die Wirkung stellt sich rasch ein, gewöhnlich schon nach dem ersten oder zweiten Bury; die Anzahl der Burys welche ein Raucher vertragen kann, hängt ganz von seinem Temperament und seiner Gewohnheit ab. Das Haschisch kann, wenn in sehr starken Gaben genossen, Bewußtlosigkeit erzeugen; dann erfolgt ein Duseln, nicht ein gesunder Schlaf, aber geradezu gefährliche Anfälle stellen sich schwerlich ein. Nur ein fortgesetzter Gebrauch ist sehr nachtheilig, aber weit mehr für die Geisteskräfte als für den Körper. Die Haschasch, so nennt man die Liebhaber des Haschisch, ziehen das Rauchen vor, und essen jenes nur wenn sie ihrer Umgebung einen Genuß verbergen wollen, der sie dem Gespötte preisgiebt. Man erkennt sie aber leicht; ich wenigstens habe bei meinen Wanderungen durch die Bazare zu Kairo und Damaskus allemal auf den ersten Blick gesehen welche Kaufleute zu den Haschasch gehören. Der Hanfraucher ist im gewöhnlichen Leben mürrisch, träumt vor sich hin, ist jeder Bewegung abhold, wiewohl nicht in dem Maaße wie der Opiumraucher; er ist auch nicht so schweigsam wie dieser, redet aber doch nicht gern. Aber beide haben gesenkte, halbgeöffnete Augen, wackeln mit dem Kopfe und lassen ihn vorne überhängen; doch wenn sie rauchen werfen sie ihn nach hinten, schlagen die Augen gen Himmel, als wären sie in Verzückung, blasen die Nasenlöcher weit auf, und lassen aus ihnen die weißen Rauchwolken hervorquellen. Nach dem Genusse des Haschisch hat der Kaffee eine sehr aufregende Wirkung; er verändert das Wesen der Trunkenheit ohne sie doch merkbar zu steigern, falls er nicht mit Zucker versetzt ist. Denn dieser letztere ist ein mächtiger Hülfsgenosse des Haschisch. Nur Limonade ohne Zucker arbeitet den Wirkungen des Haschisch entgegen. Die ächten Haschasch genießen fast nur gezuckerte Sachen. Das sicherste Mittel die Wirkungen zu schwächen oder ganz zu beseitigen, besteht darin daß man Eis oder kaltes Wasser auf den Kopf legt. Ich glaube daß auch schon ein schwaches Brechmittel dasselbe leisten würde. Ich selber habe freilich damit keinen Versuch gemacht. Die schleunige Beförderung des Blutumlaufs hat einen Andrang nach dem Gehirn im Gefolge, welcher die Bewegung und die Verstandeskräfte lähmt; dann folgt Irrereden und Delirium, später stellt sich Betäubung und Schläfrigkeit ein. Bei schwachen Gaben sind auch die Wirkungen schwach. Das Haschisch hat noch eine andere Wirkung, nämlich auf die Blase; es entsteht Drang zum Harnlassen und Priapismus. Sicherlich ist das Haschisch ein Aphrodisiacum, aber in der Weise der narkotischen Mittel, des Opiums und der geistigen Getränke. Shakespeare hat gesagt daß der Wein die Liebe entfessele und zurückhalte. Viele Orientalen sind gerade deshalb dem Opium und Haschisch ergeben, weil der Genuß desselben die Dauer eines gewissen Actus verlängert, und deshalb rauchen die gemeinen Chinesen das Opium, und manchmal in erschrecklich starken Gaben, vorzugsweise in den schlechten Häusern.

Der sehr scharfe Rauch des Haschisch übt auf die Luftröhre und Brust einen äußerst starken Reiz und bringt zuweilen Krankheiten an diesen Organen hervor. Manche Europäer haben an sich selbst Versuche mit dem Genuß des Haschisch gemacht und darüber ausführlichen Bericht gegeben; alle behaupten daß die Wirkungen weit stärker seien als jene des Opiums. Dabei übertreiben sie gewiß nicht; ich glaube aber daß die kräftigere Leibesbeschaffenheit und das mehr sanguinische Temperament der Europäer wohl erklärt, weshalb in den Folgen des Genusses einer und derselben Substanz ein so großer Unterschied zwischen ihnen und den Orientalen stattfindet. Auch haben jene Beobachter das Haschisch nicht in der Art und Weise genossen wie die Morgenländer; das reine Harz, wie die Apotheken es verkaufen, hat keineswegs dieselben Eigenschaften als das Pulver, die Kuchen und das Dawamesk, wie sie im Orient bereitet werden. Auch nehmen die Morgenländer Opium oder Haschisch nur wenn sie sich zuvor in eigenthümliche psychologische Stimmungen versetzt haben; sie weihen sich, wenn man so sagen darf, erst für den Genuß ein. Unsere ganze Art und Weise ist eine ganz andere. Der alte Philosoph sagte, wer recht genießen wolle, müsse vorher entbehren. Die Haschasch sagen, daß ohne Fasten ihr wahres Glück und der höchste Genuß nicht zu erreichen sei. Sie essen also längere Zeit gar kein Fleisch, genießen überhaupt nur sehr wenig und zwar nur Gemüse, leichtes Gebäck, völlig reifes Obst, und Zuckersachen; rauchen wenig Tabak, trinken nie Wein oder Branntwein. Vermittelst einer solchen Weihe befähigen sie den Körper dahin daß das Nervensystem die Wirkungen des Haschisch in seinem ganzen Maaße empfindet; dadurch bauen sie ferner allzustarkem Blutandrang nach dem Gehirn vor, der sich nach einer reichlichen Mahlzeit oder nach übermäßigem Genusse von geistigen Getränken immer einstellt.

Der Haschasch bereitet sich demnach zu einem vollen Hochgenusse methodisch vor, indem er einige Tage vorher fastet und nach und nach die Gaben von Haschisch steigert. An dem festgesetzten Tage steht er früh auf, raucht bis Mittag mehrere starke Burys, genießt einige Zuckersachen, trinkt viel Kaffee und raucht abermals. Dann schwimmt er in einem Meere von Wonne. Um recht ungestört zu sein, hat er sein innerstes Gemach aufgesucht. Nun sind alle Sorgen verscheucht. Manchmal läßt er zwei bis drei Tage lang Musik machen, und schaut dem Tanze der Almehs oder seiner Sclavinnen zu. Ein entzückendes Gesicht folgt dem andern; was er auch gewahre, Alles ruft in ihm anmuthige Empfindungen und verlockende Täuschungen hervor, die Wonne wird zur Verzückung, dann folgt Müdigkeit, endlich ein Schlaf der einige Stunden währt. Nach dem Erwachen ist der Haschasch wieder im vollen Besitze der Vernunft, er fühlt sich nur ein wenig abgespannt, und hat manchmal Kopfschmerz. Die Bektaschis halten Zusammenkünfte in welchen sie Haschisch rauchen. Wahrscheinlich haben die Anhänger des Alten vom Berge auch Hanf geraucht. Gegenwärtig genießen die gemeinen Leute das Haschisch in besonderen Kaffeehäusern, die Mehschasch genannt werden. In manchen muselmännischen Ländern duldet jedoch die Polizei solche Häuser nicht; in Aegypten ist sogar der Anbau des indischen Hanfes und überhaupt der Verkauf desselben verboten. Aber es fällt der Regierung wohl außerordentlich schwer einem Unfuge zu steuern, der seit Jahrhunderten eingewurzelt ist, und die Aegypter halten mit Zähigkeit an demselben fest.

Am Ende zeigt der fortgesetzte Genuß des Haschisch Verrücktheit oder Geistesschwäche. Die Leute kosten ihn anfänglich aus Neugier, gewinnen nach und nach Geschmack daran und geben sich dem Genusse häufiger hin, immer mit dem Vorsatze bei Zeiten wieder aufzuhören. Aber bald sehen sie sich dermaßen verstrickt daß sie sich nicht mehr losmachen können. Auf zeitweiliges Irrereden folgt Narrheit und fixe Idee. Noch vor einigen Jahren sah man im Muristan zu Kairo zwei Wahnsinnige, die in Folge übermäßigen Haschischgenusses in dieses Irrenhaus gekommen waren. Der eine hielt sich für den Propheten und der andere für Gott. Der eine rief den Leuten zu: Ich bin der Prophet, Gott hat mich zu euch gesendet! Der andere fiel ihm in die Rede und sprach mit äußerster Gelassenheit: Dieser Mensch ist ein Betrüger, denn ich bin Gott und habe ihn nicht gesendet. — Es ist bemerkenswerth daß der Haschischwahnsinn so oft eine religiöse Färbung hat; der Hanf regt den Glauben an und steigert den Enthusiasmus. Die meisten Haschasch sind bekehrungssüchtig und suchen Andere für ihre religiösen Theorien zu gewinnen. Da ihnen das nicht oft gelingt, so überreden sie Jeden mit dem sie verkehren zum Genusse des Haschisch; sie nehmen nicht ohne Grund an daß sie ihn zu sich herüberziehen, wenn er den Lockungen nicht widersteht. Einer dieser Leute entwickelte mir sein System in folgender Weise: Alles Vorhandene hat zwei Pole; der eine Pol am Menschen ist ein Nerv der oben auf dem Gehirn liegt; das ist der geistige Pol, durch welchen der Mensch sich mit der göttlichen Sonne in Verbindung setzt. Der fleischliche oder leibliche Pol wird durch die Zeugungsorgane gebildet; dadurch setzt er sich in Verbindung mit der Materie. Die Vereinigung beider Pole findet vermittelst der Liebe statt, deren Sitz im Herzen ist. Die Annäherung der Pole ist das Weltgesetz. Deswegen muß das Abendland, als das männliche und schaffende Princip, als Pol sich dem Orient annähern, denn er ist das weibliche Princip und bildet als solches den zweiten Pol der Menschheit. Die Annäherung und Vereinigung geschieht vermittelst eines Volkes das zwischen Orient und Occident, demnach zwischen die beiden Pole, gestellt ist. Aus derselben muß nothwendig ein Volk von Riesen und Göttern entstehen, das dem Tode unzugängig ist. Die Vereinigung und Zeugung findet binnen kurzem statt, denn der Prophet, vermittelst dessen sie geschehen soll, ist bereits erschienen. Mein Philosoph war natürlich in eigener Person dieser Prophet. Er hat außerdem eine Entdeckung gemacht durch welche die ganze Welt eine völlige Umgestaltung erfährt. Wie nämlich der Diamant die Sonne wiederspiegelt, so bildet das Haschisch, wenn es einmal das Gehirn erreicht hat, die Seele zu einem Spiegel um, in welchem die Sonne der Gottheit in ihrem vollen Glanze wiederstrahlt. Durch die Annäherung der Pole wird der ganze Mensch erfüllt von Liebe zur Wahrheit und zum Vergnügen; er wird dann immer jünger und der Tod verschwindet vor ihm. Der Tod ist fort, der Mensch wird wirklich und gewiß unsterblich, und im Laufe von Jahrtausenden erfährt sein Körper weiter keine Umwandelung als daß er stets jünger und schöner wird. Insbesondere verjüngt sich der Mensch durch die Liebe, weil Alles was schön und gut auf Erden ist, in Folge der Vereinigung beider Pole entsteht. Das Haschisch ist die Frucht, welche Eva aß, das Manna des Moses, das Lebenswasser von welchem Jesus zur Samaritanerin sprach, der Quell aus welchem Mohamed alle seine Eingebungen schöpfte. Der Koran, sagte mein Prophet weiter, sei in gereimter Prosa geschrieben, und schon daraus könne man die Einwirkungen des Haschisch erkennen. Dieses ganze System hat der Entdecker niedergeschrieben, um es bekannt zu machen.

Der Haschasch macht drei Stufen durch: erst redet er irre; dann folgt die Illusion, die schon einen häufigern Genuß voraussetzt; endlich tritt düsterer Wahnsinn oder Tollwuth ein, Delirium, Manie, Erotismus und Geistesschwäche; diese bilden den letzten Grad. Jeder intelligente kecke Mensch von mystischer Gemüthsanlage wird sich, wenn er die zweite Stufe nicht überschreitet, für einen Propheten halten.

Die Türken ziehen das Opium vor, die Araber sind mehr dem Haschisch ergeben. Jenes erscheint als das bei weitem gefährlichere; es bringt ein charakteristischeres Irrereden hervor, klarere Gesichte und läßt die Täuschungen vollständiger erscheinen. Wer sich ihm einmal hingegeben, kann ihm nicht mehr entsagen; der Körper gewöhnt sich daran; man weiß, daß hinter dem Genusse das offene Grab liegt, aber man muß das Opium haben, um der fürchterlichsten Beklemmung und Kraftlosigkeit ein Ende zu machen. Ich habe in Soaken am Rothen Meere einen Opiumesser gesehen, der seit einigen Tagen entbehren mußte, weil kein Opium da war. Als dieser Mensch, ein Zimmermann, hörte, daß ein Fremder im Orte sei, kam er zu mir und bat um Opium. Ich hatte nur sehr wenig und, wohlgemerkt, als Arzneimittel bei mir, schickte ihn also fort. Als ich ausging, sah ich ihn wenige Schritte von meiner Wohnung entfernt auf der Erde liegen. Ich wollte ihn fortschaffen lassen, er aber weigerte sich und erklärte, er müsse Opium haben, und wolle vor meiner Thür sterben, wenn ich es ihm verweigere. Am andern Tage lag er noch da. Ich erzählte diesen Vorfall dem Gouverneur; dieser sagte mir: „Wenn Du Opium hast, so erzeigst Du dem Unglücklichen eine Wohlthat, falls Du ihm etwas davon giebst. Er ist sonst ein fleißiger Mensch, aber seit acht Tagen hat er nicht mehr gearbeitet, will nichts essen und kann auch nicht schlafen." Nun gab ich dem Zimmermann etwa fünfzig Gran, die er vor Einbruch der Nacht bereits verschluckt hatte. An jenem Abend und am andern Tage genoß er wenig Speise, ging umher, sprach mit meinen Dienern, zeigte ihnen eine Barke, an welcher er zimmerte, und fing an zu arbeiten. Nach etwa vierzig Stunden war er aber wieder in seinen frühern Zustand versunken, und ich weiß nicht, was weiter aus ihm geworden ist.

Das Kat-yemeni ist von einer ganz andern Beschaffenheit; es wirkt allgemein anregend, ähnlich wie der Kaffee. Dieses Kat ist ein Strauch, den einige Reisende für Celastrus edulis halten; ich selber habe ihn nicht gesehen. In Yemen essen die reichen Leute die jungen Sprossen. Die Wirkung besteht allemal in einer süßen Ruhe, erquicklichem Wohlbehagen, Schlaflosigkeit, die aber nicht abmattet. Das Kat ist selten, sehr theuer und sehr gesucht; manche Liebhaber verbrauchen täglich für einen Maria Theresiathaler. Wahrscheinlich wird es nur in Yemen gefunden; selbst zu Dschidda habe ich vergeblich danach gefragt; die Specereihändler in dieser Stadt konnten mir nur Kat hindi (Kaschu) zeigen, das, glaube ich, vom Kat-yemeni völlig verschieden ist.

Ich muß am Schlusse noch ausdrücklich hervorheben, daß alle Personen im Orient, welche geistige Getränke, Opium und Haschisch genießen, um sich zu berauschen, allgemein verachtet werden. Das Wort Haschasch gilt für eine Beschimpfung. Deshalb wagen auch nur Personen aus dem gemeinen Volk öffentlich Haschisch zu rauchen. In den übrigen Ständen sieht sich der Haschasch bald von Freunden und Bekannten verlassen und steht allein. Weiß das Volk, daß er Haschisch raucht, so ruft es ihm wohl auf der Straße nach und seine eigene Familie wendet sich von ihm ab. Er zieht sich dann immer mehr in sich selbst zurück, wird menschenfeindlich und bitter, und geht kläglich zu Grunde.

4. Ursachen der Barbarei unter den Afrikanern.
Mangel an Küstenentwickelung. — Der Einfluß der Wüste. — Die Einwirkungen des Islam.

Man braucht nur einen Blick auf eine Karte von Afrika zu werfen, um zu begreifen, weshalb ein so großer Theil dieses Festlandes von jeher in Barbarei versunken ist. Strabo hat zuerst hervorgehoben, daß ein Land um so gesittungsfähiger sei, je mehr Küstenentwickelung dasselbe besitzt; er erläuterte diese Behauptung durch Hinblicke auf Europa und namentlich auf Griechenland. Man könnte in unsern Tagen Vergleiche anstellen zwischen England und dem europäischen Festlande, zwischen dem Westen und dem Osten unseres Erdtheils, zwischen den drei Halbinseln, welche ins mittelländische Meer hinausragen und der gegenüberliegenden Küste Afrika's. Was Strabo sagt, ist richtig; die Entwickelung der Küsten trägt allerdings wesentlich zur Entwickelung der Civilisation bei; aber sie ist doch nur ein Moment, das in zweiter Reihe von Gewicht ist; dafür giebt z. B. die Barbarei des heutigen Griechenlands ein Zeugniß. Weit wichtiger noch ist für den geistigen und materiellen Fortschritt eines Volkes die Leichtigkeit des Verkehrs mit der übrigen Welt, und die Vervielfältigung seiner Verbindungsmittel.*) Je mehr ein Volk sich von allen anderen Nationen abschließt, um so einseitiger, respective um so barbarischer wird es sein. Denn im gegenseitigen Verkehr werden neben den Waaren auch Ideen ausgetauscht, und oft hält der geistige Fortschritt gleiche Linie mit der materiellen Entwickelung. Die mannigfaltige Berührung schleift die rauhen Seiten und scharfen Ecken ab, örtliche Vorurtheile gerathen in Vergessenheit, selbst der Wilde spürt den Einfluß des höher gebildeten Menschen.

---

*) Die natürliche Anlage und Befähigung eines Menschenstammes nicht zu vergessen. Der Neger zum Beispiel wird überall ein Barbar bleiben.   A.

Ursachen der Barbarei in Afrika. — Die Küsten.

Je volkreicher eine Nation, um so mehr kann sie, im Nothfalle, der Berührung mit der Außenwelt entbehren; und so schließt zum Beispiel ein Land wie China, das dreihundert Millionen Einwohner zählt, den Fortschritt nicht aus. Ein Volk kann von anderen durch mannigfache natürliche Hindernisse getrennt sein, zum Beispiel durch das Meer, vorausgesetzt, daß jenes Volk sich auf das Seewesen nicht versteht, und es giebt deren viele; ferner durch die Wüste, durch Hochgebirge, Seen und sehr breite Ströme. Oder es ist von anderen Nationen getrennt durch Hindernisse, die es sich selbst geschaffen hat, indem es zum Beispiel Fremde ausschließt, oder seinen eigenen Angehörigen verbietet außer Landes zu gehen, oder indem es sich seinen Nachbarn gegenüber in ununterbrochenem Kriegszustande befindet, oder endlich, indem es von religiösem Fanatismus besessen ist, der in jedem Ausländer einen Gottlosen oder Verbrecher erblickt. Krieg und Eroberung können allerdings die Civilisation befördern, aber nur ausnahmsweise, besonders dann, wenn das erobernde Volk in der Ausbildung höher steht, als das bezwungene.

Was insbesondere Afrika anbelangt, so finden wir, daß die Küsten dieses Erdtheils auf weiten Strecken fast gerade Linien bilden und überall gar nicht oder nur sehr wenig eingeschnitten sind. Ein Vergleich mit Europa zeigt auf den ersten Blick, wie groß in dieser Hinsicht die Verschiedenheit zwischen beiden Festländern ist. Eine gegliederte Küste hat insgemein auch gute Häfen in ihrem Gefolge; dagegen finden wir an ungegliederten Gestaden dergleichen nur ausnahmsweise; meist sind nur gefährliche Rheden und Ankerplätze vorhanden, welche der Schifffahrt um so ungünstiger sind, je mehr solche Küsten den Winden offen liegen. Das letztere gilt insbesonders von der afrikanischen Küste am mittelländischen Meere. Marokko hat keine guten Häfen, Algerien ebensowenig, die Rhede von Tunis ist im Winter unsicher, den Golf der Syrte meiden die Seefahrer, Tripoli und Benghazy haben keinen Hafen und die Schiffe vor diesen Plätzen schweben in steter Gefahr. Die Bay von Bomba hat guten Ankergrund, aber es fehlt der Küste an gutem Trinkwasser.[*] Der Hafen von Alexan-

---

[*] Die Nordküste Afrika's ist in nautischer Beziehung ganz vortrefflich dargestellt worden vom Admiral Smyth in: The Mediterra-

dria ist keineswegs vorzüglich und die Einfahrt nicht leicht. Endlich bietet die afrikanische Küste am Rothen Meere keine guten Häfen, ist von Korallenriffen eingefaßt und ungesund. Die Westküste von Tandschehr (Tanger) bis zum Senegal ist geradezu ohne Häfen und bei Nordwest- und Westwinden äußerst gefährlich. Ich rede hier nur von Afrika im Norden des Erdgleichers; in den übrigen Theilen ist das Verhältniß nicht eben viel günstiger.

Der Afrikaner war demnach von der Natur nicht zum Seefahrer bestimmt, und ist auch nie ein solcher geworden. In Karthago und Algerien waren es F r e m d e, welche afrikanische Flotten von Belang in See schickten; diese maritimen Bestrebungen waren mehr künstlich als afrikanisch natürlich. Der Afrikaner suchte keine fernabliegenden Küsten auf, und fremde Schiffe kamen gleichfalls nur selten an seine Gestade, mieden vielmehr sorgfältig dieses Land. Deshalb war der Verkehr zwischen Europa und Afrika Jahrtausende hindurch von geringem Belang. Aber wenn er auch weit schwungreicher gewesen wäre, so hätte er doch nur die Anwohner des Gestades näher berühren können, sie allein wären mit den Ausländern in Wechselverbindung geblieben. Schon in Europa, England ausgenommen, weiß man im Binnenlande wenig von der See; in Afrika ist die Bevölkerung der Küstenlande vom Innern durch eine dreihundert Stunden lange Wüste getrennt. Der Sudan und der Rif, durch den Wüstengürtel von einander geschieden, stehen nur durch Karawanen in spärlichem Verkehr; und diese Karawanen müssen den Unbilden eines extremen Klimas,

---

nean; a memoir physical, historical and nautical. London 1854, 8, S. 83 ff. Nachdem er die große und die kleine Syrte geschildert, fährt er fort: „Am Meeresrande dieser dürren Landstrecke liegen die geräumigen Häfen von Tebruk (Anti Pyrgos vel Tabraca) und Bombah (Bombaea vel Batrachus), nebst einigen kleineren Rheden für Küstenfahrer. Aber mit Ausnahme eines fremden Schiffes, das sich vielleicht einmal dorthin verlor, war dieses Gestade unbefahren, und so unbekannt, daß man kaum etwas von den Namen Tebruk und Bombah wußte, ehe ich jene Küste besuchte. Damals fuhr zwischen Alexandria und Benghazy nicht einmal ein einziges Boot, oder überhaupt irgend ein Schiff; wir fanden daher Seehunde und Fische in Ueberfluß. Der mit allen levantinischen Küsten wohl bekannte französische Admiral Ganthéaume rettete sein von den Engländern verfolgtes Geschwader dadurch, daß er es in die Bucht von Tebruk flüchtete, von deren Dasein die englischen Officiere nicht einmal eine Ahnung hatten." A.

dem Wassermangel und den Räubernomaden trotzbieten. Hier thürmen sich also gewaltige Hindernisse auf.

Allerdings war diese Wüste von jeher ein Wall, hinter welchem die Bewohner des Sudan ihre Unabhängigkeit zu behaupten vermochten. Ohne denselben wären vielleicht römische Legionen in das Land der Schwarzen vorgedrungen, hätten denselben ihr Joch auferlegt, und damit auch ihre Civilisation nach dem fernen Sudan gebracht. Die Schwarzen sind ganz gewiß nicht in so hohem Grade der Entwickelung fähig als wir; wären sie aber von den römischen Waffen bezwungen worden und unter römischem Einflusse geblieben, so hätten sie doch wohl in der Entwickelung einige Fortschritte gemacht. Der Sudan kennt aber keine andere fremde Einwanderung und Eroberung, als jene durch die muselmännischen Araber. Die arabische Einwanderung, von welcher weiter unten ausführlich die Rede sein wird, hat nicht nur den Norden der Wüstenregion und das Gestadeland am Mittelmeer überfluthet, sondern ist auch bis tief in den Süden vorgedrungen, und hat von zwei Seiten her auf die berberische Bevölkerung drückend, diese nach Kabylien, in die Sahara und die lybische Wüste zurückgedrängt.

Im Norden hat die Einwanderung der Araber die Herrschaft des Islam im Gefolge gehabt; man darf aber nicht behaupten, daß im Sudan dasselbe der Fall gewesen sei. Es läßt sich annehmen, daß dort die Einwanderung arabischer Stämme weit früher stattgefunden habe, als jene große religiöse Umwälzung, welche durch das Apostolat (Risalet) und einige Religionskriege stattfand, die von schwarzen Völkern gegen solche Nachbarn unternommen wurden, welche der Bekehrung durch ein friedliches Apostolat sich unzugänglich erwiesen. Die Folgen solcher Revolutionen in Afrika sind nicht ohne Belang gewesen. Die frühere Abgeschiedenheit gerade der am wenigsten unbildsamen schwarzen Völker ist dadurch sehr vermindert worden; sie traten in die große mohamedanische Familie ein; ihre Pilger und Karawanen zogen nun nach Mekka, Kairo, Tripoli; sie kamen in Berührung mit Marokko und Algier; ihre Jünglinge studirten in fernen Ländern, der Verkehr gewann an Lebhaftigkeit, und der Sudan erhielt aus zweiter Hand europäische Waaren.

Es läßt sich nicht in Abrede stellen, daß der Mohamedanismus für den Sudan ein mächtiger Hebel des Fortschritts gewesen ist; insbesondere hat er die Sitten gemildert. Hätten die schwarzen Völker dagegen das Christenthum angenommen, so wären sie, ringsumflossen von Muselmännern, in völliger Barbarei stecken geblieben.

Man wird es nun erklärlich finden, daß ich die Bevölkerung des Sudan in zwei Abtheilungen scheide, nämlich in die schwarzen Muselmänner und in die schwarzen Ungläubigen. Dieser religiösen Abscheidung entspricht auch eine physiologische Abweichung. Uebrigens sei noch bemerkt, daß in manchen Theilen des innern Afrika der Islam erst in der neuern Zeit Boden gewonnen hat. Waday zum Beispiel ist erst mohamedanisch, seit Sultan Salehh sich zur Lehre des Propheten bekehrte. Der Mohamedanismus und die Civilisation sind zugleich von Osten und namentlich von Westen her in den Sudan eingedrungen. Im östlichen Sudan ist das regelmäßige arabische Alphabet gebräuchlich; im westlichen und mittlern Theile dagegen kennt man nur das verderbte Alphabet, wie es im Gharb vorherrscht und das auch in Algerien gilt. Es unterscheidet sich von jenem durch einige abweichende Buchstaben, namentlich des Feh und Kaf.

Viertes Kapitel.

Die Araber.

1. Allgemeine Schilderung.

Hirtenstämme. — Wanderungen. — Sprache. — Geberdensprache. — Körperliche Beschaffenheit.

Man unterscheidet gewöhnlich zweierlei Bestandtheile der afrikanischen Bevölkerung: die Ureingeborenen und die Eingewanderten. Ich lasse unentschieden, ob sich heute, nachdem die Menschheit schon so lange Zeit auf Erden vorhanden ist, dort überall ureingeborene Stämme und Völker nachweisen lassen, wo man dergleichen zu finden glaubt. Soviel aber ist gewiß, daß zum Beispiel die Australier, und die Neger im Aequatoriallande Afrika's wirkliche Aborigines sind. Wir gelten als eigentliche und volle Ureinwohner dieses Erdtheils nur allein die Schwarzen, und diese theile ich in zwei Classen, über welche hier ausführlich gehandelt werden soll. Die erstere begreift die bildungs- und gesittungsfähigen Schwarzen. Diese sind fast alle Mohamedaner und leben zumeist im Norden des 12. Breitengrades. Die zweite umfaßt die eigentlichen N e g e r, die rohen Schwarzen. Sie sind zumeist noch Götzendiener oder Fetischanbeter, und leben südlich vom 10. Breitengrade. Unter den übrigen Bewohnern des nördlichen Afrika unterscheide ich gleichfalls zwischen jenen, deren Ursprung unbekannt ist, und jenen, welche so spät dort auftreten, daß ihr Erscheinen sich historisch nachweisen läßt. Die ersteren sind die sogenannten Berbervölker, die zweiten sind arabischen Stammes. Ich gehe nicht näher auf die beinahe ausgestorbenen, oder wenig zahlreichen Stämme ein, welche sich noch heute durch eigenthümliche Sitten und Gebräuche von der Mehrzahl der Landeseinwohner unterscheiden und ihre besondere Religion haben. Dahin rechne ich die Kopten in Aegypten und die Juden, die noch heute F a r a u n i genannt werden, die Griechen und die Zigeuner; letztere sind offenbar von indischer Abkunft.

In Aegypten nennt man den Nubier B e r b e r i, in der Mehrzahl B a r a b r a. In Algerien bezeichnet man mit der Benennung B e r b e r Volksstämme, die von den Arabern völlig verschieden sind und eine ganz abweichende Sprache reden. Die Uebereinstimmung des Namens giebt noch keinen Beweis dafür, daß diese Völker demselben Stamm angehören. Wenn man sie Berber nennt, wenn sie sich an diesen Namen gewöhnt haben und ihn selbst gebrauchen, so folgt daraus noch nicht, daß sie sich desselben bedienen, um ihr Volk zu bezeichnen. Die Nubier nennen sich K e n n u s und N u b a (Nobalae); bei den Aegyptern heißen sie Berberi, nach ihrer alten Hauptstadt Berber. Die Berber in Algerien nennen sich S c h i l u h h oder A m a z i g h, das heißt freie Männer. In die ethnographischen Verhältnisse wird nur die vergleichende Sprachforschung mehr Licht bringen können. So haben die Arbeiten von Venture de Paradis und Delaporte in Bezug auf die Sprachen der Bewohner des Atlas und der Berberstämme in Marokko manche Ergebnisse geliefert; insbesondere geht aus den von ihnen zusammengestellten Vocabularien hervor, daß die Tuareks mit den Amazigh verwandt sind. Aus den wenigen Wörtern, welche uns von der Sprache der alten Bewohner der canarischen Inseln, der Guanchen, aufbewahrt sind, läßt sich der Schluß ziehen, daß sie derselben Familie angehörten.

Ueber den afrikanischen Ursprung der Zenaga am Senegal sind Zweifel erhoben worden. Der Strom hat seinen Namen nach diesem Volke, das vielleicht in den ersten Jahrhunderten der Hegira sich dorthin flüchtete, um nicht unterjocht zu werden; doch ist das eine in neuerer Zeit aufgestellte Annahme, auf welche kein großer Werth gelegt werden darf. Die Sprache in den Oasen Siwah und Audschela hat viel Aehnlichkeit mit jener der Berber in Algerien; sie rührt aber vielleicht nur davon her, daß die Bewohner dieser Oasen sehr lebhaften Verkehr mit den Tuareks unterhalten. Die Sprache der Tibbus muß erst genauer erforscht sein, bevor die Behauptung gewagt werden darf, daß sie mit jener der Berber verwandt sei. Die Sprache von Dongola und jene der Nuba in Kordofan sind von jener der Amazigh völlig verschieden. Ueber die Sprache der Byschara hirten besitzen wir nur äußerst dürftige Kunde. Die meisten Schriftsteller behaupten, die Byschara bedienten sich der nubischen Sprache, und es ist richtig daß Alle dieselbe verstehen. Aber es bleibt noch zu untersuchen, ob sie unter sich nicht in anderer Zunge reden. Schehab-ed-din erzählt, daß zur Zeit der Eroberung Aegyptens durch Amru nomadische Nubier, vielleicht Byschara, Abgeordnete an den Sieger schickten; sie hätten sich, sagt er, Söhne Mazig's genannt. Das ist vielleicht eine unrichtige Auslegung des Wortes Amazigh. Der deutsche Sprachkundige Vater hat gefunden, daß ihre Sprache jener der Habareb von Soaken gleiche. Das Wort Byschara scheint dem Arabischen entlehnt zu sein; in demselben bedeutet Baschara: er hat verkündigt oder prophezeit. Das Wort Bescher bedeutet auch Mensch, und Adam führt den Beinamen Abu-el-Bescher, der Vater der Menschen. Dasselbe ist der Fall mit einigen Byschari-Unterabtheilungen; Amer, Omran und andere sind arabisch. Die Lebensweise der Byschara ist von jener der Nubier verschieden; ebenso weicht auch die der Tuareks von jener der Kabaylen ab. Die Wechselbeziehungen, welche seit dem höchsten Alterthum zwischen

Yemen, Abyssinien und der Küste von Soakeu stattfinden, und das unabläsfige Hinüberwandern von Stämmen aus der arabischen Halbinsel nach Afrika, können vielleicht die Annahme rechtfertigen, daß in einer sehr entfernten Zeit die Byschara auf demselben Wege aus Hadramaut nach dem Belad et Taka kamen, welches sie nun bewohnen. Auch in unserer Zeit finden dergleichen Wanderungen noch statt, und zwar sehr zahlreiche; das Rothe Meer bietet hier so wenig eine Schranke, wie einst weiter im Norden für die Israeliten, als sie dem Drucke der Pharaonen entflohen. Die Byschara haben außerdem dieselben Sitten und Gebräuche, wie die arabischen Hirten, welche in weit späterer Zeit im Senaar und in Kordofan erschienen. Beide führen dasselbe Leben in denselben Einöden; somit mußte sich ziemlich dasselbe Ergebniß herausstellen. Aber die Aehnlichkeit ist so groß, daß man ein Lager der Byscharas von jenem der Kinder des Abu-Zett, die Araber sind, gar nicht unterscheiden kann, und daß erst der landeskundige Führer sichere Auskunft giebt.

Wie es sich aber auch mit dieser Frage verhalten möge, so viel ist gewiß: mit Ausnahme einiger Berber, die inmitten der arabischen Bevölkerung von Marokko und Algerien leben, und abgesehen von den Bewohnern einer kleinen Anzahl von Oasen, sind die eben erwähnten Völker Hirten. Sie haben fast die ganze regenlose, dürre Wüstenzone inne, deren sandige und steinige Oberfläche schon weiter oben geschildert worden ist. Dahin gehören in Algerien, in Fezzan und um Timbuctu die Tuarek*), ein kräftiges, keckes, kriegerisches Räubervolk. Zwischen Fezzan, den Oasen Audschelah, Dakhileh Khardscheh und der Region im Norden von Waday und Dar Fur streifen arabische Hirten umher. Dahin gehören ferner die Tibbos (Tibus); sie sind stärker gebräunt als die Tuareks und manchmal ganz schwarz; sie sind auch nicht so intelligent, weniger kriegerisch, ärmer und, nach Wüstenbrauch, sehr diebisch. Im Osten des Nils endlich, zwischen dem Gebiet der Ababdeh und Abyssinien finden wir die Byschara.

---

*) Die Tuáreks sind ganz entschieden ein berberisches Volk; die Tibbus oder Tebus sind gleichfalls ein aborigines Saharavolk, aber von den Berberstämmen wie von den Negern oder Arabern gleich sehr verschieden. Sie sind noch heute ein ethnologisches Räthsel. A.

Ich werde sie näher schildern wenn ich von den Arabern im Sudan spreche, von denen sie sich nicht unterscheiden.

Die Tuareks und Tibbos nehmen fast die ganze dürre Zone ein und trennen die beiden Bruchtheile der arabischen Race von einander. Wir haben hier zwei große Systeme von Wanderungen die unter einander in keinem Zusammenhange stehen. Im Norden der Region welche die beiden eben genannten Völker inne haben, reichen vom atlantischen Ocean bis zum Busen von Suez jene arabischen Hirten, deren Vorfahren als Krieger der ersten Kalifen durch religiöse Begeisterung und Kriegslust in jene Gegenden kamen. Im Süden derselben Region leben, an den Nordgrenzen der großen mohamedanischen Staaten, vom Senegal bis zu den Ufern des Blauen Nils, andere Araber, die sich von jenen durch die generische Benennung der Arab abu Zett unterscheiden. In den Ländern welche ich durchwanderte fand ich allgemein eine Ueberlieferung verbreitet, der zufolge schon vor der der Entstehung des Islam, oder vielleicht damals als Amru Alexandria eroberte, ein Stamm, (oder mehrere Stämme) unter der Leitung des Abu Zett aus Yemen fortgezogen sei. Er setzte an einer Stelle, die man nicht mehr kennt, über das Rothe Meer, wahrscheinlich bei der Bab el Mandeb, schlug einen Weg ein der sich heute nicht mehr nachweisen läßt, und so gelangten die Ausgewanderten an den Weißen Strom. Er war seicht, sie gingen durch eine Furth hinüber und diese heißt noch jetzt Maadiat Abu Zett, auch wohl die Ziegenfurth, weil Abu Zett der voranging, eine seiner Ziegen ans Ohr faßte, um Menschen und Thieren ein Beispiel zu geben. Von jener Stelle am Weißen Nil verbreiteten sie sich dann über den Sudan. Der Ueberlieferung zufolge haben die Araber am Senegal, in Bornu, in Waday und Dar Fur, die Ulad Raschit und die Salamat, die Rezegat und Yeni Elba, die Schuâa, die Ulad Omar und die Trarzas, keinen andern Ursprung.

Aus jenen Gefährten des Abu Zett welche sich in Kordofan niederließen sind folgende Stämme erwachsen. Die Kubabisch (Singular Kubbaschi); der Name bedeutet Schafhirten; sie sind der wichtigste Stamm in Kordofan, der mehr als zwanzig Ferkah begreift; der zahlreichste derselben, en Nurab, hat gegenwärtig zum Scheikh den Fadharalla-Uad(Ulad)-Salem; er ist Befehlshaber über den ganzen

Stamm.*) Die Kubabisch haben das ganze Land zwischen Dongolah und Lobeid inne; sie geleiten die Karawanen, und vermiethen ihre Kameele an die Dschellabs, welche Elfenbein, Tamarinden und besonders Gummi transportiren. Sie ziehen Kameele, wollige Schafe und behaarte Schafe von der Art die in Fezzan häufig ist, sogenannte Medschigri; sodann zwei Arten von Ziegen. Die Hassanieh sind sehr arm; sie und die Hüssenieh haben ihre Lagerplätze südlich von Khartum. Die Beni Dscherar**) sind ein mächtiger Stamm; die Mehrzahl seiner Angehörigen wohnt in Dar Fur. Die Kubabisch leben mit diesem raubsüchtigen Kriegervolk in Fehde und haben sich der Einfälle desselben zu erwehren. Die Hababin***) sind Bundesgenossen der Beni Dscherar und nicht minder zu fürchten. Ich nenne ferner die Dschewama; an der Grenze von Dar Fur ziehen die Medschanin, die Ula Bahar und die Bldscha umher. Die Baggara (von Bagar, Ochs), haben nur wenige Kameele, bedienen sich für ihre Transporte vorzugsweise der Ochsen, und sind sehr zahlreich. Die Ulad Leschta bilden einen im Fazogl weitverbreiteten Stamm. Einige im Fazogl lebende Araber gelten für Teufelsanbeter, und man bezeichnet sie als Jezidis, eine Benennung die einem in Syrien lebenden Volk entlehnt ist. Die Uad Abu Dschin gehören vielleicht einer andern Familie an als die Abu Zett; sie bilden 12 Stämme und 40 Ferkahs.

Nicht sämmtliche Araber in Kordofan halten sich für Nachkommen Abu Zett's und seiner Gefährten. Die Sebarat haben sich erst in neuerer Zeit im Sudan niedergelassen, die Schaykiehs, welche der aegyptischen Regierung sehr tapfere unregelmäßige Soldaten stellen, haben erst vor etwa dreihundert Jahren die arabische Halbinsel, und

---

*) Dieser umfaßt die Nurab-a-Tor-el-Khadra; Ghalayan; Ataulah; Kebeyschab; Barara; Ghelat; Amer; Ulad Okba; Ulad Matto; Süradschab; Schenabla; Fasala; Rauall; Sawalma; Ghazala; Hedusa; Resala; Debaïna; Ulad Abruf und die Aûrab. Einige dieser Ferkahs treiben Ackerbau. A.

**) Es sind die Ferkahs: Ischelli, deren Scheikh Albawi den Oberbefehl über den ganzen Stamm hat; Uad Khalifah; Hüssein; Hamed; Kurina; Ulad Gaïut; Habib; Omara; Mussa el Dschenana; Ahmed Ulad Mansur; Mussa Ibn Ischelli.

***) Scheikh el Khebir; Tuhmsa ed Dum babba.

insbesondere die Gegend um Mekka verlassen; sie wurden ihrer Raubsucht wegen von dort vertrieben. Das Wort Schaykieh hat eine für sie keineswegs schmeichelhafte Bedeutung; sie erhielten diese Benennung von ihren Feinden, behielten sie selber bei, und rühmten sich ihrer, vielleicht in ähnlicher Weise wie die holländischen Geusen. Die ägyptischen Hawari kamen aus dem Gharb, und wenn ich nicht irre aus Tunis, wo sie früher ansässig waren. Die unablässigen Wanderzüge der Araber und die daraus entstehenden Vermischungen leiten nicht selten irre, wenn man die Geschichte dieser Stämme verfolgen will. Ein und derselbe Stamm kann von Yemen nach Syrien, von hier nach Marokko, von da nach Bornu und weiter nach Aegypten gezogen sein. Manchmal genügt eine geringfügige Streitigkeit mit den Nachbarn um einen Stamm zum Wegziehen zu vermögen. Abraham sagte zu Lot, seinem Vetter (1. Mose VIII. 9.): „Stehet Dir nicht alles Land offen? Lieber, scheide Dich von mir. Willst Du zur Linken, so will ich zur Rechten; oder willst Du zur Rechten, so will ich zur Linken." Was ich oben über die Trennung der afrikanischen Araber in Nachfolger des Amr Jbn As und des Abu Zett gesagt habe, darf nicht im allerstrengsten Sinne genommen werden. Im Allgemeinen ist die Angabe richtig, aber die einzelnen Wanderungen verändern die Sache.

Die Hirten im Sudan reden Arabisch; diese ihre Muttersprache ist ein sicheres Merkmal für ihre Nationalität. Die schöne arabische Sprache zerfällt in Syrien, in Aegypten, im Gharb in eine unzählige Menge von Mundarten und verderbte Patois, wovon das eine noch unreiner und buntschäckiger ist als das andere; in den Städten wird es überall durch Wörter aus der Berbersprache, durch Türkisch, Griechisch, Italienisch, selbst durch Französisch verunstaltet. In alter Reinheit wird das Arabische aber von jenen Hirten gesprochen, die ohne Literatur sind, mit anderen Völkern in keinem Verkehr stehen und deshalb keine barbarischen Neologismen in dasselbe hineintragen. Dagegen haben zum Beispiel die Algerier viele Berberwörter, türkische und französische Ausdrücke angenommen, sodann eigenthümliche Redensarten sich angeeignet, die Conjugation durch überflüssige Affixa verwickelt, die grammatikalischen Regeln hintenangesetzt, die Rechtschreibung vieler Wörter verändert, und bei vielen anderen die Ordnung und die Reihenfolge der Grundbuchstaben verkehrt. Ganz so weit sind die Aegypter nicht gegangen, ihre Sprache ist noch etwas correcter und ihre Aussprache noch besser als jene im Gharb, obwohl sie viel zu wünschen übrig läßt; in Algerien ist sie rauh, hat Kehllaute und ist viel zu rasch; die Aegypter reden dagegen weich, wohltöniger und etwas gedehnt. Die Syrier sprechen das Arabische ziemlich richtig; aber sie sind meist von syrischer und griechischer Abkunft, in stetem Verkehr mit den Christen welchen die Quellen der arabischen Sprache verschlossen sind, und gränzen an Anatolien. So ist es gekommen daß auch in ihre Sprache viele Fremdwörter eindrangen, namentlich türkische, die so allgemein in Gebrauch kamen daß darüber viele arabische Ausdrücke in Vergessenheit geriethen. Nur die Nomaden haben bis auf den heutigen Tag einen beträchtlichen Theil der grammatikalischen Regeln beobachtet, welche der Koran befolgt, sie haben sich der Fremdwörter erwehrt, und darin liegt wohl die Hauptursache daß sie einen so reichen volksthümlichen Wörterschatz besitzen. Sie bedienen sich einer Menge arabischer Ausdrücke, die man in den Städten gar nicht mehr versteht, und die nur im Koran oder den alten Dichtern vorkommen. Ich habe oft in der Wüste Ausdrücke und Redewendungen gehört, deren Reinheit, Zierlichkeit und Tonfall mich an Verse des heiligen Buches gemahnten. In den Städten, wo der allgemeinen Meinung nach das Arabische am besten geredet wird (einen Theil Arabiens ausgenommen), verwechselt man mehrere Buchstaben, insbesondere die emphatischen, mit anderen dern Aussprache leichter erscheint.

Die Nomaden im Hedschas welche eine bessere Aussprache haben als alle anderen, geben diesen Buchstaben ihren richtigen Werth und ihre eigentliche Bedeutung. Das mit drei Punkten bezeichnete t e ist ein Θ, das d z a l ein δ, das t h a ein emphatisches Θ, das s s a d und das d h a d ein emphatisches s und d. Auch das d s c h i m (djim) ist bei ihnen ganz richtig ein französisches Jod, nach einem d (dsch), während man in Aegypten ein hartes G, in Tunis ein J daraus macht. Das Caf (Kaf) wird in Aegypten ausgesprochen wie das harte C in Toscana, mit einem leisen Kehlanlaute; unter den Nomaden im Hedschas wird es wieder ein gutturales K. Die Buchstaben k h e und g h a ï n, die man fast in allen arabischen Ländern zu stark ausspricht, werden im

8*

Munde jener Nomaden allerdings nicht zu dem griechischen χ und γ, von welchem sie eigentlich nicht sehr verschieden sind, lauten aber sehr sanft; das k h e ist dann dem spanischen J ähnlich, wie in dem Worte M a j o; vor einem i lautet es wie im Worte M e j i c o; dieses j nähert sich dem griechischen χ. Diese beiden Beispiele zeigen den Unterschied zwischen dem arabischen khe und dem griechischen χ. Die Araber im Sudan haben allerdings keine so vortreffliche Aussprache wie die Koreyschiten, aber sie ist weit besser als jene in Aegypten. Ich habe oftmals bemerkt daß sie wirkliche Fehler nur dann machten, wenn sie mit Fremden redeten, zum Beispiel mit Türken, und meiner Meinung nach thaten sie es nur um sich Leuten verständlich zu machen, welche an die verderbte Sprache der Städte gewöhnt waren. Auch drücken sie sich grammatikalisch richtiger aus, und lassen das überflüssige Affigum sch ey fort, das in Aegypten, Syrien und im Gharb eine so große Rolle spielt. Bemerkenswerth ist daß die Nomina agentia, welche, laut der Grammatik, regelmäßig ihre Mehrzahl durch Zusatz der Endsylbe i n bilden sollen, im Sudan wegen der Verdoppelung des Mittelbuchstabens als Nomina quadriliteralia betrachtet werden und ihren Plural eben so bilden wie diese letzteren. So hat das Wort K h a b b a m in der Mehrzahl nicht K h a b b a m i n sondern K h a b a d i m; S a n d u k hat S a n a d i k, M e s s m a r hat M a s s a m i r ꝛc. Auch die Bildung des abgebrochenen Pluralis hat einige Eigenthümlichkeiten; bekanntlich giebt es arabische Wörter die zwei oder drei verschiedene Plurale zulassen. Dergleichen Abweichungen können also nicht für Verstöße gegen die Grammatik gelten. Auch kommen im Sudan sehr viele Wörter vor deren ächt arabischer Ursprung sich nicht bestreiten läßt, die aber anderwärts nicht angewendet werden, oder in Vergessenheit gerathen und nur noch den Gelehrten verständlich sind. Die arabische Sprache ist ganz ungemein reich; sie kann nicht nur alle Begriffe, auch wenn sie noch so abstract sind, bezeichnen, sondern hat auch für ganz gewöhnliche Gegenstände eine große Menge von verschiedenen Benennungen, z. B. mehr als zwanzig für Kameel oder für Pferd. Man begreift daher leicht daß die weit und breit über Asien und Afrika zerstreuten verschiedenen Theile des arabischen Volkes nicht alle für denselben Gegenstand auch dieselben Benennungen haben. Sie verstehen oft einander nur mit

Mühe obgleich sie alle arabisch reden, und die Ausdrücke der einen wie der anderen keinem Tadel unterliegen können.

Die Araber sind und leben wie die anderen Hirtenvölker. Am Tage überwachen sie ihre Heerden, und Abends, wenn sie bei ihren Zelten sich versammeln, beginnen die Unterhaltungen und langen Erzählungen für welche sie kaum ein Ende finden können und über die sie oft beinahe den Schlaf vergessen. Der Müßiggang, das Hindämmern und Träumen, der stete Verkehr mit der sie umgebenden Natur, sind wohl geeignet ihren Geist eigenthümlich anzuregen; durch die Abendunterhaltungen, durch den Wunsch bei denselben Aufmerksamkeit zu erregen, wird bei ihnen eine Gewandtheit in der Rede und eine Lebhaftigkeit im Gegenantworten entwickelt, wie man sie in so hohem Grade bei anderen Völkern nicht wiederfindet. Ihre Rede ist wunderbar ausdrucksvoll und bezeichnend; sie haben Ausdrücke und Wendungen von merkwürdiger Kraft; ihre Beredtsamkeit ist naiv wie jene der homerischen Helden. Im Allgemeinen sind sie geschwätzig und machen viele Worte, oft aber sagen sie auch Viel mit wenig Worten.

Während Ibrahim Pascha im Felde stand, wurde ein von den Vorposten gefangen genommener Araber vor ihn gebracht. Er war in Angst daß der Feldherr ihm den Kopf vom Rumpfe schlagen lassen würde und rief: „Ich bin in Deiner Gewalt, aber mache meine Kinder nicht zu Waisen (la tyetim ueladi). Ein Anderer hätte lang und breit um sein Leben gefleht; der Araber sprach gar nicht von seinem schwer bedrohten Kopfe, und gab mit ein paar Worten zu verstehen daß er Kinder habe und sein Tod eine ganze Familie ins Elend stürzen werde. Leider fassen sie sich nicht immer so kurz. Als ich mich eines Tages in Kordofan bei einem Kaschef, das heißt einem militairischen Bezirkshauptmann, befand, kam ein Araber, grüßte, setzte sich dem Kaschef gegenüber auf den Sand und begann: „Ich heiße Hassan; man hat mir den Beinamen des Mädchenfreundes gegeben (dabei machte er mit dem Finger zwei Zeichen in den Sand); mein Vater hieß Khaled (wieder Zeichen); mein Großvater hieß Salem (abermals ein Zeichen); mein Vater hat eine Tochter des Scheikh Mohamed Amin geheirathet (er machte ein fünftes Zeichen in den Sand und wischte sie dann alle zusammen wieder weg); sie hieß Aïscha." — Nun begann er abermals

Zeichen zu machen; der Kaschef aber sagte zu mir: „Laß uns weiter reden, der da gebraucht noch lange Zeit; wir werden schon erfahren was er will." Hassan fuhr in seiner Rede fort, ohne sich dadurch beirren zu lassen daß wir ihm nur geringe Aufmerksamkeit schenkten. Er erzählte die Lebensgeschichte seiner Mutter und seiner Frau, machte gelegentlich Streifzüge in die häuslichen Angelegenheiten seiner Nachbarn, erläuterte seine Genealogie und löschte jedesmal die Zeichen im Sande wieder aus, sobald er deren fünf neben einander hatte. Dann fing er wieder von vorne an, und bei jedem neuen Namen den er nannte, bei jedem Ereigniß vorüber er etwas zu bemerken für gut fand, machte er sein Merkzeichen. Auf diese Weise mochte er es wohl eine Stunde lang getrieben haben, als er endlich von dem zu sprechen anfing weshalb er eigentlich gekommen war. Wir erfuhren daß ein Nachbar ihm dreißig Piaster abgeborgt hatte und diese nicht wieder bezahlen wollte. „Laß ihn herkommen," sprach der Kaschef, „wir wollen die Sache gleich abmachen." Die Geduld welche der Beamte keinen Augenblick verleugnet hatte, setzte mich in Erstaunen; und ich sprach meine Verwunderung aus, als der Araber fortgegangen war. Der Kaschef sagte: „Wäre ich ihm barsch begegnet, so wäre er fortgegangen, hätte sein Geld im Stiche gelassen, und überall erzählt daß er bei mir keine Gerechtigkeit finden könne." Nach einiger Zeit erschien der Nachbar, der nicht minder weitschweifig war als sein Ankläger; auch er führte alle seine Ahnen vor und hätte gewiß die Sündfluth mit zum Besten gegeben, wenn ihm über diese etwas Näheres bekannt gewesen wäre: Er gestand am Ende die Richtigkeit der Forderung zu, bezahlte sie auf der Stelle, und beide entfernten sich.

Manchmal hält einer oder der andere Stammeshäuptling im Sennaar feierliche Sitzungen. Er nimmt Platz auf einem Angareb, und seine Sclaven halten dicht hinter ihm zwei gesattelte Rosse bereit, damit er flugs von dannen reiten könne, falls ein Feind ihn überraschen wollte. Nicht als ob er eines solchen zu gewärtigen hätte, sondern weil der Brauch verlangt und das Herkommen will daß man allzeit fertig zum Kampfe sei. Nun finden sich allmälig die Araber ein, nähern sich dem Angareb des Häuptlings und sprechen: „Mangil Habakek" oder „Scheik Habakek", König oder Häuptling sei willkommen. Jener begrüßt sie mit einer Verneigung des Kopfes, die Unterthanen, wenn man diesen Ausdruck anwenden dürfte, setzen sich in einiger Entfernung von ihm auf den Boden, oder strecken sich langhin in den Sand, rauchen und trinken Merissa, und die Schale geht in der Runde. Der Häuptling selbst läßt sich wohl von Sclaven, die ihm Glückwünsche zurufen, die Glieder kneten, nimmt nach einer Weile das Wort, erzählt von seinen Thaten, wie er schon als Knabe Löwen getödtet habe, und was er im Kriege alles gethan. Dabei wird der Phantasie ihr Spielraum nicht gerade verkümmert, aber die Hörer brummen vor Vergnügen, der Fürst bläht sich mit wichtigster Miene auf, und diese Komödie dauert oft einen ganzen Tag.

Bei Angriff im Gefecht rufen die Araber nicht selten einander ihre Namen zu. Der Krieger schwingt seine Lanze und schreiet dem Feinde entgegen: „Ich bin der und der, mein Vater hieß so und so, ich bin Liebling der jungen Mädchen (Akhu el Banat, buchstäblich: ihr Bruder); wer will meine Lanze schmecken, wer will seinen Kindern Blutrache vererben?"

Die Araber singen viel und besingen alles und jedes. Der Reisende, welchen sie geleiten, giebt zu mancherlei Versen Anlaß; sie preisen seine Freigebigkeit und seinen Muth, singen von seinem Tabak, damit er ihnen davon austheile, und spötteln über den Koch, wenn dieser strenge Aufsicht über die Mundvorräthe führt. Ich selber bin Gegenstand einer nicht geringen Anzahl solcher dichterischen Erzeugnisse gewesen. Meine Führer trabten neben mir her, rühmten meine trefflichen Eigenschaften, die Schönheit meines Harems und die unzählige Menge meiner Heerden. Oftmals habe ich über diese wunderlichen Improvisationen lachen müssen; dann sagten mir meine Führer mit Beduinenvertraulichkeit: „Nicht wahr, wir haben Dich schön besungen; wollen wir jetzt eine Pfeife rauchen? Befiehl Deinem Tütündschi daß er uns etwas Tabak gebe." Nun kam die Reihe an den Tütündschi, und ich konnte bald aus den Versen abnehmen ob er freigebig gewesen war. Alle Häuptlinge haben ihren besondern Gesang, den ihre Begleiter anstimmen wenn sie auf einem Zuge begriffen sind. „Sattelt des Tapfern Kameel, des Starken, des Mannes dessen Körper zehn

Spannen hoch ist (el Aschari). Beim Angriff ist er voran, beim Rückzuge der letzte." Durch diese Gesänge erhält solch ein Zug in der That etwas Poetisches.

Die Gesichtszüge des Arabers sind ungemein beweglich. Man findet Aehnliches bei manchen anderen Völkern die ein heißes Land bewohnen, aber keineswegs bei allen. In Europa haben wir an den Provencalen und Italienern bemerkenswerthe Beispiele dieser eingebornen Anlage und Neigung alle Gedanken durch Bewegungen des Mundes und der Augen auszudrücken, alle Worte in Geberden zu übersetzen, die dann eine Art von Uebereinkommens-Sprache bilden, welche das gesprochene Wort gleichsam erläutert und vervollständigt. Es handelt sich hier in der That um eine Geberdensprache, über deren Bedeutung man übereingekommen ist; denn in vielen Zeichen welche sie anwendet liegt nichts das man ohne Weiteres verstehen könnte. Die Zeichen haben gerade in derselben Weise durch Gebrauch und Gewohnheit ihre Bedeutung erhalten, wie die Wörter auch. Manchmal kann man allerdings von vorne herein und ohne Beihülfe der Wörter, welchen diese Zeichen gleichsam als Vervollständigung dienen, die Bedeutung einiger derselben errathen; meistentheils ist das aber nicht der Fall, namentlich dann nicht wenn es sich um etwas handelt, das über Dinge des gemeinen täglichen Verkehrs hinausliegt. Die Wahl dieser Zeichen ist rein willkürlich; sie sind keineswegs bei allen Völkern dieselben; bekanntlich sind auch die Formen der Höflichkeit in verschiedenen Ländern sehr verschieden. Das Ausdrücken von Seelenregungen durch Bewegungen des Auges, des Mundes, und der Gesichtszüge läßt sich dagegen sehr leicht verstehen und deuten. Aber man kann sich dabei doch nicht allemal jede Einzelnheit des so ausgedrückten Gedankens erklären, obschon man im Allgemeinen ganz wohl begreift was man uns zu verstehen geben will. Das Gesicht des Menschen kann in seinen Zügen Erstaunen ausdrücken, Bewunderung, Liebe, Furcht, Freude, Aerger, Haß und Zorn. Es wäre überflüssig darauf weiter einzugehen; ich werde nur Einiges über die Zeichen bemerken, welche entweder allein vermittelst der Handbewegungen oder durch diese in Gemeinschaft mit einem gewissen Ausdrucke des Gesichts nicht nur Seelenbewegungen, sondern auch eine große Menge von Ideen aller Art und Beschaffenheit zu erkennen geben, und so wahrhafte Geberden sind. Ich will hier einige anführen, um dem Leser einen Begriff von der mimischen Sprache der Araber zu geben. Die Anzahl derselben ließe sich ganz ungemein stark vermehren, doch wäre eine weiter ins Einzelne gehende Erörterung nicht am Orte. Ich rede von dem Araber im Sudan.

1) Die Handlung des Essens drückt er dadurch aus, daß er die rechte Hand ein wenig vor die Mitte des Körpers hält, diesem die Finger und den Daumen etwas näher bringt, und die Hand vermittelst einer geraden Bewegung des Vorderarms zum Munde führt. Der Arm wird nicht gebogen; dieser und der Ellbogen bleiben unbeweglich.

2) Wer anzudeuten wünscht, daß er trinken möchte, hält den geöffneten Daumen der rechten Hand an den Mund, und drückt den Nagel des Daumens an die Schneidezähne des Unterkiefers.

3) Schlafen. Man hält die geöffnete Fläche der rechten Hand an das rechte Ohr und neigt den Kopf ein wenig auf die rechte Seite.

4) Zu Pferde steigen. Man legt die rechte Hand rittlings auf die linke Hand.

5) Jemandem den Kopf abschlagen. Man fährt mit dem Rücken der rechten Hand um den Hals herum.

6) Jemanden prügeln. Man schüttelt die geöffnete rechte Hand vor sich hin.

7) Einen Streich mit der Lanze oder dem Säbel führen drückt man dadurch aus, daß man diese Bewegung so nachahmt, als hätte man eine solche Waffe in der Hand.

8) Sehen und Hören. Man drückt den Zeigefinger unter das Auge oder gegen die Ohrmuschel.

9) Etwas nehmen. Man entfernt die geöffnete rechte Hand ein wenig vom Körper und schließt dieselbe, während man sie näher heranzieht.

10) Etwas begreifen, verstehen. Man legt den Zeigefinger auf die Stirn oder hält ihn an die Schläfe.

11) Einwilligen, einverstanden sein. Man legt die rechte Hand vor die Stirn und nickt leicht mit dem Kopfe.

12) **Etwas verweigern.** Der Kopf wird geschüttelt und die rechte Hand unter den Bart gehalten.

13) **Eine Anfrage** drückt man durch den Blick aus und dadurch, daß man die geöffneten Hände unbeweglich hält.

14) **Was ist das? Was giebt es Neues? Was willst Du?** Man macht die Augen sehr weit auf, öffnet den Mund etwas, hebt die beiden geöffneten Hände bis zur Brust empor, und bewegt sie ein wenig, um ungeduldige Neugier anzudeuten. Auch bewegt man einige Male den Kopf von der Rechten zur Linken.

15) **Verneinung.** Man schüttelt rasch die Finger der senkrecht gehaltenen Hand vor der Brust oder unter dem Bart.

16) **Verachtung.** Man hebt den Kopf empor und fährt rasch mit den Nägeln der geöffneten Hand unter den Bart.

17) **Hochachtung.** Man hält die geöffnete rechte Hand auf den Kopf.

18) **Freundschaft.** Man reibt die beiden Zeigefinger parallel aneinander.

19) **Feindschaft.** Man hält die beiden Zeigefinger so aneinander, daß sie einen Spitzbogen bilden, und entfernt sie dann von einander.

20) **Hingebung, Anhänglichkeit.** Man legt die Hände auf das Herz und bewegt sie dort ein wenig.

21) **Ueberfluß.** Man legt die weitgeöffnete flache Hand wagerecht an den Mund und bläst darüber hinweg.

22) **Mangel und Noth.** Man faßt mit Zeigefinger und Daumen sein Kleid oben an, schüttelt dasselbe, indem man es emporhebt, und bewegt den Kopf. Vermittelst derselben Geberde drückt man auch Gleichgiltigkeit aus.

23) **Gänzlicher Mangel an Geld oder Lebensmitteln.** Man klopft mit dem Nagel des Daumens an die innere und äußere Seite der oberen Schneidezähne. Buchstäblich bedeutet diese Geberde Nichts. Sie drückt auch aus: Ich will davon nichts wissen; das thut mir nichts. Manchmal soll durch sie auch Verachtung ausgedrückt werden.

24) **Stärke, Kraft, Tapferkeit.** Man bewegt die Hand vor der Brust von oben nach unten, hält aber dabei die Finger geschlossen und nur allein den Daumen geöffnet, der dann weit vorgestreckt wird.

25) **Vollkommenheit.** Man bewegt die Hand, welche man etwa eine Spanne breit von der Brust entfernt hält, vor dieser ein wenig, sodaß die innere Fläche nach oben liegt, und hält dann die Spitzen der Finger zusammen, indem man sie vorne an den Daumen bringt.

26) **Das Ende, der Abschluß einer Handlung.** Man schlägt mit der Fläche der rechten Hand auf die linke, welche geschlossen ist, oberhalb der Gelenke des Daumens und des Zeigefingers.

27) **Man ruft die Gottheit, sich selbst oder seine Vorfahren zum Zeugen an**, indem man den Bart zwischen den Daumen und die beiden ersten Finger nimmt, ihn bewegt und dann beide Arme gen Himmel erhebt. Zugleich schlägt man die Augen empor.

28) **Man fleht um Erbarmen, bittet um Gunst, sucht Jemandes Vermittelung nach**, indem man die Hand an den Bart Dessen legt, an welchen man sich wendet, und dann seine Hand umfaßt.

29) **Die Eigenschaft eines Muselmanns** wird manchmal dadurch angedeutet, daß man die Daumen beider geöffneten Hände unter die Ohren hält und diese berührt, wie es beim Tekbir iftitah gebräuchlich ist, mit welchem die Gebete anfangen; oder man erhebt den Zeigefinger der rechten Hand, was eine unerläßliche Handlung beim Glaubensbekenntniß ist.*)

---

*) Eine ähnliche Zeichen- und Geberdensprache finden wir auch bei den Indianern der nordamerikanischen Prairien. Wo Menschen, die verschiedenen Sprachgruppen angehören, in Friede oder Feindschaft zusammentreffen, müssen sie sich durch Zeichen einander verständlich machen, wenn sie die mündliche Rede nicht verstehen. Hier einige Beispiele: Ein Tapferer. Man streckt den Vorderfinger der rechten Hand nach vorne hin aus. Dadurch soll angedeutet werden, daß der Mann vorwärts gehe. — Ein Feigling. Man zieht die rechte nach Innen gekrümmte Hand dicht an die rechte Seite des Körpers; um einen Menschen zu bezeichnen, der sich zurückzieht. — Freude. Beide Hände werden zusammengeschlagen und dicht an einander gehalten. — Arm. Man reibt den Vorderfinger der linken Hand mit jenem der rechten nach abwärts, um

Die Bewohner des Sudan haben auch die Gewohnheit, mit der Zunge an den Gaumen zu schnalzen. In ihren Gesprächen kommt dieses Geräusch alle Augenblicke vor, und oft geben sie gar keine andere Antwort auf eine Frage, die man an sie richtet. Dieses Schnalzen hat aber eine sehr mannigfaltige Bedeutung; es kann Ja und Nein bedeuten; es kann ausdrücken, daß etwas sehr gut oder sehr schlecht sei, leicht oder unmöglich, daß man etwas sehr wohl oder daß man gar nichts davon wisse. Man kann, sobald man sich mit diesem Ton erst einigermaßen bekanntgemacht hat, an der Art und Weise wie er gegeben wird, bald abnehmen, was etwa damit angedeutet werden soll. Denn der Ton ist sehr mannigfaltig; bald langsam, bald schnell, tief oder hoch; bald wird er an der einen Seite des Gaumens, dann wieder in der Mitte hervorgebracht, und ein geübtes Ohr findet eine Anzahl verschiedener Modulationen heraus, deren jede etwas Besonderes ausdrücken soll. Namentlich haben es die Nubier darin zu einer großen Fertigkeit gebracht, und vielleicht antworteten die Troglodyten im Alterthum den Reisenden, welche ihre Sprache mit dem Gezwitscher der Vögel verglichen, auf keine andere Weise, als vermittelst dieses Schnalzens.

Durch die Art und Weise, wie der Araber die Wörter betont und ausspricht, verändert er ihre Bedeutung und verstärkt ihre Bedeutung; manchmal stellt er einen Superlativ dadurch her, daß er die Sylben lang zieht. Will er zum Beispiel sagen, daß ein Ort, von welchem er redet, sehr weit entfernt liegt, so spricht er die Worte Hnak beid, das heißt dort unten, in der Ferne, so aus, als würden sie geschrieben Hnaak beiiid. Das Wort Ktir heißt viel; will er Ueberfluß ausdrücken, so sagt er Ktiiir.

Der Araber ist ein Viehzüchter, und verlebt einen großen Theil seiner Zeit auf dem Pferde oder Dromedare. Gleich anderen Hirtenvölkern hat er eine eigene, aus kurzen, rauhen Wörtern, oder besser gesagt, Tönen bestehende Sprache, welche seinem Vieh zu erkennen

---

völlige Entblößung anzudeuten. — Lauschen. Man macht mit jedem Vorderfinger einen rechten Winkel. — Tod. Der linke Arm wird mit geschlossener Hand nach vorwärts gestreckt. Eine lange Reihe anderer Beispiele in Andree, Westland, Band III. S. 228 ff.

giebt, was er ihm andeuten will. Durch einen besondern Ruf treibt er die Pferde zu raschem Gange an, durch einen andern sagt er ihnen, daß sie langsamer gehen sollen; wieder durch einen andern, daß sie demnächst Futter und Rast haben werden. Mit anderen Tönen, die mehr aus der Kehle hervorgestoßen werden, drückt er den Kameelen seinen Willen aus. Er ruft: Hbein, vorwärts; Rrre, halt; Khe khe, knie nieder. Er singt, um die Thiere auf dem Zuge bei Laune zu erhalten, und dieser Gesang übt eine um so stärkere Wirkung aus, da die Thiere wissen, daß Prügel den Nachsatz bilden. Auch mit seinen Woll- und Hornvieh redet er, und sie verstehen die Worte sehr wohl, durch welche er ihnen andeutet, daß sie sich nicht vom Wege entfernen sollen, oder mit welchen er sie am Abend zusammen ruft.

Alle Araber im Sudan haben dieselbe Hautfarbe wie die Bewohner von Dongola, wie die Fezzanesen und Abyssinier. Bei ihrer Geburt zeigen sie kaum einen Anflug von Kupferfarbe, nach und nach nimmt aber ihre Haut alle Tinten an, die zwischen der Farbe des Ebenholzes und des Mahagony mitten inne liegen. Das rührt davon her, daß sie stets den Einwirkungen der Sonnenstrahlen ausgesetzt sind. Die dunkle Färbung hat ohne alle Frage sehr häufig ihre Ursache in der Vermischung der Araber mit Schwarzen; es giebt aber auch mehrere Familien, ja selbst einige Stämme, die alle Vermischung von sich fern gehalten und doch nicht mehr die braune Hautfarbe haben, die man bei den Bewohnern der arabischen Halbinsel findet. Man würde demnach, mit Flourens, annehmen müssen, daß die Lage, die jenen Stoff enthält, welcher der Haut ihre Färbung verleiht (das Pigment), bei den Arabern unter gewissen klimatischen Umständen dieselbe Entwickelung erhalte wie bei den Negern. (?)

Die Gesichtszüge der Nachkommen des Abu Zett sind im Uebrigen ganz so fein und ausgezeichnet wie bei allen übrigen (unvermischten) Arabern. Das Gesicht bildet ein schönes Oval, die Augen sind mandelförmig gespalten, die Nase ist klein und wohlgestaltet, die Lippen sind fein geschnitten, und die Zähne weiß und gerade gewachsen. Sie reinigen die letzteren häufig mit einem Stäbchen, das sie an dem einen Ende der Länge nach gespalten haben, sodaß die Fasern eine Art Zahnbürste (**Miswak**) bilden. Ihrer Aussage zufolge rührt die glänzende Weiße ihrer Zähne und deren vortreffliche Erhaltung daher, daß sie wenig Tabak rauchen, nicht viel Kaffee trinken und überhaupt verhältnißmäßig wenig warme Speisen genießen.

Die Stimme der Araber ist sanft und anmuthig, ihre Körpergestaltung edel; was aber den am meisten aristokratischen Zug an ihnen bildet, das sind ihre kleinen Hände und Füße und die bogenförmige Krümmung des Spannes. Beim Gehen haben sie eine etwas hüpfende Haltung und berühren kaum die Erde. Während wir Europäer den Fuß flach und platt aufsetzen, sieht es aus als ob der Araber sich der großen Zehen wie einer elastischen Feder bediene, um seinen Gang zu beschleunigen. Die Schönheit der arabischen Frauen im Sudan steht hinter jener der Männer um nichts zurück; ihre Formen sind wunderbar ebenmäßig, ihre Haltung ist stolz, und sie empfangen den Besucher im Zelte mit unschuldig liebenswürdiger Anmuth. Leider tragen die häuslichen Arbeiten, welche ihnen obliegen, wesentlich dazu bei, daß sie nicht so reinlich sind, wie man wohl wünscht; doch sind sie weit sauberer als die arabischen Weiber in Syrien oder Algerien, die ohnehin nicht so schön und anmuthig erscheinen.

Die Beduinen haben einen struppigen, dünn gewachsenen Bart, der wie ein Fächer sich ausbreitet und nach vorn absteht; ihre Haare, welche sie ganz so wachsen lassen wie die Weiber, sind in Flechten (**Dafira**) verschlungen, deren Zahl und Vertheilung bei den einzelnen Stämmen verschieden ist. Die Beni Dscherar tragen vier Flechten, die Kubabisch fünf bis sieben, und die Baggara haben eine große Anzahl sehr dünner und feiner Zöpfe. Dieser Gebrauch kommt bei vielen barbarischen Völkern vor; die Malgaschen, und namentlich die Sakalaven (das Wort bedeutet Langhaar) flechten sich das Haar, ganz so wie die Baggara, in eine Menge von Zöpfchen. Die Byschara von Taka und Soaken, welche das Haar nicht flechten, machen aus demselben drei mächtige Puffenbüschel, von welchen der eine oben auf dem Kopfe angebracht wird, während die beiden anderen an den Schläfen befindlich sind. Auf der arabischen Halbinsel und in Syrien scheeren die Meisten sich das Kopfhaar nicht ab, und verstecken das lange und dichte Haupthaar unter dem Turban oder unter der Kuflah. Darin, wie in so manchem Andern, mißachten die Beduinen Wünsche, welche der Prophet ausgesprochen hat. Als Mohamed mit den Bewohnern von Mekka Frieden geschlossen hatte, rief er noch an demselben Tage aus: „Möge Gott mit Denen Mitleid haben, welche sich das Kopfhaar abscheeren!" Seine Anhänger aber entgegneten: „O Prophet Gottes, möge er sich auch Aller erbarmen, welche sich das Haar nur kürzer schneiden." Der Prophet jedoch wiederholte: „Der Himmel möge sich Derer erbarmen, welche sich das Haar abscheeren." Er wiederholte dreimal seine Worte und sie wiederholten dreimal ihre Antwort. Da sprach er endlich: „Möge Gott sich auch der Menschen erbarmen, die abgeschnittenes Haar tragen."

Fast alle Araber sind mager, aber dabei von gesetzter Gestalt, und ihrem Körper fehlt es nicht an Kraft und Stärke. Ihre Gewandtheit ist geradezu bewundernswürdig; sie sind unermüdlich, vergießen selten Schweiß und zeigen sich gegen Hitze und Kälte nur wenig empfindlich. Einst ritt ein Führer neben mir als wir etwa 48 Grad Wärme hatten. Er fragte: „Dir ist wohl warm?" „Ja wohl," gab ich ihm zur Antwort, „und wie ist es mit Dir?" Lachend erwiderte er: „Was gehen mich Hitze oder Kälte, was Hunger oder Durst an? Weiß ich was Ermüdung oder Schlaf ist?" Gegen die Kälte sind die Araber aber doch empfindlicher als gegen die Hitze. Im Januar hat man vor Sonnenaufgang manchmal 4° unter Null, und Nachmittags 30—35° unter Null. Ein solcher Temperaturwechsel, der zuweilen 30 Grad in sieben oder acht Stunden beträgt, muß nothwendig Leuten empfindlich werden, die auf der Reise im Freien schlafen und sich nur mit ein paar langen Stücken Zeugs zudecken. Dann kauern sie sich dicht neben dem Kameel zusammen oder legen sich in die warme Asche, und es kostet einige Mühe, sie zum Aufstehen zu bringen. Ich sprützte ihnen, wenn wir bei einem Brunnen lagerten, allemal etwas Wasser ins Gesicht; sie standen dann auf so gut es eben gehen wollte. Aber im Allgemeinen bedarf der Araber nur sehr wenig Schlafes. Wenn auf der Reise, wie auf der Lagerstätte des Stammes ein munteres Feuer brennt, legen sich Alle der Flamme möglichst nahe, und schwatzen, singen oder erzählen Geschichten. Das dauert wohl drei Viertheile der Nacht hindurch;

selten schlafen sie nicht länger als einige Stunden, und es strengt sie nicht sehr an, wenn sie mehrere Nächte hinter einander gar nicht ruhen. Ich bin mehrmals drei Nächte und zwei oder drei Tage lang nicht vom Dromedar gekommen, und hatte binnen vierundzwanzig Stunden nicht viel mehr Ruhe, als während der kurzen Zeit, in welcher die Thiere gefüttert wurden. Wenn ich am Haltplatz ankam, war ich begreiflicherweise äußerst ermüdet und schlief sogleich ein; aber die Araber waren so munter, als hätten sie eben erst die Reise angetreten, und dachten nicht einmal daran, sich zur Ruhe zu legen.

Die Mäßigkeit und Enthaltsamkeit der Araber ist in der That unglaublich. Auf der Reise, auf Feldzügen und auf der Jagd essen und trinken sie in vierundzwanzig Stunden nur ein einziges Mal, und auch dann genießen sie nichts als ein paar Datteln oder Mehl und dazu einige Schlucke Wasser. Manchmal kommt zwei bis drei Tage lang gar nichts über ihre Lippen; ja man erzählt, daß Araber, welche sich in der Wüste verirrten, vier oder fünf Tage lang nichts zu trinken hatten, und diese Pein überlebten, ohne daß dieselbe sehr nachtheilige Folgen hatte. Ich habe oftmals gesehen, daß sie auf einen Ritt oder auf eine Jagd auszogen, die eine Woche lang dauern konnten und in Gegenden führten, in welchen es keine Brunnen giebt. Jeder nahm aber nur etwas Mehl und vielleicht drei oder vier Maaß Wasser mit, das sich in einem Gazellenschlauche befand, aus welchem durch Verdunstung wohl ein Viertel des Inhalts entweichen mußte. Die Kameelführer, welche die Reise von Kairo nach Suez machen, essen und trinken, bevor sie den Weg antreten, der dreißig und mehr Stunden beträgt; sie nehmen aber erst wieder eine Mahlzeit ein, wenn sie am Ziel angelangt sind. Dabei muß aber nicht außer Acht gelassen werden, daß die Beduinen sich bei passenden Gelegenheiten mit wahrhafter Gefräßigkeit über eßbare Sachen hermachen, und man kann wohl annehmen, daß ihre gewöhnliche Enthaltsamkeit weniger von einer natürlichen Anlage herrührt als von dem nicht selten herrschenden Mangel, überhaupt von der Dürftigkeit. Mancher Araber rühmt sich, daß er einen ganzen Schöps verzehren könne; und wenn man zwei oder drei von ihnen um einen Hammel herumsitzen sieht, beobachtet wie Alles bis auf die Knochen bald verschwindet, und wie diese noch abgeleckt werden, dann zweifelt man nicht im Mindesten, daß dieselben Leute gleich hinterher auch noch mit einem zweiten Schöps rasch aufräumen würden.

Während einer Reise von Berber nach Soaken versprach ich, dem Brauche gemäß, meine Führer unterwegs zu beköstigen. Ich brauchte für sie nur eine Quantität Zwieback mitzunehmen, der ihnen für einen Leckerbissen gilt. Außerdem genügten die Ueberbleibsel meiner für die Wüste keineswegs dürftigen Tafel für meine Diener, meine Kameeltreiber und die beiden Führer. Ich bestimmte, damit das Brot nicht ausginge, täglich dritthalb Pfund für den Mann; im Seedienst begnügt sich der Matrose mit anderthalb Pfund und hat reichlich daran. Unsere Reise war auf zwölf Tage berechnet. Den beiden Beduinen hatte ich auf ihren ausdrücklichen Wunsch den ihnen zugedachten Brotantheil verabfolgen lassen. Nach Ablauf von fünf Tagen erklärten sie mir daß auch nicht ein Spürchen mehr davon übrig sei. Ich hatte keine Noth aber auch keinen Ueberfluß an Speisen und mochte meine übrigen Leute nicht einschränken. Zufällig begegnete uns ein wandernder Stamm, den meine Führer besuchten; von diesem erhielten sie einen Beutel mit Mais, den ich für sie kaufte. Eine Handmühle hatten wir nicht; sie aßen daher die Körner theils roh, theils nachdem sie dieselben auf einer Platte geröstet hatten.

Diodorus Siculus berichtet nach einer Angabe des Agatharchides von Knidus, der sich dabei auf das Zeugniß des Symnias beruft, die Ichthyophagen hätten keine Brunnen und tränken niemals. Bei aller Achtung vor Diodor muß ich doch annehmen daß Symnias sich von einem Volksstamme täuschen ließ, der nicht geneigt war ihn wissen zu lassen, von wo er sein Wasser holte. Die Alten waren leichtgläubig, sie sahen überall Wunderbares und Wunder. Bei genauerm Nachdenken hätten die erwähnten Schriftsteller leicht sich sagen können, daß ein Brunnen der wahre Schatz für den Araber ist, und daß unter Umständen von der Geheimhaltung der Tränke seine Unabhängigkeit bedingt wird. Schon der gesunde Menschenverstand räth ihm sein Geheimniß nicht zu verrathen, und zudringlichen Fragen von Reisenden, die ihm vielleicht als Feinde oder Späher erscheinen, so gut es eben thunlich ist, auszuweichen.

In der Wüste sind die Heerden eben so enthaltsam wie die Hirten; sie begnügen sich mit dornigen Pflanzen oder mit solchen, deren Blätter lederartig sind, und bekommen nicht einmal alle Tage Wasser. Denn es ist herkömmlich, daß das Wollvieh einen um den andern Tag zum Brunnen getrieben wird, das Hornvieh alle drei Tage, das Kameel alle vier Tage. Bei großer Hitze und wenn der brennende Wind aus der Wüste die ohnehin bedeutende Trockenheit noch steigert, wird allerdings der Wasserplatz häufiger in Anspruch genommen. Im Winter besucht man ihn nur selten, weil man seiner entbehren kann, nachdem der erste Regen sich eingestellt hat.

Die Beduinen, obwohl in Besitz so zahlreicher Heerden, essen doch nicht oft Fleisch, und meist nur wenn ein Gast bei ihnen einkehrt; als tägliche Speise kommt es nur bei Häuptlingen und den reicheren Hirten vor, und die Leute sagen, um die beträchtliche Habe ihres Scheikh zu bezeichnen: er schlachtet jeden Tag einen Schöps, oder zwei Hämmel. Die Bewohner des Gharb essen Kuskussu; die Syrier haben eine ähnliche Speise, den Boghrol; das gewöhnliche Nahrungsmittel der Araber im Sudan ist die Bellila, Brei oder Brot aus dem Mehl des gelben und bittern Dokhnkernes; aus eben demselben bereiten sie auch die Merissa, von welcher namentlich die Häuptlinge viel zu sich nehmen. Sie verdanken diesem sehr nahrhaften Getränke eine Wohlbeleibtheit, durch welche man sie im Nothfalle vom gemeinen Volk unterscheiden kann. Die Beduinen auf der arabischen Halbinsel, in Syrien und an der Nordküste Afrika's verzehren viele Fische und getrocknete Datteln; jene im Sudan dagegen, in deren Lande keine Datteln wachsen, müssen sich dieselben aus Nubien, Fezzan und dem Dscherid verschaffen. Im Sudan kommt, wie ich schon früher bemerkt habe, die Dattelpalme nur selten und ausnahmsweise vor, da die Temperatur und der starke Regen ihm nicht zusagen. Unter den Nahrungsmitteln der Hirten sind süße und saure Milch, frische und zerlassene Butter von Wichtigkeit. Die sudanischen Mädchen bereiten die Butter in der Art, daß sie einen mit Milch angefüllten Schlauch am Eingange des Zeltes, oder an einem Baume aufhängen und unabläßig hin und her bewegen. Am meisten wird Schaf- und Kameelbutter genossen; sie sieht weiß aus, ist etwas seifenartig, und nicht immer sehr sauber. Bei den

Beduinen wird sie von Männern und Weibern als Pomade benutzt, nicht nur für die Haarflechten, sondern vorzugsweise auch für den Bart; auch reiben sie sich den Körper damit ein. Reichere Leute bedienen sich des Talges, oder des Ochsen- und Kameelmarkes, das sie mit allerlei Ingredienzen versetzen, um demselben ein ihren Geruchsnerven zusagendes Parfum zu geben. Jene Einreibung ist der Gesundheit sehr förderlich, denn sie verhütet allzu starke Hautausdünstungen, und nicht minder das Aufspringen oder Anschwellen der Haut, die in der Wüste bei reinem spiegelklaren Himmel und 45 Grad Hitze leicht sich einstellen. Auch verhütet sie die Krätze, hält lästige und schädliche Insecten ab, und macht den Körper gegen Temperaturwechsel weniger empfänglich. Daher ist dieses Einreiben im ganzen tropischen Afrika gebräuchlich, und ich bemerke hier beiläufig daß die neuangekommenen Sclaven meist nur deshalb krank werden, weil ihnen dieses Einsalben der Haut abgeht; es ersetzt in jenen Gegenden gewissermaßen die Bekleidung. Ich meinerseits habe auf meinen Reisen in der Wüste bei starker Hitze nie versäumt, mir Gesicht und Hände mit Mandelöl einzureiben. Ohne diese Vorsicht wäre mir die Haut täglich aufgesprungen bei der großen Trockenheit der Luft; die Sonnenstrahlen hätten schon weniger Einfluß geübt, weil vor ihnen mich ein weiter Kufieh hinlänglich schützte.

Bei der Lebensart, welche die Beduinen führen, sind sie, wie aus dem Inhalte dieses Kapitels sich ergiebt, allen Krankheiten ausgesetzt, welche der Mangel im Gefolge zu haben pflegt; ihr Körper leidet durch Entbehrungen und Anstrengungen, die täglich wiederkehren; es fehlt ihnen zuletzt an Kraft, um gegen die Krankheit anzukämpfen, der sie dann fast immer ohne Kampf und Krisis erliegen. Man hat mir viel von Leuten erzählt, die ein sehr hohes Alter erreicht hatten, aber solche Greise, welche angeblich hundertundfunfzig Jahre alt waren, schienen mir siebenzig, höchstens achtzig Jahre alt zu sein.

4. Die arabischen Frauen.

Zelte. — Gastfreundschaft. — Viehheerden. — Pferde. — Jagden.

Die ärmeren Beduinen haben nur Eine Frau; dagegen hält der Häuptling, überhaupt der reichere Wirth, etwas darauf, daß er drei oder vier Eheweiber besitze. Indem er so seine Verwandtschaft und seine Familienbeziehungen erweitert, gewinnt er zugleich an Einfluß. Daraus erklärt sich, weshalb der Prophet, nachdem er fünfundzwanzig Jahre mit der Khadidscha gelebt, nach deren Ableben eine so beträchtliche Anzahl Frauen nahm. Er hatte bekanntlich nicht weniger als elf zu gleicher Zeit. Der Beduine wählt sein Weib gern aus einem andern Stamme. Dann verläßt dasselbe, wie in der Schrift steht, Alles, um dem Manne zu folgen, denn von nun an gehört die Frau dem Stamme des letztern an, ihre Kinder gehören nicht mehr zur Familie der Mutter, und müssen im Fall eines Krieges mit ihrem Vater gegen dieselbe streiten.

Die arabischen Frauen genießen viele Freiheit und haben auf ihre Männer einen durchaus nicht geringen Einfluß; im Sudan tragen sie keinen Schleier. Die Verbindungen werden gewöhnlich nach Neigung geschlossen; doch wird der Vater seine Tochter nur einem Manne geben, den er als seinesgleichen betrachtet. Manchmal folgt auf verweigerte Einwilligung gewaltsamer Raub des Mädchens. Dann setzt man dem Entführer nach, und er muß, wenn er betroffen wird, eine beträchtliche Entschädigungssumme zahlen, um sein Leben zu retten. Die arabischen Frauen halten sich, trotz ihres sehr hitzigen Temperamentes, sehr züchtig; Ausnahmen von dieser Regel sind nicht häufig. In Algerien machen die Mädchen der Ulad Naïl aus der Unzüchtigkeit ein Gewerbe. Es geht eine Sage, derzufolge in Kordofan die Weiber der Hassanin von vier Nächten eine ihren Liebhabern oder den Reisenden bewilligen; man nennt das Rub, das heißt ein Viertel. Ich glaubte auch an diese Mähr, sie stellte sich aber als Verleumdung heraus, und ich denke noch jetzt an die Verzweiflung, in welche ein Scheikh gerieth, als ich ihn fragte, ob es mit jener Sache seine Richtigkeit habe und in seinem Lager einige Rubs verfügbar seien? Er hob die Hände empor und rief: „Glaubst Du denn auch an diese Lüge, die uns zum Gespött der Wüste und zum Gelächter der Stämme macht?" Indessen hat die Galanterie der arabischen Frauen zu allen Zeiten die Einbildungskraft der Dichter in Anspruch genommen. Die Araber bezeigen ihren Frauen große Achtung und es ist ihnen oft daran gelegen, Zustimmung und Beifall derselben zu erhalten. Wenn sie unterwegs einen Hasen erbeuten können, so wird er allemal den Frauen verabfolgt. Am meisten schmeichelt dem Araber der Beiname A k b u e l B a n a t, Bruder, Stütze, Liebling der jungen Mädchen. Doch sehen es die Beduinen am liebsten, wenn ihre Frauen Knaben gebären, weil es einem Stamme bei den häufigen Fehden darauf ankommt, möglichst viele Krieger ins Feld führen zu können. Wer Söhne hat, besitzt Vertheidiger für seine alten Tage; Töchter zieht der Araber in seinem Zelte auf, damit sie sich in andere Stämme verheirathen, mit welchen man vielleicht Krieg führen muß. Daher rührt der Brauch, daß vor Einführung des Mohamedanismus einige Beduinen ihre weiblichen Kinder verfluchten, manchmal auch gleich nach der Geburt erstickten. Der Prophet Mohamed hat diese gräßliche Sitte abgeschafft.

Die gewöhnliche Beschäftigung der Beduininnen ist sehr einfach. Sie besorgen die Thiere welche nicht mit auf die Weide geführt worden sind, nehmen die nothwendigen häuslichen Obliegenheiten wahr und bereiten die Speisen. Die kleinen Mädchen besorgen gegen Abend die Kameelstuten, Schafe oder Kühe; und bereiten dann in der oben angegebenen Weise Butter, rösten Getreide und gehen auch sonst den Müttern hilfreich zur Hand. Die Bekleidung der verheiratheten Frauen besteht, gleich jener der Männer, ganz einfach aus zwei Stücken Zeug, von welchen das eine am Gürtel befestigt wird, und zwar vermittelst des einen Endes das über die erste Lage geht, während das andere über die Schultern geworfen wird und so den Rücken und die Brust, im Nothfalle auch Arme und Kopf bedeckt. Die jungen Mädchen tragen nur den N a h a d, einen schmalen Gürtel, von welchem bis über das Knie eine große Anzahl Lederstränge hinabfallen, die sich bei jeder Regung des Körpers bewegen, und eine Art Rock bilden. Dieser Nahad ist mit kleinen Stücken Korallen und Bernstein verziert, an einigen der vorderen Stränge findet man auch wohl Kaurimuscheln (Cypraea moneta) befestigt, die vom Rothen Meere her durch arabische Kaufleute über ganz Afrika verbreitet werden. Man befestigt sie mit ihrer Hinterseite auf das Leder, sodaß man ihre feingezackte, perlmutterartige Oeffnung sehen kann. Um den Hals hängen die Beduininnen auch wohl Stränge von Bernsteinkügelchen, Korallen und Glasperlen (Kharaz, das heißt durchbohrt). Denselben Schmuck befestigen sie auch an ihren Haarflechten; um Handgelenke, Arme und über den Fußknöcheln haben sie Ringe von Kupfer oder Elfenbein; diese letzteren sind manchmal sehr plump und schwer, aber sie stechen mit ihrem weißen Glanz sehr hübsch ab gegen die warmen Töne der feinen braunen Haut, welche der schönsten florentinischen Bronce nichts nachgiebt.

Der Tanz der Mädchen in der Wüste ist weit mehr naiv als schlüpferig, er ist viel mehr entzückend als herausfordernd. Bei den Arabern ist er uralt; der Tanz der Almehs in Aegypten ist schon nicht mehr ganz der echte, aber im Bolero von Sevilla ist sein eigenthümlicher Reiz mit andalusischer Lebhaftigkeit auf das Glücklichste vereinigt. Der Tanz der Araberinnen besteht nicht, wie jener unserer Theaterballete, in Bewegungen, welche für Füße und Beine anstrengend sind; bei ihnen werden die Zehen nicht verdreht und gepeinigt, die Zuschauer nicht überrascht und abgestoßen; vielmehr bewegt und dreht sich beim arabischen Tanz der Körper; die Hüften zittern und beben, der Busen schwellt an und senkt sich wieder, der Kopf neigt sich auf die Seite, wird emporgehoben, er wiegt sich hin und her, und dabei fällt das in zierliche Flechten gelegte Haar auf Schultern und Nacken hinab. Die Arme werden in anmuthigen Bewegungen gleichsam gewiegt, in der Hand hält die Tänzerin eine Gerte oder einen Säbel, dessen blitzende Klinge gewandt und kühn geschwungen in die Augen des Zuschauers glänzt. Das ist ein edler und anmuthiger Tanz, würdig, daß auch Krieger ihn ansehen; Jungfrauen können ihn unbeschadet der Schamhaftigkeit aufführen. Schon der Stahl, den sie schwingen, sagt gewissermaßen: Hier seht Ihr den Preis für meine Schönheit; und im Nothfalle wüßte ich mich zu vertheidigen. Die Musik zum Tanze ist das Tamburin; manchmal kommen auch Castagnetten hinzu; sehr oft aber besteht die Begleitung lediglich darin, daß andere junge Mädchen die Tänzerin umstehen und durch Händeklatschen den Takt geben. Dasselbe ist auch heute noch bei den Spaniern der Fall, wenn sie den Jaleo tanzen. Die Araberinnen weigern sich nie, vor angesehenen Fremden, welche in ihren Zelten gastfrei empfangen worden sind, ihre Tänze zu zeigen; man macht ihnen dann nachher einige kleine Geschenke.

Die Araber der Wüstenregion sind bei weitem nicht so habgierig wie jene in den Städten. Diese letzteren scheinen den Wahlspruch zu haben: Versprich Alles was Dein ist, gieb Alles fort was Anderen gehört. Zum Beispiel, ich finde ein Stück Hausgeräthe hübsch. „Es ist auf Deinen Namen geschrieben" (Maktub ala Salamtek), wird die Antwort sein. Sie würden aber große Augen machen, wenn man sie beim Worte nehmen wollte, und bringen einem die Sache nur dann auf, wenn sie fest überzeugt sind, daß sie ein Gegengeschenk von ungleich bedeutenderem Werthe erhalten. Ich habe stets von ihnen so wenig als möglich angenommen. Wenn sie zum Beispiel des Rühmens über die Schönheit meiner Waffen kein Ende finden konnten, was immer so viel hieß als ich möchte sie ihnen schenken, so ergoß ich mich hinwieder in Lob und Preis ihrer Rosse. Dann stand ein ungleicher Tausch in Aussicht und sie gaben dem Gespräch eine andere Wendung. Die Beduinen im Sudan verfahren anders; sie bieten mehr als sie verlangen und begnügen sich mit Wenigem. Glasperlen und ein kleiner Spiegel gelten den Weibern schon für werthvolle Geschenke. Des Schießpulvers bedienen sich die Araber hauptsächlich nur in Syrien und Nordafrika. Das von ihnen selbst bereitete ist schlecht, ungleich gemischt und brennt nicht leicht; sie sind daher nach europäischem Pulver sehr begehrlich.

Die Beduininnen verbergen sich vor den Fremden nicht; sie entziehen sich dem Blick so wenig daß gerade sie den Ankommenden begrüßen, ihm die Speisen auftragen, ihn pflegen, wenn er krank ist, und ihm die Wunden verbinden. Wer den Eingang eines Zeltes überschritten hat, steht unter Obhut und Fürsorge der Hausfrau; er kann ohne ihre Einwilligung sich nicht zur Ruhe begeben. Er muß, wenn er auch nur einen kurzen Besuch macht, wenigstens einige Schalen Merissa trinken; und rasch wird ihm zu Ehren auch das Nationalgericht des Sudan bereitet, die Marara, wovon er gleichfalls kosten muß. Bald nachdem er angekommen ist, wird ein Kameelfüllen oder ein Schaf geschlachtet, Herz, Magen, Leber herausgenommen, in eine Menge kleiner Stücken zerschnitten, durcheinander gemengt, noch warm in eine große hölzerne Schüssel gethan und mit der Galle des Thieres (Marara) übergossen.*) Diese Eingeweide und häutigen Fleischstücke und rohen Muskeln, die so hart hart sind daß sie sich gar nicht kauen lassen, reizen freilich nicht zur Eßlust, und würden ohne die Zuthat der Galle geradezu unverdaulich sein. Aber die Bitterkeit dieser letztern reizt und kräftigt den Magen. Am leichtesten wird man noch mit der Leber fertig, und an sie hielt ich mich wenn ich in die Lage versetzt war Marara essen zu müssen. Ein Aegypter, der mich in Kordofan begleitete, mochte sich platterdings nicht dazu verstehen; er nahm die einzelnen Fleischstücke an den Mund, praktisirte sie gewandt unter seinen Bart und ließ sie dann unter sein Kleid auf die Brust herabfallen. Wenn wir vom Besuche heimkehrten und uns eine Strecke weit vom Schauplatz des Gastmahls entfernt hatten, zog er diese Ueberreste hervor und warf sie fort.

Die Frauen legen oft Fürsprache zu Gunsten der Besiegten ein. Wer ein Weib um Schutz anfleht, und dessen Kleider berührt, wird Gast der Frau und ihres Mannes. Die Gastfreundschaft ist geheiligt, und der Beduine betrachtet jeden als seinen Gastfreund der mit ihm das Mahl getheilt, mit ihm in seinem Zelte gespeist hat. „Zwischen uns ist Salz und Brot" sagen sie. Es ist wohlgethan einen Beduinen dem man nicht trauen kann, dahin zu bringen daß man gemeinschaftlich mit ihm speist, oder von der Dienerschaft einige Speisen austheilen zu lassen. Man darf in der Regel nichts Böses von ihnen gewärtigen wenn sie die Speisen berühren. Strenges Beachten der Gastfreundschaft ist für den Araber ein wahrer Ehrenpunkt; sie bringen sich oft in Schaden und Nachtheil um ihren Geboten nachzukommen; freilich mit gewissem Vorbehalt, wie jene zehn Reiter der Beni Abs, welcher der Roman von Antar erwähnt; sie plünderten ihre Nachbarn, um ihrer Habe wieder aufzuhelfen, welche durch großmüthige Gastfreundschaft, die sie Andern erwiesen, zusammengeschwunden war.

---

*) Ganz dasselbe ist bei den nordamerikanischen Reitervölkern, insbesondere den Kamantsches, der Fall. Auch bei ihnen ersetzt die Galle das mangelnde Gewürz und Salz.

A.

Ich habe im Morgenlande eine Geschichte gehört, die auch, wenn mein Gedächtniß mich nicht täuscht, in Tausend und eine Nacht steht. Sie mag indessen hier Platz finden. Der Khalif Harun er Raschid wollte einst, begleitet von seinem treuen Dschiafar, die Freigebigkeit der Nomaden auf die Probe stellen. Er verkleidete sich in einen Derwisch, verließ die Hauptstadt Bagdad und begab sich in ein Araberlager. Einige Zelte schienen auf Wohlstand zu deuten; an diesen gingen der Khalif und sein Vesir vorüber, und kehrten dort ein wo es am ärmlichsten aussah. Das Vieh kam von der Weide zurück, und der Khalif überzeugte sich daß sein Wirth nur fünf Schöpse besaß. Nichtsdestoweniger schlachtete der Araber einen davon ab, briet ihn auf Kohlen und setzte ihn den Gästen vor; er selbst wollte aber nicht essen. Der Khalif rührte den Braten nicht an, zu großem Erstaunen des Beduinen, der bald fragte: ob er denn keinen Hunger habe? „Ja, mich hungert sehr." sprach Harun er Raschid, „aber ich bin gewohnt weiter nichts als das Nierenstück zu essen; alles andere Fleisch widersteht mir." Unverweilt ergriff nun der Araber sein Messer, schlachtete seine vier übrigen Schöpse ab und setzte dem Fremdling gebratene Nieren vor. Ich erwähne hier dieses Geschichtchens weil Niemand es unwahrscheinlich finden wird, wenn er Leben und Sitten der Wüste kennt, und weil man in Europa von einer solchen Art Gastfreundschaft keinen Begriff hat. Selbst ein Beduine der so arm ist daß er keinen Hammel besitzt, wird darum doch seine Gäste nicht unbewirthet von dannen ziehen lassen. Er wird ohne vorher Jemand um Erlaubniß zu fragen, in den Hofraum eines Nachbars gehen, dort ein Stück Vieh nehmen, es an Ort und Stelle abschlachten und nach seinem Zelte tragen. Dabei richtet er die Sache so ein, daß der Besitzer des Hammels die Blutspuren verfolgen kann und somit gleich weiß wer den Raub begangen habe. Gewöhnlich findet er sich zeitig genug ein um Theil an der Mahlzeit zu nehmen. Eine andere Entschädigung kann er, gemäß dem Herkommen in der Wüste, nicht verlangen.

Aber auch die Araber und Türken in den Städten sind sehr gastfrei, und in dieser Hinsicht bildet ihr ganzes Verfahren einen eigenthümlichen Gegensatz zu dem steifen und kargen Wesen in Europa. Sie laden, abgesehen von einzelnen besonderen Ausnahmen, Niemand zum Essen ein, aber Jeder wer sich zum Speisen einstellt, ist willkommen. Der Koch, wenn er mehrere Gäste eintreten sieht, bereitet einige Schüsseln mehr zu, ohne daß man ihm deshalb ein Wort zu sagen braucht; dann wird das Mittags- oder Abendessen aufgetragen, und keiner macht Umstände. Der Hauswirth sagt blos auf Türkisch Buyurun, oder auf Arabisch Tetfadhel, was etwa bedeutet: Gebt Euch die Mühe. Die so Eingeladenen winken darauf nur mit einem Handgruß. Diese Leichtigkeit mit welcher man bei einem Andern sich zu Tische setzen kann, wird nicht misbraucht; wer es thäte würde sich lächerlich machen. Aber Niemand geht ihr aus dem Wege, weil der Mann nicht mit seinen Frauen zusammen speist und keiner gern allein essen mag. Es kommt also wohl vor daß Jemand zur Essenszeit, wenn Niemand bei ihm vorspricht, zu einem Freunde geht um bei ihm das Mahl einzunehmen. Dergleichen versteht sich ganz von selbst, und Jeder macht es so.

Bei keinem Besuche, gleichviel zu welcher Tagesstunde, fehlen Kaffee, Limonade, die Tschibuks und die Wasserpfeifen (Narghilehs). Der Beduine im Sudan kann freilich seinen Gästen mit dergleichen nicht aufwarten; er kennt keinen Kaffee, sein außerordentlich starker Tabak ist sehr schlecht, und er raucht ihn aus Pfeifen die der an den städtischen Luxus Gewöhnte nicht in die Hand nehmen mag. Sie bestehen nämlich aus den Knochen eines Hammels aus welchem das Mark herausgezogen worden ist; man steckt den Tabak in die Röhre am breiten Ende, und aus dem andern zieht man den Rauch. Selten findet man im Sudan bessere Pfeifen, doch verstehen die schwarzen Götzendiener Köpfe zu arbeiten, die sehr sinnreich verfertigt sind. Pater Ignatius Knoblecher hat mir in Khartum Pfeifen mit doppeltem Kopfe gezeigt, die von jenen Wilden sehr sinnreich ausgedacht waren.

Die Zelte der Algerier sind manchmal rund, meist aber sechseckig oder achteckig; jene der Söhne des Abu Zett haben eine längliche Form, und werden aus Zeug von Kameelwolle verfertigt, das in abwechselnd weißen und gelblichen Streifen zusammengenäht ist. Der Plan ist rechtwinkelig; sie sind hoch und haben nur zwei Seiten, jede mit zwei dachartigen Abhängen, von welchen der obere sich leicht abflacht, der untere steiler abfällt. Die Abtheilung dieser beiden Abhänge wird durch Pfähle oder Stangen hervorgebracht, die im Zelte schräg stehen, und das Zeug etwa in der Mitte der Zelthöfe stützen; die untere Abtheilung wird am Boden durch kleine Pfähle befestigt. Die Enden des Zeltes sind selten geschlossen; das vordere dient als Eingangspforte, und hat einen engen kurzen Vorhang der aus Lederstreifen besteht; sie sind mit Kaurimuscheln verziert und hängen an einem Seile, dessen Enden an den oben erwähnten Stangenpfählen befestigt werden. Unweit von den Zelten steht manchmal eine Nekuba aus Stroh oder Leder, manchmal wird sie auch nur mit Blättern gedeckt; diese ist würfelförmig oder gewölbt, und entspricht dem Gurbi der Algerier; das Groß- und Kleinvieh befindet sich in einem von dornigen Zäunen umgebenen Hofraume. Als ein Duar kann man die Lagerstätten der Araber im Sudan nicht bezeichnen, denn sie sind nicht kreisrund, sondern bestehen gewöhnlich aus parallellaufenden Straßen.

Die Geräthschaften im Zelte sind äußerst einfach. Auch die Reicheren haben ein nur wenig über den Boden sich erhebendes gitterartiges Gerüst aus leichtem Holz, das auf kleinen Pfählen ruht; auf dieser Estrade (Serir) liegen einige Matten und Hammelfelle; sie bilden Diwan und Bett für die ganze Familie. Am Boden liegen in buntem Durcheinander allerlei Gefäße umher, namentlich Kochkessel und Geschirre aus Leder, die aus einzelnen Strängen so geschickt und so fest geflochten sind, daß die in ihnen aufbewahrte Schmelzbutter nicht hindurchdringt. Im Hintergrunde des Zeltes werden Sättel und Schilde aufbewahrt; an den Pfählen hängen Waffen, Schläuche, lederne Eimer; die Zeltwände selbst schmückt man mit zierlicheren Gegenständen, zum Beispiel mit Bechern oder Bouquets von Straußfedern, Giraffenhäuten, also mit dem Ertrage einer glücklichen Jagd; sodann mit Schellen und Klingeln, die in stürmischen Nächten eine dem ermüdeten Reisenden sehr unwillkommene Musik machen. Denn der Wind bewegt das ganze Zelt, das Metall der Schellen klingt und bildet die Begleitung zum Krachen des Donners, zu dem Stöhnen der Kameele, dem Blöken der Schafe, dem Gebell der Hunde und dem Heulen der wilden Thiere.

Diese Nomadenvölker besitzen eben so wenig wie die Wilden, eine ihnen eigenthümliche Münze; nur fremdes Geld ist im Umlauf. Das

Stück Vieh, entweder Ochs, Schaf oder Kameel, bildet die Münzeinheit, den Werthmesser nach welchem Alles abgeschätzt wird. So war es auch bei den Griechen und anderen Völkern im Alterthum. Bei den Arabern besteht die Mitgift in Schafen oder Kameelen, und in Kordofan hat die Tochter eines Scheikhs den Werth von zwanzig Kameelstuten. Auch der Blutpreis, die Blutrache, wird mit Vieh abgekauft. Man sagt: ein Pferd ist so und so viele Kameelstuten werth; Bruchtheile werden durch Schafe ausgeglichen; wer etwas abhandeln will bietet einige Schafe, Böcke oder Lämmer weniger. In Kordofan ist der Kaufwerth dieser Thiere sehr gering: ein Kameel gilt etwa so viel wie 25 Francs, ein Ochs 10 bis 12, ein Hammel 2 bis 3 Francs; ich habe einmal ein hübsches Lamm für 35 Centimes gekauft. Denn im Sudan wie anderwärts drückt der Mitbewerb, die Concurrenz, die Preise herab. Die Heerden im Sudan sind wirklich unzählbar, und mancher Araber weiß gar nicht genau wie viel Stück Vieh ihm gehören. Nach einer Annahme, die mir indessen noch zu niedrig erscheint, besitzt der Scheikh der Kubabisch, Fadharalla Jbn Salem, allein an Kameelstuten etwa 5000; und wenn er eine gleiche Anzahl männlicher Kameele hat, so besteht seine Habe an dieser Viehgattung in nicht weniger als 10,000 Häuptern. Sicherlich ist die Zahl seiner Schafe nicht geringer; und wenn man noch etwa 300 Pferde hinzurechnet, so kann man leicht überschlagen wie beträchtlich der Reichthum eines Araberhäuptlings ist. Nun bleibt aber wohl zu beachten, daß unter den Viehheerden manchmal eine große Sterblichkeit einreißt. Wenn die Weideplätze in der Wüste nicht genug Futter geben und das Vieh nicht wenigstens aller zwei oder drei Tagen getränkt werden kann, dann stirbt es während der heißen Jahreszeit in Masse. Die Regenzeit ist ihm weit günstiger, weil es in derselben nie an Wasser fehlt; auch sind dann alle Tiefthäler und niedrigen Ebenen im Sudan mit reichlichem Pflanzenwuchs bedeckt. Nun erholen sich die Heerden, werden bald wieder fett und munter, und haben etwas zuzusetzen wenn die Zeit der Dürre und des magern Futters erscheint.

Ein beträchtliches Viehsterben stellt sich nicht selten in Folge plötzlich eintretender und weiter Wanderungen ein. Freiwillig entschließt sich der Araber dazu nicht, aber Krieg und eine Niederlage welche der

Feind einem Stamme zufügt, machen ein Wegziehen vielleicht nothwendig. Die Beschwerden der Wanderung an sich erscheinen dabei keineswegs sehr nachtheilig, und wenn sie ziemlich unter denselben Breitegraden von Osten nach Westen oder umgekehrt vor sich geht, dann kann man nicht behaupten daß die Heerden eines Stammes binnen wenigen Monaten bis auf die Hälfte zusammensterben. Den Arabern zufolge liegt die Ursache vielmehr darin, daß die Thiere so ganz verschiedenartige Weiden antreffen, und somit plötzlichen Uebergängen von einem Futter zum andern unterworfen sind. Die Heerden der Kubabisch liefern in dieser Beziehung ein schlagendes Beispiel. Mohamed Ali hatte Kordofan erobert. Einige Jahre nachher beschloß ein Theil des genannten Stammes seine Habe vor der Habgier der Türken in Sicherheit zu bringen, verließ seine alten Weideplätze und zog nach Dar Fur. Aber nach einigen Monaten hatte er schon die Hälfte seiner Heerden verloren. Dazu kam noch ein blutiger Krieg mit den Beni Dscherar, und der Stamm war froh als er wieder in seine alte Heimath zurückkehren konnte.

Das Kameel ist ein viel zarteres Thier als man gewöhnlich annimmt. Nicht selten wird eine leichte Hautbeschädigung rasch zu einer gefährlichen Wunde, und das Thier wird dadurch unbrauchbar zum Arbeiten. Auch sind die Kameele häufig Leberkrankheiten unterworfen, die gewöhnlich schnell den Tod herbeiführen; in die unteren Brusttheile bohrt sich zuweilen ein Wurm ein, welcher dem Thiere entsetzliche Schmerzen verursacht; gewöhnlich stirbt es in Folge dieser Qualen. In der Wüste richtet auch ein kleines Reptil Unheil an; ich habe dasselbe nicht gesehen; die Araber sagen aber daß es mit giftigem Stiche den Fuß verletze und dann rascher Tod unvermeidlich sei. Die Araber ziehen sogleich von einem Weideplatze fort, sobald ein solches Thier sich gezeigt hat. Etwa unter dem zehnten Grade, am Weißen Nil, schwärmt eine Stechfliege, im Sennari Yohara genannt, umher, deren Stich für das Vieh tödtlich ist, den Menschen aber nicht; den letzteren verursacht sie jedoch große Schmerzen. Dieses Insekt hat unter den Arabern im Sudan mehr Wanderzüge und Aufenthaltswechsel hervorgebracht als alle Kriege. Bei den Gallas heißt es Tseu (Tsetseh), nach einem Worte das, wie man mir sagte, stechen bedeutet.*) So viel ich vernommen giebt es von dieser Stechfliege zwei Arten; die eine ist von der Größe einer gewöhnlichen Fliege, roth und gelb und weit gefährlicher als die größere Art, die braun und länger als eine Wespe ist. Beide haben einen Saugrüssel wie die Mücken. Während der Sommerzeit halten sie sich in den Bäumen auf, und fallen in Schwärmen auf das Vieh, das ihren giftigen Stichen bald erliegt. Bei den Menschen ist Ammoniak sehr wirksam gegen den Stich dieser Fliegen, welche es ohnehin vorzugsweise und mit großer Wuth nur auf Kameele und Schafe abgesehen zu haben scheinen. Schon Diodor hat von diesem gefährlichen Thiere gehört. Er spricht von den Rhizophagen, deren Land oberhalb Aegyptens am Ufer des Flusses Asa lag, und bemerkt: „Mit Beginn der Hundstage erheben sich starke Winde. Dann erscheinen im Lande ungeheure Schwärme fliegender Insekten, die weit größer sind als andere Fliegen die wir kennen. Die Menschen weichen ihnen aus und gehen in die Moräste; die Löwen nehmen vor ihnen die Flucht."

Auch an Fabeln mangelt es in der Wüste nicht, und die Araber fürchten sich auch vor Gefahren, die lediglich in ihrer Einbildung vorhanden sind. Sie erzählen von einer Schlange welche den Kameelen nachstellt und sie mit ihrem Gifte augenblicklich tödtet. Sie verläßt ihre Höhle nur bei Nacht, und wälzt mit ihrem Munde einen Diamant vor sich her, dessen Glanz ihr den Weg erhellt. Das Kameel giebt sich Mühe diesen Diamant mit Sand zu bedecken und ist gerettet wenn das ihm gelingt. Die Schlange kann dann nicht mehr sehen und stirbt, weil ihr Leben von dem Besitze dieses Edelsteines abhängt. Es kommt manchmal vor daß ein Kameel auf der Weide ein Bein bricht. Die Ursache erklärt sich leicht, der Araber nimmt aber darauf keine Rücksicht, und leitet den Unfall von Sternschnuppen oder Meteorsteinen her. Es mag allerdings einmal unter tausenden von Fällen sich ereignet haben daß wirklich ein Meteorstein einem Kameele das Bein zerschlagen hat; die Araber aber bleiben bei ihrer Meinung.

---

*) Dieses gefährliche Insekt scheint auch in Südafrika weit verbreitet zu sein. Livingston fand es in Menge am Mababi, im Lande der nördlichen Buschmänner. Explorations into Central-Africa, im Journal of the R. Geographical Society of London, Vol. XXII. 1852. S. 164.
A.

Das Pferd ist des Arabers unzertrennlicher Begleiter; es gilt ihm als die sicherste Bürgschaft für seine Unabhängigkeit, seine beste Kriegswaffe, als sein eigentlicher Glanz und höchster Luxus. Vortreffliche Bemerkungen findet man in dem Buche des General Daumas: „Die Pferde der Sahara." Dasselbe geht auf alle Einzelheiten ein, giebt die physiologischen Züge der Pferde Algeriens, weist nach wie großer Nutzen von ihnen sich gewinnen lasse, und in welcher Weise der Eingeborene sie behandelt. Den afrikanischen Pferdebesitzern und Züchtern läßt Daumas alle Gerechtigkeit wiederfahren, und in der That ist ihre Praxis viel mehr werth als unsere Theorien; jene sind Reiter von Geburt an, wir werden es nur gleichsam durch Zufall. Der Araber ist überall derselbe Mensch; ich brauche deshalb auf einen schon so oft dargestellten Gegenstand nicht näher einzugehen; ich rede auch nicht von eigenthümlichen Vorurtheilen der Muselmänner die an den Bläßen vor der Stirn oder aus weißen Stellen an den Beinen der Rosse das Schicksal erkennen welches Gott dem Reiter vorher bestimmt habe. Ich beschränke mich auf die Bemerkungen über die arabischen Pferde im Sudan und die Art und Weise in welcher die Kinder Abu Setts ihre Pferde züchten und abwarten.

Die vorzüglichsten Pferde der arabischen Race sind das Nedschdi und das Anezi. Das Nedschdi kann recht eigentlich als Urbild betrachtet werden, da in ihm alle Vorzüge und Fehler des arabischen Rosses erscheinen. Die Stirn ist breit, die Nüstern sind weit geöffnet, die Ohren klein und anliegend; das Auge ist lebhaft mit klugem Blick, die Schnauze klein, der Hals anmuthig geschwungen, der Widerrist hoch, der Schweif gut getragen, das Bein dünn und kräftig. Dabei hat die Brust eine starke Entwickelung, das Thier kann stark ein- und ausathmen; dadurch wird ihm der schnellste Lauf möglich, und der etwas schmale Bauch deutet auf jene Enthaltsamkeit hin, die für sämmtliche Bewohner der Wüste unumgänglich ist. Die Farbe des Nedschi ist durchgängig braun oder grau; Schweif, Füße und Rücken werden manchmal mit Henneh roth gefärbt. Die Formen des arabischen Pferdes erinnern an jene der Gazelle und des Windspiels, die gleich ihm für Rennlauf wie geschaffen sind. Auch das Rennbromedar der Byschara und jenes im Hedschas hat einen ähnlichen Typus; auch dieses Thier ist schlank und kräftig zugleich. Das Nedschdi ist allerdings sehr mager, aber darum doch nicht etwa schwach. Man muß nicht vergessen daß die arabische Race, wie im Allgemeinen sämmtliche Racen des Morgenlandes, welche von derselben abstammen, die Anstrengungen eines langen Laufes, Unbilden der Witterung und Mangel an Futter weit besser ertragen als Lasten die schwerer sind wie das Gewicht des menschlichen Körpers. Auch die stärksten orientalischen Pferde eignen sich nur für die leichte Reiterei und etwa für Vorpostendienst und dergleichen. Die Türken haben die Dienstordnung der französischen Reiterei angenommen, die viel schwerer ist als die ihrige, und damit einen großen Misgriff begangen. Die Folge war daß sie die einzige militairische Ueberlegenheit einbüßten, welche das westliche Europa ihnen nicht bestreiten konnte.

In Nordafrika finden wir mehrere Pferderacen welche aus successiven Kreuzungen entstanden, in denen das arabische Blut mehr oder weniger hervortritt; dahin gehören die ägyptischen Rosse, die Berberpferde und andere. Nubien hat das Dongolawi=Pferd; seine Formen sind nicht so anmuthig, der Kopf nicht so hübsch, der Leib länger, der Schweif nicht so getragen wie beim Nedschdi; aber bei alledem bleibt das Dongolawi ein gutes Pferd. Es wird von den Beduinen des östlichen Sudan gezüchtet, denen es im Kriege und auf ihren Wanderzügen vortreffliche Dienste leistet. Aber schon in Aegypten und überhaupt in Norden artet es sehr bald aus und leidet an Krankheiten, von welchen es im Sudan völlig frei bleibt. Deshalb ist es in Aegypten, wo es vor mehreren Jahren sehr beliebt war, jetzt gar nicht mehr gesucht. Bornu hat einen ganz eigenthümlichen Pferdestamm, von welchem ich, im Marstalle des Gouverneurs von Fezzan, zu Tripolis ein Exemplar gesehen habe. Diese Varietät, denn eine solche liegt hier vor, ist sehr dick, und hat außer der ungewöhnlich starken Entwickelung der Fettgewebe, zwei sehr bemerkbar hervortretende Fettkissen oder Fettlagen auf den Hinterbacken. Diese Lage erreicht allerdings nicht dasselbe Verhältniß wie bei den fettschenkeligen Schafen, die in Abyssinien und anderen Ländern Afrika's häufig sind. Im Sudan giebt es auch Schafe mit Fettschwänzen, und bekanntlich ist der Höcker des Kameels etwas Aehnliches wie die erwähnten Fettlagen. Das mit dergleichen ausgestattete Thier ist in den Stand gesetzt, lange fasten zu können; es zieht während der Hungerzeit seine Nahrung eben aus jenem Fettbehälter.

Am Pferde hält der Araber vor Allem die Reinheit der Abstammung hoch. Eine Koheliftute, das heißt von Race, wird immer theuer bezahlt, und wäre sie auch eine schlechte Mähre. Denn man nimmt an, daß die Füllen mehr nach den Vorfahren arten als nach ihrer Mutter. Stuten sind allezeit weit mehr gesucht als männliche Pferde. Der Scheikh und überhaupt der wohlhabende Mann reitet nur eine Stute, sie ist lenksamer und wiehert nicht. Das ist bei Fehden, in welchen es manchmal darauf ankommt, den Feind zu überraschen, ein sehr schätzbarer Vorzug. Sodann gewinnt man vom Mutterpferde auch Junge und es lebt länger als der Hengst. Man findet arabische Stuten, die noch im Alter von dreißig Jahren Dienste thun. Die Araber verschneiden ihre Hengstfüllen nicht; als Beschäler verwenden sie die besten und kräftigsten Hengste; sobald die Stute gedeckt ist, nehmen sie eine Operation vor, die auch in Syrien und Arabien angewendet wird. Sie befestigen vermittelst eines Ringes oder durch Zusammennähen die Ränder der Bulva, sodaß in Folge einer derartigen Infibulation jede unwillkommene weitere Einmischung verhütet wird.

Das Füllen bekommt theils Milch von seiner Mutter, theils Schaf- oder Kameelmilch; es wird eigentlich niemals abgewöhnt, denn man giebt den Pferden, ohne Rücksicht auf ihr Alter, manchmal Milch zu trinken, entweder ganz reine oder auch mit Wasser verdünnte. Das ist sehr nahrhaft und gesund, und jedenfalls ein angemesseneres Getränk als das brakige Wasser der Wüste.

Die Europäer fangen mit dem Abrichten der Pferde viel zu spät an. Ein Pferd von vier oder fünf Jahren ist schon in seiner vollen Kraft und beugt sich nur ungern dem Willen des Menschen. Dieser nimmt deshalb oft zu Zwangsmitteln seine Zuflucht, die das Thier erbittern, und es störrisch oder verzagt machen. Der Araber geht ganz anders zu Werke: er läßt schon das zweijährige Füllen von seinen Kindern reiten. In so zartem Alter setzt das Pferd noch keinen Widerstand entgegen, und läßt sich die kleinen Reiter um so eher gefallen, da man es mit Sanftmuth behandelt, und ihm liebkost. Es muß einige Schritte machen, man lehrt es nach dem Schlage mit einer dünnen Gerte sich rechts oder links zu wenden, und es erhält allemal Futter, sobald der Reiter abgestiegen ist. Nach einiger Zeit wird es an die Leine genommen, muß dann im Schritt schärfer austreten und den Paßgang lernen, der bei den Arabern und auch bei den Stadtbewohnern sehr beliebt ist. Späterhin lernt es galoppiren, springen und sich auf die Hinterbeine stellen, was allerdings im Gefecht sehr nützlich ist, aber auch die Häcksen zu Grunde richtet. Die Araber traben nicht; auf der Reise wird im Schritt geritten und beim Angriff im Gefecht galoppirt. Die Kordofaner haben nur selten Sättel und beschlagen manchmal die Hufe nicht. Kaum brauche ich zu sagen, daß sie alle treffliche Reiter sind; die Reichen sitzen fast immer zu Pferde, die weniger Wohlhabenden reiten auf Dromedaren. Die Baggara-Araber haben mehr Ochsen als Kameele, bedienen sich der ersteren auch zum Reiten und lenken sie, gerade so wie das Kameel, ebenfalls vermittelst eines durch ein Nasenloch gezogenen Ringes, der am Zaum befestigt wird. Der Araber ist auch auf der Jagd zu Pferd oder Dromedar. Die Falkenbaitze ist im Sudan nie bekannt gewesen oder verloren gegangen; auch sind keine Jagdhunde vorhanden. Den Antilopen, Gazellen, Löwen und manchmal auch den Elephanten bereitet man Fallen, die freilich sehr mangelhaft sind. Die Thiere arbeiten sich daher manchmal heraus. Aber dann haben sie blutige Wunden, schleppen sich nur mit Mühe fort, und man kann ihre Spur verfolgen, sie aufsuchen und erlegen. Manchmal setzt man zu Pferde einer Heerde Gazellen nach; diese verschwinden bald, aber man kann doch ihre Spur verfolgen und wenigstens die Trächtigen und die Jungen einholen, deren man dann ohne große Mühe habhaft wird. Das Pferd ist unter den Vierfüßern keineswegs das schnellste Thier, aber es kann länger als ein anderes im schnellen Laufe ausdauern, und deshalb ist es möglich, daß ein Reiter die Girafe und den Strauß überholt. Der Araber jagt diese Thiere in folgender Weise. Er verfolgt die Spur im Anfang, ohne sich zu übereilen; erst wenn er den Strauß oder die Girafe zu Gesicht bekommt und diese zu fliehen anfangen, beginnt das eigentliche Wettrennen. Es hat seine großen Schwierigkeiten, weil der Sudan an vielen Stellen von Gehölzen durchzogen wird; manchmal sind diese aus dornigen

Sträuchern gebildeten Buschwaldungen sehr ausgedehnt. Wer auf einem Dromedar reitet, hat weniger zu befahren, aber der Reiter zu Pferde wird von Dornen angerissen und blutet stark, während er sich einen Weg durch das Gestrüpp bahnen will. Er thut am besten, wenn er die Beine heraufzieht, sich auf den Hals des Pferdes legt, gleichsam in sich selbst zusammenzieht und fortgaloppirt, während er dabei die Spuren des Wildes nicht aus dem Auge läßt. In der ersten besten Lichtung macht er dann Halt und ruht sich ein wenig aus. Das Thier glaubt sich nun nicht ferner verfolgt und bleibt gleichfalls stehen. Aber sobald es sich wieder in Bewegung setzt, nimmt das Jagen seinen Fortgang, und wenn das Pferd gut ist, kann es nicht fehlen, daß es nach dem dritten Wettlauf in die Gewalt des Jägers fällt. Es sucht vergeblich sich zu wehren; man wirft ihm eine Schlinge über oder stößt ihm eine Lanze in die Brust. Die Girafe vertheidigt sich mit den Vorderläufen, der Strauß mit seinem Schnabel. Dieser Vogel wirft mit seinen Füßen dem Verfolger auch Sand und Steine ins Gesicht. Vom Strauß verfolgt man nur das Männchen; es hat ein schön schwarzes Gefieder, und am Ende der Flügel und im Schwanze jene prächtigen weißen Federn, die in Europa so beliebt sind. Man reißt diese Federn nicht gleich aus, sondern zieht dem Thiere die Haut ab, die man sorgsam aufbewahrt. Das Straußenweibchen ist grau und ohne Werth. Der Jäger schmückt dann sein Pferd mit einem Stückchen Girafenhaut oder einem Büschel Straußenfedern.

Die Jagd auf Girafen bringt eigentlich keinen Nutzen. Man stellt den schönen Thieren nur nach, um einflußreichen Personen oder angesehenen Reisenden ein Geschenk zu machen, das freilich sehr lästig ist, da Girafen sich nur mit großer Mühe und vielen Beschwerlichkeiten fortbringen lassen. Man muß zwei Leute zur Führung und Abwartung haben, denn das Thier ist wild, furchtsam und mistrauisch. Beim leichtesten Anlaß erschreckt es, springt empor und wird unruhig. Manchmal frißt es dem Wärter aus der Hand, sobald es aber nur eine Gerte erblickt, wirft es den Kopf in die Höhe. Man hat mir eine junge Girafe angeboten; ich schlug sie aber aus. Sie war auf einer Jagd gefangen worden, welcher ich beiwohnte. Elephanten werden weiter südlich am Weißen Nil gejagt, und zwar in der Jahreszeit, wo diese Thiere nicht truppweise streifen, sondern vereinzelt Weideplätze aufsuchen. Während ein Reiter den Elephanten bedroht und dessen Aufmerksamkeit auf sich lenkt, ist ein anderer hinter dem Thiere her, schleudert ihm von hinten ein sichelförmiges Messer, das an einem dünnen Seil befestigt ist, in das Bein, oder versucht ihm Säbelhiebe in die Füße zu versetzen. Dann verfolgt der Elephant in wilder Wuth Jenen, der ihm die Wunden beigebracht hat. Dabei verliert er viel Blut, wird matt und muß anhalten; dann wird er abgethan, oder man überläßt ihn ruhig sich selbst, bis er verendet. Nach kurzer Zeit sucht man ihn wieder auf und reißt ihm die Zähne aus. Man hat mir oft erzählt, daß der Elephant, wenn er den Jäger einen Hügel oder Berg hinab verfolgt, den Menschen aus dem Gesicht verliere, weil ihm seine Ohren über die Augen herabfallen. Ich glaube eigentlich nicht daran, weil sich die Ohren weit hinter den Augen befinden; doch kann vielleicht die Sache ihre Richtigkeit haben.

Auch auf den Löwen macht man zu Roß und mit Lanzen Jagd, und vertheidigt sich gegen ihn mit einem Schilde, der oft mit Dornen besetzt ist. Gegen seinen Sprung schützt man sich dadurch, daß man sein Pferd verläßt und ihm dasselbe preisgiebt. Ignaz Pallme sah bei den Nuba in Kordofan eine andere Art Löwenjagd. Sie steigen auf die Bäume, in deren Schatten der Löwe des Morgens seinen Schlaf zu suchen pflegt. Man reizt ihn zum Kampfe, bei welchem er sich im Nachtheil befindet, weil man ihn von der Höhe aus beherrscht. Ich habe davon im Sudan niemals reden hören, und füge bescheiden hinzu, daß ich überhaupt nur ein einziges Mal eine Löwenjagd mitgemacht habe, und zwar eine solche, auf welcher wir nicht einmal einen Löwen zu Gesicht bekamen.

3. Die Regierung der Araberstämme.

Geiseln. — Adel. — Irreligiosität. — Deismus. — Europäer.

Ueberall auf Erden trägt der Nomade einen scharf ausgeprägten Geist der Unabhängigkeit in sich, er ist so sehr allem Drucke feind, daß es nie gelungen ist, ihm das Joch der Herrschaft aufzuerlegen. Die Araber zum Beispiel sind zu allen Zeiten selbstständig geblieben, und waren den Persern, Römern, Griechen und Türken nur dem Namen nach unterworfen. Die Sultane aus dem Hause Osman sind seit länger als drei Jahrhunderten im Besitz von Bagdad, Damascus und Mekka, konnten es aber bis auf den heutigen Tag noch nicht dahin bringen, daß die Nomaden den ihnen auferlegten Tribut regelmäßig entrichten. In beinahe ganz Arabien und in einem Theile Syriens kann überhaupt von einer Bezahlung desselben nicht einmal die Rede sein; ja im Gegentheil müssen die türkischen Behörden den Beduinen alljährlich eine Abkaufssumme zustellen, damit die große Pilgerkarawane von Damaskus nach Mekka ungehindert ihres Weges ziehen könne. Die Regierung muß also den guten Willen der Räuber erkaufen, muß sie durch Geld beschwichtigen, wenn nicht die Pilgerschaar ausgeplündert, die ihr mitgegebene Bedeckung aufgehoben werden soll. Und die Räuber verlangen Vorausbezahlung; bevor diese nicht geleistet wird, dürfte Niemand wagen, die Reise anzutreten und Damascus zu verlassen. Seit Veröffentlichung des Tansimat will man die Araber zum Kriegsdienst heranziehen; aber auch das ist vergebliches Bemühen, da in ihren Ländern das Recrutiren früher nie bekannt war, und jetzt nicht die geringste Neigung vorhanden ist, sich dem Zwang zu unterwerfen. Die übrigen Provinzen des türkischen Reiches stellen ihr Contingent, die arabischen Nomaden in Syrien werden und wollen sich dazu nicht verstehen. Alle Anstrengungen der Türken scheitern; die Widerspänstigen zerstreuen sich in der Wüste, oder verschanzen sich in unzugängigen Gebirgen, werden von den Drusen mit bewaffneter Hand unterstützt, und es ist schon mehr als einmal vorgekommen, daß beide gemeinschaftlich auch größere Städte gleichsam belagert haben; sie schlossen dieselben förmlich ein, und kein Bewohner durfte sich vor die Thore hinaus wagen.

Die Paschas, welche im Namen des Sultans zu Mekka, Medina, Dschidda und in Yemen die Gewalt ausüben, werden von den nomadischen Arabern kaum beachtet, und die türkischen Truppen wagen nur in seltenen Fällen, einen so gefährlichen Feind zu verfolgen. In der Berberei, in Tripolitanien, ist so ziemlich dasselbe der Fall, und in Algerien, wo die Franzosen seit einem Vierteljahrhundert stets mehr als hunderttausend Soldaten stehen haben, wollte es nie gelingen, die Nomadenstämme zu unterwerfen. James Richardson stellt in seiner afrikanischen Reise einen Vergleich zwischen der Herrschaft der Türken in

Tripolis und jener der Franzosen in Algerien an, wo der Geist des Widerstandes auch heute noch nicht im Mindesten gewichen ist. Er hebt hervor, daß die Türken mit einer Handvoll Soldaten sich weit größerer Ergebnisse rühmen könnten, als die Franzosen mit ihrem Heere von hunderttausend Mann. Die Franzosen, meint er, hätten nur so wenig erreichen können, weil die Bewohner Algeriens ihnen schon des Christenthums wegen entschieden feindlich gesinnt wären. Es wird hinzugefügt, daß vor 1830 in Algerien die Türken nur 18,000 Mann Besatzung hielten. Das ist richtig, aber diese Besatzung war auf die wenigen Städte beschränkt, und man kann gar nicht sagen, daß der Sultan sich im eigentlichen Besitze von Algerien befunden habe; er galt für den Oberherrn, die Franzosen aber wollen das Land in vollem Sinne des Wortes zu einer französischen Besitzung machen. Richardson's Vergleich ist auch in einer anderen Beziehung falsch. Algerien ist nicht so fruchtbar als Andalusien und Sicilien, aber eben so stark bevölkert, es wird von einer thäler- und schluchtenreichen Gebirgskette durchzogen. Die Regentschaft Tripolis dagegen ist zumeist nur ein Theil der Sahara, eine Provinz der Wüste, mit dünngesäeten spärlich bewohnten Oasen, ohne natürliche Vertheidigungswälle; denn auch das Ghariangebirge kann als ein solcher nicht betrachtet werden. Trotz alledem unterhält die türkische Regierung in Tripolitanien nicht eine Handvoll Soldaten, sondern zehntausend Mann ihrer besten regelmäßigen Truppen. Ich habe 1849 einer großen Musterung derselben beigewohnt. Es hat den Türken nicht geringe Mühe gekostet, ihre Herrschaft in Tripolis zu behaupten, und wenn Frankreich gegen Abd el Kader den Verrath in ähnlicher Weise hätte zu Hilfe nehmen wollen, wie die Türken gegen Abd el Dschelil, so würde weniger Blut vergossen worden sein.

Allerdings ist die Ansicht in Europa ziemlich allgemein, daß der hartnäckige Widerstand in Algerien vorzugsweise auf Rechnung des mohamedanischen Fanatismus komme; sie ist aber falsch. In den Städten übt die Religion allerdings einen überwiegenden Einfluß auf die Bewohner, keineswegs aber in erheblichem Maße auf jene, welche unter Zelten wohnen. Für diese Letzteren ist sie mehr nur ein Vorwand. Der wahre Grund, weshalb die Nomaden feindselig bleiben, liegt darin, daß sie sich überhaupt gar keiner Regierung unterwerfen mögen, und gar keine Autorität über sich anerkennen wollen, einerlei von wem dieselbe ausgehe oder wer sie ausübe. Es ist gleichviel, ob der Herrscher ein europäischer Christ, ein Türke oder auch, wie in Marokko, ein Araber sei; denn als Herrscher verlangt er Steuern und giebt Gesetze und dringt darauf, daß sie befolgt werden. Der Städtebewohner unterwirft sich, gehorcht und zahlt; der Araber widerstrebt, greift zu den Waffen und flieht von dannen. Das war allezeit so bei Nomaden, die in ausgedehnten Reichen leben und mit den Heeren des Herrschers Krieg führen; es ist bei den Tataren, Turkomanen und Kirgisen nicht anders. Man kann weit eher ein zahlreiches Volk, das Ackerbau, Gewerbe und Handel treibt, unterwerfen, als einen kleinen Nomadenstamm; jenes hat liegende Habe und diese ist dem Gebieter gleichsam verpfändet, da er in jedem Augenblick seine Hand an dasselbe legen kann; dieser bringt sein ganzes Vermögen binnen wenigen Stunden in Sicherheit; er bricht sein Zelt ab und treibt seine Heerden fort. Die Nomaden sind, wenn überhaupt, nur durch rasches Eingreifen, unerbittliche Strenge und blutige Strafen im Zaume zu halten; sie lehnen sich auf und die Unordnung beginnt von Neuem, sobald die Behörden in ihrer strengen Ueberwachung nachlassen. Man hat wohl geglaubt, daß man mit den Arabern besser auskommen werde, wenn man sie mit milder Nachsicht behandele, gleichsam eine negative Regierung obwalten lasse. Allerdings macht man sie sich zu Freunden, wenn man ihnen mit Achtung begegnet, auf ihre Rathschläge hört, und mehr durch Ueberredung als durch Zwang auf sie zu wirken sucht. Aber an der Freundschaft der Araber kann Dem, welcher sie beherrschen will, wenig gelegen sein; denn sie zahlen dabei ihre Abgaben gar nicht, oder nur zum Theil, oder unregelmäßig; die Straßen sind und bleiben dann unsicher; das Ganze läuft auf Nichts weiter hinaus als auf Austausch von Höflichkeiten; man gewährt ihnen viel, und bekommt als Heimzahlung nichts weiter als schöne Worte; man zeigt sich nachgiebig ohne entsprechende Vortheile. Eine derartige milde Regierung würde sich nur für einen Fürsten empfehlen, der nicht Macht genug hat, um eine andere kräftigere walten zu lassen. Dabei ist es aber unbedingt nöthig, daß seine Beamten die Araber in ihrem ganzen Sein und

Wesen genau kennen, mit großer Umsicht und Geschicklichkeit verfahren und eine grenzenlose Geduld haben.

Lediglich und allein mit Gewalt ist bei den Arabern etwas auszurichten; der starken, kräftigen Gewalt, aber nur dieser, fügen sie sich. Man muß das Schwert ziehen und die Scheide wegwerfen; das geringste Vergehen muß rasch, wo möglich unmittelbar nach der That, mit alleräußerster Strenge geahndet werden; dabei ist es nöthig, daß man eine Haltung beobachtet, die Verachtung ausdrückt und eine drohende Sprache redet. Leuten gegenüber, die platterdings kein Gesetz anerkennen, muß auch die Autorität schrankenlos sein. Uebrigens giebt es auch strategische Punkte, deren Besetzung eine Bürgschaft für das friedliche Benehmen der Wanderstämme bietet. In Algerien kann man sie zum Beispiel sehr empfindlich strafen, wenn man ihnen den Besuch der Märkte verbietet, auf welchen sie ihre Austausche zu bewerkstelligen pflegen. Aber das beste Mittel, die Barbaren unschädlich zu machen, besteht darin, daß man sich von ihnen Geiseln geben läßt. In barbarischen Gesellschaftsverbänden bildet die Gemeinsamkeit Aller, die Solidarität, einen wesentlichen Bestandtheil im Leben und Weben der Stämme. Es gilt für ein Verbrechen und zieht unaustilgbare Schmach nach sich, wenn man einen Angehörigen dem Feinde überlassen wollte, ohne daß man mit den Waffen Alles versucht hätte, um ihn zu retten; man darf deshalb Todte und Verwundete nicht auf dem Schlachtfelde liegen lassen; es ist schimpflich, sie nicht mit sich zu nehmen. Wenn die Araber weichen und fliehen müssen, und einer der Ihrigen wird von den Feinden eingeholt, so kehren sie um und erneuern das Gefecht, um ihn zu retten. Sie müssen sich schon sehr stark von der Nothwendigkeit des Friedens überzeugt haben, wenn sie Geiseln geben. Eine Geisel, die im Besitz des Gegners ist, reicht hin, sie in Schranken zu halten, und etwaige Unternehmungen, die sie im Schilde führen, zu verhindern.

Jede erbliche Aristokratie, und jeder Adel der eine solche ist, hat den Ursprung entweder in der Tradition, in der Religion, oder in der Eroberung. Die Aristokratie der Brahmanen in Indien ist eine religiöse; jene in den meisten Ländern Europa's entstand in Folge der Eroberung; der arabische Adel fußt in der Ueberlieferung und in volksthümlichen Erinnerungen. Die religiöse Adelskaste erhebt sich eben durch die Religion über die Nebenmenschen; sie giebt ihr einen Vorwand für ihr übermüthig-stolzes und ausschließendes Benehmen, und ihren Despotismus. Der Brahmine hält sich für einen Auserwählten Gottes, für einen Vollstrecker des göttlichen Willens: er hat nichts gemein mit dem übrigen Volke. Aus der Eroberung, welche Anlaß giebt, die liegende Habe ganz oder theilweise den Siegern zu überantworten, erwächst eine Aristokratie der Waffen, die kühn, streitbar und übermüthig, allezeit fertig zum Kriege ist. Sie trägt das Gepräge der Gewaltthätigkeit, kann sich nur durch Gewalt inmitten einer feindseligen, von ihr beraubten und unterdrückten Bevölkerung behaupten. Der arabische Adel hat mit jenen beiden Aristokratien nichts gemein. Er beruht, wie schon gesagt, auf der Ueberlieferung, wie das überhaupt bei Völkern der Fall ist, welche nie ein fremdes Joch trugen und sich um religiöse Theorien wenig kümmern; er stützt sich weder auf den Altar noch auf das Schwert. Sein Einfluß verliert sich im Dunkel der Zeiten, und er ist niemals stärker oder schwächer gewesen als heute auch. Der Araber läßt ihn sich gefallen, aber er läßt ihn sich nicht aufdringen.

Diese Aristokratie ist durch und durch volksthümlich; sie ist nicht allein voll und ganz arabisch, sondern sie repräsentirt bei jedem Stamme die unbestrittene Nachkommenschaft vom Erzvater in gerader Linie. Die Familie des Patriarchen hat sich im Fortgange der Zeit vermehrt und ist nach und nach zum Stamm herangewachsen. Der Adelige ist allezeit ein Blutsverwandter auch des Allerärmsten, und dieser erkennt ihn als seinen Vorgesetzten nur gemäß dem Vorrecht des Alters, und weil der Urtypus beim Adeligen weniger beeinträchtigt zu sein scheint als bei allen Anderen. Demgemäß überträgt er ihm die Leitung des Stammes, den Befehl auf Kriegszügen und bis zu einem gewissen Punkte auch die Ausübung der Gerechtigkeitspflege. Ich habe schon an einer anderen Stelle bemerkt, wie eingeschränkt alle diese Befugnisse sind. Die Araber legen großen Werth auf die Herkunft. Ein Pascha ist in ihren Augen weiter nichts als ein emporgekommener Mameluck, und sie sagen mit Salomon, der ja auch eine Art Araber war: „Die Erde zittert unter dem Sclaven der zur Herrschaft gelangt." Und sie sagen ferner: „Es paßt nicht für einen Narren, daß er verständige Leute führe;

wie sollte es nun für einen Knecht angemessen sein, Leute von Rang zu befehlen?" Ich besuchte einen arabischen Scheikh, dessen Familie in Syrien das Lehen von Rascheïa seit dem Jahre 14 nach der Hegira im Besitz hat. Ich fragte ihn, ob in seinen Augen ein türkischer Pascha, wenn er ein guter Muselmann sei, höher stehe als ein christlicher Edelmann. Er antwortete: „Aus einem Götzendiener kann im Augenblick ein heiliger Muselmann werden, aber ein Edelmann kann es erst nach Jahrhunderten dahin bringen." Diese Antwort überraschte mich um so mehr, da jener Scheikh im Rufe großer Frömmigkeit stand und mich für einen reichen Algerier hielt, der auf der Pilgerfahrt nach Mekka durch Syrien kam. „Was hältst Du von der Gleichheit?" fragte ich einmal einen andern Scheikh; „meinst Du daß alle Menschen gleich seien?" Er entgegnete: „Das glaube ich ganz bestimmt. Alle Menschen sind gleich wie die Finger an der Hand;" dabei zeigte er auf seine feine, nervige Hand und fuhr dann fort: „Siehe hier diese fünf Finger, sie kommen alle aus demselben Arme, Du kannst keinen abtrennen, ohne die anderen zu benachtheiligen. Aber die einen sind länger und die anderen kürzer. Wären alle gleich lang, so könnte ich damit nichts tasten, nehmen oder greifen. Glaube mir, es ist mit den Menschen wie mit den Fingern an der Hand." Uebrigens werden die Stammbäume bei den Arabern nicht mit solcher Ordnung und Genauigkeit geführt wie z. B. beim Adel in Deutschland; man stößt manchmal auf Lücken, und beglaubigte Urkunden giebt es nicht; das Gedächtniß muß die Pergamente ersetzen; aber das Gedächtniß ist im ganzen Volke lebendig. Manche arabische Familien reichen wunderbar hoch ins Alterthum hinauf. Wer vor 1789 in Frankreich am Hofe erscheinen wollte, mußte seinen Adel bis über das Jahr 1400 hinauf nachweisen können. Im Morgenlande sind Abkömmlinge des Propheten Mohamed gar nicht selten, und wenn auch Einige den grünen Turban der Aliden nicht mit vollem Rechte tragen mögen, so wird ihn doch Keiner dem Scherif von Mekka streitig machen. Auch ist es bekannt, daß es mit dem Stammbaum des Propheten bis auf Adnan, seinen einundzwanzigsten Vorahn, volle Richtigkeit hat, und vielleicht könnte man ihn bis auf Abraham's Sohn Ismael hinauf führen. Uebrigens reicht nicht blos die Familie des Propheten so hoch hinauf; es giebt noch heute Nachkommen beinahe aller seiner Schüler, der arabischen Fürsten welche zur Zeit Mohamed's lebten, und der verschiedenen Khalifenfamilien.

Der Araber blickt auf den Türken, der ihn beherrscht, unterdrückt, ausplündert und mishandelt, mit äußerster Verachtung. Der dürftige nackte Beduine verschmäht das Wohlleben des Ackerbauers und des Stadtbewohners; er fühlt sich frei, und geht obwohl mit Lumpen bedeckt als stolzer Mann einher. Ein reicher Landmann, ein Kaufmann, ein türkischer Officier würden ihn vergeblich um die Hand seiner Tochter bitten; er wird sie nur einem flinken, gebräunten, fettigen Beduinen geben, einem Manne wie er selber ist. In den Dörfern der seßhaften Araber ist es nicht anders. Es scheint als ob jedes Dorf, ganz so wie der einzelne Wanderstamm, seinen bestimmten Adelsrang, seine festbezeichnete Stellung unter und zu den übrigen habe. Die Hawaris in Aegypten sagen: „Wir sind mehr als die Fellahs; wir heirathen ihre Töchter, gestatten aber ihnen nicht daß sie die unserigen freien." Und doch gewahrt man keinen Unterschied zwischen dem Hawari und dem Fellah; beide tragen dieselben zerlumpten Kleider, und müssen unter der heißen Sonne mit unsäglichen Anstrengungen das Wasser schöpfen, welches den ägyptischen Boden befruchtet; beide schlafen auf Stroh in Hütten die aus Dünger erbaut sind; der eine wie der andere muß mit den wenigen Bohnen oder Linsen vorlieb nehmen, welche der Gebieter ihm verabfolgen läßt.

In Syrien herrscht derselbe Geist der Ausschließlichkeit. Als Ibrahim Pascha das Land erobert hatte, verlangte ein Oberst die Tochter eines Dorfscheikhs zur Ehe. Das Mädchen wurde ihm abgeschlagen. Scherif Pascha, damals Statthalter von Damaskus, ließ den Scheikh und den Officier zu sich entbieten, um eine Ausgleichung zu versuchen. Er sprach zu dem Syrier: „Weshalb weigerst Du Deine Tochter einem Manne, der so hoch im Range steht? Er wird bald Pascha werden, eine Provinz verwalten oder ein Heer befehligen." Der Araber sprach unwillig und voll Zornes: „Ich gebe ihm meine Tochter nicht, weil der letzte Hund im Dorfe in meinen Augen mehr ist als der vornehmste Türke." Für diesen Ausfall wurde er ins Gefängniß gebracht, und die Heirath ging vor sich, da Ibrahim Pascha es so wollte. Ein anderer mir befreundeter türkischer Officier befand sich zu derselben Zeit in Jerusalem und hielt um ein junges Mädchen an, das vaterlos war. Die Mutter willigte ein, aber die Oheime widersetzten sich einer Verbindung welche, wie sie meinten, Schimpf über die Familie bringen würde, und auch diesmal mußte Ibrahim Pascha sich ins Mittel legen. Die Heirath wurde dann allerdings vollzogen, aber von den Oheimen für Raub erklärt. Somit war von nun an die Nichte eine wildfremde Person, um welche sie sich nie wieder bekümmerten.

Man sieht wie ausschließlich die Araber gegen andere Araber und gegen Türken verfahren. Dagegen ist das in Bezug auf ihre Sclaven viel weniger der Fall; diese werden als angenommene Kinder betrachtet und gehören als solche dem Stamme oder der Gemeinde an. So kommt es vor daß der Sclav wohl in die Familie seines Herrn einheirathet. Jakob sprach zu Laban: „Ich will Dir sieben Jahre dienen und Du sollst mir Deine Tochter geben." Freilich ist dergleichen nicht in allen Stämmen der Fall, weil manche, die sich vom reinsten und edelsten Ursprung dünken, jede Vermischung sorgfältig vermeiden. Andere sind dagegen so stark mit afrikanischem Blute gemischt, daß der arabische Typus beinahe völlig verschwunden ist. Sie unterscheiden sich von den Negern fast nur noch durch ihre Lebensart; diese allein ist ihnen von ihren arabischen Vorfahren übrig geblieben.

Einen eigentlichen Familiennamen giebt es bei den Arabern nicht; er wird häufig durch den Namen des Stammes und der Ferkah ersetzt. So sagt man zum Beispiel Mohamed el Ameri d. h. Mohamed der Beni Amer; Khaled el=(der)Anezi. Eine solche Benennung reicht aus wenn Jemand sich unter anderen Leuten befindet, er genügt aber keineswegs, wenn sie im Stamme selbst, mitten unter den ihrigen leben. Dann erhält der oder jener einen Beinamen, der aber selten auf die Kinder übergeht. Andere fügen den Vaternamen hinzu, auch wohl jenen des Großvaters, ja des Urgroßvaters. So kommt es daß die Geschlechtsregister der Araber, gleich jenen der Juden, so oft dieselben Namen wiederholen; sie werden dadurch für den europäischen Leser widerwärtig und langweilig. Im Gespräche, namentlich wenn man einen Araber anredet und ihm schmeichelhaft begegnen will, nennt man ihn beim Namen seines ältesten Sohnes, und nennt ihn Vater Mohamed's, Vater Ali's 2c. Die Benennung Vater, Abu, kommt auch bei Spitznamen vor. Man nennt wohl einen Mann mit besonders langem Barte: Vater des Bartes; einen der gewandt mit der Lanze umzugehen weiß: Vater der Lanze. Insgemein werden die Namen Gegenständen entlehnt die man täglich um und neben sich hat: Pflanzen, Thieren, Sternen, oder man wählt bezeichnende Beiwörter. Das war namentlich bei den alten Arabern der Fall. Hareth bedeutet Löwe, Atard ist Merkur, Zohra ist Venus, Ali ist der Hohe; Mohamed, Ahmed, Mahmud, Hamid sind verschiedene Formen vom Zeitwort hamada, er hat gelobt, und bedeuten den Löblichen, den Gelobten ꝛc. Ich will hier auf Stellen in der Bibel verweisen, welche darthun daß es bei den Juden nicht anders war. Im dreißigsten Kapitel des ersten Buches Mose ertheilt Rahel allen Kindern Jakobs, von welchen die zwölf Stämme ihre Herkunft ableiten, Namen. Sie alle bezeichnen ihre Gedanken und Seelenregungen welche sie empfand als die Kinder das Licht der Welt erblickten. Man möge das Kapitel nachlesen.

Seit Einführung des Islam werden bei den Arabern wie überhaupt bei allen Mohamedanern, den Kindern Namen gegeben welche an die Propheten und heiligen Heerführer erinnern. Daher die Benennungen Saleh, Ibrahim (Abraham), Mussa (Moses), Daud (David), Soleiman (Salomon), Aissa (Jesus), Mohamed, Ali, Abu Bekr, Omar, Osman, Amr, Khaled und so weiter; oder sie legen sich die Attribute dieser heiligen Personen bei: Khalil der Geliebte, Mustapha, Emin, der Großmüthige, der Getreue (Mohamed), Sadik, der Aufrichtige, (Abu Bekr) ꝛc.; oder sie setzen den Namen Gottes oder dessen Eigenschaften das Wort Abd, Diener vor, und nennen sich Abd-Allah, Diener Gottes; Abd-el-Kerim, Diener des Großmüthigen; Abd-el-Aziz, Diener des Vielgeliebten; Abd-er-Rahim, Diener des Gnädigen; auch wohl Abd-en-Nebi, Diener des Propheten.

Jene oben erwähnten biblischen Namen kommen im Orient bekanntlich auch bei den Christen vor, die sich auch wohl Jesus nennen; dasselbe ist der Fall mit den Juden, bei welchen aber natürlich Jesus wegfällt. Die Türken sprechen diesen Namen anders aus als die Rayas, um sich von diesen zu unterscheiden. Ein Türke heißt Yussuf (Joseph), der Christ dagegen Yussef. Einen Mann der des Propheten Namen trägt, nennen die Türken aus Achtung vor dem Stifter ihrer Religion, nicht Mohamed sondern Mehemed; dagegen machen die Araber diesen Unterschied nicht; sie sagen Mohamed Ali, nicht Mehemed Ali wie die Türken.

Die Stämme und deren Unterabtheilungen benennen sich insgemein nach ihrem Erzvater oder ihrem berühmtesten Ahn. So heißen die Israeliten auch Hebräer oder Kinder Hebers, und sind getheilt in Söhne des Levi, Söhne des Juda. So ist es mit den Beni Amer in Algerien, den Ulad Omar am Senegal, den Ulad Raschid in Waday; den Beni Dscherar in Dar Fur, den Ulad Ali in Aegypten, den Beni Sakhar in Syrien 2c. Andere haben Beinamen welche an ihre Hirtenbeschäftigungen erinnern; so die Maazi (Ziegentreiber) in Aegypten; die Kubabisch und Baggara (Schäfer und Ochsentreiber) in Kordofan; die Beni Fahem (Kinder der Kohle) im Hedschas; diese letzteren verkaufen viele Kohlen.

Schon weiter oben habe ich erwähnt daß der Nomade, und hauptsächlich der arabische, all und jeder Regierung Feind ist, daß er all und jedem Gesetz widerstrebt, lediglich seinem Eigenwillen folgt und sich auch der Gewalt nur dann unterwirft, wenn er ihrem Zwang gar nicht entgehen kann. Dieser Araber kümmerte sich nicht um Darius und nicht um Alexander, weder um Chosroes noch um Cäsar; er spottet der Türken, und leistet den Franzosen Widerstand. Sollte er einen Gott fürchten, vor ihm sich beugen, auf die Stimme seiner Priester hören, ihre Orakel befragen, sich ihren Entscheidungen unterwerfen, ihre Tempel besuchen und auf ihre Altäre Gaben schütten? Man sagt wohl der Araber sei enthusiastisch, der dichterische Instinkt welcher ihn beseele und hinreiße, müsse ihn zu einem tiefinnerlich religiösen Menschen machen; er müsse leichtgläubig, abergläubig, exaltirt und fanatisch sein. Das ist aber ein großer Irrthum. Der Araber ist vielmehr von Hause aus und unter allen Nomaden der am wenigsten religiöse. Man meint wohl die Nomaden seien abergläubig. Aber sie sind nur indifferent in religiösen Dingen, und zwar viel mehr als wir; und dieses Gesetz ist allgemein. Wenn sie überhaupt eine Religion haben, so ist sie monotheistisch, und man wird nur schwer ein Beispiel vom Gegentheil finden. Zwar wird darauf hingewiesen daß es vor der Einführung des Islam zu Mekka,

Religiöse Indifferenz der Beduinen.

Medina und Tayif Götzenbilder gegeben habe. Das ist allerdings richtig; aber Mekka, Medina und Tayif waren Städte, und deren Bewohner Götzendiener erst dann geworden, als sie aufgehört hatten Hirten zu sein. Man kann einwenden daß die arabischen Nomaden schon damals nach Mekka als Pilger wallfahrteten; aber man sollte nicht vergessen daß sie es nur thaten um in der heiligen Stadt ihre Schöpse und Pferde zu verkaufen, die Karawanen dorthin geleiteten, Verse lasen und sich ergötzten. Ich glaube nicht daß Andacht sie dorthin geführt hat. Mekka ist seitdem der Mittelpunkt des Islam geworden, die Araber der Wüste haben dann gern oder ungern diese Religion angenommen, aber unter den Mekkapilgern, welche allen religiösen Gebräuchen sich unterziehen, sind nur selten Araber. Es giebt viele unter ihnen die alljährlich vor der heiligen Stadt ihre Zelte aufschlagen, und achtzig Jahre alt werden, ohne auch nur ein einziges Mal den schwarzen Stein umarmt, oder die im Koran vorgeschriebenen Umgänge gemacht zu haben; und doch hat der Prophet diese als eine Bedingung für Alle vorgeschrieben, welche des himmlischen Lohnes theilhaftig werden wollen. Der Perser, der Tatar aus der Krim und der Türke durchpilgern halb Asien, der Schwarze vom Senegal scheut eine zweijährige Wanderung nicht, um im Heiligthume des Islam seinem Gott inbrünstige Gebete darzubringen; aber der Beduine macht nicht zwanzig Schritte und verliert nicht einmal eine halbe Stunde um sich sein Seelenheil zu sichern und eine religiöse Pflicht zu erfüllen, an deren Ausübung ihn unablässig das Beispiel so vieler tausende aus weitester Ferne herbeigekommener Pilger mahnt.

Man darf den Nomaden nicht nach dem Insassen der Städte beurtheilen. Der sogenannte Beduine in Algerien zum Beispiel, der in der Nähe volkreicher Städte und sorgfältig bebauter Aecker lebt, erscheint nur noch als ein abgeschwächtes und entfärbtes Bild seiner Uhranen; er ist gleichsam eine Art Mestize, halb Nomade, halb Bauer. Er hat schon eine mannigfaltigere Bekleidung, trägt eine Flinte, legt einen Sattel auf sein Pferd, besitzt Dattelbäume und säet sogar Getreide in den Acker. Man darf nicht etwa den Araber an einem Beduinen dieser Art, den man eher einen Fellah nennen könnte, studiren; wer ihn genau kennen lernen will in seiner Urgestalt, als unveränderten altarabischen Hirten, findet ihn in der Wüste der Anezi oder im Sudan. Dort aber trifft man weder Iman, noch Muedden, noch Derwisch, noch Marabut, noch Koran oder Katechismus. Ich reiste im Sudan mit einem ägyptischen Secretair. Abends mußten wir manchmal die Gastfreundschaft der Wüstenbewohner in Anspruch nehmen; ich bat ihn dann den Gesang anzustimmen welchen die Muedbens hören lassen wenn sie in Kairo zum Gebet rufen. Die Araber waren darüber sehr erstaunt: „Was singt er, was soll das bedeuten?" fragten sie. Das ist der Aufruf zum Gebet," entgegnete ich; „habt ihr ihn nie gehört?" — „Wir haben ihn niemals vernommen." — „Betet ihr denn nicht?" — „Das geht bei uns nicht; das Wasser ist rar, und das Gebet verlangt Abwaschungen!" — „Ihr könntet sie aber doch vermittelst des Sandes vornehmen; deshalb hat ja gerade der Prophet das Teyemmum angeordnet; soll ich es Euch zeigen?" — „O, das ist nicht der Mühe werth; wir sind Araber und keine Heiligen."

In Syrien kam ich einmal an einem Araber vorüber, der tapfer frühstückte und mich zu seiner Mahlzeit einlud. Ich machte ihn darauf aufmerksam daß wir im Ramadhan seien, und bemerkte: „Hat nicht Gott befohlen daß wir in diesem heiligen Monate fasten sollen?" — „Ich habe nichts davon gehört," sagte mein Araber. — „Aber es steht ja im Koran geschrieben." — „Bah, ich kann nicht lesen!" Was ich hier erzähle sind allerdings nur vereinzelte Thatsachen, es geht aber aus ihnen hervor wie die Araber denken und wie frei sie sich aussprechen. Es giebt in den mohamedanischen Städten allerdings viele Leute welche die Fasten nicht beachten, aber Niemand wird es wagen das seinen besten Freunden zu gestehen, geschweige denn es öffentlich bekannt werden zu lassen. Ohnehin ist das Gesetz in diesem Punkte sehr streng; wer zum Beispiel während der Fastenzeit öffentlich Wein trinkt, soll mit dem Tode bestraft werden.

Die Gleichgiltigkeit welche die Araber gegen die Religion zeigen, hat ihnen von Seiten der mohamedanischen Theologen den schärfsten Tadel zugezogen. Sie betrachten dieses Volk, obgleich der Prophet aus ihm stammt, schon weil es nomadisch ist, als unter den übrigen stehend, und sagen zum Beispiel, daß ein Städter sein Gebet nicht unter Anleitung eines Arabers halten dürfe, weil sowohl in Bezug auf

Lehre wie auf Frömmigkeit der Städter dem Araber allemal überlegen sei. Als Mohamed die angesehensten Männer seines Stammes gewinnen wollte, lud er sie zum Mahl und setzte ihnen dann seine Sendung auseinander. Sie behandelten ihn nicht wie einen Gottlosen und Tempelschänder, aber sie lachten ihn aus und gingen fort. Ali, welcher allein sich für ihn erklärte, war von ihm erzogen worden und damals noch sehr jung. Als späterhin der Prophet den Koran vorlas, sprach Nadhr, Sohn Hareth's, zu den Koreyschiten: „Mohamed trägt euch da nichts weiter vor als Träumereien, die von den Alten ersonnen wurden." Als er die Beni Thakif bekehren wollte, unterbrach ihn einer derselben mit der Frage: „Hat denn Gott keinen andern Abgesandten finden können als Dich?" Und ein anderer sprach: „Mit Dir will ich mich niemals in eine Erörterung einlassen; denn bist Du Gottes Abgesandter, so bist Du ein zu großer Mann als daß ich Dir antworten dürfte; und lügst Du gegen Gott, so bist Du nicht werth daß ich das Wort an Dich richte." Aus jeder Seite des Koran geht hervor wie ungläubig sie waren. Die Propheten sagten ihnen: Wir sind zu euch gesendet worden. Die Araber entgegneten: ihr seid Menschen gleich uns; der Allbarmherzige hat euch nichts offenbart; ihr seid Betrüger (Sure 36; Ye sin). Und als man ihnen sagte: Bekehrt euch, wie die anderen Völker es thun, antworteten sie: Sollen wir Muselmänner werden wie die Schwachköpfigen? (Sure 2; el Bagara.) Einige gaben sich den Anschein als hätten sie die neue Lehre angenommen. Wenn sie mit Muselmännern zusammenkamen, sagten sie: Wir sind gläubig. Sobald sie aber wieder bei den Versuchern (den Feinden des Propheten) waren, sprachen sie: Wir gehören zu euch, und spotten nur jener.

Man muß zugestehen daß der Islam seinen ohnehin erst späten Erfolg unter den Arabern blos dem Kriege verdankt, für welchen er Vorwand oder Gelegenheit war. Den Beduinen machte es Vergnügen die wohlklingenden Verse des Koran vortragen zu hören; aus diesem Buche trat ihm ein wirkliches Paradies von Ghazwas und Eroberungen entgegen. Die ersten Schüler des Propheten gaben sich wenig mit dogmatischen Erörterungen ab, stritten aber heftig untereinander wenn ihr Herr und Meister die Beute vertheilte. Wer sich benachtheiligt glaubte, verließ ohne Schimpf oder Gewissensbisse das Lager und die

Religion dieses Propheten, der unmöglich die Habsucht aller die ihm sich anschlossen zu befriedigen im Stande war. Wenn man übrigens erwägt was der Islam eigentlich ist, wenn man diese einfache, auf der Eingötterei beruhende Lehre unter dem richtigen Gesichtspunkt auffaßt, so stellt sich heraus, daß keine andere Religion dem arabischen Wesen so angemessen war als gerade sie, oder genauer ausgedrückt, daß keine sich weniger von diesem arabischen Genius entfernte. Sie ist gewissermaßen eine Religion der Anfangsgründe; die Nomaden können ihre Lehrsätze ohne viel Kopfzerbrechen annehmen, wenn sie auch ihre Vorschriften nicht eben sehr streng befolgen. Das Christenthum ist weit verwickelter und hätte offenbar nicht denselben Erfolg haben können; für die Wüste ist es ungeeignet, sie wollte nichts von ihm wissen, während es von der griechischen und römischen Welt mit Enthusiasmus aufgenommen wurde.

Ein colonisirtes Volk hat im Anfang Vielgötterei, oder wird doch bald polytheistisch, wenn es das nicht schon von vorne herein ist. Wenn ein Vergleich der Regierung des Weltalls mit jener eines menschlichen Gemeinwesens statthaft erschiene, so könnte man sagen, solch ein Volk macht aus jenem eine Republik, eine Oligarchie die eine Menge von Beamten, Schutzwächtern und Mächten aller Art hat; für welche den unter Zelten lebenden Nomaden alle Muster und Vorbilder abgehen. Der Olymp und die Regierung der heidnischen Gesellschaft haben viel Uebereinstimmendes, der eine ist ein Abdruck der andern, und ohne Zweifel hatten die irdischen Zustände als Modell gedient. Die Einbildungskraft der Griechen hat jene Mythologie poetisch und reizend gestaltet; bei den Aegyptern trug sie schon einen strengern Charakter; ebenso bei den Hindu. Bei den Germanen und Kelten war sie kräftiger, rauher, nicht so anmuthig. Ueberall sind die ansässigen Völker polytheistisch, und eine sehr entwickelte Civilisation bewahrt sie davor keineswegs; ohnehin schwimmt diese letztere meist nur auf der Oberfläche der Völker, die nur ausnahmsweise völlig von ihr durchdrungen werden. Epicur verlachte die Götter und Cäsar glaubte nicht an Jupiter, obwohl er dessen Oberpriester war. Aber neben diesen hervorragenden Männern war die schwachköpfige Menge da, welcher es niemals einfiel daß man die Wirklichkeit der homerischen Götter in Zweifel ziehen könne. Das waren die Bauern, pagani, die wirklichen Heiden aller Jahrhunderte und aller Länder, denen die Wissenschaft nahe gerückt werden muß, wenn sie Menschen werden sollen.

Während aber weit vorgeschrittene und gebildete Völker tausende von Tempeln für eine Unzahl von Göttern errichteten, stemmten sich die Araber mit Macht zugleich gegen die Vielgötterei wie gegen die Civilisation. Die Geschichte lehrt daß sie in langen Zwischenräumen ihre gewöhnliche Gleichgültigkeit ablegten und mit wilder Kraft dem Polytheismus entgegen traten, den sie verabscheuen. Es ist Rache welche Labans Götzenbilder wegnimmt, Moses der an Pharao's Götzen nicht glaubte, sein Volk weit ab von den Tempeln zu Memphis führte und ihm in der Wüste die Worte einschärft welche die Wüste ihm eingab, jenes Orakel welches die Religion Abrahams gewesen war: Der Ewige, unser Gott, ist der allein Ewige; Du sollst ihm keine Bilder errichten; denn als der Ewige aus dem Feuer zu euch sprach, da hörtet ihr wohl eine Stimme die zu euch redete, aber ihr sahet keine Gestalt, sondern hörtet nur die Stimme. — Mohamed zerschlägt in Mekka die Götzenbilder und ruft: „Die Wahrheit ist gekommen; die Lüge muß zusammenstürzen!" Folgende Worte des Koran umfassen die ganze Theologie eines Araberzeltes: „Sage, daß es nur einen Gott giebt, den Ewigen der nicht erzeugt und nicht erzeugt worden ist, und keine Gefährten noch seines Gleichen hat." (Sure 112; el iklass.) Der Wahabit Ibn Saud, empört über den Cultus welchen die Bewohner der Städte und namentlich die Türken dem Propheten weihen, stürmt aus seinen Bergen in Nedschd hervor, verkündet die unitarische Lehre, verwüstet die Gräber der Heiligen in Medina und versucht, wiewohl ohne großen Erfolg, in Mekka selbst eine Reform des Islam.

Das hier erörterte Bestreben zeigt sich als ein andauerndes bei den semitischen Völkern. Indem der Araber in Sachen seiner Religion sich ziemlich indifferent verhält, hat er Annäherungspunkte an die Europäer, welche im Orient denselben Geist der Unabhängigkeit zeigen wie er selber. Sie stellen sich unter den Schutz ihrer eigenen Gesandten oder Consuln, meiden die Moschee und besuchen die Kirche nicht oft. Das weiß der Nomade und er hat vor jenen Fremdlingen Achtung, sie erregen seine Theilnahme. Besonders mit den Franzosen die sich gefügig zeigen und auch seinen Sitten und Gebräuchen anbequemen, kommt er sehr gut zurecht. Allerdings nicht in Algerien, wo der Franzose als Herrscher und Sieger in der Uniform eines Soldaten und Gendarmen auftritt, wohl aber in allen Ländern wo der Türke gebietet, und wohin der Europäer als Fremder, als Reisender und Kaufmann kommt.

Seit etwa zwanzig Jahren lebt in Kordofan ein Herr Thibaud, den sie dort Ibrahim nennen. Er beschäftigt sich mit dem Gummihandel und könnte ein sehr reicher Mann sein wenn er nicht alljährlich wieder ausgäbe was er einnimmt. Er lebt im Mittelpunkte des Landes, zu Lobeidh, mehr in der Art eines angesehenen arabischen Scheikhs denn als europäischer Kaufmann. Allabendlich kommen Beduinen in Menge, manchmal sechzig bis achtzig, und nehmen seine Gastfreundschaft in Anspruch. Seine Diener schlachten, je nachdem es eben kommt, einige Hämmel, einen Ochsen oder ein Kameel ab, jedem Gaste wird eine Schale voll Merissa vorgesetzt, in den Hofräumen flackert lustiges Feuer, der Bratengeruch duftet umher, und im Kessel brodelt der Asidateig. Dann erscheint Thibaud, sagt seinen Gästen einige verbindliche Worte, und sieht nach ob in Bezug auf das homerische Mahl Alles in Ordnung sich befinde.

Ich war gerade in Kordofan bei Herrn Thibaud als einige Araber bei ihm erschienen. Sie waren von einer Ferkah, das heißt einer Unterabtheilung, des mächtigen Stammes der Kubabisch an seinen Harem abgesendet worden, und brachten fünf wohlgenährte Kameelstuten mit. Als diese Araber ihren Freund Ibrahim erblickten, waren sie höchlich überrascht, schrieen vor Freude laut auf, umarmten einander, streichelten und betasteten den Ibrahim, gleichsam um sich zu überzeugen ob er es denn wirklich sei. „Was ist denn aber eigentlich mit euch," fragte Thibaud, „was habt ihr und was wollt ihr?" Einer nahm das Wort und sprach: „Der Herr über Leben und Tod sei gepriesen! Wir hatten erfahren Du seiest gestorben, und da haben unsere armen Zelte sich zusammengethan und schicken fünf Kameele, welche über Deinem Grabe geopfert werden sollten. Hier ist ein Brief, den wir an Deinen Harem überbringen sollten." Dieser Brief, welchen ein Gelehrter jenes Stammes abgefaßt hatte, war folgenden Inhalts.

„Wir haben vernommen daß unser Freund Ibrahim gestorben sei. Er war unser Vater und für uns eine Stütze gegen unsere Feinde; wir haben oft sein Brot gegessen und er hat oft unter unserm Dache geschlafen. Wir haben gerufen: Herr, unser Gott, nimm dieses Unglück von uns; nimm lieber unsere Kinder und erhalte uns unsern Vater. Aber Gott ist der oberste Gebieter und wir sind nur arme Leute. Wir schicken euch fünf Kameele, damit ihr Opferblut auf Ibrahims Grabe, euch, seinem Harem, bezeuge, daß wir seiner gedenken."

„Das ist sehr gut," sprach Thibaud," und ich bin euch für eure Freundschaft sehr dankbar; aber ihr seht, daß ich, Gott sei Dank, noch lebe. Behaltet also eure Kameele, ruhet euch bei mir aus, und treibt sie dann wieder heim." Die Araber jedoch entgegneten: „Wir haben sie einmal gegeben; wir können sie nicht wieder nehmen. Sind wir Bauern oder Türken?" Hier muß bemerkt werden daß der Türke dem Araber als ein habgieriger, geiziger, grausamer und feiger Mensch gilt; er sieht in ihm einen natürlichen Feind, dem er alle möglichen Fehler und Laster zuschreibt. Der Türke seinerseits sieht in dem Araber nur einen Wilden, eine Art Vieh; er nennt ihn einen Hund, um dessen Bellen und Kläffen man sich nicht bekümmern dürfe. Auf jenen Einwand, daß sie Araber und nicht Türken seien ließ sich weiter nichts entgegnen. Thibaud veranstaltete ein Festmahl, bei welchem die fünf Kameele verzehrt wurden. In dem oben erwähnten Briefe nennen sie ihn ihren Vater und ihre Stütze. In der That hat er ihnen gegenüber den Türken, mit welchen sie in steter Feindschaft sind, häufig als Vermittler gedient und sie nach besten Kräften in Schutz genommen.

Als vor einigen Jahren Mustapha Pascha Statthalter von Kordofan war, besorgte die ägyptische Regierung den Ausbruch eines Krieges mit Dar Fur; sie erließ daher einen Befehl an die Araber ihre Reitercontingente, welche sie in Kriegszeiten zu stellen haben, in Lobeidh marschfertig zu halten. Der Oberscheikh der Kubabisch, welche wie schon bemerkt den mächtigsten Samm in Kordofan bilden, war Salem; er fand sich zu rechter Zeit mit einer ansehnlichen Schaar in Lobeidh ein. Sein erster Besuch galt dem Pascha, und es hätte dem herkömmlichen Brauch entsprochen daß er ihn um Gastfreundschaft bat. Aber nachdem er Platz genommen und die Anwesenheit seines Freundes

Ibrahim im Diwan gewahrte, grüßte er ihn und sprach: „Ich steige bei Dir ab, mein Bruder." Mustapha, darüber empfindlich, raunte dem Salem ins Ohr: „Er ist ja ein Christ; wie kannst Du ihn Bruder nennen?" Der Beduinenscheikh rief so laut daß alle Anwesenden es hören sollten: „Wollte Gott es gäbe recht viele Muselmänner die so viel werth wären wie dieser Christ. Salem stieg wirklich bei Thibaud-Ibrahim ab, und sagte Abends zu ihm: „Es scheint als ob wirklich zwischen Dar Fur und den Türken ein Krieg ausbrechen werde. Vielleicht werden die Türken aus unserm Lande verjagt; Du kannst in keinem Fall auf sie rechnen. Was aber auch kommen möge, wir Kubabisch haben nichts zu befahren. Vertraue auf mich; wenn der Krieg ausbricht, dann lebe bei uns unter unseren Zelten, als Salem's und der Kubabisch Gastfreund." Es blieb damals Frieden, das Contingent wurde entlassen, aber Ibrahim mußte mit Salem ziehen, einige Wochen bei ihm bleiben und als er heimkehrte einige Kameelladungen Gummi und Elfenbein annehmen.

Ein bekannter französischer Ingenieur, welcher Aegypten wichtige Dienste geleistet hat, wurde einst von Mohamed Ali in die Wüste der Byscharahirten abgeschickt; er sollte nachforschen ob in jener Gegend reiche Goldgruben vorhanden seien, von welchen damals viel die Rede war. Der Ingenieur lebte einige Monate unter den Byschara, mit denen er befreundet wurde; sie behandelten ihn wie einen Bruder. Er konnte ungehindert das Land nach allen Seiten hin durchforschen, und überall nachgraben; aber er fand kein Gold. Aber Mohamed Ali gab darum seinen Plan noch nicht auf, und sendete einen Türken hin, welchem ein deutscher Ingenieur beigegeben wurde. Dieser erhielt von dem Franzosen einige gute Rathschläge und einen Brief an die Byschara. Als der Türke im Lande der Letzteren ankam, erklärten sie ihm kurzweg daß er nicht weiter reisen dürfe. Der Deutsche wies seinen Brief vor; sogleich wurde ihm gestattet nach seinem Belieben zu gehen und zu kommen. Der Türke dagegen durfte sein Zelt nicht verlassen.

4. Die Kriege der Araber.

Arabische Blutrache. — Waffen. — Zweikampf. — Passiver Muth. — Stolz der Nomaden.

Der Araber hält sich an das Wiedervergeltungsrecht, wie alle Barbaren, welche keine Schlichtung von Streitigkeiten durch ordentliche Gerichte kennen, eine Polizei nicht dulden und auch keine Gefängnisse bauen. Diese Wiedervergeltung ist im Koran eben sowohl geheiligt als in der Bibel und im Gesetzbuche Menu's. Dieses letztere sagt: Wenn ein Mann ein Glied verliert durch eines Andern Schuld, so soll die Behörde dem Schuldigen das gleiche Glied abschneiden. Als Jesus die berühmten Worte sprach: Was Du nicht willst daß Dir geschehe, das thue auch einem Andern nicht, milderte er nur die Wirkungen jener schrecklichen Vergeltungslehre; sie ist aber in den Worten enthalten: Wer mit dem Schwerte schlägt, soll durch das Schwert umkommen. Jesus schärft die Moral ein: Vergelte Böses mit Gutem und vergesse Beleidigungen. So sprach auch schon Salomo: „Hungert Deinen Feind, so speise ihn mit Brot, dürstet ihn, so tränke ihn mit Wasser. Denn Du wirst Kohlen auf sein Haupt häufen, und der Herr wird Dir's vergelten." (Sprüche, Kap. 25, Vers 21 und 22.) Ein chinesischer Philosoph hat demselben Gedanken Ausdruck gegeben: „Ein tugendhafter Mensch ist wie Sandelholz; er verleiht selbst der Axt Wohlgeruch, welche ihm den Streich versetzt." Aber diese vielbewunderten, jedoch selten befolgten Lehren sind nicht das Gesetz der Wüste. In ihr gilt: Blut um Blut (eb dem b'eb dem, en nefs b'en nefs), und der Mörder muß sterben, wenn er die Angehörigen des Getödteten nicht dadurch begütigt und zufrieden stellt, daß er ihnen einen Theil seiner Habe überläßt. Die Araber nehmen ein so schimpfliches Lösegeld oft nur mit Widerstreben an. Man erzählt von einem Beduinen, dessen Vater ermordet worden war. Er hatte von dem Thäter das Loskaufgeld bekommen; es bestand in einer Anzahl von Kameelstuten. Er melkte eine derselben und trank die Milch, als ein Mann vorüberging, der ihm zurief: „Unglücklicher, Du trinkst Deines Vaters Blut!".

Abd el Mottaleb hatte der Gottheit gelobt, ihr einen seiner Knaben zu opfern, wenn ihm zehn Söhne bescheert würden. Es kam die

Zeit, da dieser Wunsch erfüllt wurde. Abd el Mottaleb befragte nun das Loos, um zu erfahren, welchen seiner Söhne er zum Opfer bringen solle. Das Loos traf den Abd=Allah, des Propheten Mohamed Vater; und Abd el Mottaleb ging mit dem Knaben aus der Stadt, um sein Gelübde zu vollziehen. Inzwischen hatten die Bewohner Mekka's von alle dem Kunde erhalten und waren dem Vater gefolgt. Sie stellten ihm vor, wie grausam und frevelhaft er handeln wolle, sie bemühten sich sein Vaterherz zu erweichen; allein er wollte auf Alles nicht hören, und traf Anstalten, das Opfer zu vollziehen. Da trat ein Mann hervor und rieth ihm, er möge eine berühmte Wahrsagerin befragen, ehe er zum Werke schreite. Das geschah. Sie erklärte, daß man auf die eine Seite den Abd=Allah, auf die andere zehn Kameelstuten hinstellen und dann das Loos werfen solle. Wenn das letztere auf Abd=Allah treffe, so müsse man noch zehn Kameele den ersten zehn hinzufügen, dann von Neuem das Loos befragen, und so lange damit fortfahren, bis dasselbe auf die Kameele fallen werde. So wurde denn auch verfahren, und zehnmal traf das Loos auf Abd=Allah, sodaß schon hundert Kameele dastanden. Zum elften Mal endlich fiel es auf die Kameele, und dadurch wurde der Vater des Propheten vom Opfertode erlöst. Seit jenem Tage und zum Angedenken desselben ist der Blutpreis auf hundert Kameelstuten festgesetzt worden. Das muselmännische Gesetz hat in der Theorie diese Bestimmung angenommen, aber in der Praxis wird sie selten befolgt, insbesondere nicht von den nomadischen Arabern, welche das Lösegeld des Mörders nach der Habe des Letztern und dergleichen Sachen nach Gutdünken zu behandeln pflegen.

Insgemein entzieht der Mörder sich den Folgen seiner That durch die Flucht; im Sudan aber ist das anders. Hält der Mörder auf den Ehrenpunkt und will er zeigen, daß er ein tapferer Mann sei, dann setzt oder legt er sich neben den Getödteten hin und wartet ruhig, bis Stamm oder Familie des Opfers die Diyeh oder Vergeltung von ihm heischen. Er bietet seinen Hals dar und vertheidigt sich nicht, wenn sie übereinkommen, Blut für Blut zu nehmen; denn sein Andenken würde für ewige Zeiten entehrt sein, wenn er dem Tode ausweichen wollte. Die arabische Vendetta wird sehr verwickelt durch die Solidarität, welche zwischen dem Einzelnen, seiner Familie und seinem Stamme gilt; oft erstreckt sich dieselbe auch auf jeden Gastfreund. Wir wollen einige Fälle anführen. Ein Mann wird von einem andern Manne desselben Stammes getödtet. Die Familie desselben, insbesondere der Sohn, wenn er schon waffenfähig ist, rächt den Tod dadurch, daß er den Mörder selbst oder einen seiner Verwandten ums Leben bringt, vorausgesetzt, daß nicht vermittelst eines Blutgeldes ein Abkommen getroffen wurde. Gehört aber der Thäter einem andern Stamme an, so fordert der ganze Stamm des Ermordeten den Blutpreis oder Wiedervergeltung, und greift zu den Waffen, sobald jener verweigert, oder der Mörder nicht ausgeliefert wird. Nun bricht die Fehde aus, und es ist für sie kein Ende abzusehen, weil Jeder, der im Gefecht erliegt, den Seinigen eine Blutrache vermacht, und ein ehrenvoller Friede nur abgeschlossen werden kann, wenn beide Theile eine gleiche Anzahl von Getödteten nachzuweisen haben. Es giebt dergleichen Fehden, die vor einigen Jahrhunderten ihren Anfang nahmen und noch heute nicht zu Ende gekommen sind. Beide Theile lassen, wenn sie ermüdet sind, Zeiten der Ruhe und Unterbrechung eintreten, ohne daß darum eine Ausgleichung und Versöhnung einträte; sie suchen dann einander nur nicht auf, und greifen blos zu den Waffen, wenn sie zufällig sich begegnen. Oft entspringen diese blutigen Streitigkeiten aus den allergeringfügigsten Veranlassungen. Zum Beispiel ein Hammel verläuft sich auf den Weideplatz eines Nachbarstammes, wo ein Schäfer ihn einfängt und nicht wieder herausgeben will. Dafür wird er ermordet, seine Angehörigen müssen ihn rächen, die Fehde beginnt und dauert vielleicht über hundert Jahre.

Auch Beleidigungen, welche einem Gastfreunde zugefügt werden, geben Anlaß zum Kriege. Schon der Erzvater sagte zu den Männern von Sodom: „Nehmet meine Töchter, aber beschimpft meine Gastfreunde nicht." Gerade wie der Stamm für jeden seiner Angehörigen solidarisch haftet, so werden auch die Fremden als solidarisch für einander verpflichtet gehalten. Wenn ein Europäer, in gewissen von Arabern bewohnten Gegenden, einen Landeseingeborenen tödtet und entflieht, so ist der erste beste Europäer, welcher nach ihm in derselben Gegend erscheint, Gegenstand der Blutrache; er muß für ein Verbrechen büßen, das er nicht begangen hat, welches er auch nicht verhindern konnte, weil er vielleicht hunderte von Meilen weit entfernt war, als es verübt wurde, und von dem er wohl nie etwas erfahren hatte. Der Türke muß für den Türken, der Franke für den Franken haften, der Schwarze für den Schwarzen, der Sclavenhändler für den Sclavenhändler und so weiter. Ich war in Kordofan als eine Karawane die von dort nach Dar Fur zog, bei Nacht, unweit der Grenze von den Bagara-Arabern überfallen wurde. Sie tödteten fünfzehn Mann, machten aber nicht einmal den Versuch zu plündern. Der Araber welcher mir diesen Vorfall berichtete fand das Alles in der Ordnung, da eine durchaus berechtigte Vergeltung stattgefunden habe. Vor etwa acht Jahren nämlich waren Dschellabs, welche nicht selten jenes Weges ziehen, mehreren Bagara begegnet, deren Benehmen ihnen verdächtig erschien. Sie hatten zwei derselben getödtet und die übrigen in die Flucht getrieben. Jetzt hatten diese ihre Blutrache genommen, und fortan durften die Karawanen ungehindert reisen.

Der Dichter Schanfara, ein Beduine, hatte Blutrache für seinen Vater zu nehmen, und erlegte nach und nach nicht weniger als achtundneunzig seiner Feinde. Endlich überraschten seine Gegner ihn als er an einem Brunnen lag. Die Sage weiß, daß er dann noch einen Mann erschlug, welchem er seine abgehauene Hand gegen die Brust schleuderte. Er hatte geschworen hundert Feinde zu tödten, und sein Gelübde sollte erfüllt werden. Man hatte ihn an einen Baum gehängt, die Leiche verweste, und die Knochen hingen nur noch lose zusammen. Da ging ein Hirt aus dem feindlichen Stamme unter dem Baume hin; Schanfara's Wirbelbein fiel herab und beschädigte ihm den Fuß, der Starrkrampf trat hinzu, und der Hirt mußte sterben. So wurde, der Wüstensage zufolge, Schanfara's Gelübde erfüllt.

Ein Hauptgrund zu den vielen Fehden und Streitigkeiten der Wüstenstämme unter einander liegt in der Plünderungslust und der Neigung zum Rauben, die bei allen vorhanden ist. Der Krieg ist eine Ghazwa; wer Sieger bleibt hat Antheil an der Beute welche dem Besiegten abgenommen wird. Wenn man sagt, ein Mann habe sich mit Ruhm bedeckt, so will das so viel heißen als er habe sich viele Hämmel und Kameele erbeutet. Man tödtet den Reiter um seine Stute zu nehmen, und rettet sich, um sein eigenes Thier nicht in die Hände eines Feindes gelangen zu lassen.

In jedem Stamme trifft man mehr oder weniger junge Männer welche arm sind, aber vor Begierde brennen, sich hervorzuthun, ihren Muth zu bewähren und jenen Kaufpreis zu erwerben ohne welche ihnen der Vater, dessen Tochter sie heirathen wollen, sein Kind nicht verabfolgen lassen würde. Jener Preis besteht in einer Anzahl von Kameelstuten oder Schafen. Für diese Jünglinge bildet der Krieg eine Erwerbsquelle; in Bezug auf den Ehrenpunkt zeigen sie sich über alle Maßen empfindlich; sie sind immer und allemal der Ansicht daß ihr Stamm Beleidigungen erfahren habe, und daß eine Ghazwa ganz unbedingt nothwendig sei. Zu ihrem Misgeschick und Unglück trifft es sich aber wohl daß der Frieden lange anhält, kein Mord verübt wird und die Gesetze der Wüste keinerlei Beeinträchtigung erfahren. Den Alten im Stamme, die ein vielbewegtes Leben hinter sich haben, sind solche friedlichen Zustände angenehm, aber die Jugend erträgt dieselben ungern und wird unzufrieden. Fast in jedem Stamme ist unter den angesehenen Männern einer oder der andere der sich durch Tapferkeit und Erfahrung im Krieg einen bedeutenden Namen gemacht hat. Ein solcher schart dann die misvergnügte Jugend um sich, und erklärt daß er auf seine eigene Verantwortlichkeit Krieg anfangen wolle. In einem solchen Falle hat das Wiedervergeltungsrecht keine Kraft; für alle die in einer derartigen Fehde getödtet werden nimmt man keine Blutrache. Solch ein Raubkrieger zieht lediglich auf seine Faust ins Feld, treibt Heerden fort, plündert Karawanen, oder holt mit Gewalt Sclaven aus dem Lande der Schwarzen. An jungen Leuten welche seine Gefolgschaft bilden, fehlt es ihm nie, und im Sudan ist es schon vorgekommen daß sie bis zu tausend Köpfen stark war.

Nun beginnt der Raubkriegszug, die Ghazwa. Der Anführer wird im Sudan als Aguid, das heißt Edler, bezeichnet, und seine Schaar bildet das Aufgebot, Gum. Er sendet Späher nach allen Punkten auf welche er es abgesehen hat, und so weiß der Aguid immer was weit und breit in der Wüste sich begiebt. Er rückt aus, sobald man ihm berichtet daß die Männer eines andern Stammes in den Krieg oder auf die Jagd gezogen seien, treibt die nur von Weibern und Kindern bewachten Heerden fort und verschwindet wieder.

Die Späher melden daß eine Karawane unterwegs sei. Der Aguid trachtet sich derselben heimlich zu nähern, verfolgt sie von Weitem und zwar womöglich so daß die Hügelreihen ihn verbergen. Bald weiß er wie viele Köpfe sie zählt und weß Volkes sie ist. Dann überschlägt er die beiderseitigen Streitkräfte, achtet genau darauf in welcher Art und Weise die Karawane sich zu lagern und ihre Kameele zu beladen pflegt. Nachdem er so Alles ausgekundschaftet hat was er zu wissen braucht, benützt er eine Abend- oder Morgenstunde, wenn die Kameeltreiber mit dem Abladen oder Aufladen beschäftigt sind und die Handelsleute ruhen oder ihr Mahl einnehmen. Dann wird die Karawane vom Gum überfallen; was sich zur Wehre setzt wird niedergestochen; der Aguid treibt die Kameele fort, nimmt die Waaren und Sclaven mit und verschwindet in der Wüste. Vor etwa vier Jahren fiel in Kordofan eine aus etwa 120 Mann und 200 Kameelen bestehende Karawane in einen derartigen Hinterhalt. Der Einzige welcher dem Tode entrann war ein Türke Namens Abd el Kader und aus seinem Munde erfuhr ich Folgendes: Die Karawane beförderte europäische Fabrikate, ägyptische Waaren und nubische Datteln von Dongolah nach Lobeidh. Unweit vom Brunnen Way erschienen ungefähr sechshundert Beni Dscherar-Araber welche unter Anführung eines sehr kühnen Aguid eine den Kubabisch angehörende Viehheerde aufsuchten. Die Hirten dieser letzteren hatten Kunde vom Heranziehen der Beni Dscherar erhalten und waren vom Brunnen Way nach einem andern gezogen, dem von Elai, welcher etwa anderthalb Tagereisen von dem erstern entfernt liegt. Die Späher hatten alles ausgekundschaftet und dem Aguid gemeldet daß zwar die Heerde weggetrieben worden, dafür aber eine Karawane im Anzuge sei. Der Führer beruft seine Mannen zur Berathung, — denn auch in der Wüste schlägt der Anführer etwas vor, während die Entscheidung ein Recht der Gefolgschaft ist, — und fragt was geschehen solle. Die Mannen sind der Ansicht daß man zuerst die Hammelheerde beim Brunnen von Elai rauben solle; mit der Karawane könne man sich Zeit nehmen; sie werde sicherlich einige Tage beim Wasserplatze Way Rast halten um auszuruhen und die Kameele neue

Kraft sammeln zu lassen. Also wurde der Zug nach Elai unternommen und die Heerde erbeutet. Man band auf jedes Kameel vier Hämmel und eilte dann nach Way zurück, wo eine starke Abtheilung des Gum zurückgeblieben war, um von einem Hinterhalt aus alle Bewegungen der Karawane zu beobachten. Diese letztere dachte gar nicht an Ueberfall, hielt sich für vollkommen sicher und hatte nicht einmal Späher ausgeschickt oder am Lagerplatz Wachten ausgestellt. Am Abend vor dem zur Weiterreise bestimmten Morgen wurden die Kameele, welche bisher zerstreut im Thalgrunde umhergeweidet hatten, zusammengetrieben, um alle bei der Hand zu sein. Nur ein einziges fehlte; es mochte sich verlaufen haben. Der Besitzer, ein Kaufmann, welchem viel an dem Thiere gelegen war, befahl seinem Sclaven auch nach schon eingebrochener Dunkelheit die Spuren des Kameeles zu verfolgen. Sie führten ihn ins Lager der Beni Dscherar, welche den Sclaven kommen sahen und gefangen nahmen. Natürlich blieb nun der Kaufmann in seiner bisherigen Ungewißheit, und seine Ungeduld steigerte sich; er wollte selber Kameel und Sclaven aufsuchen; aber Abd el Kader, von welchem ich alle diese Einzelheiten vernahm, bewog ihn zum Bleiben, und erbot sich seinerseits Nachforschungen anzustellen. Wirklich ging er fort, stieg einen Sandhügel hinan, durchschritt dann ein enges Thal und gewahrte, als er sich auf der Höhe des jenseitigen Hügels befand, plötzlich die Feuer der Beni Dscherar. Er selbst befand sich an einer dunklen Stelle und blieb unbemerkt. Nachdem er die Feuer und die Menschen ungefähr gezählt hatte, eilte er in höchster Aufregung nach dem Lagerplatz seiner Karawane zurück. Er fand die Kaufleute beim Abendessen, erzählte was er gesehen hatte, und forderte sie dringend zu sofortiger Berathung auf. Man stellte die Frage: Sollen wir noch diesen Abend aufbrechen oder den Tag abwarten, um dann unsere Kameele zu beladen? „Ich meinerseits," fuhr Abd el Kader fort, „erklärte unverweiltes Aufbrechen für das zweckmäßigste, und drang in die Karawane, keinen Augenblick zu verlieren. Man entgegnete mir aber daß bis Sonnenaufgang gewartet werden müsse, denn jetzt, am späten Abend, würden die Kameele beim Beladen unruhig sein, stöhnen, und den Feinde den Aufbruch des Zuges verrathen. Das war wohl richtig; aber die Beni Dscherar schliefen; sie hätten ihre Kameele erst zusammentreiben und aufschirren müssen; darüber wäre viel Zeit verloren gegangen und wir hätten einen bedeutenden Vorsprung gewonnen. War unsere Karawane einmal in Bewegung, so konnte sie einen andern Weg einschlagen, und bei dunkler Nacht wäre es dem Nachsetzenden vielleicht unmöglich gewesen, ihre Spur zu verfolgen. Jedenfalls konnte sie einem Angriffe wirksameren Widerstand leisten, wenn alle Thiere im Gange, alle Männer zur Abwehr bereit waren, als wenn sie beim Beladen der Kameele überrascht wurde."

Bei Tagesanbruch, als eben Vorbereitungen zur Weiterreise getroffen wurden, erschienen hundert Kameele, deren jedes zwei Reiter trug, im Thale. Die Männer sprangen ab und liefen auf die Karawane zu. Die Kaufleute wehrten sich, in der Meinung daß sie es nur mit diesem Feind allein zu thun hätten; sie schossen mit Kugeln unter die Araber, welche nach Landessitte nur mit Lanzen bewaffnet waren. Aber dann kamen auch die übrigen Beni Dscherar herangesprengt, umzingelten die Karawane auf allen Seiten und stachen in kurzer Zeit Alles nieder. Abd el Kader hatte sich gleich Anfangs auf den Boden hingeworfen und todtgestellt. Als das Hauptgemetzel schon vorüber war, hatte ein Araber ihn mit der Lanze gestochen, bemerkt daß er noch lebe, und vor den Aguid geführt. Dieser machte den Vorschlag ihn an einen Baum zu hängen und mit Speeren nach ihm zu werfen. Er wurde wirklich angebunden und die „Lustbarkeit" begann. Aber wie durch ein Wunder traf keine von den Dutzend Lanzen welche gegen Abd el Kader geworfen wurden, und der darüber erstaunte Aguid rief: „Du hast ein zähes Leben, oder Allah will nicht daß Du sterbest. Du bist frei; geh wohin es Dir gefällt." So wurde er denn losgebunden, aber man nahm ihm seine Kleider und so stand er nackt und mitten in der Wüste. Der Aguid rief ihm zu: „Weshalb gehst Du nicht fort, worauf wartest Du noch?" Abd el Kader entgegnete: „Wohin soll ich gehen? Wo sind meine Lebensmittel? Ich habe nicht einmal einen Wasserschlauch." Die Araber zählten eben die Datteln ab, welche sie den Dschellabs geraubt hatten, und die Theilung begann. Der Aguid nahm etwa ein halbes Schock Datteln, warf sie dem Abd el Kader zu und gab ihm einen kleinen Schlauch dazu. „Nun geh fort, und Gott geleite Dich." Abd el Kader war in Zweifel welche Richtung er einschlagen sollte, und ging an den Brunnen um seinen Schlauch mit Wasser zu füllen. Aber derselbe war nicht dicht, und einen andern wollte man ihm nicht geben. So beschloß er denn am Brunnen zu bleiben. Gegen Abend waren die Beni Dscherar fort, und der verlassene Türke hatte seine wenigen Datteln verzehrt. Zu seinem Glücke wuchsen in der Schlucht, welche zum Brunnen führte, Dornensträuche, (Rhamnus lotus), welche die Araber Sidr nennen. Die Frucht des Sidr bildete ein Nahrungsmittel der Lotophagen; bei den Arabern heißt diese kleine Beere Raback, und sie wird gegessen. Abd el Kader mußte sich mit diesem Manna begnügen. Aber nach Verlauf einiger Wochen war er bei so dürftiger Speise dermaßen entkräftet, daß er nicht mehr auf den Füßen stehen konnte. Er lag verzweiflungsvoll in einer Felsenhöhle, als ein türkischer Kawaß mit einem arabischen Führer auf dem Wege nach Lobeidh an den Brunnen kam, um Wasser einzunehmen. Abd el Kader war längst auf den Tod gefaßt, jetzt lebte wieder Hoffnung in ihm auf, obwohl seine Beine ihm den Dienst versagten; aber rufen und stöhnen konnte er noch. Der Kawaß vermuthete unter dem Felsen anfangs ein wildes Thier und wollte dasselbe mit einer Kugel begrüßen; aber der arabische Führer sprang vom Dromedar und fand den halbverhungerten Menschen, der so unverhofft einen Landsmann traf, welcher ihn mit Speise erquickte und mit nach Lobeidh nahm, nachdem die von der Sonne ausgedörrten Leichen begraben waren. Ich kam 1850 an dem Brunnen von Way vorüber und sah dort was ich als das Beinhaus der niedergemetzelten Karawane bezeichnen möchte; die Leichen waren nur so nothdürftig mit Sand und Steinen umhäufelt daß ich sie mit leichter Mühe eine nach der andern zu zählen vermocht hätte; manche lagen zum Theil entblößt. —

Zu den Waffen wird ein Stamm vermittelst der Nogara gerufen. Sie ist eine Art Trommel die von einem zu Dromedar berittenen Krieger geschlagen wird; in Friedenszeiten bedeutet das Rühren dieser Trommel so viel als daß der Stamm von einem Weideplatze zum andern ziehe; die Nogara giebt das Zeichen zum Aufbruch.

Die Lieblingswaffe der Araber war zu allen Zeiten die Lanze. Der Gebrauch derselben bedingt einen thätigen, aufwallenden Muth, denn die Feinde werden buchstäblich handgemein und verfolgen einer den andern. Der Muth welchen der Gebrauch der Feuerwaffen voraussetzt, ist ganz anderer Art, nämlich ein passiver, kühl erwägender. Man verlangt von unserm gut eingeübten Soldaten gar keine Handlungen bei welchen er persönlichen Heldenmuth zeigen müßte, er soll nicht etwa ein halbes Dutzend Feinde auseinander spalten. Er darf sich nur nicht fürchten, muß tapfer Stand halten, die vom Kugelregen gelichteten Reihen sogleich wieder schließen, vor der Reiterei nicht die Flucht ergreifen, und bis zuletzt ruhig auf dem Schlachtfeld ausharren. Der Krieg mit blanker Waffe, wie die Araber ihn führen, kümmert sich nicht um Taktik und Massenbewegung; er ist vielmehr eine Art von Zweikämpfen im Großen, in welchen die Tapferkeit, der Muth, die Gewandtheit des Einzelnen ins hellste Licht tritt; jeder steht für sich allein; er will Ruhm und Beute erwerben. Beide Theile rücken einander so nahe daß jeder des andern Stimme vernehmen kann; die Tapfersten sprengen voraus, beginnen zu scharmützeln und die Massen folgen. Das Gemetzel wird allgemein, ein Anführer getödtet, eine Trophäe gewonnen; zuletzt sucht der Feind sein Heil in der Flucht. So war es auch vor Troja, so ist es noch heute namentlich bei den Arabern der Wüste. Bei derartigen Kämpfen sind Körperkraft und Gewandtheit vom allergrößten Werthe; ein tüchtiges Roß, gute Waffen und ein nerviger Arm dürfen dem Helden im Sudan nicht fehlen, und die Romane und Geschichtswerke der Araber sind voll von Großthaten ihrer Kriegshelden. Antar und Abu Zett können mit Roland und Amadis von Gallien verglichen werden. Der ritterliche Geist entwickelt sich auf gewissen Stufen der barbarischen Gesellschaft gleichsam von selbst, er trägt deshalb auch fast überall ziemlich dasselbe Gepräge. Die ritterlichen Kämpfe kosten aber insgemein nicht allzuviel Blut, weil häufig nur die Ritter selbst sich schlagen, und die Masse oft die Flucht nimmt. Selbst für den Tapfersten ist ein beschleunigter oder übereilter Rückzug keineswegs ein Schimpf; er ist es um so weniger da der Flüchtige nicht selten wieder umkehrt, den Feind abermals angreift, und ihn auch wohl niederstreckt, wenn derselbe in der Hitze des Verfolgens sich zu weit gewagt hat. Man legt sich in einen Hinterhalt und schneidet ihm den Rückzug ab.

Als Wurfgeschoß ist die Lanze, oder wenn man will der Wurfspeer, demselben balistischen Gesetz unterworfen wie die Stockrackete, an welcher der Stock dreimal so lang sein muß als die Patrone, wenn sie die größtmögliche Tragweite haben soll; der Schwerpunkt muß ein wenig unterhalb des Bodenstückes der Patrone liegen. Bei einem guten Wurfspeer muß der Schaft dreimal so lang sein als die eiserne Spitze, und der Schwerpunkt zwei bis drei Zoll hinter der Dille liegen. Die geeignete Länge für die ganze Waffe wäre etwa anderthalb Meter, also zwischen fünf bis sechs Fuß. Die Spitze oder das Blatt muß von gutem Stahl sein, das Schaftholz schwer, aber dabei so biegsam daß es in der Hand schwankt, deshalb ist Ebenholz sehr zu empfehlen; die Sudanier benützen aber ein anderes von heller Farbe, das sie Bassam nennen. Sie fassen den Speer da wo sein Schwerpunkt liegt, und geben ihm beim Wurfe mit der innern Hand einen Stoß der eine schraubenlinige Bewegung verursacht, welche bekanntlich die Richtung derartiger Wurfgeschosse regelt. Das Eisen darf nicht zu stark an der Dille haften, weil es sich dann schwerer aus der Wunde entfernen läßt; es haftet überhaupt um so besser je weniger breit es ist und je mehr man es mit Widerhaken harpunenartig versehen hat. Der Speer der Araber hat übrigens nicht alle diese Eigenschaften zusammen, da sie desselben sich auch als Lanze bedienen und ihm eine Länge von sechs Fuß geben. Sie nehmen stets zwei solcher Waffen mit in das Gefecht; die eine ist zum Werfen, die andere zum Stoßen und Abwehren der Stiche und Streiche des Gegners. Die syrischen Araber haben Lanzen von beinahe fünfzehn Fuß Länge, die natürlich zu Wurfgeschossen sich nicht eignen; jene der Nomaden in der Sahara, insbesondere der Tuarek, sind länger als sechs Fuß. Mir scheint daß die Araber im Sudan den angemessensten Gebrauch von dieser Waffe machen. Die Lanze heißt auf Arabisch Muzrag und Harba; die Saharabewohner kennen sie unter jener, die Sudanier unter dieser Benennung.

Bogen und Schleuder sind bei den Arabern nicht im Gebrauch, obwohl es scheint, daß beide Waffen bei ihren Vorfahren in frühen Zeiten üblich gewesen sind. Manchmal werfen sie, ganz in derselben Weise wie die Schwarzen es zu thun pflegen, ein Stück Holz das die Gestalt eines Γ oder V hat; die äußern Enden sind zugespitzt. Diese Waffe ricochetirt nachdem sie den Boden berührt hat. In Afrika und insbesondere im Sudan haben sie auch ein Schwert das zugleich einhändig und zweihändig geschwungen werden kann. Die Ritter im europäischen Mittelalter hatten ein ähnliches Schwert, das wohl hinter der linken Schulter befestigt wurde. Die Araber stecken ein solches Schwert, manchmal sogar zwei, unter ihren Sattelriemen, und wenn sie keinen Sattel haben, befestigen sie diese Waffe an der Seite ihres Pferdes oder Dromedars. Sie ist nur von geringem Nutzen und bei weitem nicht so zweckmäßig als das kurze Schwert, denn man kann den zu führenden Streich nicht bemessen, sie ist zu schwer, taugt nicht zum Pariren, und steht auch dem krummen türkischen Säbel nach. Um diese plumpe Waffe einigermaßen bewegen zu können wird oben am Griff ein Gegengewicht in Gestalt eines Kreuzes angebracht, das am Ende eine bleierne oder silberne Kugel von der Größe einer Knoblauchszehe hat. Davon führt diese Waffe die Benennung Abu-Thum.

Die Araber auf der Halbinsel, insbesondere jene im Hedschas, tragen im Gürtel einen gekrümmten Dolch, den sie Dschembea nennen und mit welchem sie von oben nach unten auf den Gegner stoßen. Im Sudan ist diese Waffe nicht gebräuchlich; dagegen trägt hier der Araber, gerade so wie der Nubier und Tuarek, am linken Arme ein gerades Messer, Kussa, von vier bis acht Zoll Länge; es steckt in einer Lederscheide, die vermittelst eines ledernen Bandes am Arme befestigt wird; der Handgriff steht nach oben hin. Die Räuber von echtem Schrot und Korn, namentlich jene die bei Nacht ihr Gewerbe treiben, haben auch wohl noch ein zweites derartiges Dolchmesser, das sie dann am rechten Arme tragen. Im Handgemenge ziehen sie beide Messer, umklammern ihren Gegner und rennen ihm zumal zwei Dolche in den Leib. Aber ein Mann der weniger blutgierig und wild ist, führt dieses zweite Dolchmesser nicht, sondern trägt statt desselben eine kleine lederne Rolle am Arme, in welcher sich Talismane befinden, die ihn vor den Einwirkungen des bösen Blickes, vor Unglücksfällen, Krankheit und — auch vor dem Tode schützen.

Als Schutzwaffe hat der Araber im Sudan den Schild. Auf einem länglichrunden Rahmen, der aus zwei Stücken biegsamen Holzes verfertigt wird, und in welchem der Länge nach ein starker gerader Stab angebracht ist, befestigt er die Haut einer großen Antilope. Dieser

Schild hat etwa zwei Fuß Breite und drei bis fünf Fuß Höhe, ist nach außen hin gewölbt, im Innern mit einem Handgriff versehen, und manchmal am obern Ende eingekerbt, damit der Lanzenschaft fest auf ihm liegen könne. Die Antilopenhaut ist ziemlich dick, aber ein gutgeworfener Speer dringt dennoch hindurch; deswegen sucht der Krieger ihm dadurch auszuweichen daß er ihn mit der Lanze auffängt und zur Seite wirft, oder mit dem Schilde den er schräg hält, abparirt. Beim Andringen eines Feindes bückt sich wohl auch der Araber, kniet mit einem Beine nieder und hält den Schild vor; sobald der Gegner nahe ist, springt er dann auf und erwiedert den Angriff. Aber am liebsten kämpft der Araber zu Pferde. Der Schild ist nur beim Fußvolk üblich, und zu diesem gehören alle die kein Pferd besitzen. Man befördert diese Infanterie manchmal mit Kameelen auf die Wahlstatt. Der eigentliche Reiter sitzt vorne auf dem Höcker, sein Gefährte hinter ihm auf dem Kreuz. Diese Art und Weise Truppen zu befördern empfiehlt sich in jenem Lande sehr. Die Kameele werden, sobald der Kampf beginnt, der Obhut einiger wenigen Männer anvertraut. Das Kameel im Sudan gehört der gewöhnlichen Race an; dagegen ist jene der Tuarek in der Sahara viel schöner, und ersetzt gewissermaßen das Schlachtroß. Jene Nomaden kämpfen von ihrem Mehari herab, das so rasch läuft wie ein Pferd, und diesem an Klugheit und Gelehrigkeit nichts nachgiebt. Die Tuarek haben unter ihren Waffen auch ein sichelförmiges Messer, das an einer langen ledernen Leine befestigt ist; sie schleudern dasselbe in vollem Laufe dem Gegner um das Bein oder um den Hals. Diese Waffe ist noch gefährlicher als der Lasso der Gauchos in den Pampas am Rio de la Plata. Der Tuarek trägt aber auch ein Feuergewehr, setzt sein Mehari in Galop, hält dasselbe dann plötzlich an, es kniet hin, er zielt auf den Gegner, läßt sein Dromedar wieder aufspringen und jagt davon um wieder zu laden. Dieses Manöver hat für den Beschauer etwas Befremdliches und Zierliches. Ein günstiger Zufall wollte daß ich an der Grenze von Tunis und Tripolis Zeuge eines solchen war.

Die Araber in Syrien bedienen sich, dem türkischen Fußvolk gegenüber, einer eigenthümlichen Kriegslist. Sie ziehen ihre Reiterei schnell zurück sobald der Feind seine Vierecke bildet, binden etwa fünfzehn

Kameele zusammen, machen sie durch irgend ein Mittel toll und wild, und lassen sie durch einige Araber, denen die Thiere selbst als eine Art Schutzmauer dienen, vorwärts treiben. Die Kameele rennen wie besessen vorwärts, brechen als zusammenhängende Masse in das Viereck ein, die eigentliche Reiterei folgt nahe hinterher, und sprengt ohne große Anstrengungen das Fußvolk auseinander. Die Kameele würden umkehren, wenn man ihnen Bayonnetstiche in die Nase versetzt, aber beim Galop wirft das Kameel den Kopf zurück, bietet nur Hals und Brust dar, und stürmt vorwärts wenn es auch an diesen Stellen schwer verwundet wird.

Der Araber muß für jede Beleidigung die ihm angethan wird, Rache nehmen oder er wird ehrlos. Man würde im ganzen Stamme mit Fingern auf ihn zeigen, kein Mädchen ihn zum Manne haben wollen. Er nimmt Rache sobald als irgend möglich, ersinnt eine List um seines Feindes habhaft zu werden, legt sich in irgend einen Hinterhalt und tödtet ihn. Doch giebt es im Sudan auch Stämme bei welchen eine Art von Zweikampf üblich ist, der nur selten den Tod eines der beiden Kämpfer zur Folge hat. Wir nehmen den Fall, ein Mann habe den andern schwer beleidigt, oder zwei Jünglinge seien in Eifersucht gegen einander entbrannt und bitterlich Feind geworden. Dann beruft der Scheikh den Stamm zu einer Versammlung, erklärt daß ein Zweikampf nöthig geworden sei und vor ihm stattfinden müsse. Die beiden Gegner kauern sich nun auf den Boden etwa einen Schritt auseinander, und zwar so daß sie sich Auge in Auge sehen. Jeder hat eine lange Karbatsche von Hippopotamushaut, und das Loos bestimmt wer den ersten Streich austheilen soll. Der Scheikh giebt alsdann das Zeichen zum Kampfe. Während desselben müssen die Zweikämpfer ihre gleich Anfangs eingenommene Stellung behalten, und Schlag um Schlag Hiebe austheilen, bis die Haut aufschwillt, das Fleisch blos liegt, das Blut am Leibe hinabriefelt. Aber man hört keinen Schmerzensruf. Oft ist der eine Held so tapfer wie der andere, sie versetzen sich jeder ein Schock Hiebe und noch mehr, und behaupten ihren Platz. Dann legt der Scheikh sich ins Mittel und giebt sich Mühe die Gegner zu versöhnen, nachdem er den Kampf für beendigt erklärt hat. Insgemein ermüdet der eine Nebenbuhler, und erklärt sich dadurch für überwunden. Dann

Waffen und Kriegführung. — Zweikämpfe. 181

hat er ferner keinen Anspruch auf das Mädchen, muß etwaige Beleidigungen zurücknehmen, oder darauf verzichten von seinem Gegner für Spott und Schimpf Genugthuung zu erhalten. Das bringt ihm nicht viel Ehre ein, aber es wäre noch weit schmachvoller während des Kampfes oder nach Beendigung desselben auch nur das geringste Zeichen von Schmerz zu verrathen. Es giebt auch Zweikämpfe in welchem das Messer die Waffe bildet. Beide Duellanten nehmen das Dolchmesser, welches sie am Arme tragen, zur Hand, und beginnen den Kampf. Kopf, Brust und Leib müssen verschont werden; sie schneiden und stechen sich einander in Arme und Schenkel mit äußerster Hitze und unglaublicher Ausdauer. Häufig ist dieses Duell nur kurz und manchmal hat es den Tod zur Folge. Beide Arten des Zweikampfes finden auch dadurch ihr Ziel, wenn die Kämpen in Ohnmacht fallen.

Die Araber im Sudan treiben großen Unfug mit dem Messer. Wer zum Beispiel dem Andern Liebesglück beneidet, sich ärgert daß derselbe ein schönes Mädchen als Weib heimgeführt, läßt ihm fürder keine Ruhe. Wenn der Glückliche am wenigsten sich des Argen versieht, fühlt er einen Dolchstoß im Bein; ein zweiter Stich trifft seinen Arm; aber er darf keinen Schmerzenslaut von sich geben, muß sich stellen als habe er von alle dem gar nichts bemerkt, darf nicht stehen bleiben wenn er unterwegs war, nicht schweigen wenn er eben redete; nicht einmal den Kopf soll er zur Seite wenden. Ein Krieger rühmt sich seines Muthes und seiner That in Gegenwart eines andern, der sich eben so tapfer dünkt. Ohne weiter ein Wort zu verlieren zieht der Letztere sein Dolchmesser, rennt es sich tief in seinen Schenkel, reicht es stillschweigend dem andern hin, und fordert eben dadurch diesen auf, dasselbe zu thun. Das sind freilich grausame, barbarische Gebräuche, aber sie geben dem Volk ein Gepräge eigentlicher Kraft, stählen den passiven Muth, machen die Menschen zu stoischem Widerstand fähig. Der Europäer läßt sich kaum einen Zahn ausziehen ohne seine Zuflucht zum Aether zu nehmen, er stöhnt schon bei leichten Verwundungen, während der Araber in Kordofan auch den heftigsten Schmerz erträgt, ohne sich zu beklagen. Es thut auch ihm weh, aber der Ehrenpunkt gebietet ihm seine äußere Ruhe zu bewahren. Schmerz, Hunger, Durst, Anstrengung, tiefe Lanzenstiche pressen ihm keine Klage aus. Während in den ägyptischen Diwans die zur Bastonnade verurtheilten Fellahs weinen, heulen und vor den türkischen Richtern fußfällig bitten, ist es im Sudan mehr als einmal vorgekommen, daß ein Araber, ein Nuba oder auch ein Sclav, auf eine gräßliche Weise gepfählt wurde, ohne einen Seufzer hören zu lassen oder eine Thräne zu vergießen.

Während meines Aufenthaltes in Kordofan hatte ein Araber während eines Feldzuges gegen die Baggara, den er im Contingent mitmachte, seinen Officier ermordet, sich dann ruhig neben die Leiche hingesetzt und abgewartet bis man ihn verhaften würde. Man schleppte ihn in das Zelt des Gouverneurs; eine Masse Soldaten hielten ihn an den Armen, bei den Haaren und am Halse ohne daß er Widerstand leistete. Er rief dem Bey zu: „Ich habe ruhig geharrt bis man mich gefangen nahm, und keinen Widerstand geleistet. Nun sag Deinen Hunden daß sie mich loslassen; ich will meine Strafe wie ein Mann erleiden." Er wurde losgelassen und erklärte dem Gouverneur die Beweggründe welche ihn zum Morde veranlaßt hatten; er glaubte vollständig in seinem Rechte zu sein. Aber der Bey verurtheilte ihn zum Tode und gab Befehl ihn vor den Lauf einer mit Kugeln geladenen Feldkanone zu binden. Während die nöthigen Vorbereitungen getroffen wurden ging der Araber, der Alles mit der größten Seelenruhe angehört hatte, aus dem Zelte, bat einen Soldaten ihm seine brennende Pfeife eine Weile zu leihen, rauchte Tabak, gab die Pfeife zurück als die Zeit der Hinrichtung gekommen war, und ging mit festem Schritt vor den Kanonenlauf.

Der echte Beduine ist stolz und äußerst empfindlich; er zeigt sich aber auch unglaublich hartnäckig, und es fällt schwer, ja es ist unmöglich ihn zu etwas zu zwingen was ihm widerwärtig erscheint. Drohungen und Schläge sind vergeblich; man muß abwarten bis eine Laune zum Gehorsam ihn anwandelt; und man thut überhaupt am Besten daß man ihn sich selbst überläßt. Ich durchritt einst mit zwei Führern die Wüste zwischen dem Nil und dem Rothen Meer, und wir hielten Abendrast mitten in einer Ebene, zwei Tagereisen von dem letzten Brunnen; der zunächst vor uns liegende war drei Tagereisen entfernt. Als wir eben abgestiegen waren, verlangte der eine Führer, der allein diese Wegstrecke genau kannte, von meinem Koch einige Lebensmittel, erhielt aber zur Antwort, daß er noch etwas warten solle. Der Araber wurde zudringlich. Das verdroß mich und ich sagte: „Ich selbst bin noch nicht einmal bedient; Du kannst doch so lange warten als ich!" Diese Bemerkung überhörte er, ich sprach daher weiter: „Weil Du so zudringlich bist und nicht auf mich hören willst, so werde ich Dich behandeln wie einen störrischen Esel; Du sollst heute Abend gar nichts zu essen haben." Ich hielt mein Wort, er aber war äußerst erbittert. Am andern Morgen stand ich auf um meine Leute zu wecken, gab Weisung die Kameele zu beladen, ging wieder in mein Zelt und trank Kaffee. Bald wurde mir gemeldet daß der Führer nicht satteln, überhaupt uns nicht als Wegweiser dienen wolle. Ich hielt es für zweckmäßig dem Dinge eine Weile seinen Lauf zu lassen, da ich annahm daß er wohl selbst zu Verstande kommen werde; ich blieb also ruhig im Zelte bis meine Leute kamen um dasselbe abzubrechen und aufzuladen. Der Führer saß am Boden, hatte seine Lanze in der Hand, und schien sich um gar nichts zu kümmern was rings um ihn vorging. „Nun, bist Du noch nicht fertig?" fragte ich ihn. Die Antwort lautete: „Nein; ich reise nicht. Ich habe gestern nichts gegessen; mein hohler Bauch bedarf der Ruhe. Auch hast Du mich gestern Esel genannt. Wie kann aber ein Esel Menschen führen?" Mit großer Heftigkeit heischte ich ihm zu: „Steh auf und sattle!" Er rührte sich nicht; ich schlug nach ihm mit der Karbatsche, aber er blieb still sitzen. Do zog ich ein Pistol aus meinem Gürtel und rief: „Du brichst auf oder ich schieße Dich nieder!" Ein Europäer oder ein Türke hätte nun gehorcht oder sich zur Wehre gesetzt, und mein Führer hatte seine Lanze. Er gehorchte nicht und leistete auch keinen Widerstand, er sprang vielmehr plötzlich auf, warf die Lanze weg und schrie mir zu: „Nun so tödte mich doch; schieß mich nieder. Bin ich etwa ein Türke, fürchte ich mich vor dem Tode?" Ich gestehe daß dieser Ausgang der Sache mich einigermaßen verlegen machte. Ich konnte mich ohne Führer nicht weiter in die Wüste hineinwagen, sondern mußte im Nothfall umkehren, den letzten Brunnen wieder aufsuchen und mir wo möglich einen andern Führer zu verschaffen suchen. Aber ich durfte mir meine Verlegenheit nicht merken lassen, stieg in den Sattel und befahl meinen Leuten den Weg einzuschlagen auf welchem wir gestern bis zum Lagerplatze gekommen waren. Als wir eine kurze Strecke zurückgelegt hatten, besann sich der Hedschin eines Bessern, sattelte sein Thier, schloß sich uns an ohne ein Wort zu sagen, ritt an die Spitze unserer kleinen Karawane, die nun Kehrt machte, und Alles war in bester Ordnung. Ich sprach an jenem Tage auch nicht ein Wort mit ihm, that als ob ich ihn gar nicht sehe; als wir aber Abends uns gelagert hatten, faßte er meine Knie, weinte wie ein Kind, und bat, ich möchte des Vorfalls nicht weiter gedenken, sondern Alles vergessen.

Fünftes Kapitel.
Die schwarzen Menschen.
1. Allgemeine Schilderung.

Hautfarbe. — Körperbeschaffenheit. — Die Fabel von geschwänzten Menschen. — Menschenfresser. — Untergeordnete geistige Anlagen, Narben und Maale. — Infibulation.

Wer von Kairo Nilaufwärts nach Süden reist, kommt nach Saïd, Nubien und Sennaar. Je mehr er sich dem Aequator nähert, um so auffallender erscheint ihm die andersgeartete Creatur, welche ihm überall entgegen tritt. In fast unmerklicher Abstufung geht der ureingeborene Aegypter, der Kopte, in den kraushaarigen Aethiopier über. Der Bewohner Oberägyptens, der schon schwarze Nubier, der Bewohner des Sennaar, dessen Kopf noch eine hübsche und regelmäßige Gestalt hat, bilden die einzelnen Ringe in einer nirgends unterbrochenen Kette, und nicht selten wäre der Reisende in Verlegenheit, wenn er bestimmen sollte, wo denn eigentlich die Weißen aufhören und die Schwarzen beginnen. Im Allgemeinen aber fällt die Hautfarbe Jedem so scharf ins Auge, daß auch ein oberflächlicher Beobachter sie nicht übersieht oder verkennt. Die Verschiedenheiten der Körperformen entgehen dem Einen oder Andern schon leichter.

Der Naturforscher wird auf die Hautfarbe an sich kein großes Gewicht legen; oft reicht sie nicht einmal aus, um die Varietäten derselben Art zu unterscheiden; sie dient oft nur zum Unterscheiden von Individuen. Aehnlich ist es mit der Farbe von Blumen und Blättern, von Leib- und Kopfhaaren bei den Menschen. Das Pigment zwischen der Haut und der Epidermis entwickelt und verdichtet sich unter dem Einfluß gewisser Umstände; wo diese nicht vorhanden sind, verschwindet es ganz, oder zeigt sich doch nur sehr schwach. Der Araber, welcher im Hedschas gelb ist, wird in Algerien oder Aleppo weiß, im Sennaar und am Senegal schwarz. Wenn der menschliche Körper aus einer hohen Breite in eine tiefere Breite übergeht, dann muß er sich modificiren; er könnte sonst nicht leben. Unter dem Einfluß einer hohen Temperatur, einer trockenen Luft und scharfen Windströmung würde der Schweißerguß übermäßig stark sein, wenn nicht die Dicke der Haut fast undurchdringlich wäre für Flüssigkeiten, welche Träger und Beförderungsmittel des Lebens selbst sind. Eine dicke, starke Haut schützt den Körper vor dem nachtheiligen Einfluß allzuplötzlichen und scharfen Witterungswechsels und vor allzustarker Einwirkung der Sonnenstrahlen sowohl wie vor der Kälte; sie verhindert die Ausstrahlung und den Verlust der Blutwärme. Sehr häufig findet man, daß die Haut der Neger sich weit kühler anfühlen läßt, als unsere eigene; sie schützt ihn gewissermaßen wie uns unsere Bekleidung. Der Neger kann glühende Kohlen anfassen, der Sclave legt sie mit bloßen Händen auf die Narguileh, die Wasserpfeife seines Herrn, während ein ägyptischer oder türkischer Diener sich dazu allemal einer kleinen Zange, eines Messers und dergleichen bedient. Unter jener kalten Hülle bewahrt das Blut des Schwarzen einen hohen Wärmegrad, die Vitalität concentrirt sich, und man ist so allgemein davon überzeugt, daß gerade deshalb die Aegypter und Türken abyssinische Sclavinnen vorzugsweise gern in ihrem Harem aufnehmen, obwohl sie an Schönheit hinter den ägyptischen und türkischen Mädchen weit zurückstehen.

Diese verdickte Haut zeigt bei den Afrikanern eine sehr mannigfache Abstufung in den Farbentönen. Bei einigen, z. B. bei manchen Abyssiniern, gleicht sie an den lichteren Körperstellen dem rohen Kupfer, manchmal sogar dem Messing. Bei anderen Racen, zum Beispiel den Nuba und den Arabern im Sudan, ist sie dunkler, mehr roth und erinnert an florentinische Bronce. Die Haut der Kaffern ist sehr schwarz aber glänzend; sie spielt in grüne und blaue Reflexe hinüber, wie wir sie bei antiken Broncen finden. Bei den rohen Völkern Centralafrika's hat sie eine schwarze, matte, rußige Färbung, ist dicker als selbst bei den Kaffern, fühlt sich nicht weich und seidenartig an wie bei den Abyssiniern, sondern ist hart, runzelig und springt leicht auf. Bei manchen Afrikanern, namentlich bei denen mit sehr dunkler Haut, sind die Nägel weiß oder vielmehr scheinen weiß zu sein; bei anderen sind sie leicht gefärbt, und bei manchen schillern sie ins Rosenrothe. Die Haut zeigt aber nicht an allen Körpertheilen eine und dieselbe Färbung, die dicksten Hautgegenden sind auch am dunkelsten gefärbt, zum Beispiel Knie, Ellbogen und Schläfe; am hellsten sind die Fußsohle, die innere Fläche der Hand und die Backenknochen. Der Schweiß ist nur selten stark, hat aber stets einen scharfen, unangenehmen Geruch. Man darf sich also gar nicht darüber wundern, daß die wilden Thiere weit eher den Schwarzen als den Weißen angreifen, sie wittern jenen aus einer weitern Ferne, während ohnehin der letztere noch Kleider trägt, und die Witterung deshalb viel schwächer ist. Der Neger hat in seiner Haut eigenthümliche Schmarotzer, zum Beispiel den sogenannten Guineawurm. Aber, wie schon bemerkt, die Haut allein bildet keinen eigentlich trennenden Unterschied zwischen uns und den Aethiopiern.

Beim Neger ist der Schädel nach der Seite hin und an den Schläfen abgeplattet, der Hinterkopf ist verlängert, der Schädelknochen überhaupt sehr dick. Das Gehirn des Negers ist daher weit kleiner und viel leichter als selbst bei Frauen der weißen Race. Die Eigenthümlichkeiten der Körperbildung des echten Negers sind bekannt; seine Backenknochen stehen weit vor, die Zähne sind etwas schräg und nach vorne hin gewachsen, die Nase ist aufgeworfen und steht nach oben hin, die Stirne tritt zurück, der Mund tritt weit hervor und gleicht bei den rohesten Negervölkern der Schnauze des Dromedars; die Nasenlöcher sind weit offen, die Lippen stehen über dieselben hinaus, sind dick und aufgeworfen, und die Wangen scheinen bei dieser Gesichtsprojection magerer zu sein als bei den Weißen; das Kinn tritt unter die Lippe zurück; das Auge ist rund und das Weiße in demselben selten sehr rein; die Ohren sind groß, das Haar kurz, nicht in Fülle vorhanden und krauswollig; auch der Bart ist krauswollig und dünn gesäet, der Arm lang und mager, ebenso die Beine dünn, der Fuß lang und platt und so daß der Hacken etwas nach hinten hinaussteht; der Magen ist rund. Die Brüste der Negerin laufen nach vorn spitz zu; sie hat ein enges Becken. Ich habe oft beobachtet, daß Negerinnen etwas von der Erde aufnahmen ohne daß sie nöthig gehabt hätten, die Beine krumm zu machen; sie bogen den ganzen Leib vom Becken an gleichsam wie aus einem Stück und reichten mit der Hand bis auf den Boden. Eine weiße Frau würde schwerlich dasselbe thun können.

Die Nuba, auf welche ich vorzugsweise Rücksicht nehme, dürfen als das Verbindungsglied betrachtet werden, welches den Uebergang von der nubischen Familie zu den rohen Völkern im äquatorialen Sudan bildet. Ihrer Physiognomie fehlt es nicht an intelligentem und sanftem Ausdruck, und durch die Regelmäßigkeit der Gesichtszüge haben sie Aehnlichkeit mit den Sennaresen, den Furlern, den Bewohnern von Wadaÿ und Bornu, deren gesellschaftliche Verhältnisse auch im Allgemeinen fast dieselben sind. Die Stirne tritt schon etwas zurück, der Hinterkopf verlängert sich ein wenig, Nase und Lippen sind von jenen der Nuba wenig unterschieden, die Haare kraus, ohne schon eigentlich wollig zu sein, der Bart ist noch nicht dünner als bei den Arabern, die Hautfarbe gleicht jener der florentinischen Bronce.

Vor einigen Jahren hat Jemand eine Fabel in die Welt geschickt, welcher, seltsam genug, einige Gelehrte Aufmerksamkeit geschenkt haben. Ich kenne jenen Mann, der als Beÿ weite Reisen im Orient unternommen haben will. Er behauptete, in Mekka schwarze Sclaven mit Schwänzen gesehen zu haben, und gab sogar an wie lang diese Schwänze gewesen seien. Nun ist bekannt, daß Jahr aus Jahr ein viele Tausende von Pilgern die heilige Stadt besuchen. Unter ihnen sind nicht blos Sclavenhändler, sondern viele unterrichtete, angesehene Männer, die auch europäische Länder besucht haben, gern das von ihnen Beobachtete mittheilen, und die auf keinen Fall eine so auffallende Erscheinung mit Stillschweigen übergangen hätten. Seit Niebuhr und Burckhardt haben viele Europäer Mekka besucht, aber von geschwänzten Negern haben sie nichts gesehen und gehört. Ein mit Recht berühmter Reisender*) hatte das Misgeschick, jene Fabel für eine Thatsache zu neh-

---

*) Es ist Castelnau gemeint, von dem wir eine vortreffliche Reise durch Süd-Amerika in sechs Bänden besitzen. Er ist gegenwärtig französischer Generalconsul in Bahia. A.

men und eine Abhandlung darüber zu schreiben, in welcher die Aussage einiger Negersclaven als gültiges Zeugniß für die Richtigkeit der Thatsache angeführt wird. Der Reisende traf diese Sclaven in Amerika. Höchstens hätten sie einige werthvolle Nachrichten über ihr eigenes Dorf, den Stamm, welchem sie angehörten und über den Weg, welchen sie aus dem Innern bis an die Küste nahmen, ertheilen können. Mehr kann und darf man von solchen Leuten nicht erwarten. Jene Schwarzen, meist noch Fetischanbeter, bilden keine großen Gemeinwesen, leben in beinahe ununterbrochener Fehde mit ihren Nachbarn, die eine andere Sprache reden, überschreiten ihre Grenzen nur um den Feind zu bekämpfen, und kehren nach verrichteter Sache wieder in die Heimat zurück. Diese Leute haben weder Gewerbe noch Handel, sie unternehmen keine Reisen, um sich zu unterrichten, durchziehen einzeln gewiß nicht Wälder, Gebirge und Ebenen, wo sie überall auf wilde Thiere und feindliche Menschen träfen, von denen sie niedergemacht, oder als Sclaven verkauft würden. In manchen Gegenden Afrika's giebt es fast gar keine friedlichen Communicationen. Was dem leichtgläubigen und eingeschüchterten Schwarzen an eigentlicher Kunde abgeht, das ersetzt er durch Fabeln; in der Fremde, wohin er selber nicht gelangte, ist für ihn Alles mit Wundern angefüllt. Der von fabelhaften Thieren gehütete Garten der Hesperiden ist ein Märchen das, allerdings mit sehr abweichenden Einzelheiten, bei allen Wilden vorkommt. Am Weißen Nil erzählte der König Lákono dem Soliman Kaschef daß zehn Tagereisen, oder etwa vierzig bis fünfzig Wegstunden, entfernt, unerschöpfliche Gruben voll gelben glänzenden Metalls sich befänden, aber sie würden von Ungeheuern mit Hundsköpfen bewacht, die sich von Menschenfleisch nähren. So berichtet Werne in seiner Expedition zur Entdeckung der Quellen des Weißen Nils, Berlin 1848. Man könnte aus Herodot, Ktesias und anderen Schriftstellern des Alterthums eine Menge ähnlicher Fabeln anführen: ich selber habe hundertmal dergleichen erzählen hören und könnte einen dicken Band schreiben, wenn ich nur den vierten Theil davon mittheilen wollte. In allen Städten Aegyptens giebt es Ungeheuer und Geister in Menge; wir Ungläubigen sehen nur leider nichts von ihnen.

Die geistige Begabung der Schwarzen.

Die Afrikaner sehen oft auch da Menschenfresser, wo dergleichen nicht sind; die heidnischen Neger im Sudan betrachten zum Beispiel uns Europäer als Anthropophagen, und wenn sie von weißen Menschenfressern reden, die nach Süden hin wohnen, so will das weiter nichts sagen, als daß sie selber von jenem Süden nichts wissen. Wir Weißen gelten ihnen für Urbilder der Häßlichkeit und Grausamkeit. Die Sclavenjäger behaupten gern daß die von ihnen eingefangenen Schwarzen Menschenfresser seien; sie glauben damit ihr Verfahren zu rechtfertigen, denn nun könnten sie doch einander nicht mehr mit den Zähnen zerreißen und auffressen; es sei daher verdienstlich, sie aus ihrem Lande wegzuholen. So machten es die frommen christlichen Regierungen zur Zeit des Mittelalters in Europa auch; wenn sie in Geldnöthen steckten, dann mußten die Juden an geweihten Hostien Frevel verübt haben, und die Kirche ließ es begreiflicherweise an Wundern nicht fehlen. Wer in Afrika ein Volk berauben und Sclaven fangen will, gebraucht als Vorwand daß er ja nur gegen Menschenfresser ziehe: Dem, yem, bandag ni amguiam ꝛc., wie denn überall der Starke leicht einen Vorwand findet, um den Schwachen zu unterdrücken.

Die geistige Begabung, Fähigkeit und Anlage, mit einem Worte die Intelligenz der Neger, ist ganz offenbar geringer als jene der Weißen. Es fragt sich, ob diese Inferiorität sich gar nicht beseitigen lasse, und ob sie nicht vielleicht, wie Einige meinen, das Ergebniß einer Menge von äußerst ungünstigen Umständen und Verhältnissen ist, die zusammenwirkten, um den Neger auf einer so niedrigen Stufe gleichsam festzubannen? Wenn, meint man weiter, so ungünstige Einwirkungen viele Jahrhunderte lang fortdauerten, so konnte wohl am Ende bei den Schwarzen eine edlere Uranlage, ein höherer primitiver Typus, zurücktreten, und ihren Gesichtszügen, welche ein Spiegel der seelischen Begabung sind, das Gepräge der Verschlechterung aufdrücken. Hollard sagt vom Negertypus, daß man eine constante Wechselwirkung zwischen dem gesellschaftlichen Zustande, der Lebensweise und der Anstelligkeit einerseits und der Entwickelung dieses Typus andererseits bemerke.

Ich meinerseits halte jenen Einfluß für unbestreitbar, man darf aber darauf nicht allzugroßes Gewicht legen. Wenn wir lediglich gesellschaftliche Einrichtungen und Lebensweise der Neger ins Auge fassen wollten, dann ließe sich sehr leicht ein Vergleich zwischen unseren germanischen, gallischen und britischen Vorfahren ziehen, und man müßte dann zugeben, daß die Schwarzen ebenso entwickelungs- und bildungsfähig seien als wir selbst, und daß es nur auf einige Jahrhunderte Zeit ankomme, um sie bis zu unserer Höhe empor zu bringen. Sobald wir aber die Individualitäten ins Auge fassen, wird sich ein anderer Schluß ziehen lassen. Der Schwarze begreift leicht was man ihm erklärt, aber weiter hinaus als über Das, was man zeigt, sieht und gewahrt sein Geist nichts. Sein Gedächtniß ist treu, wenn es sich blos darum handelt, ihm Töne und Laute einzuprägen, aber die Erörterung, die vernünftige Entwickelung, das Raisonnement, prägen sich ihm nicht gleichermaßen ein, er faßt nur das Aeußerliche, die Form, auf, aber die Idee, das Wesen, die innere Vorstellung begreift und behält er nicht. Auch mitten in hochcivilisirter Umgebung ist er noch ein Halbwilder und bedarf einer Leitung. Fehlt ihm dieser Führer, so fällt er gleich wieder in seinen alten Zustand zurück. Was auf St. Domingo vorgeht, liefert dafür den Beweis. Die Haitier kleiden sich (— zum Theil —) wie wir, aber sie denken wie ihre afrikanischen Vorfahren und rufen noch ihre Fetische an. Das war bei den europäischen Barbaren anders; ihre geistige Anlage, ihr intellectueller Zuschnitt war vom Hause aus ganz verschieden von jenem der Schwarzen. Der Europäer hat eine wunderbare Leichtigkeit, sich alle Begriffe anzueignen und Folgerungen aus ihnen zu ziehen; er ist gesittungs-, erziehungs-, bildungsfähig. Die schwarze Race dagegen ist das nicht; sie hat ein tiefinnerliches Widerstreben gegen die eigentliche Bildung. Sie läßt sich (— aber nicht als Ganzes und in Masse, sondern nur in einer größern oder geringern Zahl —) wohl von derselben oberflächlich berühren und streifen, mit einem ephemeren Firniß überziehen, aber es dringt nicht tief ein. Bis heute wenigstens ist das letztere nicht geschehen. Man mag sich noch so sehr abmühen zum Beispiel einem Denkaneger einige Bildung, ein klein wenig Kenntnisse beizubringen, sein Geist wird darum doch immer schwach von Begriffen, sein Begriffs- und Erörterungsvermögen höchst gering bleiben; er ist wie ein Kind das sich an Spielsachen und Märchen ergötzt, das lacht, wenn man ihm Fabeln erzählt, aber sich langweilt, wenn es Geschichte hört, an Gaukelspiel sich erfreut, und der

Wissenschaft den Rücken kehrt. Die Vernunft jenes Negers schläft und seine Vorstellungskraft ist nur dürftig entwickelt. Manche barbarische Völker haben eine glänzende Dichtkunst, eine anmuthige und sinnreiche Mythologie. Lange vor Mohamed vernahm man aus dem Munde eines arabischen Raubnomaden in Mekka wohltönende Verse. Halbnackte Dichter sangen von Liebe und von Heldenthaten, und Beredtsamkeit strömte von ihren Lippen. Bei den Negern findet sich von alledem nichts; ihre Gesänge gleichen dem Stottern der Kinder, es ist selten Sinn darin, es sind Wörter ohne Zusammenhang, läppische Wiederholungen, wie man sie auch bei den Gesängen der Kreolenneger in Amerika wiederfindet; nur daß bei diesen manchmal von den Weißen das eine oder andere hinzugethan worden ist.

Was ich hier sage gilt aber nicht von allen schwarzen Racen, denn es giebt unter ihnen manche die allerdings sehr erziehungsfähig sind, und **nicht die Haut macht den Neger**. Ich habe oben im Allgemeinen die Merkmale bezeichnet, an welchen er zu erkennen ist, und ich theile überhaupt die Schwarzen in zwei Classen. Die welche der ersten angehören leben nördlich vom 12. Breitengrade, sie haben zumeist den Islam angenommen, und die in Abyssinien sind zum Theil Christen. Die zweite Classe begreift die heidnischen Stämme im äquatorialen Sudan; sie sind weit weniger intelligent als jene, ihre Physiognomie ist viel schärfer, eigenthümlich ausgeprägt; jene kann man als Barbaren bezeichnen, diese aber sind zumeist noch im Zustande der eigentlichen Wildheit.

Die Nuba machen keine Narben und Einschnitte in die Haut; selbst leichte Tätowirungen kommen selten vor. Die Schnittwunden welche man namentlich hinter den Schultern bei ihnen findet, rühren daher, daß sie bei manchen schweren Krankheiten tiefe Einschnitte ins Fleisch machen oder auch die Haut mit einem glühenden Eisen brennen. Dieses Heilmittel wenden sie insbesondere bei Krankheiten an, und es ist allerdings wirksam, obwohl sehr schmerzhaft. Aber auf diesen letztern Umstand legt der stoische Geist eines barbarischen Volkes keinen Werth. Der Gebrauch des Hautbrennens als eines Heilmittels, ist übrigens in Afrika uralt. So erzählt schon Herodot Folgendes: „Wenn die Kinder ein Alter von vier Jahren erreicht haben, brennt man ihnen die

Blutadern oben auf dem Kopfe, bei einigen auch wohl an den Schläfen, vermittelst nicht entfetteter Wolle. Ich kann nicht behaupten, ob alle jene Nomadenvölker diesen Brauch haben, aber bei mehreren kommt er vor. Sie behaupten daß sie dadurch vor Verschleimungen geschützt würden, die sich vom Gehirn absondern, und daß sie dadurch vollkommen gesund würden." IV. 187.

Einige haben die Beschneidung nicht; bei anderen wird sie mit unglaublich grausamem Raffinement vorgenommen. Außerdem hat man im Sudan auch die Infibulation, eine sehr schmerzhafte Operation welcher die Mädchen vor Eintritt der Mannbarkeit sich unterziehen müssen. Die äußeren Lefzen werden weggeschnitten, und beide Seiten der Wunde an einander geheilt, so daß die Scheide, bis auf eine kleine Oeffnung für den Durchlaß des Urins, geschlossen ist. Man will dadurch eine Gewährleistung für die Keuschheit der Mädchen erzielen; vor der Hochzeit wird die vernarbte Wunde vermittelst eines Scheermessers von einer alten Frau geöffnet. Oft läßt die Mutter diese Verrichtung sich nicht nehmen, denn sie wird im Voraus mit einem für jenes Land hohen Werthe von vierzig bis einhundert Piastern bezahlt. Im Sudan nennt man die Infibulation Kheïtat, d. h. Naht; und ein Mädchen das sich ihr unterworfen hat Muhaït, eine Genähete. Die Araber in Kordofan und Sennaar haben diesen Brauch gleichfalls, aber wahrscheinlich erst nach ihrer Einwanderung angenommen. Möglich ist allerdings daß sie ihn auch schon in ihrer alten Heimat kannten. Im Sudan müssen sich übrigens alle Mädchen demselben unterwerfen, weil sich sonst Niemand fände der sie heirathen möchte. Der Kadi von Bara sagte mir: „Es ist ein nichtswürdiger Brauch und verstößt gegen den Geist der Religion, wenn ich aber mit meiner Tochter eine Ausnahme machen wollte, so bekäme sie gewiß keinen Mann."

2. Die Sitten der Schwarzen.

Wohnungen. — Dörfer. — Behandlung der Weiber. — Delfa. — Gewerbsamkeit der Sudanier. — Münze in Kordofan. — Anbau des Dokhn. — Merissa. — Trocknen des Fleisches. — Gewürze.

Die Wohnungen der schwarzen Muselmänner sind in allen Theilen des Sudan so ziemlich derselben Art. Eigentlich gezimmerte Häuser, steinerne Gebäude, Wohnungen aus Backsteinen oder Mauerwerk aufgeführt, giebt es namentlich im östlichen Theile äußerst selten. In Bornu und im Reiche der Fellatahs findet man hin und wieder dergleichen; sie wurden aber von Kaufleuten und Eingewanderten gebaut die von der Nordküste herkamen, und sie werden lediglich von diesen oder von einigen Großen im Lande bewohnt. Man hat mich versichert daß in Kobbeh mehrere solcher Gebäude ständen. In Kordofan und im Sennaar sind solche Häuser erst während der letztverflossenen Jahre aufgeführt worden, aber nur in sehr geringer Zahl und lediglich für die ägyptischen Beamten oder für die Truppen welche dort in Besatzung liegen. Nur allein die Stadt Khartum bildet eine Ausnahme von dieser Regel. Sie ist Hauptstadt einer ausgedehnten Statthalterschaft, Residenz eines Ferik Pascha d. h. Brigadegenerals, ist fast ganz nach einem neuen Plane in Pisé (von gestampfter Erde) neugebaut, und hat große Aehnlichkeit mit den Städten Aegyptens und Nubiens, mit Syut, Käneh, Dongolah und Berber. Sie hat einen von Buden eingefaßten Bazar, gerade, ziemlich breite Straßen, eine geräumige Moschee und recht hübsche Häuser, unter welchen der Palast des Statthalters gleich ins Auge fällt. Er steht an einem geräumigen Platze und seine Vorderseite ist dem Blauen Nil zugewendet. Auch das Kloster in welchem die katholische Mission ihren Sitz hat, ist ein hübsches Gebäude, wenigstens für das Land in welchem es sich befindet, geräumig, gut gelüftet, und hat einen prächtigen Garten, von welchem aus man gleichfalls eine Aussicht auf den Blauen Nil hat.

Die Nubier wohnen insgemein in viereckigen Hütten die nicht höher als sechs oder sieben Fuß sind. Einige kleine Bäume von denen man die Aeste entfernt hat, oder einige lange Pfähle stützen das leichte Dach, und an ihnen wird auch das geflochtene Stroh befestigt, welches die Mauer bildet. Dieses Stroh ist, je nach der Landschaft, entweder von Durah oder von Dokhn, oder von einer Gräserart die man Semema nennt, und die letztere eignet sich am besten zum Bau von Hütten; wenn sie angefeuchtet wird, verbreitet sie einen angenehmen und keineswegs ungesunden Geruch. Die großen Pfähle an den vier Ecken einer solchen Hütte, welche für Neuvermählte aufgeführt wird, behalten oben einige kleine Aeste; diese werden erst abgehauen wenn dem Ehepaar das erste Kind geboren ist. Das ist zugleich ein wundersamer und rührender Brauch. Der Fremde kann gleich bei seinem Eintritt ins Dorf ermessen, wie viele Kinder die Frauen dem Manne geschenkt haben!

Man nennt die Hütten Rekuba. In jedem Dorfe findet man eine dergleichen welche die anderen an Größe übertrifft; in ihr kehren die gewöhnlichen Reisenden und die Sclavenhändler ein. Reisende von Stand und Rang begeben sich ohne Weiteres in die gewöhnlich viel reinlichere Behausung des Scheikh el Belad oder Dorfschulzen, der ohnehin gleich Platz macht, sobald er die Fremden ankommen sieht. Ich habe mich dieses Vorrechts, das mir meine Waffen und meine Farbe gaben, stets bedient. Die Rekuba ist allgemein im ganzen Sudan. Denham erwähnt ihrer in Bornu, wo sie Kusi genannt wird. Das leichte Dach ist hinreichend, um die Sonnenstrahlen abzuhalten, aber gegen den gewaltigen Regen bietet es keinen hinlänglichen Schutz. Deswegen benützen die Nuba auch nur zur Sommerzeit diese Rekuba, und hausen während der Regenmonate in kreisrunden oder genauer ausgedrückt, in cylindrisch kegelförmigen Hütten, die sie Tukkoli nennen, und die in Bornu Bongo heißen. Die Mauer dieser Tukkolis ist nach einem walzenförmigen Plane gebaut, theils aus angefeuchtetem Sande, theils aus einem Material das beim Brunnengraben gewonnen wird. Sie erhebt sich höchstens fünf Fuß über den Boden, hat eine Oeffnung die als Thür dient, und manchmal auch dreieckige Fensteröffnungen. Auf diesem Mauerwerk ruht ein sehr verlängertes kegelförmiges Dach, das ein aus langen am obern Ende zusammengebundenen Stäben gebildetes Gerüst oder Fachwerk hat, und von einem fetten, angemessen abgestuften Bewurf überdeckt ist, von welchem das Wasser leicht abläuft. Ein solches Dach läßt sich mit Leichtigkeit abnehmen.

und wenn, zum Beispiel wegen der Belästigung durch Ameisen, eine Familie ihre Wohnung wechseln will oder muß, so braucht sie für ihr neues Tukkoli nur das Mauerwerk aufzurichten und das alte Dach daraufzusetzen. Das letztere wird von etwa acht Männern auf seine neue Stelle getragen. Die Spitze ziert man bisweilen mit Straußeneiern, auch nisten wohl Störche darauf, die den Winter über sich in Kordofan aufhalten.

Die ärmsten Leute besitzen nur ein Tukkoli. Reiche haben deren zuweilen eine beträchtliche Anzahl, die als Küche, Vorrathshäuser und Wohnungen für die Sclaven benützt werden; in anderen wohnen sie und ihre Frauen. Im Allgemeinen sind diese Herrschaftstukkoli von den übrigen durch einen Dornenzaun, eine mehr oder weniger hohe Hecke, Zeribeh, getrennt; eine andere Umzäunung welche kreisförmig die erstere umgiebt, trennt die Hütten der Sclaven von der Straße oder von der Wüste. In dem durch diese zweite Einzäunung gebildeten Hofraume werden die Pferde, Esel und Dromedare angebunden. In einem besondern Tukkoli zerreiben junge Mädchen das für den täglichen Bedarf erforderliche Korn, indem sie knieend einen schweren Stein auf einem andern größern hin und her stoßen, und so die Körner klein machen. Der größere Stein hat vorn eine kaum merkliche Vertiefung, auf dem andern Ende aber eine zweite die beträchlicher ist. Das in jener zerriebene Korn wird dann in diese letztere geworfen und ist nun zum Hausgebrauch fertig. Dieses Geräth nennt man Moraka. In dem innern Gehöfte steht oft noch ein Tukkoli mit einer Art Kamin oder tiefem Ofen, in welchem die Weiber Holz von Talehh und einigen anderen Akazien verbrennen; sie setzen sich dabei so vor den Heerd daß der Rauch ihnen entgegenströmt. Das Einschlürfen dieses abstringirenden Qualms geschieht aus Koketterie und hat vielleicht auch seinen guten Grund in Gesundheitsrücksichten.

Sowohl die Tukkolis wie Nekubas werden vermittelst kleiner hölzerner Thüren geschlossen. Der Hofraum, Hhosch, dagegen wird in anderer Weise zugemacht; man legt nämlich einen sehr dornigen Strauch in die Nähe der Oeffnung welche im Zaune für den Ein- und Ausgang bleibt. Abends fassen die Sclaven diesen Strauch oder Baum bei den Wurzeln, ziehen ihn vor diese Oeffnung, und geben ihm eine solche

Lage, daß die dornigen Zweige das Eindringen unmöglich machen; die Wurzeln liegen innerhalb des Hofraums und werden fest an eingerammte Pfähle gebunden. So ist das Thor geschlossen. Es muß bemerkt werden, daß im Sudan die Anzahl der verschiedenen Umzäunungen, welche eine Wohnung umschließen, dem Range des Besitzers entspricht.

In der Nähe der Tukkolis liegen die Kornmagazine oder Silos, M a t m u r a h s. Das Getreide wird vor den Ameisen vermittelst des Krautes K a t k a t geschützt, mit welchem der Boden und die Seiten des Silo gleichsam ausgefüttert werden; nachdem man den Vorrath hineingeschüttet, bedeckt man ihn auch oben mit dem Kraute. Kleinere Vorräthe verwahrt man in irdenen Cylindern von vier Fuß Höhe und zwei Fuß Durchmesser, die oben geschlossen werden können; der Tagesbedarf wird in den Häusern behalten, auf Brettern, die man unter das Dach hängt. Das Hausgeräth in den Tukkolis ist von der allereinfachsten Art. Auf dem Boden liegen Matten, die mit Krappwurzel, F u h r, oder Angolib gefärbt sind; da und dort stehen Gefäße, B u r m a, in welchen die Merissa aufbewahrt wird, und Näpfe und Schalen aus Sabarosholz. Einige lederne mit Stroh oder Wolle ausgefüllte Kopfkissen liegen auf den Matten umher. Die meiste Sorgfalt wird auf das Bett verwendet; das Gerüst desselben besteht aus vier oder sechs Füßen, die durch starke Querhölzer mit einander verbunden sind; dicke fingerbreite Lederriemen werden netzförmig an die Bettstellen befestigt und bilden das eigentliche Lager. Solch ein Bett wird A n g a r e b genannt; es gleicht völlig dem in der Odyssee geschilderten Schlaflager des Odysseus.

Schon weiter oben ist gesagt worden, daß jede wohlhabende Familie eine größere Anzahl von Hütten besitzt. Zu dem Hofraume, in welchem sie zerstreut umher liegen, ist selbstverständlich eine nicht geringe Bodenfläche erforderlich. Außerdem liegt jedes Hauswesen weit entfernt von jenen der übrigen Bewohner eines Dorfes, die Umzäunungen berühren sich nicht und haben also keine gemeinschaftlichen Mauern. Es giebt auch keine Straßen; man kann um jedes einzelne Gehöft herumgehen, und die einzelnen Theile eines Wohnortes sind von den übrigen durch bebaute oder unbebaute Ländereien getrennt. Daraus wird erklärlich, daß auch die kleinsten Städte im Sudan einen großen Flächenraum einnehmen, und wie schwer die Anzahl der Bewohner annähernd genau abzuschätzen ist. Zwischen den Gehöften und auf den freien Räumen stehen hin und wieder Akazien und riesige Baobabbäume. Während der Regenzeit (Kharif) bilden sich Teiche, Gießbäche, Moräste, und in Folge der Bewässerung keimt eine kräuterartige Vegetation empor, die während der Dürre wieder verschwindet. Dann werden Staub und das von dem weißen Boden zurückstrahlende Licht geradezu unerträglich.

Das eben Bemerkte gilt fast von allen Städten oder besser gesagt großen Dörfern im Sudan, von Lobeidh, Bara, Kobbeh und Wara. Im westlichen Theile sind jedoch einige Städte befestigt. Denham und andere Reisende schildern uns Städte in Bornu, die mit einer von achtzehn bis sechsunddreißig Fuß hohen Mauer umgeben, welche bis zu achtzehn Fuß dick ist und manchmal Zinnen hat. Eine derartige Umwallung ist in der Regel viereckig, in den Winkeln und an den Seiten hat sie Thürme, oder zahlreiche in gerader Linie an die Mauer gelehnte Thürme, wie man dergleichen in allen arabischen Ländern sieht. Manchmal ist auch eine Art Burg vorhanden, selten aber ein Graben. Die Anzahl der Thore beträgt in der Regel vier; sie liegen in der Mitte einer jeden der großen Mauerlinien und werden von einem Thurme oder von zweien gedeckt und sind sehr fest gebaut. Manchmal werden vier solcher Thore hintereinander angebracht.

Die Brunnen sind in den Wohnorten entweder Privateigenthum, oder öffentlich, und für die allgemeine Benutzung zugängig. Von diesen letzteren sind manche vom Landesherrn oder von irgend einem reichen Manne aus Wohlthätigkeitsrücksichten gegraben worden. Privatbrunnen darf nur der Besitzer benutzen; sie sind häufig mit einer Einfassung umgeben. Liegen sie an einem gangbaren Wege, so läßt der Eigenthümer keinen Schöpfeimer liegen, oder ein Sclav muß den Brunnen überwachen. Sclaven sind es auch, welche Brunnen graben müssen; sie verfahren dabei in der allgemein üblichen Weise. Die Oeffnung wird mit einem Brette bedeckt und nur ein Loch gelassen, eben groß genug, daß ein Eimer hindurch gelassen werden kann.

Ich habe schon weiter oben bemerkt, daß die Frauen bei den mohamedanischen Völkern großen Einfluß üben. Bei den Türken zum Beispiel kommt keine wichtige Angelegenheit vor, die nicht auch im Harem verhandelt würde. Die Weiber wirken Begünstigungen aus, und als Mohamed Ali mit dem Sultan Mahmud eine Ausgleichung treffen wollte, übertrug er seiner Tochter die Unterhandlung einer so wichtigen Angelegenheit. Die Geschichte des türkischen Reichs liefert vielfache Beweise von dem überwiegenden Einfluß, welchen die Sultanin-Mutter (Walide) ausübte. Die Keussem-Sulthane beherrschte unter vier nach einander folgenden Regierungen das Reich; am Ende mußte sie ihren kühnen Despotismus mit dem Leben bezahlen. Volney sagt, die Muselmänner zweifelten daran, ob die Weiber eine Seele hätten; er muß sich aber in Kairo nicht genau umgesehen haben, sonst würde ihm etwas von einer heiligen Frau bekannt geworden sein, der Seïda Zeineb. Sie hat dort ihr Grab und ihre Moschee, und ist für das gemeine Volk jener Stadt so ziemlich dasselbe, was die Madonna für die Italiener, die Panagia für die Griechen. Es darf also nicht befremden, daß zuweilen im Sudan Frauen die höchste Gewalt ausüben, wenn auch im Namen ihrer Gatten oder Söhne. Sie haben auf ihre Ehemänner einen weitgreifenden Einfluß, den sie noch durch eine eigenthümliche Art von Vergesellschaftung in erheblicher Weise zu kräftigen verstehen. Gegen einen Mann, der seine Frau übel behandelt, werden von den übrigen Weibern sogleich alle anderen Männer aufgewiegelt. Wenn er Handelsmann ist, wird ihm nichts mehr abgekauft; bedarf er der Hilfe oder des Beistandes, so werden sie ihm verweigert. Ich habe selbst in Kordofan erlebt, daß Niemand einem Kaufmann Gummi ablassen wollte, weil er seiner abyssinischen Sclavin verboten hatte, auszugehen. Der Weiberbund hatte ihn in Bann und Acht gethan, bis er sich eines Andern besonnen hatte. Denham erzählt eine ähnliche Geschichte, die er in Bornu erlebte. Der Scheikh El Kanemi hatte einige öffentliche Mädchen allzu hart strafen lassen. „Aber die Frauen hatten so großen Einfluß auf ihre Männer, daß mehr als einhundert Familien Kuka verließen."

Die Nuba kleiden sich wie die Araber, flechten aber ihr Haar nicht. Die Tracht ihrer Frauen ist ganz dieselbe wie bei den Beduininnen. Sie verschleiern ihr Gesicht nicht; noch mehr, sie vergessen manchmal den übrigen Theil ihres Körpers zu verhüllen. Sie sind überhaupt nicht so keusch wie die Araberinnen, und manchmal gastfreundlich auf Kosten ihrer Züchtigkeit. Es ist üblich, daß der Reisende von Rang, wenn er in einem Dorfe Rast macht, den Scheikh rufen läßt und demselben erklärt, er habe drei oder vier junge Mädchen für die Delka nöthig und erwarte, daß diese nach dem Abendessen nicht ermangeln würden, sich einzustellen. Die Delka besteht in einem Kneten des Körpers, auf welches die Nubamädchen sich verstehen. Sie salben den Körper mit einer Pomade ein, welche verschiedene Zuthaten hat, namentlich Duffr, das heißt klein und fein gestoßene Muscheln. Dieser Staub ist fast so beißend wie der Emeri und reinigt die Haut vortrefflich. Ich brauche nicht beizufügen, wie die Delka gewöhnlich das Vorspiel anderer weniger unschuldiger Sachen ist. Die Nuba sind sehr gefällige Väter und Ehemänner. Aus Furcht vor den Türken erlauben sie diesen alle möglichen Excesse. (— Aber die Infibulation?! —)

Die Gewerbsamkeit der Bewohner des Sudan will nicht viel bedeuten. Sie verfertigen Matten, färben dieselben roth, gelb oder schwarz, machen plumpgeformte Töpfe, Näpfe und Schüsseln aus dem Holze des Kabarosbaumes, gerben mit Gorad und der Frucht des Heglig die Häute von Ochsen, Antilopen und Kameelen, und machen aus diesem Leder Gefäße, Säcke, Sättel und Schilde, oder decken damit ihre Angarebs. Auch weben sie Zeuge und färben dieselben mit Indigo, der namentlich in Waday und Bornu außerordentlich reich an Färbestoff ist. Der Baum Laot liefert den Nuba eine seifenartige Masse, die im Wasser sich auflöst, wenn zerriebenes Laotholz hineingethan wird. Dieses Holz hat einen üblen Geruch, der aber verschwindet, sobald man dasselbe stark anfeuchtet. Die Danagla, das heißt die Leute von Dongolah, wirken ein grobes Baumwollenzeug, das in Dar Fur und da und dort selbst in Kordofan als Münze gilt. Der Werth eines solchen Stückes Zeug, Damuhr, stellt sich zwischen siebenundzwanzig Piaster, je nach dem Orte, wo es zum Verkauf angestellt wird. Außer diesem Zahlungsmittel haben die Nuba noch ein anderes von geringerm Werthe, das blos unter ihnen selbst und nur beim Kauf geringfügiger Sachen im Umlauf ist; ich meine das Eisen ihrer Hacken oder Schaufeln

(„Haschasch", von Haschisch d. h. Pflanze). Dieses Eisen hat die Gestalt eines kleinen Halbmondes; im concaven Theil desselben befindet sich ein Loch, in welches der Stiel gesteckt wird. Die gewöhnlichen Haschasch sind von einem Ende des Halbmondes bis zum andern nur etwa anderthalb Zoll lang, und vertreten den Werth von einem Para, oder den 160ten Theil eines französischen Franc; einige größere gelten etwa einen halben Piaster, auch wohl einen ganzen. Nur in einigen wenigen Fällen sah ich dergleichen eiserne Halbmonde, die man auf fünf Piaster, das heißt etwa ein Franc fünfundzwanzig Centimes abschätzte. Denham erzählt, daß die Schuaa in der Gegend von Loggun eine Metallmünze hätten, die aus kleinen, hufeisenartigen Eisenplatten bestehe. Die Kauris sind namentlich bei den Arabern sehr gesucht. Sie schmücken damit ihre Zelte, ihre Geräthschaften, den Rahab ihrer Töchter, und benutzen diese Muschel auch als Geld. Sie wird in großer Menge von Soaken gebracht; als kleine Münze in ganz allgemeinem Gebrauch kommen die Kauris aber erst weiter nach Westen hin vor, namentlich in Bornu.

Der oben erwähnte Halbmond, Haschasch, ist so ziemlich das einzige Ackerbauwerkzeug, dessen die Nuba sich bedienen. Bei ihren Feldarbeiten zeigen sie weder Geschicklichkeit noch Ausdauer. Ihre Arbeit besteht darin, daß sie den Boden etwas aufhacken und ihm so die Saat anvertrauen. Noch viel einfacher gehen die Malgaschen zu Werke, denn sie haben kein anderes Ackergeräth als ihre Lanzenspitze. Pflügen, Furchenziehen, Düngen und dergleichen mehr sind völlig unbekannte Dinge. In Kordofan hat der Boden keinen Eigenthümer; wer seine Lanze in einer Lichtung aufsteckt und säet, ist im Besitz bis er seine Ernte gehalten hat. Im nächsten Jahre wird er sich um diesen Acker gar nicht mehr bekümmern, sondern eine andere Lichtung aufsuchen, vielleicht etwas Gesträuch abbrennen, in den mit Asche bedeckten Boden kurz vor Ablauf der Regenzeit Dochn (ich glaube es ist Pennisetum spicatum) so pflanzen, daß jeder einzelne Büschel etliche Fuß vom nächsten entfernt steht, und damit sind die Feldarbeiten bis zum Einscheuern abgethan. Der Dochn erreicht eine Höhe von sechs bis sieben Fuß; seine Aehre trägt längliche Körner von gelblicher Farbe und bitterm, keineswegs angenehmem Geschmack; er wird reif sobald die letzten

Regen vorüber sind. Dann schneidet man ihn, und verbrennt das Stroh, falls etwa derselbe Acker noch einmal benützt werden soll. In Lobeidh gilt durchschnittlich der Ardeb Dokhn etwa 25 Piaster. Dieses Maaß hält etwa 45 Kilogramme, also nahezu einen Centner, und macht etwa eine Eselsladung aus. Der Dokhn wird vermittelst der Moraka gemahlen, und dann mehrmals angefeuchtet und wieder in der Sonne getrocknet; dadurch verliert er sowohl die gelbe Farbe wie den bittern Geschmack, und man kann nun Afida aus ihm bereiten, einen weißen consistenten Teig, den man mit Fleischbrühe und Bamleh (Gombaut, Hibiscus esculentus) zu Tische bringt. Die Afida in Dar Fur schmeckt recht angenehm, und wird wegen ihrer blendenden Weiße Dschir genannt. (Dschir: Gyps, Kalk.) Die Bellah ist ein einfacher Brei aus Dokhn; die Merissa wird in folgender Weise bereitet. Man läßt die Dokhnkörner eine Nacht durch kochen und dann stehen; die Gährung wird durch Zusatz von Blättern der Asclepias gigantea befördert. Es giebt mehrere Arten Merissa, zum Beispiel den Bülbül (Omm el Bülbül, Mutter der Nachtigal, weil dieses Getränk zum Singen aufgelegt macht; er enthält viel Weingeist), den Goeürres und den Paganieh; diese haben nur wenig gegohren und werden auch von Fakihs und überhaupt von solchen Muselmännern getrunken, welche alle Vorschriften des Islam genau befolgen. Alle diese Getränke sind Antiaphrodisiaca, harntreibend, tonisch, etwas bitter, nahrhaft und in jenem heißen Lande sehr gesund. Aber in Uebermaß genossen machen sie den Kopf schwer, und bewirken einen unangenehmen Rausch. In Nubien wird die Merissa oder Buhssa aus Durah und in Kairo aus Gerste bereitet. Die Nuba verbrauchen wenig Getreide, Mais und Durah, wohl aber thun es die in Kordofan angesiedelten Nubier, welchen die Türken und Aegypter die Bereitung des Ebrek abgelernt haben, eines kleinen kuchenförmigen Gebäcks, das ein wenig säuerlich schmeckt, sich leicht aufbewahren läßt, auf Reisen mitgenommen und in der Weise genossen wird, daß man es mit Fleischbrühe oder auch mit Milch oder Wasser anfeuchtet. Die Scheria entspricht unseren Fadennudeln oder Vermicelli, nur wird sie nicht so sorgfältig bereitet; diese Speise wird in Aegypten häufiger genossen als die Ebrek. Als Brotspeise genießt der Reisende jenen allbekannten Mehlteig, der in wenigen Sekunden auf einer glühheißen Eisenplatte in einen harten dünnen Kuchen verwandelt wird. Weiter oben, als ich das Leben und Treiben der Araber schilderte, erwähnte ich der Marara; diese ist auch bei den Nubas in Gebrauch und vielleicht von ihnen erfunden worden. Ohnehin haben beide Völker ziemlich ein und dieselbe Küche. Das Fleisch wird oft auf glühenden Kohlen geröstet, auf welche man es geradezu legt, oder es wird an einem Stabe befestigt und hängt dann einwenig über der Gluth. Wenn es für längere Zeit aufbewahrt und zum Beispiel mit auf eine Reise genommen werden soll, verfährt man anders; es wird in Oel oder in Butter gebraten, oder blos getrocknet und in Säcke verpackt. Im Sudan bereitet man dieses getrocknete Fleisch (Kabid), ähnlich wie das Tasajo der Gauchos am La Plata, in folgender Weise. Man schlachtet ein Kameel, einen Hammel, insgemein aber einen Ochsen, reißt die Muskeln einzeln heraus, und reinigt sie sorgfältig von allem Fett und überhaupt von jenen Geweben welche die Verwesung beschleunigen könnten. Darauf wird das Fleisch an dünnen Seilen in freier Luft, aber im Schatten, aufgehängt, niemals aber der Sonne ausgesetzt. Insekten werden durch Kinder abgewehrt, die mit Fliegenwedeln dastehen. Nach etwa vierundzwanzig Stunden ist das Fleisch vollkommen getrocknet, hart, zerbrechlich und kann vermittelst der Moraka zu Staub zerrieben werden. Das Letztere geschieht aber erst wenn man das Kabid essen will; dann wird der Staub, nebst getrockneter und gleichfalls zerriebener Bamieh mit Wasser gekocht und giebt dann einen Brei, Melań genannt, der bei den Nuba sehr beliebt ist; er war die gewöhliche Nahrung meiner Dienerschaft.*) Das Kabid ist sehr gut; ich ziehe es noch dem konstantinopolitanischen Rauchfleische (Pasterma) vor; es bildet eine gesunde Nahrung, die weit angenehmer und wohlfeiler ist als unsere Bouillontafeln, oder andere derartige Erfindungen. Fleisch ist in den Ländern der Wilden im Ueberfluß vorhanden und überall zu bekommen, sowohl in der Wüste, als am Meere, getrocknet oder frisch, wie man es haben will. Das in Europa zubereitete und in Büchsen verschlossene Fleisch kann der afrika-

---

*) Das wäre also eine Art von Pemmican, das beim Proviant der nordamerikanischen Pelzhändler, canadischen Voyageurs, und der Nordpol Expeditionen welche den Landweg wählten, eine so große Rolle spielt. A.

nische Reisende so wenig gebrauchen, wie er ein etwa in Paris oder London verfertigtes Zelt benützen könnte. Dagegen ist die neue Erfindung, Gemüse zu pressen, ganz vortrefflich; sie halten sich gut, bewahren ihren Geschmack, lassen sich leicht transportiren, sind wohlfeil, und gleich empfehlenswerth für Seefahrten wie für Reisen in der Wüste. Auf diesen letzteren ist gerade Pflanzenkost so wünschenwerth und der Gesundheit zuträglich; an Fleischkost hat man ja keinen Mangel.

Die Leute im Sudan essen Gummi, wenn Hungersnoth eintreten oder kein anderes Nahrungsmittel zur Hand sein sollte. Das frische Gummi schmeckt keineswegs unangenehm und ich habe manchmal gern davon gekostet. Auch essen sie die Frucht des Lotos (Nabak), die Körner von der Pflanze Mükhet und von der Pflanze Kaskanit. Die letzteren sind von einer stachelichen Hülle umschlossen, bedecken zur Zeit ihrer Reife alle Lichtungen im Sudan, und fallen dem Reisenden sehr lästig; denn er findet sie überall, in seinem Zelt, auf seinem Teppich, auf dem Bette und dem Sattel, in den Kleidern; sie stechen ihn und er kann sich ihrer kaum entledigen. Auch Wurzeln essen die Nuba, und Knollenfrüchte, namentlich eine kleine, welche mit der Gulgasse Aehnlichkeit hat; leider vergaß ich ihren Namen. Bei langanhaltender Dürre macht sich Wassermangel fühlbar, dann leisten die Wassermelonen schätzbare Dienste, und werden auch den Hausthieren gefüttert. Das Steinsalz, dessen die Sudanier sich bedienen, ist im Allgemeinen sehr unrein, roth und bitter. In manchen Theilen Innerafrika's, wo es sehr selten ist, wird es gegen Sclaven vertauscht.

In heißen Ländern verdaut man schwer und mühsam, besonders rohes Fleisch, dicken Brei und schweres Brot, und man nimmt deshalb zu künstlichen Mitteln seine Zuflucht um den überladenen und geschwächten Magen zu kräftiger Thätigkeit zu reizen. Dahin gehören rother Pfeffer, Kamuhn, Schamar und Galle; ohne diese letztere werden Leber und Herz, namentlich jene von Kameelen und Schafen, nie genossen. Die Schwarzen am Weißen Nil und manche Bewohner des Sennaar würzen ihre Speisen mit Assa Foetida, die schon bei den Alten Stercus diaboli, Teufelsdreck hieß. Die Türken haben diesen Ausdruck übersetzt und nennen jenes Gewürz, das den Schwarzen als

Ersatz für Pfeffer und Salz dient, **Scheitan boki**. Ich weiß nicht ob jene Leute am Weißen Nil Geruch und Geschmack der Assa Foetida angenehm finden; so viel ist aber ausgemacht, daß sie ihnen wohl bekommt; wahrscheinlich bedienen sie sich derselben nicht aus Leckerei, sondern weil sie der Gesundheit zuträglich ist. Die Nuba trinken viel Merissa; sie haben aber noch ein anderes Kraftmittel um sich zu berauschen und zu betäuben, nämlich ein Gemisch von Tabak und Natron, das sie kauen. Manche bedienen sich außerdem noch eines Stramonium, das energisch wirkt, und zuweilen Ausbrüche von schwer zu bändigender Tollwuth hervorruft.

3. Regierungsverhältnisse.

Feudalregierung. — Kriege und Kriegführung. — Gegenwärtige Eintheilung des Sudan. — Stellung gegenüber der ägyptischen Herrschaft. — Religion. — Maliki-Ritus. — Ulemas. — Fakihs-tekruris.

Der muselmännische Sudan begreift im Osten und Westen einige Provinzen welche einer Fremdherrschaft unterworfen sind, einerseits nämlich Sennaar und Kordofan, andrerseits Senegambien. Der übrige Theil ist unabhängig, frei von europäischen Einflüssen und durch die Wüste vor Uebergriffen der Türken gesichert. Die bedeutendsten unter den unabhängigen Reichen sind Bornu und jenes der Fellatahs; sodann Waday und Dar Fur. Das letztere ist vor einigen Jahren von zwei Reisenden besucht worden, die leider nicht im Stande waren, etwas Gescheidtes über das noch so wenig bekannte Land mitzutheilen. Der eine ist ein Schwarzer, Namens Abd el Kerim, ehemals Sclav des französischen Generalconsuls in Aegypten, Drovetti. Er war seinem Herrn nach Frankreich gefolgt, hatte sich dort verheirathet, und an einer der pariser Barrieren eine Schenke gehalten. Allein er hegte den Wunsch in seinen heimathlichen Erdtheil zurückzuwandern, und eine englische Gesellschaft verschaffte ihm die nöthigen Mittel. Sie gab ihm aber auch Aufträge, deren Besorgung wohl über seinen Horizont hinausgelegen hat. Er kam an den Nil, reiste durch Khartum, wo er sich Abd el Kerim Efendi nennen und vom Statthalter Geld geben ließ. Dann zog er weiter nach Dar Fur, wo Sultan Mohamed Fadhel herrschte. Dieser fand die Ansprüche Abd el Kerims übertrieben und seine Fragen verdächtig; noch mehr aber die Beobachtungen, welche der Schwarze vermittelst einiger Instrumente machen zu können sich rühmte. Der Sultan ließ ihn verhaften, alle seine Sachen mit Beschlag belegen, und schickte ihn in die Kupfergruben. Fadhels Nachfolger, Sultan Hosseyn, hat ihm die Freiheit wiedergegeben; er darf aber Dar Fur nicht verlassen. Der andere Reisende ist ein vormaliger französischer Soldat, aber ohne alle wissenschaftliche Bildung; er war nach Aegypten gekommen, um dort sein Glück zu machen, das aber auf sich warten ließ. Er war dann nach Kordofan gegangen, von dort weiter bis Kobbeh vorgedrungen, wurde dem Sultan Hosseyn vorgestellt und versprach für denselben Schießpulver zu verfertigen, in welchem er den Phosphor als Zuthat benützen wollte. Hosseyn sah gleich daß der Abenteurer nichts von der Pulverbereitung verstand, ließ ihm zwei Dromedare geben und schickte ihn über die Grenze. Ich habe diesen wunderlichen Menschen 1850 in Kairo gesehen; er wollte eben damals nach Californien.

In den muselmännischen Staaten des Sudan ist die Regierung in der Theorie eine völlig unumschränkte, in der Ausübung jedoch muß sie gewisse Grenzen inne halten, die nicht überschritten werden dürfen. Der Herrscher und seine Werkzeuge werden von den Ülemas, den Mitgliedern der regierenden Familie und den Großen im Lande stets sorgfältig überwacht. Eine Art Lehenwesen ist vorhanden; jeder Vorsteher einer Unterabtheilung des Staatsgebietes, ist gewissermaßen ein zinspflichter König (Melek, abgekürzt Mek), oder genauer gesagt, ein großer Baron, der seinem Lehnsherrn zu Huldigung und Treue verpflichtet ist, eine Art Belehnung empfängt und hingegen auf Schutz und Gunst Anspruch hat. Bei der feierlichen Einsetzung muß er dem Herrscher ein Antrittsgeschenk geben, sodann alljährlich eine Gabe verabreichen, deren Betrag nicht immer fest und genau bestimmt ist, und von Zeit zu Zeit einige Sclaven, einige Säcke voll Getreide und Ochsen an das Hoflager schicken. Ein Mek der sich empört hat und im Kriege den Kürzern zieht, wird von einem Sclaven, einem Freigelassenen oder einem beliebigen Günstling des Herrschers ersetzt. Ein solcher war in Kordofan der Magdum oder Commandant Msallem, Verschnittener des Sultans von Dar Fur, welcher jene ihm anvertraute

Provinz gegen die Türken vertheidigte. Er hatte nördlich von Lobeidh eine kleine Festung wurde von den Türken zerstört wurde; die bis auf einen Erdhügel zusammengefallenen Trümmer kann man heute noch sehen.

Die Gesetze über die Nachfolge in der Regierung sind auch im Sudan ebenso mangelhaft und unvollständig, wie in der Türkei, in Persien und früher bei den Kalifen von Damascus, Bagdad oder Kairo. Daraus entstehen denn Umwälzungen und große Verlegenheiten für den Herrscher. Dieser muß, schon dieser Umstände halber und weil er fast unaufhörlich bald mit diesem, bald mit jenem Nachbar Kriege führt, ein sehr thätiger und kräftiger Mann sein, und wenn ihm diese Eigenschaften abgehen einen Major Domus haben, dem sie nicht fehlen. Dann aber ist ein solcher Hausmaier der eigentliche Gebieter. Der berühmte Scheikh El Kanemi kann als Beispiel dafür dienen.

Die im Sudan üblichen Strafen weichen, wie in allen mohamedanischen Ländern, von den im Koran vorgeschriebenen wesentlich ab; sie sind dort, wie auch anderwärts der Fall, weit schärfer und strenger. Sclaverei ist im ganzen Sudan vorhanden, der Sclavenhandel eine Haupterwerbsquelle der schwarzen Muselmänner. Bei den Sudaniern findet man, trotz ihrer naiven und abergläubigen Andacht, keinen andern Fanatismus als jenen welcher einer Ghazwa zum Vorwande dient. Fremde Nichtmuselmänner sind, im Allgemeinen, keineswegs unwillkommen, werden vielmehr gern gesehen und wohl empfangen. Denham fand eine Aufnahme wie sie früher kein europäischer Gesandter in Konstantinopel hoffen durfte. (— Auch der deutsche Reisende Barth wurde bekanntlich in Bornu gut behandelt.—) Dagegen haben die einheimischen Fürsten gegen die Türken einen entschiedenen Widerwillen, und hegen gegen dieselben ein sehr starkes Mistrauen seitdem die ottomanischen Truppen im Sudan Eroberungen gemacht haben, also eine gefährliche Nachbarschaft bilden. Nur aus diesem Grunde weist der Sultan von Dar Fur alle Fremden zurück, welche sein Gebiet erforschen wollen; auch in den Europäern erblickt er Agenten und Späher des Pascha von Aegypten. Es erfüllte ihn mit Unruhe daß der Vicekönig in den von Ismayl Pascha und dem Defterdar Mohamed Bey eroberten Sudanlanden fünfzehntausend Mann Soldaten stehen

Regierungsverhältnisse im Sudan. — Der Feudalherr.

hatte, also eine unendlich beträchtlichere Streitmacht als nöthig wäre um Dar Fur sammt den Nachbarstaaten zu erobern.

Vom blos militairischen Gesichtspunkte betrachtet wären Dar Fur, Wadaŷ, Bornu und das Reich der Fellataĥs, obwohl sie alle durch vielfache Kämpfe untereinander sehr kriegerisch geworden sind, von europäischen oder türkischen Truppen leicht zu bezwingen. Die Völker im Sudan sind muthig, haben Kraft, leben mäßig und es fehlt ihnen auch nicht an Selbstgefühl; hier sind demnach alle Eigenschaften vereinigt, um tüchtige Soldaten zu bilden. Aber mit Ausnahme einiger keineswegs an Zahl bedeutender Truppenkörper, welche die Leibwache der Fürsten bilden, giebt es kein stehendes Heer. Es fehlt also an Mannszucht, an taktischer Einübung und an Ueberlieferungen. Der Lehnsherr erklärt Krieg und beruft seine Vasallen ein, damit sie ihr Aufgebot ihm zur Verfügung stellen. Sie thun es und erscheinen zu der anberaumten Zeit mit ihrer Streitmacht, über welche sie den Befehl führen, ohne allemal den Weisungen zu folgen, welche der Herrscher ihnen giebt; sie verfahren nicht selten auf eigene Faust und gehen auch wohl zum Feinde über, wenn sie die Ueberzeugung gewinnen, daß derselbe der Mächtigere sei und auf die Dauer Sieger bleiben werde. Manchmal aber stellt der Vasall gar kein Aufgebot und bietet seinem Oberlehnsherrn Trotz. Das Volk kennt in den Feudalstaaten kein Vaterland als das Lehen, auf dessen Gebiet es wohnt; die Grenzen der Monarchien wechseln, jene der Lehensantheile erfahren nur selten eine Veränderung und bleiben durchgängig eine lange Reihe von Jahren in ein und derselben Familie. Außerhalb dieses engen Heimatverbandes ist dann allerdings noch ein größerer vorhanden, welcher eine Anzahl von Lehenantheilen oder kleinen Staaten zu einem umfassenden Gemeinwesen vereinigt, bei dessen Bildung die gemeinsame Abstammung, gleiche Sprache und Religion von hervorragender Bedeutung sind. Bei den Muselmännern ist der Islam ein zusammenknüpfendes Band, das Glaubensbekenntniß gleichsam Fahne und Schlachtenruf. Die wahre Volksthümlichkeit des ächten Muselmannes ist eben der Islam. Von Patriotismus in unserm Sinne weiß man im Sudan nichts; er ist völlig unbekannt; als Ersatz für ihn dient gewissermaßen das religiöse Gefühl und das Bestreben sich durch Thatenmuth vor anderen aus-

zuzeichnen. Eigentliche Ehrfurcht und Hingebung im Verhältniß zum
Fürsten ist überall selten, am seltensten aber in jenen Feudalstaaten.
Dort hat der Herrscher nur eine verhältnißmäßig geringe Anzahl eigener Untherthanen; für sich und seine Sache kann er nur auf sein Haus
zählen, seine Freigelassenen, Sclaven, Günstlinge, überhaupt auf solche
die etwas von ihm zu hoffen oder zu fürchten haben. Demgemäß sind
die Krieger von Bornu, Wadan und Dar Fur ohne Patriotismus und
ohne Hingebung für ihre Fürsten; sie bekennen sich alle zu einer und
derselben Religion, bewohnen dieselbe Zone, haben einerlei Sitten und
Gebräuche; sie schlagen sich lediglich der Beute wegen. Haben sie diese
gemacht, so ist es ihnen ganz gleichgiltig ob der Fürst, mit welchem sie
ins Feld rückten, Sieger bleibt oder eine Niederlage erleidet.

Gleich allen Barbaren ziehen sie in den Krieg, ohne Magazine,
Vorräthe, Bedeckungen oder dergleichen; sie leben auf Unkosten des
Landes, welches sie durchziehen, saugen dasselbe aus, und zerstören auch
die aufkeimenden Saaten. Trotz alledem leiden sie gleich zu Anfang
des Feldzuges an Hunger und Durst, und ihre Zahl schwindet in Folge
des Mangels, der Gefechte, des Fliehens und Ausreißens um mehr
als die Hälfte, auch wohl auf ein Drittel oder Viertel. Die Haupt-
stärke dieser Heere besteht in einer zahlreichen Reiterei mit guten Pferden. Einige Staaten im Sudan können zwölf bis fünfzehn tausend
Rosse stellen*) Diese Reiterei giebt aber nicht etwa dem Heere eine

---

*) Allerdings erreichen die Armeen manchmal diese Zahl. Unser Lands-
mann Vogel hat im März 1854 einen Raubzug mitgemacht, welchen
der Scheikh von Kuka in Bornu gegen das, unter 11 Grad N. Br. 33
Grad östl. L. von Ferro, wohnende Volk von Musgo unternahm. Sein
Heer bestand aus etwa 20,000 Reitern und 15,000 Kameel- und Ochsen-
treibern. Vogel entdeckte in 9 Grad 30 Minuten den Tubori-See, dessen
Wasserfläche periodischer Natur ist. Die Musgos hatten sich mit ihren
Heerden hinter den See und hinter Moräste geflüchtet, aber die Reiter
des Scheikhs drangen hindurch, und erbeuteten 1500 Sclaven, lauter Weiber und Kinder unter zwölf Jahren, denn die Männer wurden sämmtlich
niedergemacht, und jene welche etwa ins Lager geschleppt waren, auf eine
noch grausamere Weise ermordet. Vom See Tubori zog die Armee zum
Flusse Scharl, verwüstete unterwegs das Land weit und breit, und steckte
die Ortschaften in Brand. In wenig Stunden wurden 2500 Sclaven
und 4000 Ochsen geraubt. Sechsunddreißig Gefangenen wurde mit
schlechten Messern das linke Bein am Knie und der rechte Arm am
Ellnbogen abgeschnitten; so ließ man sie verbluten. Die übrigen Gefangenen blieben nackt im Wasser liegen; die Nächte waren kalt, bald
brachen Krankheiten aus, und von 4000 Sclaven, welche auf jenem

große Leichtigkeit der Bewegung, denn sie muß die am besten bewässerten und demnach an Futter ergiebigsten Regionen aufsuchen und hält sich in diesen möglichst lange auf. Deshalb kann sie in der trockenen oder kalten Jahreszeit, welche übrigens für Kriegführung gerade die günstigste ist, wenig ausrichten. Ohnehin vermag sie nichts gegen Fußvolk, das sich in Waldungen oder Morästen verschanzt oder sich in die Wüste zurückzieht. Gegen einen taktisch ungeübten Feind ist sie aber doch von großem Werth; sie besteht zudem in solchen Feudalländern aus dem Kern der Nation. Die Reiter im Sudan sind nicht so schwer gewappnet wie jene im europäischen Mittelalter, aber doch hinlänglich gegen die blanke Waffe geschützt. Sie tragen entweder einen Brustharnisch, eine S a y e h oder S c h a y e h die mit Baumwolle ausgefüttert ist, oder ein enganschließendes Wamms von Büffelleder, wie die holländischen Boers im Kaplande oder die Tuarek der Sahara. Einige haben auch Ringelpanzerhemden und Helme; diese Schutzwaffen sind auch bei den Arabern sehr gesucht. Das Fußvolk bildet Massen ohne regelrechte Ordnung, zerstreut sich leicht, und schließt nur mit Mühe ein Viereck. Schweres Geschütz und tragbare Feuerwaffen würden entsetzlich unter einem solchen Fußvolke aufräumen, aber Schießgewehre sind im Sudan selten. Die Türken lassen so wenig als irgend möglich davon ins innere Land kommen. Deshalb findet man Flinten nur in den Händen arabischer Kaufleute, welche sich gewöhnlich einem Kriegszuge anschließen und dann Wunderthaten verrichten. Einige leichte Stücke Geschütz trifft man wohl auch bei den Fürsten, aber diese Waffen sind für den Feind bei weitem nicht so gefährlich als für den welcher sie bedient. Sie ruhen auf unzweckmäßigen Laffeten, werden mit Eisen oder Steinen geladen, richten keinen Schaden an, üben aber eine bedeutende moralische Wirkung auf den Gegner aus.

Jedenfalls sind die alten einheimischen Waffen der Afrikaner schlechten Kanonen und eben so schlechten Flinten weit vorzuziehen. Sie schleudern ihre Wurfspeere, deren Schaft aus Bassamholz besteht,

---

Raubzug erbeutet wurden, kamen nicht ganz 500 in Kuka an. Bei den Tuboris bemerkte Vogel eine eigenthümliche Gewohnheit. Sie pflegen, wenn sie sich auf eine Schlacht vorbereiten, die Haut ihrer Beine aufzuritzen oder aufzuschneiden, um durch das klebende Blut einen desto festern Sitz auf dem Rücken des Pferdes zu bekommen.   A.

bis auf sechszig Fuß weit. Allerdings kann man mit einiger Gewandtheit dieser Waffe ausweichen, nicht so leicht aber ihren scharfen kurzen Pfeilen welche sie von dem äußerst harten Bogen abschnellen und die eine große Geschwindigkeit haben. Der Dampf von Schießgewehren verhüllt dem Schützen bald den Gegenstand auf welchen er zielt; das ist beim Bogenschützen nicht der Fall. Nicht selten wird die Spitze des Pfeils eingezackt, mit Widerhaken versehen und vergiftet. Einem Türken zufolge, der als Wundarzt der ägyptischen Truppen im Sennaar diente, ist dieses Gift sehr wirksam, aber das Ammoniak ein Gegenmittel. Uebrigens bedienen sich die Muselmänner im Sudan nur selten des Bogens und der Pfeile; die Bogenschützen welche sie ihren Truppen einverleiben sind meist Sclaven die sie auf ihren Ghazwas in den heidnischen Ländern geraubt, oder unter der zinspflichtigen Bevölkerung der Grenzgegenden ausgehoben haben.

Der östliche Theil des Sudan, der zwischen Dar Fur und Abyssinien liegt, ist dem Pascha von Aegypten unterworfen, der übrigens keine beträchtlichen Einkünfte aus demselben bezieht. Er hat viele Auslagen um sich im Besitze zu erhalten, und vielleicht keinen andern Ueberschuß als die Jahreseinnahmen des Zollhauses zu Dongolah, die sich auf 1300 bis 1400 Beutel belaufen mögen. Der Beutel gilt 500 Piaster oder etwa 125 Francs; Hassan Mesmar hatte 1849 jene Zollstätte für 1361 Beutel oder ungefähr 170,000 Francs gepachtet. Die Eroberung des Sudan wurde von Ismayl Pascha begonnen und nach dem tragischen Tode dieses Fürsten, im Jahre 1821 vom Desterdar Mohamed Bey vollendet. Dieser wilde aber energische Mann lieferte mit seinen viertausend Soldaten den vereinigten Nuba und Furiern bei Bara eine siegreiche Schlacht, und war nun Gebieter in Kordofan, das seither eine Provinz von Dar Fur gewesen, und gleich diesem vom Sultan Mohamed Fadhel beherrscht wurde; in früheren Zeiten hatte es den Königen von Sennaar gehört.

Die zu der angegebenen Zeit dem Vicekönig Mohamed Ali unterworfenen Länder, welche als Belad es Sudan bezeichnet werden, bilden sechs Statthalterschaften. Diese sind: 1. Die Statthalterschaft Nubien mit den Hauptortschaften Dongolah und Berber. 2. Die Statthalterschaft Taka. Mohamed Ali ließ in derselben eine

Hauptstadt bauen, die den Namen ihres Gründers tragen sollte; sie wird aber gewöhnlich Medinet et Taka genannt. 3. Die Statthalterschaft Khartum, mit der gleichnamigen Hauptstadt am Zusammenflusse des Blauen und Weißen Nil. 4. Die Statthalterschaft Sennaar, mit der gleichnamigen Hauptstadt. 5. Die Statthalterschaft Fasogl; Hauptort derselben ist ein Dorf, das auf Mohamed Ali's Befehl in der Nähe von Famagat gebaut wurde. 6. Die Statthalterschaft Kordofan mit dem Hauporte Lobeidh, das man, aber falsch, auch wohl Obeid, Ibeit oder el Obeid schreibt; es wird mit einem Lam, be, ye, und dhat geschrieben.

Als höchster Beamter steht in jeder Statthalterschaft ein Mudhir mit dem Rang eines Obersten. Unter ihm dienen eine Anzahl Raschefs oder Hauptleute als Befehlshaber der einzelnen Distrikte; sie treiben die Steuern ein und haben etwa vierzig Reiter unter ihrem Befehl. Der Generalstatthalter, Hokmadar, des Belad es Sudan ist ein Ferik Pascha; er wohnt in Khartum, wird, gleich den Mudhirs, allemal nach Verlauf von drei oder vier Jahren nach Aegypten zurückberufen und durch eine andere Persönlichkeit ersetzt. Diese Beamten lassen sich so viele Erpressungen und so häufigen Misbrauch ihrer Gewalt zu Schulden kommen, daß insgemein nach ihrer Abberufung Klagen gegen sie anhängig gemacht werden. Dann raubt der Pascha von Aegypten diesen Beamten Alles was sie dem ihnen einst preisgegebenen Volk abgenommen hatten. Manchmal werden die Schuldigen auf die Galeeren geschickt, bleiben aber dort nicht lange, und erhalten nicht nur ihren Rang zurück, sondern werden auch wieder angestellt. Während meines Aufenthalts im Sudan wurde ein Hokmadar abgesetzt und vor Gericht gezogen. Man überwies ihn daß er Aemter verkauft habe, er mußte auch eine erhebliche Strafsumme zahlen, und nach Kairo kommen. Dort wurde er zum Vorsitzenden des Handelsgerichtes ernannt, das eben damals auf Befehl des Sultans Abd ül Medschid in Wirksamkeit trat.

Der Generalstatthalter des Sudan könnte sich leicht vom Pascha Aegyptens unabhängig machen, denn er gebietet über fünfzehntausend Mann Linientruppen, die im Lande selbst ausgehoben werden. Diese Soldaten sind durchschnittlich Sclaven (Amrat), welche von den Einwohnern gestellt werden, die sich selbst vom Heerdienst frei machen wollen. Dergleichen Krieger stehen den Eingebornen fremd gegenüber, bedrücken dieselben und plündern sie aus so oft nur die Gelegenheit es erlaubt. Und wenn der Hokmadar sich empörte, so würden sie nicht einen Augenblick daran denken, sich für den Pascha von Aegypten zu erheben, der ihnen gleichfalls fremd ist, und von dem sie weiter nichts wissen als daß sie unter dem Befehl seiner Officiere stehen. Der Hokmadar hätte also nichts zu befahren, und brauchte nicht einmal zu besorgen daß die Soldaten fortliefen. Allerdings nehmen sie in Menge Reißaus, wenn sie in der Nähe ihres Geburtslandes in Besatzung stehen; in dem obigen Falle wäre weiter nichts nöthig als die Nordgrenze besetzt zu halten.

Aus Aegypten führen vier Straßen nach dem Sudan. Die erste ist die **Wasserbahn des Nil**, welche durch Stromschnellen unterbrochen ist; sie beschreibt einen großen Bogen von Dongolah bis Berber und von da bis Khartum. Der Strom fließt zwischen Felsen, deren jeder gewissermaßen eine Citadelle bildet. Die zweite Straße: **von Korosko nach Berber**. Sie hat auf einer Strecke von vierzehn Tagereisen nur einen einzigen Wasserplatz oder vielmehr zwei nahe bei einander liegende Brunnen, die sich leicht verschütten oder vertheidigen lassen. Drittens und viertens: die beiden **Straßen von Dongolah nach Khartum und nach Lobeidh**; die erstere führt durch die Bahudawüste, die zweite durch das Semriegebirge (Dschebel Semrie) das schwer zugängig ist, und über das Harazagebirge. Dieses erscheint noch weit gefährlicher und läßt sich doch nicht umgehen, weil anderwärts die Wasservorräthe nicht ergänzt werden können. Der Scheikh welcher 1821 in diesen Gebirgen den Befehl führte, verlangte vom Sultan von Dar Fur die erforderlichen Truppen um die Engpässe zu besetzen, und machte sich anheischig die herandringende ägyptische Armee nicht nur aufzuhalten, sondern auch völlig zu vernichten. Der Sultan begriff zu spät die strategische Wichtigkeit des Dschebel Haraza, die Aegypter drangen hindurch, und jener Scheikh wurde gefangen genommen und geköpft. Das Belad es Sudan ließe sich also leicht gegen einen eindringenden Feind vertheidigen, welchem man allerdings einen Theil von Nubien preisgeben müßte. Die Unabhängigkeit dieses Sudan

Mögliche Unabhängigkeit des Sudan.

würde auch, so lange sie von Seiten Aegyptens noch nicht anerkannt wäre, einer Sperrung des Verkehrs sich nicht entziehen können. Die Landeserzeugnisse haben ihren Abzug den Nil abwärts, und auf derselben Straße kommen auch alle europäischen Waaren stromaufwärts. Das Belad es Sudan müßte in diesem Falle einen Hafen am Rothen Meere zu erwerben suchen, etwa Soaken, (Suakim). Der Pascha von Khartum könnte etwa mit den Bevollmächtigten des Sultans im Hedschas ein Uebereinkommen treffen, oder jenes Hafenplatzes mit Waffengewalt sich bemächtigen. Dieses Letztere ließe sich ohne vielen Zeitverlust mit Leichtigkeit ausführen, und würde von Seiten der Türken kaum ernstliche Repressalien hervorrufen; denn diese sind in Arabien zu schwach, als daß sie sich auf der afrikanischen Küste zu halten vermöchten, sobald sie dort angegriffen werden. Soaken könnte den östlichen Sudan in Verkehr mit Indien bringen, und würde den Engländern das Handelsmonopol in jenem Theile Afrika's in die Hände geben, so lange Suez und der Nil blockirt wären. Der Pascha von Khartum könnte sich also wenigstens auf indirecte Unterstützung der Engländer Rechnung machen.

Ahmed Pascha, der vor Jahren zu Khartum befehligte, hatte einen vollkommenen Einblick in diese Lage der Dinge. Während Mohamed Ali mit dem Sultan in einen gefährlichen und kostspieligen Krieg verwickelt war, faßte er den Plan sich für unabhängig zu erklären, und Sultan Mahmud war mit demselben einverstanden. Mohamed Ali wurde aber noch bei Zeiten gewarnt und ließ den Ahmed Pascha vergiften. Seitdem hat man von Unabhängigkeitsplänen nichts weiter vernommen; vielleicht geht die ägyptische Regierung wachsamer zu Werke und umgiebt ihre Statthalter mit Spähern und getreuen Anhängern, oder die Gouverneure haben nicht Kraft genug gehabt, um ein solches Wagestück zu unternehmen.

Die ottomanischen Herrscher haben vor den Fürsten des europäischen Mittelalters den Vortheil voraus, daß sie nicht von einem turbulenten Adel umgeben sind, der sich aus Gunstbezeigungen und Ungnade gleich wenig macht; auch brauchen sie nicht auf Bürgerschaft und Volk Rücksicht zu nehmen, wie die Könige in unseren Tagen. Dort liegt für sie die eigentliche Gefahr nicht; allerdings kommen in Konstantinopel Straßenaufläufe vor und man hat schon Barrikaden im Atmeidan aufgeworfen; aber die Verschwörung ging von höheren Regionen aus. Es waren die Günstlinge, die Kreaturen des Khan, welche in der Hauptstadt die Massen aufregten, ihren Wohlthäter ins Gefängniß warfen, oder für ihn die seidene Schnur flochten. Dieselben Leute maßen sich in den Provinzen die Souveränetät an, verweigern dem Herrscher Tribut, verwickeln ihn in zerrüttende Kriege. Der Herrscher mag seine Wohlthaten verdoppeln, seine Kreaturen mit Schätzen überhäufen, — selbst seine Großmuth wird ihm gefährlich. Seine Mamelucken, die den Palast bewachen, und gemeine Soldaten vertheidigen ihn und lassen sich für ihn niedersäbeln; aber jene Mamelucken die bis zum Rang eines Pascha emporgestiegen sind oder Vesire wurden, diese gerade verrathen, verkaufen oder befehden ihn. Macchiavelli räth den Fürsten mit ihren Gunstbezeigungen sparsam zu sein; ein arabisches Sprichwort sagt ziemlich dasselbe:

La tesemmen kelbek lakulek;
Dschuwâ kelbek letbaat.

Das heißt: „Füttere Deinen Hund nicht allzufett, sonst zerreißt er Dich; laß ihn hungern, dann folgt er Dir." Selbst die Türken sagen:

Hebr kimeh eiüllk etsen sakın auban kendüni;
Insan oghlu hilebaz bir Kimseh bilmez sendüni.

Das will sagen: „Mistraue dem welchem Du Gutes erwiesen; die Menschen sind arglistig, Niemand kennt den Hintergrund ihrer Gedanken."

Es hat nicht leicht einen großmüthigern und freigebigern Fürsten gegeben als Mohamed Ali; er überschüttete seine Trabanten mit den Schätzen Aegyptens; er hungerte das Volk aus um seine Freigelassenen zu bereichern. Kein Wunder daß er so viel Undank erfuhr; nur durch rücksichtslose Energie und rasches Eingreifen ist es ihm möglich geworden den Anzettelungen gegen seine Macht und sein Leben zuvorzukommen. Seine Beamten wagten nicht ihn zu bestehlen, aber sie plünderten das Volk aus, und machten die Quellen seiner Einnahmen versiechen. Er selber sagte: „Meine Schätze sind weit wie das Meer; wer sich davon keine Güte thut ist ein Schwein." (Benüm malüm deniz yemeyen domuz.). Sie thaten sich nur allzusehr eine Güte daran; ins-

besondere das weit entlegene Belad es Sudan war den schaamlosesten
Erpressungen ausgesetzt und wurde auf die allerfrechste Weise ausgeplündert. Als die Aegypter das Land in Besitz nahmen, war Gold
dort so häufig, daß Frauen und Mädchen selbst der Armen, Armringe,
Fingerringe und Ketten von Gold trugen. Jetzt sind dergleichen nirgends mehr zu sehen; wer noch etwa Goldsachen hat, verbirgt sie sorgfältig, damit sie namentlich den unregelmäßigen Truppen, den Mogra-
bin, Schaikiehs, den Hawari und insbesondere nicht den Arnauten ins
Auge fallen. Ich habe vielfach Gelegenheit gehabt mich zu überzeugen
in welchem abscheulichen Rufe die Türken im Sudan stehen. Ich hatte
ein weißes Gesicht und Aegypter waren in meinem Gefolge; dazu kamen
noch meine Kleider und meine Waffen; das Alles ließ mich in den
Augen der Nuba und der Bewohner des Sennaar als einen Türken
erscheinen. Sobald sie mich nur von fern erblickten, liefen sie ins Dorf
und machten Lärm; die Leute rannten fort sobald ich näher kam und
riefen Turkawi, Turkawi! Da ist der Türke! Denn in ihren
Augen gelten alle Weißen für Türken. Eine Reise im Sudan macht
uns Euopäer etwas bescheidener; dort weiß man nichts von uns; Frankreichs Name ist höchstens den Beamten des Pascha's von Aegypten bekannt, und der Kanonendonner ist nicht bis über die Katarakten gedrungen. In Kordofan hat man mich gefragt, ob das Land von welchem
ich sprach so groß sei wie die Stadt Lobeidh, ob dessen Bewohner Ackerbau trieben und Fleisch äßen?

Die Muselmänner im Sudan bekennen sich zum Ritus des Imam
Malek, der auch in Algerien, Tunis in Marokko der herrschende ist; in
Aegypten hat dagegen jener des Imam Schafey das Uebergewicht.
Aber die Nubier, die Araber in Kordofan, die Sennaaresen, Nuba und
Furier sind Malkis. Vielleicht liegt eben darin ein Beweis mehr daß
die im Gharb. vorwaltenden Ideen auf jene Länder einen größern Einfluß üben als die ägyptischen. Was Nubien betrifft, so kann man auch
wohl annehmen daß ein Theil seiner Bewohner bald nach der Eroberung Aegyptens bekehrt wurde, den Malkritus annahm, diesen in der
Umgegend verbreitete, und an ihm festhielt. Denn die großen Städte
und die theologischen Fakultäten waren weit abgelegen; in diesen wurde
der Ritus des Imam Schafey, der im Jahre 150 der Hedschira das Licht

der Welt erblickte, erst spät eingeführt. Schafey trat vor dem Jahre 179 schwerlich als Lehrer auf; in demselben Jahre starb zu Medina der Imam Malek. Die Maltis haben, neben dem Koran auch andere unter den Muselmännern allgemein verbreitete Bücher, zum Beispiel Schemayl's Sifat en Nebi und Senusi's Ilm et Tahiduad; aber außer diesen gelten bei den Maltis die Bücher über Gesetzgebung, welche der Stifter ihres Mesab oder Ritus verfaßt hat. In großem Ansehen stehen bei ihnen die Werke welche verfaßt worden sind von: Ebn Türki in zwei Karas oder Lieferungen; — Abu Hassan, zwei Hefte; — Khirsch, vier Hefte; — Zerkhani, ein Heft; — Abd el Baki, vier Hefte; — Scheikh el Derdir: Scheikh el Kebir und Scheikh es Soghaïr, jeder zwei Hefte. Der Letztere wird unter allen am höchsten geachtet. Diese Schriftsteller behandeln Gesetzgebung und Cultus; ihre Werke sind in Kairo vielfach verbreitet, im Sudan weniger, obwohl den Ülemas und Fakihs bekannt.

Diese Ülemas sind gerade so wie anderwärts auch, und fast alle führen den Titel Hadschi, Pilger. Wer sich diesem geistlichen Stande widmen will, der weniger einträglich als geachtet ist, verläßt bei frühen Jahren seine Heimat, folgt oft, von Almosen lebend, den Karawanen welche nach Mekka ziehen, und verweilt auf der Hin- oder Herreise längere Zeit in Kairo, um dort in der Moschee El Azhar den erforderlichen Unterricht in der Gottesgelahrtheit und Jurisprudenz zu genießen. Dieser ist allerdings sehr mangelhaft; nichts desto weniger werden die Lehrstunden von etwa achtzehnhundert Zöglingen besucht, von welchen mindestens fünfzig auf den mittlern Sudan, auf Dar Fur, Waday und Bornu kommen. In Kairo erhalten sie, wie vor Zeiten die armen Studenten auf den europäischen Hochschulen, unentgeltlich Kost und Obdach, bleiben einige Jahre dort und kehren dann in ihre Heimat zurück. Dorthin bringen sie, außer ihrer dürftigen theologischen Bagage, doch manche neue Gedanken und Vorstellungen; jedenfalls haben sie einen weitern Gesichtskreis gewonnen als jene ihrer Landsleute welche stets daheim blieben. Die vergleichsweise immerhin vorgeschrittene Civilisation Aegyptens, die Betrachtung europäischer Gewerbserzeugnisse welche sich ihnen gleichsam von selbst aufdrängt, kann unmöglich verfehlen einigen Eindruck auf sie zu machen, und sie mehr oder weniger zu jener neuen Religion zu bekehren, welche zum Cultus den Fortschritt hat. Als Gesetzeskundige, Mekkapilger, weitgereiste und an Aufklärung über der großen Masse stehende Leute, genießen die Ülemas im Sudan große Achtung und üben wichtigen Einfluß. Manche Studenten der Theologie (Softas) die aus Marokko, Tunis und Aegypten gebürtig sind, wandern deshalb nach dem Sudan, wo sie leicht Unterkommen finden, während sie in ihrem Vaterlande nur mit Mühe das tägliche Brot gewinnen würden. So gehen auch manche Zöglinge der Moscheen von Kerwan, Fes und der El Hazar nach Timbuktu, Sackatu, Kaschena, Kuka und Wara. Als Weiße von arabischem Ursprung, und weil sie manchmal den Titel Scherif führen, haben sie noch größeres Ansehen als ihre einheimischen Collegen; der Eine oder der Andere bringt es wohl bis zum Rathgeber des Fürsten oder seiner Minister, wie der Scherif Omar, Vater des Scheikh Mohamed el Tunsy. Nach Kordofan und Sennaar schickt auch die ägyptische Regierung Imams und Richter; dort haben sie geringeres Ansehen als in den unabhängigen Staaten des Sudan, leisten aber doch dem Volke wesentliche Dienste. Die hohe Geistlichkeit in den muselmännischen Ländern hat manche Fehler und Mängel, sie ist insbesondere käuflich, aber trotz alledem noch die respectabelste Classe im Staate. Bei ihr findet man häufig das Verlangen nach Kenntnissen, und neben einer fast immer aufrichtigen Frömmigkeit auch duldsamen Sinn. Ich kenne sogar einen Kadi, dessen Lieblingsschriftsteller Tasso ist; er hat mir Stellen aus dem befreiten Jerusalem mit großer Zierlichkeit und vollkommen richtiger Aussprache vordeclamirt.

Im Sudan findet man Ülemas nur in großen Ortschaften, namentlich in den Hauptstädten und bei den Fürsten; in den Dörfern leben nur Geistliche niedern Ranges, Mitglieder eines armen Klerus, wie er anderwärts nicht vorkommt. Sie sind für ihren Unterhalt auf Almosen angewiesen, fordern aber von Niemand etwas, leben in Dürftigkeit, vertheilen mit reinem Herzen und mit Nächstenliebe was sie haben, nämlich Seelentrost. Man bezeichnet die Leute dieser Classe als Fakihs (Plural Fokaha: Legisten, Gesetzkundige); manche von ihnen haben als Pilger Mekka besucht. Alle können mehr oder weniger den Koran lesen und einige wissen ihn auswendig. Jedes irgend bedeutende Dorf hat seinen Fakih; er lehrt die Kinder Lesen und Schreiben, ist eine

Hauptperson bei Hochzeiten und Begräbnissen, und tritt bei allen erheblichen Zwistigkeiten als Kadi, Richter, oder als Vermittler und Schiedsrichter auf. Daneben ist er auch wohl noch Geisterbanner; er beschwört am Siechenlager den Dämon welcher den Kranken peinigt, und schreibt auf kleine Stücken Papier den Surat el Alak; denn dieser Talisman schützt den welcher ihn trägt vor allem Besessensein durch böse Geister, und, wie von Manchem geglaubt wird, auch vor Wunden und Krankheiten. Der Verkauf dieser Talismane bringt dem Fakih so viel ein, daß er von dem Erlös nothdürftig leben kann. Diese Industrie ist insofern unschuldiger Art als die Talismane keinen Schaden bringen, dagegen aber auf die Gemüthsstimmung derer welche sie tragen, einen günstigen Einfluß üben. Auch will der Fakih nicht etwa Jemanden betrügen, denn er selber glaubt eben so fest als sie an die Wirksamkeit seiner Zauberformeln (Hamail). Zudem begnügt er sich in der Regel nicht blos damit die Geister hinwegzubannen, und den Talisman für den Kranken zu schreiben oder geweihtes Wasser darzureichen; er fügt diesen Zaubermitteln meist noch wirkliche und heilkräftige Arzeneien hinzu, deren heilsame Wirkungen ihm bekannt sind. Er ist demnach Geistlicher, Richter und Arzt in einer Person, und man begreift leicht daß einige Fakihs von hervorragendem Talent weit über ihr eigenes Dorf hinaus in großem Rufe stehen, und manchmal eine Anzahl von Schülern um sich versammeln, die von ihnen lernen wollen.

Zu denen welche weit und breit einen großen Ruf haben, gehört der Fakih Ismayl, den ich in Kordofan gesehen habe. Bis nach Dar Fur preist man seinen gottseligen Lebenswandel, seine reine und thätige Menschenliebe und seine theologische Gelehrsamkeit, und in Lobeidh, wo er wohnt, hat alles Volk vor ihm die tiefste Ehrfurcht. Denn diese armen von den Türken schwer bedrückten Leute, finden nur Trost und Schutz bei ihrem Seelenhirten, der gleich ihnen von einer Tyrannei betroffen wird, welche er ohne Murren erträgt. Manchmal haben indessen die Statthalter von Kordofan ihm Gerechtigkeit wiederfahren lassen. Ich war zugegen als der Gouverneur sich erhob als Fakih Ismayl erschien, ihm bis zur Hausthür entgegen ging und die Hand küßte. Mit dergleichen Aufmerksamkeiten sind die Türken, und am allerwenigsten die Soldaten, sonst nicht freigebig gegen die Eingeborenen. Einige Fakihs zeigen großen Eifer für die Verbreitung des Islam und wirken als Sendboten in den Ländern der Heiden. Manchmal haben sie Erfolg, und Ignaz Pallme erzählt von einem solchen Apostel Namens Beduy. Und Salehh, welchen die Bewohner Wadays zu ihrem Sultan ausriefen, war als einfacher Prediger des Islam ins Land gekommen. Ich habe mit vielen Fakihs Verkehr gepflogen und allemal Ursache gefunden mit denselben zufrieden zu sein. Ich stieg einst vor der Rekuba (Hütte) eines solchen Mannes ab; er war arm und ich verlangte nichts von ihm. Er aber mochte es sich nicht nehmen lassen, mir etwas vorzusetzen und lief eine Stunde weit um mir Milch zu schaffen; noch mehr, er ließ Holz holen, dessen meine Diener bedurften, und wollte es sich ferner nicht nehmen lassen gemeinschaftlich mit ihnen eine Nachtwache zu thun. Geld durfte ich ihm gar nicht bieten, denn er würde es zurückgewiesen haben. Mit Gastfreundschaft und guter Aufnahme wird Gottseidank im Sudan noch kein Handel und Kauf getrieben. Ich wollte aber auf jeden Fall dem braven Manne meine dankbare Erkenntlichkeit bezeigen, und nahm aus einem Koffer einen kleinen Katechismus, der betitelt ist: Zat el Fakir, die Vorsehung des Armen, den ich ihm schenkte. Anfangs weigerte er sich, ich ließ mich indeß nicht abweisen. Mit Thränen sprach er: „Du verehrst mir einen Schatz; ich besitze keine Bücher, sondern nur einzelne Blätter des Koran; das Uebrige muß mein Gedächtniß thun, das mich wohl manchmal täuscht."

Die Fakihs sind inbesondere gegen die Mekkapilger aus dem Sudan gastfreundlich; in der heiligen Stadt werden diese Leute Takruri genannt. Solcher Pilger giebt es eine große Menge; aber aus Furcht vor Raubmördern verlassen sie ihre Heimat fast nackt und ohne alles Geld. Oftmals dauert ihre Reise volle zwei Jahre. Ich habe in Dongolah solche Pilger getroffen, die aus Dschenneh am Niger kamen; die Nachrichten welche ich von ihnen erhielt waren aber ohne Belang. Sie hatten, ihrer Aussage zufolge, nach ihrem Aufbruch von Hause ihren Weg genommen über Sackatu, Kaschenah, Kanu, Kuka, um das südliche Ufer des Tschad-See, über Masna, wo ein Sultan wohnt, und Wara. Sie erzählten mir von Ali, dem Sultan der Fellatahs, von Abu Omar, dem Beherrscher von Bornu. Dieses letztere Land war einige Jahr vorher theilweise von den Wadayern erobert, dann aber wieder unabhängig geworden. Die Reise der Takruris nimmt besonders deshalb so viel Zeit in Anspruch, weil diese armen Menschen immer durch bewohnte Gegenden ziehen müssen, um die Gastfreundschaft wohlhabender Leute in Anspruch nehmen zu können. Dort in Afrika ist lebendiger Glaube und schöne, erhabene Nächstenliebe. Der Pilger macht sich auf den Weg um Gottes Willen (ala bab el Kerim), er tritt eine Reise an die Jahre lang dauert, ohne Lebensmittel oder Geld zu haben; aber tagtäglich hilft ihm das Wohlwollen und Mitleiden seiner Nebenmenschen aus der Noth, sie sättigen seinen Hunger und stillen seinen Durst. Dann zieht er fürbaß, spricht einige Verse aus dem Koran, oder stimmt den Gesang der Pilger an: Lubbeka Allahümeh, Hier bin ich, o mein Gott! und alle Thüren öffnen sich ihm, und alle Hände spenden ein Almosen, und in manchem Hause darf er längere Zeit als gerngesehener Gast verweilen. Nach mehrmonatlicher Wanderung ist er matt und müde von Anstrengungen; es ist nicht möglich daß er ohne Unterbrechung nach Mekka gelange. Dann bleibt er in irgend einem Dorfe, bietet den Leuten seine Dienste an, hilft ihnen beim Bestellen der Aecker oder bei der Ernte, und setzt endlich seine Reise fort. Um sein Ziel zu erreichen bedarf er nur eines einzigen Maria-Theresia-Thalers, um in Soaken seine Fahrt über das Rothe Meer bezahlen zu können, und nach Dschidda zu gelangen, das den Hafen für Mekka bildet.

4. Die heidnischen Schwarzen.

Ihre Barbarei. — Taggeleb. — Geschichte Nassr's. — Das Land jenseits Taggeleb. — Schwierigkeit in dasselbe einzudringen. — Wohnungen der Götzendiener. — Körperabzeichen. — Rechtlichkeit und Anstelligkeit. — Soldaten und Missionen.

Bei den muselmännischen Völkern des Sudan haben wir zum Theil Sitten und Denkungsart in Ueberstimmung mit jenen gefunden, wie sie bei den Bewohnern des Gharb und in Aegypten gleichfalls sind. Beide schöpfen ihre Religionslehre und ihre Gesetzgebung aus dem Koran; dieses heilige Buch hat über einen großen Theil der Erde die

Kenntniß und den Gebrauch der herrlichen arabischen Sprache verbreitet. Das Arabische ist, gleich wie die Pilgerschaft nach Mekka, ein gemeinsames Band welches alle muselmännischen Völker vereinigt. Vermittelst der arabischen Sprache und des Islam dringt die Civilisation, wenn auch nur langsam, immer weiter in Afrika vor. Ueberall wo er noch keinen Boden gewann, sind lediglich afrikanische Sprachen im Gebrauch, barbarische Idiome, in welchen nur einfache Begriffe ausgedrückt werden können. Zudem sind sie oft von einem Dorfe zum andern völlig verschieden, und durch diesen Umstand wird die Abgeschiedenheit und Vereinzelung, in welcher ohnehin die schwarzen Stämme leben, noch schroffer, die Barbarei gleichsam verewigt. In Central-Afrika erreicht sie wohl ihre äußersten Grenzen.

Die ganze Region südlich von Kordofan, ungefähr vom 11. Breitengrade an, bezeichnet man mit dem Namen Taggeleh. Sie ist eine ausgedehnte Hochfläche auf welcher da und dort Hügel von mäßiger Erhebung emporsteigen, Anhöhen und Abhänge, manchmal mit Dorngesträuch bewachsen, meist aber ohne allen Pflanzenwuchs. Jeder einigermaßen beträchtliche Hügel trägt ein Dorf, und bildet ein Gemeindegebiet. Die unglücklichen Sudanbewohner leben untereinander in steter Fehde, sind unablässig mit Plünderung bedroht, den Einfällen der Araber und Aegypter preisgegeben. Sie haben sich daher auf jene Höhen geflüchtet, welche ihnen die Natur als Wälle und Festungen darbietet; auf ihnen bauen sie ihre armseligen Hütten, am liebsten auf schwerzugängigen Felsen, von welchen aus ihr Blick weit und breit die Fläche überschaut, und deren steile Abhänge dem Feinde große Hindernisse entgegenstellen. In einer Höhle die im Nothfalle den letzten Zufluchtsort abgiebt, werden die Lebensmittel aufbewahrt. So hängt in Taggeleh die Wichtigkeit eines Staates, wenn von einem solchen die Rede sein kann, von der Anzahl seiner steilen Hügel ab. Von Taggeleh sagt man, wenn die Bedeutung des Landes hervorgehoben werden soll, es habe neunundneunzig, d. h. eine große Menge hoher Hügel.

Auf einem Raubkriegszuge (Ghazwa), welchen Mustapha Pascha, Statthalter von Kordofan, unternahm, gerieth der Bruder des Königs von Taggeleh in seine Gefangenschaft. Es war ein junger Mann Namens Nassr und, wie die ganze Herrscherfamilie, Muselmann;

das Volk selbst ist heidnisch. Nassr wurde zu Lobeidh in Haft gehalten und blieb in derselben mehrere Monate. Einst sprach Mustapha mit ihm über sein Heimatland. Nassr bemerkte daß er mit einer Compagnie Soldaten dasselbe zu erobern sich anheischig mache; wenn der Statthalter ihm eine solche Streitmacht zur Verfügung stelle, so werde er alljährlich der ägyptischen Regierung viertausend Stück Sclaven als Tribut geben. Diese Zahl war übertrieben hoch, und Mustapha hätte daraus abnehmen sollen, wie wenig ernst ein solches Versprechen gemeint sein konnte. Aber der habgierige Türke ging in die Falle, und gab dem gefangenen Prinzen mehr Soldaten als er verlangt hatte. Am Tage des Abzuges saß der Pascha mit Nassr zu Lobeidh auf dem Diwan; es mochte wohl einiges Mistrauen in ihm aufkeimen, denn er bemerkte: „Du hast mir viertausend Sclaven versprochen, aber was bürgt mir dafür daß Du Dein Wort hältst?" — Nassr antwortete: „Gott ist Herr der Zukunft, und was kommen soll liegt in seiner Hand. Ich verspreche bei Gott der uns sieht, beim Propheten, beim Koran, bei meinem Säbel, daß ich hier auf diesem Diwan wieder erscheinen werde." Nassr war ein andächtiger Muselmann, Mustapha glaubte seinem Schwur und ließ ihn mit der bewaffneten Schaar abziehen. Er begleitete ihn bis zu einem Baobab, welcher in Lobeidh Baum des Abschieds genannt wird, weil bis zu ihm Freunde den Abreisenden das Geleit geben. Im Schatten dieses Riesenbaumes breiteten die Sclaven Teppiche aus, stopften die Pfeifen, und Prinz und Pascha nahmen Platz. Plötzlich rief Nassr: „Mein Gott, ich ziehe fort und habe meinen Vater nicht umarmt!" — „Wen nennst Du Deinen Vater?" — „Den Mallem Artuhn, denn er hat mich wie einen Sohn behandelt."—— „Nun, wir sind ja noch in der Nähe," sprach der Pascha, „geh zu ihm und komm bald wieder." Nassr stieg zu Pferde, sprengte zurück, stieg vor dem Zimmer des Pascha ab, ging hinein, setzte sich, und war nun vollkommen überzeugt, daß er seinen Eid erfüllt habe. Hier liegt eine Casuistik vor, die man den Jesuiten nicht zur Last legen kann. Nassr kehrte zum Pascha zurück und setzte sich bald darauf mit seinen Soldaten in Bewegung. Mit Hilfe der Misvergnügten im Lande gelang es ihm Herr seines Volkes zu werden; er hatte seinen Bruder getödtet und stand nun als Sultan da. Jetzt hätte er die von Mustapha anvertrauten Kriegsleute nach Kordofan zurücksenden müssen; aber die Compagnie bestand aus schwarzen Sclaven die sich in ihrer Heimat befanden. Der neue Sultan gab ihnen Weiber und Hütten, ein Stück Landes und ließ ihnen mehr Freiheit als sie in einer ägyptischen Caserne finden konnten. Die wenigen Officiere waren Türken und wurden ermordet. Seit diesem Vorfall haben die Statthalter der Reihe nach, von Lobeidh aus sich vergeblich bemüht in Taggeleh einzudringen und Naffr's habhaft zu werden, der natürlich keinen Tribut giebt. Er hat in seinem Berglande feste Stellungen inne, und soll sogar über dreihundert Flinten verfügen. Er kann sich dieselben nur mit großer Mühe verschafft haben, da die Türken den Handel mit Schießgewehren im Sudan verboten haben. Er zahlt gern für eine lütticher Flinte, die der Fabrikant für wenige Thaler verkauft, 500 Piaster oder zwei Sclaven. Da ein Sclav in Kairo mit 1000 bis 1200 Piastern bezahlt wird, so sieht man leicht welchen Nutzen ein solcher Handel abwirft.

Die Bewohner von Taggeleh haben, gleich jenen von Kordofan, noch den Nubatypus; aber weiter südlich und jenseit des Landes der Fertit, der Dschenakhera und über Mandara hinaus, kommen kaum noch Staaten vor, welche durch die Vereinigung einer Anzahl von Dörfern gebildet werden. Dabei muß nicht vergessen werden daß solche Vereinigungen oder Bünde niemals aus freiem Antriebe der Bewohner entstehen, sondern sie werden hervorgerufen in Folge der häufigen Ghazwas, mit welchen die stärkeren und kühneren Stämme die schwächeren und weniger streitbaren Dörfer heimsuchen. Der Sieger nimmt dem Besiegten die Waffen ab, macht alle die sich etwa wehren könnten zu Sclaven, und zwingt die welche er verschont hat, zu einem jährlichen Tribut. Diese vereinzelt lebenden Dorfbewohner sind in völliger Unkunde über Alles was in einiger Entfernung von ihrer Heimat sich begiebt. Es fehlt ihnen nicht an Muth, aber der Knall der Feuerwaffen jagt ihnen Schrecken ein; alles Neue und Unbekannte verursacht ihnen Furcht.

Ueberall werden die Weißen, wenn sie zum ersten Male in ein von Schwarzen bewohntes Land kommen, wie wilde Thiere betrachtet; man glaubt sie seien gekommen um blutige Opfer zu holen. Die Schwarzen fliehen vor den Weißen und verrammeln ihre Dörfer; am Ende müssen sie sich dem Zwange fügen, und wenn sie dann mit dem in Berührung kommen was die überlegene Civilisation eben derselben Weißen hervorbringt, dann erblicken sie in ihnen eine Art von Göttern, und sind nun eben so unterwürfig wie vorher trotzig und mistrauisch. In dem einen wie dem andern Fall ist es nicht wahrscheinlich daß sie Angriffe gegen die Weißen wagen; dergleichen kommt nur bei sehr starken und kriegerischen Völkern vor, zum Beispiel den Kafern und den Gallas. Aber jene ziehen sich vor den Weißen zurück, verbergen vor ihnen die Lebensmittel, zeigen ihnen ihre Wasserplätze nicht, und bereiten ihnen schon dadurch große Verlegenheiten daß sie nichts unternehmen. Aehnliche Schwierigkeiten werden sich bei jedem Dorfe wiederholen, und ich halte daher den Plan Afrika zum Beispiel von Algier bis Zanzibar zu durchreisen, für ein Unding. Wer so etwas vorschlagen kann, beweist daß er Land und Leute nicht kennt. Afrika ist nur zu durchreisen von Kaufleuten oder Missionairen, die mit großer Vorsicht weiter gehen, unterwegs Verbindungen anknüpfen, Etablissements gründen und im Jahre vielleicht dreißig Meilen vordringen. Durch die Grenzgegenden welche an die Gebiete der heidnischen Völker stoßen kann man dagegen ohne Hindernisse ziehen, weil sie, seit langer Zeit den Ghazwas preisgegeben, schon halb und halb unterworfen und an den Anblick weißer Menschen gewöhnt sind. Allein weiter nach Süden hin gestalten sich die Dinge anders, und ich glaube nicht daß Europäer wohl thun, wenn sie nach Gegenden vordringen wollen, in welche die Afrikaner sich selbst nicht wagen. Man bringt viel leichter in Central-Afrika ein, wenn man dem Laufe der großen Ströme folgt. Die Barken sind wie schwimmende Festungen, welche von den Wilden nicht genommen werden können; sie sind gleichsam schwimmende Magazine, in welchen der Reisende Lebensmittel verwahrt. Aber auch in diesem Falle bleiben immer noch die gefährlichen Dünste welche aus dem überschwemmten Boden aufsteigen.

Ich will nun Einiges über die Lebensweise dieser Schwarzen sagen. Sie wohnen zuweilen in Hütten die nicht ohne Verstand und Ueberlegung gebaut sind, und mit den Tukkolis der schwarzen Muselmänner einige Aehnlichkeit haben. Das gilt sowohl von den Anwohnern des Weißen Nil wie von den Schwarzen in Taggeleh. Aeußere Umzäunungen hat eine solche Hütte oft in nicht geringer Zahl, und sie gewähren einen eigenthümlichen Anblick. Ein türkischer Officier, der im Lande der Denka war, hat mich versichert, daß die Hütte ihres Königs eine Umwallung von Elephantenzähnen hat, deren dickes Ende im Boden steckte und so gestellt war, daß oben die Zähne sich kreuzten. Jener Herrscher besitzt eine ungeheuere Menge von Elfenbein; aber eine Festung, wie er sie gebaut hat, wird einen habgierigen Feind eher anlocken als abschrecken; der Sieger wird sie nicht nur schleifen, sondern ganz und gar mit sich fortnehmen, und so schwer auch das Elfenbein ins Gewicht fällt, — seine Leute werden es lieber auf ihre Schultern laden, als weiland die römischen Legionssoldaten ihre Schanzpfähle.

Diese heidnischen Schwarzen bauen fast alle Dokhn; ihre weit und breit zerstreuten Aecker liegen oft sehr weit vom Dorf entfernt. Zur Zeit der Ernte verlassen die Bewohner ihre Tukkolis und lagern sich inmitten ihrer Felder, um sie zu überwachen, die Vögel zu verjagen, und im Nothfall sie zu vertheidigen. Am liebsten verbringen sie die Nächte auf Bäumen, weil sie dann vor Angriffen wilder Thiere gesichert sind. Die rohesten Schwarzen haben ein sinnreiches Mittel um sich vor Nachtkälte zu schützen, wenn sie unter freiem Himmel schlafen. Bei Einbruch der Dämmerung zünden sie ein Feuer an; das Holz muß rasch verbrennen; sobald es in Asche verwandelt ist, reiben sie den Körper mit Fett ein, wälzen sich in der noch warmen Asche herum, und bilden sich so eine Art von Ueberzug, welcher die Haut völlig gegen die Einwirkungen der Luft schützt. Sie schlafen dabei vortrefflich. Am andern Morgen springen sie ins Wasser, und stehen nach dem Bade in jener Naturbekleidung da, zu welcher kein Schneider das Maaß genommen hat. Sie mögen dieselbe mit keiner andern vertauschen, und die Kreolen wissen wohl, welchen Abscheu zum Beispiel die Kaffern vor Hemden und Beinkleidern haben. Die Begriffe von Zierlichkeit und Anstand sind eben bei verschiedenen Völkern verschieden. Fast alle Schwarzen salben sorgfältig den Körper ein; die dunkle Haut eines Kaffernhäuptlings gewinnt dadurch einen glänzenden Ueberzug, auf welchen er nicht geringern Werth legt, als ein europäischer Stutzer auf seinen neumodischen Anzug. Die einzelnen

Stämme und Dörfer geben sich ein körperliches Abzeichen, an welchem die Angehörigen sich erkennen. So erkennt man den Guingawi vom Dschebel Hawesch daran, daß ihm die beiden Schneidezähne der untern Kinnlade fehlen; der schon feiner zu Werke gehende Fertit feilt seine Vorderzähne spitz, so daß sein Mund dem Rachen eines Haifisches gleichsieht. Der Denka endlich brennt vermittelst eines glühenden Eisens ein Zeichen auf seine Stirn, und diese Art sich zu tätowiren ist in Afrika die am meisten übliche. Ich könnte auch noch die Kaffernstämme der Inhambanes und Makuas anführen, von denen manche Individuen nach der Insel Bourbon kommen.

Ein Strang, auf welchen kleine Muscheln gezogen sind, macht den Wilden so begehrlich, daß er der Versuchung nicht widerstehen kann, sich ein so kostbares Gut auf diebische Weise anzueignen. Aber auch große Ehrlichkeit wird in Afrika gefunden. In manchen Gegenden, zum Beispiel in Kordofan und Sennaar, ist es üblich, daß man armen Schwarzen die man oft nicht einmal genau kennt, da sie aus einem andern Lande sind, werthvolle Waaren anvertraut. Mit denselben ziehen sie weit fort, verkaufen sie oder vertauschen sie, kehren nach einer Abwesenheit von mehreren Monaten zurück, und bringen den Werth, über welchen sie sich vorher mit dem Kaufmann geeinigt haben, in Gummi, Elfenbein, Goldstaub oder dergleichen zurück. Auch am Senegal und in Angola sind Uebereinkünfte dieser Art keineswegs selten; in der Statthalterschaft Mozambique giebt es gar kein anderes Mittel, die Erzeugnisse des innern Landes zu erhalten; die Schwarzen welche dort jenen Austausch vermitteln, gehen von Teteh oder Sena aus, zwei Orten, die ziemlich hoch aufwärts am Zambeze liegen, und bringen nach etwa drei Monaten das Eingesammelte zurück. Es kommt beinahe gar nicht vor, daß solch ein Handelsmann das in ihn gesetzte Vertrauen täuscht. Kehrt er nicht wieder zurück, so nimmt man für gewiß an, daß er todt sei.

Herodot berichtet, auf welche Weise die Karthager an der afrikanischen Küste Handel treiben. Sie sagen, erzählt er, daß jenseit der Säulen des Herkules ein bewohntes Land sei, wo sie handeln. Nachdem sie dort angekommen sind, nehmen sie Waaren aus ihren Schiffen, breiten sie am Ufer aus, und gehen dann wieder auf ihre Fahrzeuge

zurück, von welchen sie starken Rauch aufsteigen lassen. Die Landeseingeborenen kommen, sobald sie diesen Rauch erblicken, an das Meeresufer, legen so viel Gold hin als ihrer Meinung nach die Waaren
werth sind, und entfernen sich. Dann verlassen die Karthager ihre
Schiffe, und sehen nach, wie viel das Gold werth ist, und nehmen es
mit sich, wenn es so viel beträgt als die Waaren. Ist das nicht der
Fall, so ziehen sie sich abermals ins Schiff zurück und verhalten sich
dort ganz ruhig. Die andern kommen dann wieder und legen so lange
etwas hinzu, bis die Karthager zufrieden sind. Beide thun einander
niemals etwas zu leide; die Karthager rühren das Gold nicht eher an
als bis so viel da liegt, daß es den Werth ihrer Waaren entspricht,
und jene nehmen die karthagischen Güter nicht eher, bevor das Gold
hinweggetragen wurde. *)

Vor einigen Jahren fuhr ein europäischer Kaufmann den Weißen
Nil hinauf, und hielt bei allen den kleinen Dörfern am Ufer still. Er
streckte den Bewohnern Glasperlen vor, unter der Bedingung, daß sie
ihm dafür eine bestimmte Anzahl Elephantenzähne geben sollten, wenn
er wieder stromab komme und bei ihnen anlege. Auf der Heimfahrt
war er sehr erstaunt, ein Dorf, in welchem er einen nicht ganz un-
beträchtlichen Waarenbetrag zurückgelassen hatte, völlig verödet zu
finden. Anfangs hielt er sich für betrogen, und stieg ans Land um
die Hütten in Brand zu stecken; er überzeugte sich aber, daß sie ausgeplündert und theilweise zerstört worden waren. Auf dem Rückwege
zum Strom vernahm er klagende Rufe von einem verwundeten Manne,
der den Kaufmann erkannt und deshalb angesprochen hatte. Von
ihm erfuhr er, daß das Dorf überfallen und ausgeraubt worden war;
die Bewohner hatten jedoch schon einige Zeit vorher das für den Kaufmann bestimmte Elfenbein gesammelt und so gut verwahrt, daß es
den Feinden nicht in die Hände fiel. Die Bevölkerung habe die Flucht
ergriffen, aber ihm den Auftrag ertheilt, die Ankunft des Kaufmanns
abzuwarten und ihm den Ort zu zeigen von welchem er die bestimmte
Zahlung holen könne. Das geschah denn auch. Dieser Zug geht

---

*) Genau in derselben Weise wird noch heute der Handel mit den
Orang Kubus auf Sumatra getrieben. A.

weit über die Pflicht der gewöhnlichen Redlichkeit hinaus; denn vielleicht war gerade jener Vorrath an Elfenbein die Ursache weshalb der Feind ins Dorf kam.

Ich habe schon weiter oben bemerkt daß die Schwarzen, nachdem sie einmal von der Ueberlegenheit der Weißen sich überzeugt haben, sich gefügig und dienstbar zeigen; sie thun es auch dann wenn sie keine Ursache haben das Benehmen ihrer Gebieter zu loben. Es hält nicht schwer ihre Anhänglichkeit zu gewinnen, und gute Diener oder tüchtige Soldaten aus ihnen zu machen. Der Schwarze hat in hohem Grade die Eigenschaften welche den guten Soldaten kennzeichnen: Anhänglichkeit an seine Oberen und blindes Vertrauen auf dessen überlegene Einsicht; jenen unbedachtsamen Muth, der keine Gefahr sieht wenn man sie ihm nicht zeigt; eine geduldige Ausdauer welche Zeit und Hindernisse überwindet; Enthaltsamkeit und passiven Muth welche ihn Entbehrungen und Mühsal ertragen lassen, endlich eine übertriebene wahrhaft kindische Eitelkeit, die ihn anreizt der offenbaren Todesgefahr Trotz zu bieten um Lob oder Auszeichnung zu erwerben. Aber der schwarze Soldat muß Vorgesetzte haben die seine Eigenthümlichkeiten genau kennen und sie richtig zu benützen verstehen, und solcher giebt es nicht viele, weil Männer von überlegenem Geschick überhaupt keine häufige Erscheinung sind. Trotzdem sind die schwarzen ägyptischen Soldaten aus dem Sudan keineswegs eine schlechte Truppe. Mohamed Ali hat sie, wie schon Napoleon vor ihm, in Aegypten selbst zu benutzen versucht; Napoleon hatte von Dar Fur eine beträchtliche Anzahl Sclaven verlangt um sie kriegerisch einzuüben. Etwas Aehnliches könnte mit nicht geringem Vortheil in Algerien geschehen; dort kostet ein Schwarzer nicht über dreihundert Francs und man könnte einige Bataillone aus ihnen bilden, die als Wächter der Wüste und auf den Vorposten an der äußersten Gränze sich verwenden ließen. Man hätte an ihnen genügsame, unermüdliche, muthvolle und ergebene Soldaten, die den Arabern bitterfeind wären, und würde sie am zweckmäßigsten als berittenes Fußvolk einüben und verwenden. Scheinbar liegt in diesem Ausdruck ein Widerspruch; ich verstehe die Sache aber so, daß eine solche Truppe bereit ist, jeden Augenblick auf Dromedaren dorthin geschafft zu werden wo man ihrer gerade bedarf. Dort ficht sie als Infanterie; ohnehin eignet sich das Dromedar nicht in der Weise für das Gefecht wie ein Pferd.

In Bezug auf religiöse Begriffe stehen die Neger noch in den rohesten und dürftigsten Anfängen. Sie fürchten Donner und Blitz, beschwören die Schlangen, das Krokodil und den Tiger, aber nur in seltenen Fällen sind sie dahin gelangt einen höchsten Gott oder nur eine Menge von heidnischen Göttern anzuerkennen. Es hat in sehr vielen Fällen den Anschein als ob sie überhaupt eine Gottheit nicht einmal ahnen. Die meisten denken wohl wie die Bari am Weißen Nil, welche einem katholischen Missionär sagten: Wenn der Gott, von welchem Du uns redest, wirklich vorhanden und so mächtig ist, wie Du glaubst, was braucht er sich dann um den Menschen zu kümmern, und wie können unsere Gebete bis zu ihm emporsteigen? Es ist überhaupt ein seltsamer Irrthum, anzunehmen, daß alle Völker an das Dasein eines Gottes glauben. Ich habe viele Wilde gesehen die davon gar keinen Begriff hatten, und manche Sclaven welche ich darüber befragte, gestanden mir ein, daß es in ihrer Heimat gerade so sich verhalte. Einige haben mir von ihren Götzen erzählt und mir eine Beschreibung von denselben gemacht; andere versicherten mich, vielleicht aus Ruhmredigkeit, in ihrem Lande glaube man an einen Gott, der Himmel und Erde erschaffen habe. Ich sage mit Vorbedacht: aus Ruhmredigkeit; denn jeder einigermaßen intelligente Sclave, den man im Orient nach der Religion seines Vaters fragt, behauptet, derselbe sei Muselmann. Er lügt aus Eitelkeit. Dringt man stärker in ihn, so giebt er dann wohl zu, sein Vater habe zwar vom Propheten nichts gewußt, aber doch den wahren Gott angebetet. Aber man weiß dann freilich, wie es mit der Sache eigentlich beschaffen ist.

Die Schwarzen verhalten sich höchst gleichgiltig gegen alle Religion, sind aber auch nicht schwer zu irgend einer zu bekehren. Die Araber hätten schon seit Jahrhunderten vielleicht ganz Afrika zum Mohamedanismus bekehren können, wenn sich ihnen nicht die Erwägung aufgedrängt hätte, daß in solchem Falle der Handel mit Schwarzen und Sclaven aufhören würde, indem beide, dem Gesetz des Propheten zufolge, nicht auf Kosten von Muselmännern verkauft werden dürfen. In der Sclaverei macht sich das Uebergewicht der Araber von selbst geltend, und die Schwarzen nehmen freiwillig die Religion ihrer Gebieter an, man braucht sie nicht etwa zum Islam zu zwingen. Selbst jene die schon vor dem Verlust ihrer Freiheit einen religiösen Glauben hatten, zum Beispiel die abyssinischen Christen, wenden sich gar leicht und manchmal mit Enthusiasmus dem Islam zu. Eine ähnliche Erscheinung zeigt sich in Brasilien, wo die aus Afrika hinübergekommenen Sclaven gern Christen werden, aber allemal mit Ausnahme solcher die in Afrika schon Mohamedaner waren. Uebrigens ist es auffallend, daß die Negersclaven im Orient weit fanatischer sind als die übrigen Schichten der Bevölkerung. Wenn das in Amerika anders ist, so liegt es wohl hauptsächlich darin, daß man die religiöse Gesinnung in ihnen nicht gerade fördert und ihre Gebieter ihnen kein Vorbild der Andacht darbieten.*)

Die in verschiedenen Theilen Afrika's gegründeten christlichen Missionen, katholische wie protestantische, werden meiner Ansicht nach niemals erhebliche Resultate liefern; das Christenthum liegt den Begriffen und Vorstellungen der Neger viel zu fern, als daß es möglich wäre, sie in ihrer Heimat an dasselbe zu fesseln. Schon allein das Gebot der christlichen Ehe bildet ein unübersteigliches Hinderniß; sie ist allzu abweichend von dem geschlechtlichen Durcheinander das bei ihnen herrscht. Der Neger wird sich allerdings das Wasser der Taufe gefallen lassen, wenn man ihn durch Glasperlen, ein Stück Zeug und ein paar Nägel dafür gewinnt; aber er wird deshalb seine Vorstellungen, Begriffe und Gewohnheiten nicht ablegen. Die Missionen welche ich in Madagaskar und im Sennaar zu beobachten Gelegenheit fand, konnten sich nicht der geringsten Erfolge rühmen. In Madagaskar war ich Zeuge eines entschieden negativen Ergebnisses. Tsimare, Häuptling eines mit Frankreich verbündeten Malgaschen-

---

*) Das Christenthum findet überhaupt nirgends unter den Mohamedanern Eingang, weil diese an ihrem Einen Gott halten, und die Dreieinigkeit und die Bilder ihnen als Abgötterei und Heidenthum erscheinen. Alle Missionen in mohamedanischen Ländern richten nichts aus, und werden, abgesehen von vielem Andern, schon aus dem oben angegebenen Grunde nie andern Erfolg haben, als daß sie Mühe und Geld verschwenden. In den Vereinigten Staaten von Nordamerika und Canada sind viele Neger Methodisten oder Baptisten, und voll von exaltirter Inbrunst. A.

volkes, war der Zudringlichkeiten eines Missionärs, überdrüssig und machte den Zumuthungen desselben ohne Weiteres ein Ende. Er ließ sich nämlich von arabischen Kaufleuten die an der Küste Handel trieben, im Islam unterrichten und wurde sammt allen seinen Unterthanen Mohamedaner.

Die Mission im Sennaar will unter dem vierten Grade nördlicher Breite, im Lande der Bary, eine Zweiganstalt errichten. Der Vortheil welchen der Handel mit Elfenbein abwirft, wird es den Missionären möglich machen, die nöthigen Ausgaben zu bestreiten; und in so weiter Entfernung von den türkischen Behörden werden sie wenigstens von dieser Seite her auf keine Hindernisse stoßen. Die Tugenden und die Klugheit der — meist deutschen — Priester dieser Mission, haben allen Reisenden Achtung eingeflößt, und nicht minder werden sie von der Bevölkerung verehrt, in deren Mitte sie leben. Jene Mission ist von Katholiken gegründet, die deren noch mehrere in Afrika haben. Auch die Protestanten haben dergleichen, namentlich lutherische an der Ostküste. Aber nichts liefert einen Beweis dafür, daß sie günstigere Erfolge aufweisen könnten als die Katholiken.

5. Die Ghazwas.

Gesetz des Dschihad. — Ungesetzlichkeit der Ghazwas. — Mohamed Ali's Sclavenraubzüge. — Sclavenraub. — Behandlung der Sclaven im Sudan.

Der Sclavenhandel der Muselmänner hat in diesem Theile Afrika's zwei verschiedene Quellen. Die eine besteht in den Ghazwas oder großen Jagden, welche von einer ganzen Heeresabtheilung veranstaltet werden; die andere ist eine Jagd im Kleinen, und wird in der Weise betrieben, daß einzelne Araber im Lande der Schwarzen Weiber und Kinder rauben. Solche Züge welche der Einzelne auf eigene Faust unternimmt, bringen allemal nur einige wenige Sclaven in den Handel; da sie aber tagtäglich vorkommen und auf der ganzen sehr ausgedehnten Strecke der Gränzlande im Schwange gehen, so kann man annehmen, daß sie zusammengenommen alljährlich etwa ebenso viele Sclaven liefern als die großen von Soldaten ausgeführten Raubzüge. Dem mohamedanischen Gesetz zufolge steht den wahren

Gläubigen das Recht zu, die Länder der Ungläubigen mit Krieg zu überziehen, um sie für die allein wahre Religion zu gewinnen. Der Zweck eines jeden gerechten Krieges (Dschihad) soll kein anderer sein als die Erhöhung von Gottes Wort, der Triumph des Glaubens und Bestrafung des Verbrechens. Ehe der Angriff erfolgen darf, müssen dreimal Aufforderungen zur Annahme des wahren Glaubens erlassen worden sein. Erst wenn sie erfolglos bleiben, ist der Krieg gerechtfertigt. Der Oberbefehlshaber des Heeres muß im Namen des Khalifen, das ist im Namen des Propheten, das ist im Namen Gottes, den Ungläubigen bei der ersten Aufforderung Folgendes sagen: „Erkennet, daß es nur einen einzigen Gott giebt, und daß Mohamed sein Prophet ist. Nehmt den Islam an; dadurch allein werdet ihr unsere Brüder; dann führen wir nicht Krieg gegen euch, sondern werden euch beschützen." Verwerfen die Ungläubigen trotzdem die Lehre des Propheten, so wird ihnen gesagt: „Behaltet eure Religion, wir wollen euch von ihr nicht abwendig machen; denn das heilige Buch sagt uns: Uebt keine Gewalt in Bezug auf die Religion, denn die Wahrheit unterscheidet sich hinlänglich vom Irrthum. Aber versteht euch zu einem Tribut, der Zeugniß davon giebt, daß ihr euch unterwerft; wir werden ihn so betrachten als hättet ihr durch ihn eure Habe, eure Freiheit und euer Blut losgekauft. Ihr werdet damit unsere Unterthanen, gehorsamt unserm Herrscher, dürft aber eure Gesetze und eure Richter behalten; und für den Tribut welchen ihr zahlt und weil ihr in religiöser Hinsicht unter uns steht, sollt ihr von allem Kriegsdienst befreit bleiben." Wenn auch dann die Ungläubigen sich noch nicht fügsam zeigen, fordert man sie auf sich ohne Weiteres auf Gnade oder Ungnade zu ergeben, und der Krieg wird erklärt, und alles was aus ihm folgt und entsteht, ist in den Augen des Gesetzes, in Rücksicht auf die Hartnäckigkeit des Feindes, gerechtfertigt. Der siegreiche Muselmann darf, wenn nicht ein besonderes Uebereinkommen ihn bindet, fahrende Habe und liegende Güter des Besiegten unter seine Soldaten vertheilen, die Gefangenen zu Sclaven machen oder auch, wenn es ihm gefällt, sie tödten. Allerdings kommt es nur in seltenen Fällen zum alleräußersten. Juden und Christen wird der in der zweiten Aufforderung in Aussicht gestellte Tribut auferlegt, und sie werden nur ausnahmsweise gezwungen, ihre Religion abzuschwören. Nur in zwei Fällen braucht der Anführer der Gläubigen keine Aufforderung zu erlassen. Einmal nicht, wenn es sich darum handelt Abtrünnige zu bestrafen. Sie bleiben von weiterer Züchtigung verschont, sobald sie unverzüglich zum wahren Glauben zurückkehren. Zweitens ist der Anführer nicht verpflichtet, den götzendienerischen Arabern von seinen kriegerischen Absichten Kunde zu geben. Aus den Reihen des arabischen Volkes ging der Prophet Mohamed hervor; schon deshalb ist es weit edler und heiliger als andere; die Araber sind die von Gott zuerst Berufenen und Auserwählten, der Koran ist in ihrer Sprache geschrieben. Aus allen diesen Gründen gilt Götzendienst beim Araber für das abscheulichste Verbrechen, das gar keine Entschuldigung und Nachsicht verdient.

Aus alle dem Gesagten geht hervor, daß die Art und Weise, in welcher auf den Ghazwas Sclaven gefangen und geraubt werden, vom Standpunkte des Islam durchaus verwerflich erscheint; es wäre deshalb unbillig die mohamedanische Religion für ein solches Verbrechen verantwortlich zu machen; sie ist lediglich nicht einflußreich genug dasselbe zu verhindern. Die Neger von Innerafrika sind weder Abtrünnige noch götzendienerische Araber; das mohamedanische Gesetz verlangt daher, daß muselmännische Truppen, welche ihnen Krieg bringen wollen, jene dreimalige Aufforderung erlassen. Sie erfolgt aber nie, weil die Neger allemal viel lieber den Islam annehmen als sich den Plünderungen einer räuberischen Soldateska aussetzen würden. Somit wäre der eigentliche Zweck des Raubzuges von vorn herein verfehlt, man könnte dann keine Sclaven fortschleppen. Es handelt sich ja bei den Ghazwas nicht um Verbreitung des Glaubens, sondern um Plünderung und Sclavenfang.

Alle in einem rechtmäßigen Kriege gefangengenommenen Leute gehören dem Khalifen. Es steht in seinem Willen sie freizulassen, ihnen Zinspflicht aufzuerlegen, sie in die Sclaverei zu schicken oder zu verkaufen, oder endlich auch sie zu tödten. Diese Gefangenen heißen Üssera (Singular Jessir); und hat man sie zu Sclaven gemacht Negüig oder Rikik (Singular Rikk). Aber die in einem ungerechten Kriege, also während einer Ghazwa gefangenen, sind dem Gesetze zufolge frei; man hat lediglich das Recht sie zur Annahme des Islam und zum Tributzahlen aufzufordern; weitere Maßregeln sind erst erlaubt, nachdem sie diese Bedingungen verworfen haben. Ein Feind, welcher das mohamedanische Glaubensbekenntniß annimmt, bevor er in Gefangenschaft geräth, darf nicht mehr als Rebell angesehen und muß mit Wohlwollen behandelt werden. Man soll ihm seine Waffen zurückgeben, nachdem er einmal erklärt hat daß er sie nie mehr gegen die Gläubigen tragen wolle. Die Bekehrung, welche erst in der Gefangenschaft erfolgt, kann als ungiltig angesehen werden, und bringt einem Sclaven die Freiheit nicht; denn es stände zu fürchten, daß er dann vom Islam wieder abtrünnig würde, und sich somit des allerschwersten Verbrechens schuldig machte, und daran will man ihn verhindern!

Die Anstifter der Negerjagden kümmern sich gar nicht um das Gesetz. Es kommt vor daß sie mohamedanische Neger rauben, wenn die Jagd auf götzendienerische Schwarze nicht ergiebig genug ausfällt. So hatte Mohamed Ali den Baggara-Arabern stillschweigend erlaubt, die Anzahl Sclaven welche sie ihm als Abgabe zu entrichten hatten, in Dar Fur zu rauben. Die Ghazwas welche schwarze Muselmänner gegen schwarze Götzenanbeter unternehmen, werden unter unmittelbarer Leitung des Fürsten ausgeführt, zum Beispiel in Waday; manchmal zieht auch ein einzelner Häuptling auf eigene Hand und Gefahr auf eine Ghazwa aus, und es fehlt nie an beutelustigen Gesellen, welche sich ihm anschließen. Solche Expeditionen heißen auch Salatieh; dieses Wort bedeutet Gebete und gute Werke, und deshalb können die Worte: Ellazina yekimuna es salata bedeuten: die welche sich zum Gebete anschicken, oder auch: jene welche sich für den heiligen Krieg erheben. Bei den Salatieh benützt der man kann wohl sagen Räuberhauptmann die trockene Jahreszeit, und plündert beim Auszuge auch wohl im eigenen Lande. Vielleicht nach Verlauf eines Monats hat er die Grenze erreicht. Jenseits derselben ergreift Alles vor ihm die Flucht, aber er setzt den Fliehenden nach und holt sie ein. Solche Dörfer, die auf schwer zugängigen Anhöhen liegen und mit Mundvorräthen versehen sind, leisten dann und wann Widerstand. Sie werden eingeschlossen, und die Brunnen und Quellen streng bewacht. Nach einiger Zeit treibt brennender Durst einzelne Bewohner hinaus zum Wasser, wo sie flugs überfallen und geknebelt werden; und bald ist die ganze Gemeinde in die Nothwendigkeit versetzt sich zu ergeben; Alle verlieren die Freiheit, weil sie nichts zu trinken haben. In diesem Falle wird bei einer Ghazwa kein Tropfen Blut vergossen, und das gefangene Menschenvieh weggetrieben. Manche Schwarze haben aber eine unüberwindliche Abneigung gegen die Sclaverei und den weiten Transport; sie halten zudem ihre Feinde für Menschenfresser, und ertragen lieber Hunger und Durst bis auf das Aeußerste als sich zu ergeben. Sie legen sich auf ihre Matte nieder und sehen dem Tode entgegen, der sie von so vielen Leiden erlösen soll. Die Räuber merken bald daß das Dorf nicht mehr vertheidigt wird, dringen hinein, finden in den Hütten eine Menge Leichen, suchen aber emsig nach Halbtodten, um diesen wo möglich wieder Leben einzuflößen. Der Kaufmann versteht sich auf sein Geschäft, und der Negerjäger weiß sehr wohl wie er halbverhungerte und verdurstete Menschen wieder auf die Beine bringt. Oft wollen die Unglücklichen sich nicht wieder beleben lassen, und leisten hartnäckig leidenden Widerstand. Aber der Zwang ist mächtiger; die Nasenlöcher werden verstopft, man steckt ein eisernes oder hölzernes Instrument in den Mund, damit er nicht geschlossen werden kann, und schüttet Wasser, Mehl und geschmolzene Butter hinein, was dann Alles durch die Kehle hinabgestoßen wird. Die europäischen Sclavenhändler an der afrikanischen Küste gehen weit sinnreicher zu Werke; sie besitzen ein besonderes Werkzeug von Eisen welches in regelrechter Weise den Mund weit aufsperrt, und ein förmliches Nudeln gestattet, etwa in der Weise wie man in Europa mit Kapaunen und Gänsen zu Werke geht.

Sclavenjagden im allergrößten Styl ließ Mohamed Ali von Aegypten veranstalten. Alljährlich rüstete er in Kordofan nach allen Regeln der Kriegskunst Expeditionen aus, welche nach Süden hin zogen, nach Verlauf einiger Monate zurückkehrten, und dann Tausende von Schwarzen vor sich hertrieben. Allmälig wuchs die Zahl dieser Sclaven so massenhaft an, daß ein beträchtlicher Theil unverkäuflich blieb. Aus diesen Leuten bildete er Regimenter, die er aber schlecht kleidete und ebenso schlecht speiste. Die Folge war daß Krankheiten eine große Menge dieser Soldaten hinwegrafften, und daß der Vicekönig schwarze Truppen nur noch im Sudan unterhielt.

Die von Mohamed Ali veranstalteten Ghazwas wurden, wie schon bemerkt, ganz regelrecht in militairischer Weise und mit taktischer Berechnung vorgenommen. Das Geschütz spielte gleichfalls eine Rolle, lärmte viel, tödtete aber wenig Leute; denn man mußte die Schwarzen schonen; jede Kugel, die traf, verkleinerte den Profit, und bei diesen Feldzügen Seiner Hoheit war es darauf abgesehen, Menschen zu fangen. Der ägyptische Feldherr ließ die Berge, auf welchen die Dörfer der Schwarzen liegen, umzingeln, nach und nach immer enger einschließen, rückte näher, ließ die Kanonen donnern und die Flinten knallen, und schüchterte dadurch die Schwarzen ein. Dann wurde Sturm gelaufen und das Bayonnet gebraucht, falls Gegenwehr geleistet wurde. Zuweilen flüchteten die Bedrängten in Höhlen, wo sie ihre Vorräthe an Lebensmitteln aufzubewahren pflegen, und weigerten sich hartnäckig, ans Tageslicht zu kommen. Es gab aber ein Mittel, sie zu zwingen. Der Oberst ließ einen Sack mit feingestoßenem rothen Pfeffer, Scheteta, in die Höhle werfen, einige Flintenschüsse hineinfeuern, und das reichte hin, um die von dem beißenden Pfeffer gequälten Menschen willfährig zu machen. Nach einem so ruhmreichen Siege wurden die Sclaven gezählt und in die Register eingeschrieben; ein geschickter Arzt behandelte die Kranken, und Alle erhielten reichlich gute Speisen. Dadurch wollte man ihre Verzweiflung einigermaßen abschwächen. Auch gönnte man ihnen einige Tage Ruhe, damit sie sich erholen und für die weite Reise stärken konnten. Wohlweislich gab dann auch der Oberst den Häuptling des Dorfes und etliche Paare frei, damit nachgezüchtet werden könne, und es zu gelegener Zeit an Stoff für eine neue Ghazwa in jener Gegend nicht fehle. Alle Uebrigen wurden fortgetrieben. Die ägyptischen Soldaten hatten gabelförmige Stangen von vier bis fünf Fuß Länge bereit; jedem Sclaven wurde eine solche Gabel um den Hals gelegt, mit den Händen mußte er den Stiel halten, der ihm sonst an die Knie geschlagen wäre; so konnte er an Flucht nicht denken. Nachdem solchergestalt Alles geordnet war, begann die Reise; Reiter mit gewichtigen Karbatschen trieben diese Thiere mit Menschenantlitz vor sich her. Des Nachts wurden alle Schwarzen zusammengebunden. Wenn unterwegs der Eine oder Andere vor Ermattung nicht weiter konnte, sich auf die Erde warf und den Tod herbeiwünschte, dann gab es auch ein Mittel ihn mit fortzubringen. Man warf ihm einen Strick um den Hals, um den Arm oder um das Bein, band das andere Ende an den Sattelknopf, und nun mußte der Sclave weiter; wohl oder übel, matt oder wild vor Wuth, lebendig oder todt; er wurde auf dem Sande hinterhergeschleift. Unter den Geraubten waren allemal auch Alte und Kränkliche; auch sie mußten mit. Aber die Soldaten waren dann in Besorgniß, daß bei Vertheilung der Beute dergleichen untaugliche und unverkäufliche Leute auf ihren Antheil fallen möchten, und gaben sich die ohnehin leichte Mühe dergleichen zu nichts nützende Personen baldmöglichst los zu werden. Insgemein verendeten sie bald und blieben als Leichen unterwegs. Uebel waren auch die schwarzen Mädchen daran, die weder bei Tage noch bei Nacht Ruhe hatten; die Soldaten gönnten ihnen nicht einmal Schlaf. Die Officiere gaben freilich ihren Leuten das böse Beispiel der Ausschweifung; sie dachten aber nicht ohne Besorgniß an Mehemed Ali, der die schwarzen Mädchen nicht misbrauchen lassen wollte, weil sie dann nur um geringen Preis verkäuflich waren. Der Verlust der Unschuld war zugleich ein Verlust für die Kasse des Vicekönigs.

An Mohamed Ali's Hofe verweilte längere Zeit ein Thronprätendent aus Dar Fur. Dieser, Abu Medina, verlangte vom Vicekönig ägyptische Truppen, um mit deren Hilfe sein Heimatland zu erobern; man hat guten Grund zu der Annahme daß er für den geleisteten Beistand einen Jahrestribut von mehreren tausend Sclaven zu zahlen sich anheischig gemacht hatte. Gewiß bleibt daß Mohamed Ali versprochen hatte, ihn zu unterstützen, und bereits einen großen Heerzug vorbereitete. Dann aber legten sich die europäischen Agenten, insbesondere der englische Consul, ins Mittel, und thaten ganz entschieden Einsprache gegen eine Unternehmung, bei welcher es sich offenbar vorzugsweise nur um eine Ghazwa in riesenhaftem Maßstabe handelte, um eine kolossale Ausdehnung des Sclavenhandels. Der Vicekönig mußte sich fügen. Auch jene oben geschilderten Raubzüge die er von Kordofan aus unternehmen ließ, fanden in Europa so scharfen Tadel und so große Misbilligung, daß er sie einstellen mußte. Seitdem suchte er sich auf andere

Weise zu helfen. Seine Soldaten unternahmen ferner keine alljährlichen Raubzüge ins Land der Schwarzen, sondern beschränkten sich auf Expeditionen gegen arabische Hirtenstämme, deren einige mit dem Tribut immer im Rückstande sind. Vorzüglich war es damit auf die Baggara abgesehen, die ohnehin neben ihren zahlreichen Rinderheerden viele Sclaven besitzen. Diesem Stamme konnte man „in einem günstigen Jahrgange" je einige tausend Ochsen, Pferde und Kameele, zudem noch tausend bis zwölfhundert Sclaven abnehmen. Ich habe 1850 eine derartige Ghazwa mitgemacht. Sie wäre auch bis in das Land der Schwarzen ausgedehnt worden, wenn diese Letzteren nicht Miene gemacht hätten, nachdrücklichen Widerstand zu leisten; ohnehin war die Beute schon so reichlich ausgefallen, daß dem Statthalter von Kordofan daran gelegen war, sie möglichst bald in Sicherheit zu bringen. Die ägyptische Regierung läßt sich nach wie vor Sclaven als Zahlung bei den Abgaben und für den Loskauf vom Kriegsdienste gefallen; der Sclavenhandel hat sich daher nicht eben vermindert, und die Raubzüge nehmen, wenn auch nicht mehr so regelrecht und in so großem Maßstabe, ihren Fortgang. Nur eine einzige Verfügung, welche Mohamed Ali erließ, übt einige Wirkung aus. Er legte nämlich gegen Ende seiner Regierung einen hohen Eingangszoll auf den Sclavenimport, und die Dschellabs müssen diese Abgabe gleich in Oberägypten bezahlen. Jene Verfügung entsprang keineswegs aus Humanität, oder sonst einem edlen Beweggrunde. Sie kam viel zu spät, Aegypten war schon damals mit Sclaven überfüllt, deren Preis in Folge jener Eingangsabgabe stieg; dadurch floß viel Geld in die Kasse Mohamed Ali's; er konnte nun seine Sclaven theuer verkaufen, und Geld konnte er immer gebrauchen, am meisten zu jener Zeit, da er in seine kostspieligen Kriege verwickelt war. Seinem Volke das von ihm völlig ausgesogen war, konnte er Nichts mehr nehmen, und mußte daher andere Finanzquellen ausfindig machen. So verfiel er auf jenen Eingangszoll. Die Aegypter verlangen von den Arabern Sclaven; folglich müssen dergleichen herbeigeschafft werden. Das geschieht, indem einige hundert Reiter sich zusammenschaaren und Streifzüge in das Land der Schwarzen unternehmen. Ich habe die arabischen Guhms schon oben geschildert, und brauche nur noch Einiges von den Raubzügen zu sagen, bei welchen es auf den Fang Einzelner abgesehen ist.

Der ganze Sudan ist ein ungeheurer Buschwald. Dieser ist unterbrochen von Lichtungen, ausgedehnten Morästen, dürren Hochflächen und Bergzügen, auf welchen kein Wasser stehen bleibt, und an deren Abhängen kein Pflanzenwuchs haften kann. In das dichte, dornige Gestrüpp dringt der Araber hinein, bald zu Pferde, bald zu Fuß, allein oder mit einigen wenigen Gesellen. Verstohlen nähert er sich den feuchten Lichtungen, in welchen das Vieh der Neger weidet; die Heerden stehen unter Obhut von Kindern. Gegen Abend hat der Araber Alles ausgespäht und legt sich dann ruhig in den Hinterhalt, bis entweder die Nacht eingebrochen, oder die Morgendämmerung noch nicht heraufgekommen ist. Dann benützt er den günstigen Augenblick, fällt über seine Beute her, steckt ihr einen Knebel in den Mund und schleppt sie ins Gebüsch. Noch schneller als er gekommen flieht er von dannen, und er ist schon zu weit als daß man ihn verfolgen oder einholen könnte, wenn der Raub bemerkt wird. Nach einigen Tagen ist er wieder in seinem Zelte und sinnt auf neue Unternehmungen. Ein Räuber, der sich im Besitz einer schnellfüßigen Stute weiß, beobachtet ein anderes Verfahren. Er reitet bis in die Nähe eines Dorfes, richtet es so ein, daß er ein paar Stunden vor Tagesanbruch sich in der Nähe eines Brunnen befindet, versteckt sein Pferd hinter einem Busch oder Felsen, legt sich selbst, dem Brunnen möglichst nahe, in Hinterhalt und paßt nun auf. Bald kommen Mädchen aus dem Dorfe den Hügel hinab und gehen mit ihren Krügen zu Wasser. Rasch wie der Blitz fällt der Araber über eins derselben her, packt es, läuft in aller Eile zu seinem Pferde, bindet die Geraubte fest, springt in den Sattel und rennt davon. Unterwegs sucht er sie zu beschwichtigen; aber sie fühlt den Schmerz welchen die Bande ihr verursachen, und das Rennen des Pferdes raubt ihr fast die Sinne. Was will der Räuber mit ihr, wohin schleppt er sie, wird sie gefressen werden? Um den geraubten Sclaven diese letztere Besorgniß zu nehmen, wird ihnen wohl manchmal gesagt daß nur die Weißen lüstern nach ihrem Fleisch seien, und daher für jetzt gar nichts zu befürchten stehe. Die Dschellabs (Sclavenhändler) treiben die Sache noch weiter, indem sie erzählen, von den Türken habe man gar nichts zu besorgen, nur die Europäer seien gewohnt ihre Gefangenen aufzufressen, weil ihre Religion es ihnen so zur Pflicht mache. Ich stand zu Dschidda in Arabien vor dem Okale der Dschellabs und betrachtete einige Gallakinder die vor der Thür spielten. Eben kam der englische Consul vorüber; er trug eine goldbetreßte Mütze. Das eine Kind fragte den Dschellab, wer der seltsam gekleidete Mann sei. Die Antwort lautete, er sei ein Franke; sie wirkte wie ein Donnerschlag, denn die Kinder liefen in den Hof und riefen: „Ein Menschenfresser! Er will uns fressen!"

Dergleichen Besorgnisse verschwinden von selbst, wenn die Schwarzen erst einige Monate lang mohamedanische Länder durchzogen haben, und sie lachen später selbst über ihre Furcht. Dazu kommt daß die Sclaverei im Allgemeinen sehr mild ist, und gegenüber dem wilden Leben im Heimatlande sogar viele Vorzüge hat. Es giebt daher nur in seltenen Fällen Sclaven die wieder zurückgehen mögen, wenn sie einmal bei Türken oder Aegyptern häusliche Dienste verrichtet haben. So viel aber ist ausgemacht daß sämmtliche Sclaven den tiefsten Abscheu gegen Die hegen, von denen sie geraubt oder verkauft worden sind. Die Araber, Nubier, Fezzanesen, kurz Alle welche den Sclavenhandel treiben, sind ihnen gleichermaßen verhaßt, und sobald der Sclave weiß daß er an einem einflußreichen Gebieter eine Stütze gefunden hat, dann versäumt er ganz gewiß keine Gelegenheit, Alle, welche jenen intermediären Racen angehören, möglichst zu quälen und zu mishandeln. Ich habe gesehen daß Schwarze mit ihrem türkischen Herrn nach etwa funfzehn Jahren wieder in die Gegend zurückkamen, wo man sie verkauft hatte; bislang waren sie gute, ruhige Menschen gewesen; nun aber kochte ihr Grimm auf, sie wurden zänkisch, streitlustig und wild; ihrem Herrn blieben sie nach wie vor gehorsam, aber sie begingen allerlei Unbilden, sobald er sie nicht unter Augen hatte. Aber nie hatte sich ein Türke über sie zu beklagen, und gegen mich waren sie nie dienstbeflissener, als wenn sie vorher einen Araber oder Sclavenhändler hatten mishandeln können.

Ich muß noch Einiges über die Behandlung sagen welche die Schwarzen von Seiten der Sclavenhändler erfahren, und wie sie im Sudan von ihren Herren behandelt werden. Schon weiter oben habe ich bemerkt, daß bei den Muselmännern der Sclave gleichsam ein adoptirtes Kind ist; hier muß ich darauf hinweisen, daß zwischen den mohamedanischen Ländern im Allgemeinen und dem Sudan ein Unterschied stattfindet. Man begreift leicht, daß der Türke oder Araber für ein Kind, das er gewissermaßen adoptirt sobald er es kauft, sich menschlicher und edelmüthiger benimmt, als der Sclavenhändler, der in dem Schwarzen lediglich eine Waare sieht, die ihm Nutzen abwerfen soll. Der Türke verkauft seinen Sclaven nicht; wohl aber erzieht er ihn, hütet ihn, giebt ihn frei, und stattet ihn aus, wenn er sich verheirathet. Der Nubier dagegen will mit dem Sclaven ein Geschäft machen, er gilt ihm nicht mehr als jeder andere verkäufliche Gegenstand, als ein Stück Vieh, oder wie eine Münze, mit welcher er Zahlungen leisten kann. Sobald er ein halbes Hundert beiderlei Geschlechts zusammen hat, bringt er diese Producte seines „Marstalles" in den Handel. Personen weiblichen Geschlechts vermiethet er um den Preis von etwa zwölf Francs monatlich an türkische oder ägyptische Soldaten, vorzugsweise gern an Weiße. Schwanger gewordene Mädchen nimmt er zurück und liefert andere dafür. So gewinnt er Mulatten, deren lichtere Farbe einen guten Preis bedingt, denn sie werden dem abyssinischen Schlage vorgezogen. Für ihn ist Alles käuflich, deshalb complettirt er auch die Vorräthe im Nothfall mit seiner eigenen Nachkommenschaft. Der Sclave ist sein Geld, seine Münze. An Geld fehlt es gerade nicht im Sudan, aber der Sclave hat seinen Marktpreis und findet stets willige Abnehmer. Er bildet daher einen Werthmesser; alle Waaren werden nach schwarzen Köpfen abgeschätzt, und Tribute und Steuern mit dieser lebendigen Münze bezahlt. Ein zum Kriegsdienst einberufener Mann kauft sich frei, wenn er einen Sclaven stellt; der Schuldner übergiebt dem Gläubiger seine Sclaven als Pfand, und da er oft nicht weiß, was er sonst mit ihnen anfangen soll, so läßt er sie Brunnen graben. Die ägyptische Regierung zahlt ihren Beamten im Sennaar, im Fasogl, in Kordofan Sclaven aus, und sie schleppen diesen ihren Sold zum Verkauf auf den Markt. Manchmal ist die Rechnung verwickelter, wenn sie zum Beispiel als Monatsgehalt Kameele, zwei Ochsen und ein paar alte Weiber bekommen. Der Beamte muß, wenn man im Diwan ihm seinen Gehalt ausgehändigt hat, diese lebendige Zahlung auf verschiedene Weise nach Hause schaffen; er ist zugleich Gensd'arm und Hirt, der seine liebe Noth hat, und man müßte über seine Lage laut auflachen, wenn das Ganze nicht so abscheulich wäre.

Im Sudan besitzt Jedermann Sclaven, weil sie eine Waare bilden, die sehr leicht zu haben ist. Es kommt deshalb auch nicht viel darauf an, ob man ein paar Sclaven einbüßt, oder ob sie krank werden. Um die Kranken bekümmert man sich nicht; man thut sie ab wenn sie unheilbar siech werden; die Leichen werden auf die Straße geworfen, wo die Hyänen bald mit ihnen aufräumen. Dem habsüchtigen Speculanten kommt Alles darauf an, daß seine Waare einen höchstmöglichen Preis erhalte, und er schreckt vor keinem Verbrechen zurück. Einen Knaben, der ihm geeignet erscheint, entmannt er mit dem Scheermesser, reibt Kräutersäfte in die blutende Wunde, gräbt den Unglücklichen bis an den Hals in heißen Sand ein, und zieht ihn erst wieder heraus, wenn er glaubt daß die Wunde geheilt sei. Von zehn Kindern sterben durchschnittlich vier in Folge dieser Operation, welche auch dann gefährlich ist, wenn sie von einer geschickten Hand vorgenommen wird. Ich habe sechs Sclaven gesehen, welche Abu Haras in Kordofan hatte entmannen lassen, weil sie ein Complot gegen das Leben ihres Herrn angezettelt hatten. Alle waren schon mannbar, aber kein einziger starb. Ihr ganzes Wesen erschien jedoch wie umgewandelt, und sie dachten nicht mehr an Rebellion. Aber die Grausamkeit, mit welcher im Sudan die Sclaven behandelt werden, ruft manchmal ganz entsetzliche Auftritte hervor, besonders dann, wenn die Schwarzen Aussicht haben, nach Verübung ihrer Rachethaten in ihrem Heimatlande eine Zuflucht zu finden. Damit sie nicht entrinnen legt man um das Bein schwere Ketten, und um die Knöchel eine Art von Doppelring von der Gestalt einer 8 oder eines S, dessen beide Theile manchmal durch eine eiserne Stange oder eine Kette verbunden sind. Die Herren trauen den Sclaven nicht und verriegeln oder verrammeln, wenn sie sich schlafen legen, ihre Thüren. Auch kommt es häufig im Sudan vor, daß der Reiche im Hofraum seines Harems mehrere Hütten besitzt, damit die Sclaven nicht wissen, in welchem Gebäude er sich schlafen legt. Der Häuptling Hatita machte aus alle Dem gegen Denham gar kein Hehl, und ich selber bin oft Zeuge dieser ängstlichen Vorsicht gewesen; sie beweist, daß das Verbrechen zwar keine Gewissensbisse bei jenen Leuten erweckt, wohl aber qualvolle Unruhe im Gefolge hat.

Etwa ein Jahr vor meiner Ankunft in Kordofan wollte ein ägyptischer Beamter von Lobeidh nach Khartum reisen, und bat einen Einwohner der erstgenannten Stadt, ihm einen Sclaven zu leihen, dessen er noch bedurfte. Dieser Sclave war ein schwarzer Nuba, jung und kräftig; er hatte sich bis dahin stets folgsam und unterwürfig gezeigt. Der Eigenthümer bat den Beamten, diesen Nuba gut zu behandeln, er werde dann sicherlich mit ihm zufrieden sein dürfen. Der Aegypter machte sich mit seinen sechs oder sieben Begleitern auf den Weg; Alle waren zu Dromedar; er selbst ritt eins von der durch ihren schnellen Lauf berühmten Byscharirace. Gleich am ersten Tage beging jener Sclav eine Unachtsamkeit; sein neuer Gebieter war hart genug ihm dafür fünfzig Hiebe geben zu lassen. Der Nuba stieß aber keinen Laut aus. Bald nachher wurde ihm für ein ähnliches Versehen dieselbe Strafe zutheil. Jetzt keimte in ihm der Wunsch nach Rache auf, aber er hielt an sich bis die Nacht hereinbrach. Am Lagerplatze wurde das Zelt des Beamten aufgeschlagen und das Mahl bereitet; Alle aßen, die Kameele erhielten ihr Futter, man stellte die Wacht aus, und bald waren die Uebrigen in tiefem Schlafe. Auf den Nuba fiel die Wacht gegen Morgen; sein Vorgänger weckte ihn, hüllte sich dann in ein Schaffell und schlummerte ein. Jetzt war die Stunde der Rache gekommen. Leise schleicht der Nuba in das Zelt, ergreift den Säbel des Beamten, durchschneidet diesem die Halsadern, nimmt Säbel, Pistolen und Flinte mit, sattelt das Byscharidromedar und sprengt fort in die Wüste. Gegen Tagesanbruch erwachen die übrigen Diener; die Zeit zum Aufbruch ist da, man will die Kameele anschirren, aber das Byscharidromedar fehlt. Auch der Nubasclav, welchem die letzte Wacht zugefallen war, ist nicht da; vielleicht ist er fortgegangen um das Thier aufzusuchen, das sich verlaufen hat, und wird bald wiederkommen. Den Herrn darf man um so weniger wecken, weil er in Zorn gerathen wird, wenn er sieht daß sein Kameel nicht an Ort und Stelle ist. So wartet man noch eine Stunde, aber weder der Nuba noch das Dromedar lassen sich blicken.

16*

Endlich wagt man den Zeltvorhang zu lüften und sieht den Aegypter blutend auf seinem Lager hingestreckt. Nun setzt man dem Nuba nach, aber er war und blieb verschwunden.

6. Sclavenhandel und Sclaverei bei den Muselmännern.

Gesetze über die Sclaverei. — Wesen und Beschaffenheit der Sclaverei im Orient. — Die weißen Sclaven.

Im Orient ist die Sclaverei uralt; wir finden sie bereits im Anbeginn der Geschichte, und kein Gesetz, auch das mohamedanische selbst nicht, wäre vermögend gewesen eine durch die Zeit gleichsam geheiligte, mit dem ganzen Sein und Wesen der morgenländischen Völker verwachsene Einrichtung zu beseitigen. Der Islam hat demnach die Sclaverei nicht verdammt, aber er hat sich ins Mittel gelegt um das Schicksal des Sclaven milder zu gestalten, die Freilassung zu erleichtern, dem Herrn Grenzen für seine Machtbefugnisse zu ziehen und ihm seine Pflichten einzuschärfen. Der Buchstabe des Gesetzes giebt allerdings dem Herrn noch viel Gewalt, aber der Geist desselben Gesetzes zielt darauf hin dem Misbrauch entgegenzuwirken.

Jenem Gesetze gemäß kann der Muselmann männliche und weibliche Sclaven in unbeschränkter Zahl besitzen; sie sind entweder Gefangene welche man im Kriege gegen die Götzendiener gemacht hat, oder sie sind Kinder, welche von Aeltern in der Sclaverei gezeugt wurden. Der Herr hat über seinen Sclaven ein unbedingtes Eigenthumsrecht; er ist wenn er einen solchen körperlich verletzt oder tödtet nur einer correctionellen Strafe unterworfen; er verfügt über Alles was sie etwa erwerben, und seine Sclavinnen müssen ihm auch in geschlechtlichen Verhältnissen zu Willen sein; er darf ihnen beiwohnen, vorausgesetzt daß sie keine Götzendienerinnen sind. Er darf Mutter und Kind beim Verkauf nicht vereinzeln und trennen; das Kind einer Sclavin gilt für frei wenn er es als das seinige anerkennt; ebenso sind alle Kinder frei welche dasselbe Weib nachher noch gebärt. Dieses Letztere, da es Mutter geworden ist, darf er nicht mehr verkaufen, und es wird frei, wenn der Herr stirbt. Ein legitimirtes Kind hat ganz dieselben Rechte auf den Nachlaß des Vaters wie die ehelich geborenen Nachkommen. Der Herr kann seinen Sclaven habilitiren, sodaß derselbe Handel oder Gewerbe für seine eigene Rechnung treibt, und allen Nutzen für sich allein behält; aber er ist auch für seine Schulden verantwortlich und seine Gläubiger können ihn verkaufen, wenn er seine Verpflichtungen gegen sie nicht erfüllt. Jeder volljährige und seiner Verstandeskräfte mächtige Herr kann zu jeder beliebigen Zeit seinen Sclaven freigeben; es bedarf dazu lediglich daß er die Worte spricht: „Du bist frei." Er kann ihn ohne Entschädigung oder unter gewissen verpflichtenden Bedingungen (Kitabet) freigeben. Kein Sclav kann gezwungen werden sich freizukaufen. Die Freilassung kann auch unbestimmt und unvollständig sein; das Gesetz unterscheidet mehrere Arten. Dahin gehört die schon erwähnte mütterliche Freilassung (Istilad), die erst in volle Wirksamkeit tritt nachdem der Herr gestorben ist; ferner die Freilassung, bei welcher der Freigelassene Verpflichtungen übernimmt. Vermittelst der Freilassung durch letztwillige Verfügung (Tedbir) wird der Sclav nach dem Ableben seines Herrn frei; vorausgesetzt daß sein Kaufwerth nicht den verfügbaren Betrag seines Nachlasses, nämlich ein Drittel, überschrittet. Ist das der Fall so wird der Sclav erst frei nachdem er den Ueberschuß seines Werthes an die Erben gezahlt hat.

Die Freilassung eines Sclaven ist immer eine verdienstliche Handlung; das religiöse Gesetz verfügt sie in manchen Fällen als Sühne für schwere Sünden, zum Beispiel wenn das Fasten während des Ramadhan nicht streng beobachtet worden ist. Und die Sitten sind den Sclaven noch weit günstiger als das Gesetz. Wer einen Sclaven kauft, hat drei Tage Zeit um sich zu vergewissern, daß derselbe an keinem Fehler leidet, welcher Ungültigkeit des Kaufes bedingt; dahin gehören zum Beispiel chronische oder unheilbare Krankheiten, Wahnsinn u. s. w. Nach Ablauf dieser drei Tage erhält der Verkäufer den verabredeten Preis, und der Sclav geht nun in den Besitz seines Herrn über. Dieser behandelt ihn anfangs nicht mit Schonung oder Wohlwollen, denn er will ihm Furcht einflößen und ihn an Unterwürfigkeit gewöhnen. Allmälig läßt jedoch der Herr von seiner Strenge nach, und zeigt der Sclav sich fügsam so wird ihm mit Milde und Theilnahme begegnet; er wird anständig gekleidet, erhält von Zeit zu Zeit ein Geschenk, vielleicht auch Unterricht in Dem oder Jenem; in keinem Fall wird er unnachsichtlich behandelt, es sei denn er lasse sich grobe Fehler zu Schulden kommen. In anderer Leute Gegenwart bestraft man ihn niemals. So kommt es daß allmälig der Sclav Anhänglichkeit für seinen Herrn gewinnt, ihm willig und gern dient, seine Interessen wahrnimmt und dieselben gleichsam als seine eigenen betrachtet; er verwächst in gewisser Beziehung mit seinem Herrn, dessen Auge und Arm er ist. Dieser vertraut ihm wichtige häusliche Obliegenheiten an, und verläßt sich in manchen Dingen völlig auf ihn. Der Sclav ist nun ein Mann von Wichtigkeit und Bedeutung geworden; die übrigen Diener fürchten ihn, die Kaufleute im Bazar bemühen sich um seine Gewogenheit damit sie durch ihn Kundschaft erhalten, laden ihn ein in ihre Bude einzutreten, und reichen ihm Kaffee und Pfeife. Ist der Herr ein Pascha, ein General oder Statthalter einer Provinz, so begegnen ihm nicht blos Kaufleute, sondern auch höher gestellte Personen mit zuvorkommender Aufmerksamkeit. Denn in Ländern, wo Käuflichkeit an der Tagesordnung ist, fehlt es einem so einflußreichen Sclaven nicht an Gelegenheit Stellen und Begünstigungen zu verkaufen; er theilt den Preis mit seinem Herrn, der solche Unordnungen klüglich übersieht.

Der Herr verheirathet den Sclaven, wenn er mannbar geworden ist und stattet ihn aus; manchmal emancipirt er ihn dann auch, behält ihn aber bei sich. Es gilt für äußerst schimpflich einen Sclaven zu verkaufen, es sei denn derselbe lasse sich gar nicht bändigen und erscheine gefährlich. In solchen Fällen jagt man ihn lieber fort, oder schenkt ihn dem Staate, welcher ihn unter die Soldaten steckt. Ein Muselmann der sein Vermögen einbüßt und in Noth geräth, wird erst sein Haus verkaufen, nachher seine Pferde und Waffen, dann erst seine Sclaven, weil er sie nicht mehr ernähren kann; sicherlich aber behält er sie wenn sie ihm erklären, daß sie mit ihm darben und Alles aufbieten wollen ihn seinen Nöthen zu entreißen. Auch die weiblichen Sclaven werden im Allgemeinen ebenso gut behandelt. Sie befehlen im Hause wenn der Herr keine Frau hat. Aber das Loos der Sclavin ist allerdings hart wenn sie hübsch und eine eifersüchtige Frau da ist. Der Muselmann ist in der Regel ein friedlicher und fügsamer Gatte, und wagt nur in seltenen Fällen dem Despotismus seiner Ehehälfte sich zu widersetzen.

Im Orient besitzen viele Christen und Juden schwarze Sclaven. Trotz des religiösen Unterschiedes und obwohl Christen und Juden mit

Spott und Hohn betrachtet werden, zeigt der Sclav doch im Allgemeinen auch Anhänglichkeit an andersgläubige Gebieter, namentlich an jüdische, die in allen Fällen ihr Hausgesinde weit wohlwollender und freigebiger behandeln als die Christen. Diese letzteren begreifen nicht hinlänglich, daß der Sclav wie eine Waise behandelt werden müsse, und nicht wie ein Vieh das man prügelt, oder wie ein Rad das man zerbricht.

Die Muselmänner geben insgemein ihren schwarzen Sclaven keine Namen welche den Propheten oder Eigenschaften Gottes entlehnt sind. Wer dergleichen trägt muß frei über sich selbst verfügen dürfen; auch betrachtet man eine Bekehrung zum Islam, welche erst nach dem Verluste der Freiheit erfolgt, nicht als freiwillig, und nimmt an, daß sie möglicherweise nicht aufrichtig sein könne. Aber der Name welchen der schwarze Sclav erhält, ist keineswegs herabwürdigend; man nennt ihn zum Beispiel Serur (Freude), Mersuk (der Begünstigte), Mabruk (der Gesegnete), Rihan (Basilikenkraut), Murdschan (Koralle), oder auch Bellal, nach dem abyssinischen Sclaven des Propheten Mohamed, welcher der erste Muedden des Islam war; oder Seid, nach einem Freigelassenen desselben Propheten, nach dem einzigen Schüler Mohameds, dessen Name im Koran erwähnt wird. Weiße Sclaven erhalten dagegen manchmal wohl Namen welche den Propheten und göttlichen Eigenschaften entlehnt sind, doch zieht man gewöhnlich persische Namen vor, zum Beispiel Pertew, oder Khurschid. Die schwarzen Sclavinnen heißen Saffaran (Safran) oder Myriem (Marie). Außer der Mutter des Jesus kennt die mohamedanische Religion noch eine Maria; sie war eine Sclavin des Propheten und diesem von Mokaukas zum Geschenk gemacht worden. Sie gebar dem Mohamed einen Sohn, Ibrahim, der sehr jung starb.

So verhält es sich mit der Sclaverei bei den Muselmännern. Aus einer an und für sich barbarischen Einrichtung ist ein wohlwollendes und ersprießliches Verhältniß erwachsen. Schon diese Thatsache gereicht dem Mohamedanismus und den Orientalen zum Lobe. So wird es begreiflich daß zum Beispiel ein Mann wie Marschall Bugeaud sich für die Fortdauer der Sclaverei in Algerien erklärte.

Ich will hier Einiges über die **weißen Sclaven** beifügen. Weiße Sclavenmädchen werden in der Türkei ebenso bezeichnet wie die schwarzen, nämlich als **Khalaïk**; die männlichen als **Mameluks** (Plural **Memalik**), vom Participium passivum des Zeitwortes **malaka**, er hat besessen. Diese Mameluken kommen zumeist aus dem Kaukasus, namentlich aus Georgien und Circassien. Aber zwischen dem Georgier und Circassier findet derselbe moralische Unterschied statt wie zwischen dem Abyssinier und dem Fertitneger; der Georgier ist sanft und treu, der Circassier wild, rachsüchtig und verrätherisch. So sagt ein türkisches Sprichwort von den Weibern aus dem Kaukasus: **Tscherkeß Bujuni keß, bir para etmeß; Gurdschi kharabsch padischah ün**; das heißt: der Circassierin muß man den Kopf abschneiden, sie ist keinen Para werth; aber die Georgierin ist würdig, einem Kaiser zum Geschenke dargeboten zu werden. Die Kaukasier haben die Laster der Griechen, sind aber, wie diese letzteren, tapfer und energisch, wilde Gebirgsbewohner, bei welchen Alles einen großen Maßstab hat, sowohl im Guten wie im Bösen. Der Tscherkesse verläßt sich nur auf seinen Säbel, der griechische Klephte bittet nie um Gnade, der arnautische Soldat läßt sich nie in Zank ein, sondern zieht ein Pistol aus seinem Gürtel und schießt seinen Gegner todt; dann streicht er sich den Schnauzbart und geht seines Weges. Aber die intellectuelle Anlage der Kaukasier steht hinter jener der Griechen weit zurück; diese letzteren sind überhaupt unter allen Völkern das abgefeimteste, äußerst intelligent und in hohem Grade betriebsam. Dagegen ist der Georgier und noch weit mehr der Circassier sehr beschränkten Wesens, und dabei starrköpfig und eigensinnig.

Während des griechischen Aufstandes gegen Sultan Mahmud wurden viele griechische Kinder beiderlei Geschlechts von den türkischen Soldaten zu Sclaven gemacht, und es giebt noch jetzt in den verschiedenen ottomanischen Provinzen und in Aegypten viele griechische Mameluken; manche derselben haben sich bis zu einflußreichen Aemtern emporgeschwungen. Auch aus Kurdistan und Syrien haben allemal die Türken Kinder in die Sclaverei abgeführt, wenn sie gegen die aufständischen Drusen und Kurden einen Sieg gewannen. Auch werden zuweilen Kinder ihren Aeltern schon in zartestem Alter geraubt und als geborene Kaukasier verkauft. Die ehemals von den Algeriern und Türken in Sclaverei gehaltenen Europäer wurden in zwei Classen getheilt. Die erste derselben umfaßte die Kinder und die hübschen und intelligenten Jünglinge und Mädchen. Sie wurden an Privatpersonen verkauft, nahmen den Islam an und brachten es oft bis zu hohen Stellungen. Zur zweiten Classe gehörten alle übrigen Gefangenen; sie wurden in ein Bagno eingeschlossen und mußten öffentliche Arbeiten verrichten. Die Christen verfuhren gegen gefangene Mohamedaner in derselben Weise, denn sie hatten gleichfalls Bagni. Seit Rußland die Häfen an der Ostküste des Schwarzen Meeres inne hat, kommen aus dem Kaukasus weit weniger Sclaven in den Handel; sie gehen nur als Contrebande hinaus. Bekanntlich werden die Kinder von ihren eigenen Aeltern an die Sclavenhändler abgeliefert. Es ist bräuchlich, daß dann späterhin die Aeltern solchen verkauften Kindern in Konstantinopel oder in andern Städten Besuche abstatten. Diese Sclaverei, deren bloßer Name für uns schon so viel Widerstrebendes hat, bildet im Morgenlande die erste Stufe zum Emporkommen. Aus diesen weißen Sclaven wurde jene furchtbare Soldateska gebildet und unablässig ergänzt, die unter dem Namen der Ghuß oder ägyptischen Mameluken bekannt ist. Der Padischah nahm aus der Reihe der Mameluken seine Minister, diese wählten aus ihren Mameluken ihre politischen Agenten und Officiere.

Lange vor der Eroberung des byzantinischen Reiches durch die Osmanen hatte der abassidische Khalif Abu Dschafar Mansur dieselbe klägliche Politik zur Maxime erhoben, welche in Rom in den Tagen der Cäsaren gleichfalls zur Geltung gekommen war. Jener Khalif schrieb an seinen Sohn: „Du wirst wohl thun, wenn Du Deine Umgebung nur aus Freigelassenen wählst und deren Zahl möglichst vermehrst; diese Leute werden Anhänglichkeit an Dich haben; auf diejenige eines unabhängigen Adels wirst Du nie rechnen dürfen." Es ist schon weiter oben nachgewiesen worden, welche Bewandtniß es mit der vermeinten Anhänglichkeit der Freigelassenen habe.

Ein Mameluk gilt in Konstantinopel 1—2000 Francs; der Preis für ein weißes Mädchen beträgt von 1—10,000 Francs, je nach Alter und Schönheit. Ich habe in Aegypten ein sehr hübsches

Mädchen von höchstens vierzehn Jahren gesehen, für welches 30 Beutel, etwa 3700 Francs, gefordert wurden; 6 Beutel wurden abgehandelt, und die Sclavin ging für 24 weg. In Syrien sind mir sehr häufig Sclavinnen zum Kauf angestellt worden, sie waren jedoch alle nur zu gröberen Arbeiten brauchbar und nicht über 1000 Francs werth, mit Ausnahme zweier Circassierinnen, die einen Brigadegeneral zum Vater hatten. Aber weder Mädchen noch Mameluken werden öffentlich verkauft, denn einen Sclavenbazar giebt es nicht. Bei ihrer Ankunft in einer Stadt begeben sich die Sclavenhändler, gleich anderen Kaufleuten, in einen besonderen Khan oder Okale, eine Herberge, in welcher sie auch ihre Sclaven unterbringen; aber Niemand sucht sie dort auf. Nur Europäer finden sich zuweilen in diesen angeblichen Bazaren ein. Wer einen weißen oder schwarzen Sclaven kaufen will, läßt den Esirdschi Baschi, den Vorgesetzten der Sclavenhändler, oder auch einen Mäkler, der das Geschäft kennt und treibt, kommen; diesem sagt er was er wünscht. Der Esirdschi Baschi kommt am andern Tage mit dem Händler, welcher einige Sclaven bei sich hat. Der Käufer trifft nun seine Wahl, und selten verlangt er noch weitere Individuen zu sehen, namentlich wenn nur weiße Mädchen verlangt wurden. Der Kaufmann unterläßt nie die Weiße zu fragen, ob es ihr recht sei in die Hände des Käufers überzugehen. Der Abschluß des Handels unterbleibt, wenn sie sich weigert, es müßte denn sein, daß ein sehr angesehener Mann denselben abschließen wolle.

Jeder freie Muselmann darf vier rechtmäßige Frauen haben und daneben so viele Sclavenmädchen als ihm beliebt. Aber wenige Mohamedaner leben in Polygamie, und es sind nicht viele, die zugleich eine Frau und neben ihr Sclavinnen als Kebsmädchen halten. Der Mann muß sich insgemein für das eine oder andere entscheiden. Die rechtmäßige Frau bringt ihrem Mann vielleicht eine beträchtliche Mitgift zu, oder Aussicht auf eine erhebliche Erbschaft, oder sie gehört einer Familie an, welche Protection gewähren kann. Dann bringt sie aber auch ihren eigenen Willen mit, und ihre Angehörigen haben, gleich ihr selber, ein scharfes Auge auf den Mann. Die Frau kostet ihm viel, wie denn der Harem für manche türkische Familien ein Ruin ist. Die Frau will keine Nebenbuhlerinnen dulden und überwacht die

Gänge ihres Mannes schärfer als die thätigste Polizei zu thun vermöchte. Der Mann hätte wohl Lust, weiße Sclavinnen zu kaufen und den Vorwand geltend zu machen, daß sie der Frau als Dienerinnen zur Hand gehen sollen. Aber diese hat schon alle erforderlichen Anstalten getroffen und alte häßliche Mädchen genug im Hause, die ohnehin den Mann nichts angehen, weil die Frau sie für sich gekauft hat; sie gehören ihr allein zu. Aus allen diesen Gründen heirathen manche Männer gar nicht, sondern halten eine weiße Sclavin oder mehrere; wenn sie dann Kinder mit ihnen haben, folgt allerdings die Verheirathung wohl nach, aber es ist dann doch keine zänkische Schwiegermutter vorhanden. Der Padischah heirathet nur Sclavinnen, weil es überhaupt keine Familie giebt, mit welcher er eine standesgemäße Verbindung eingehen könnte. Weiße Verschnittene kommen äußerst selten vor, und wenn ich nicht irre, so hat dergleichen ganz allein der Sultan.

Dem bekannten Buche Fowell Buxtons zufolge lieferte vor 1840 der Sclavenhandel jährlich etwa 120,000 Sclaven in die Hände christlicher Völker und 50,000 in jene der Mohamedaner. Diese letztere Ziffer ist zu hoch; ich meinerseits glaube nicht, daß der muselmännische Sclavenhandel in Afrika im Jahre viel über 20,000 Köpfe umfaßt. Die afrikanischen Küstenländer, welche demselben zugänglich sind, erhalten etwa folgenden Zugang:

Zanzibar und die gegenüberliegende Küste, laut Nachrichten, die ich für annähernd zuverlässig halte, etwa . 1500
Die Häfen am Rothen Meer (Soaken und Massawah), nach meiner persönlichen, gewiß hohen, Abschätzung . 1500
Aegypten, aus Kordofan und Khartum, nach meinen eigenen Beobachtungen 1500
Die Karawane von Dar Fur bringt 1500
Ich sah diese Karawane im Jahre 1850 ankommen; die Gesammtzahl der Sclaven, welche sie brachte, belief sich auf 945 Köpfe.
Tripoli, aus Bornu und Kaschena 1500
Benghazy, aus Waday 1500
Diese beiden Ziffern sind den Pariser Annalen des auswärtigen Handels entlehnt; ich habe nur runde Summen angenommen.
Marokko, aus Timbuktu, etwa 1000

Diese Ziffer ist nur eine ungefähre, aber wahrscheinlich zu hoch, denn Marokko bekommt gegenwärtig Sclaven aus Algier. Nach dem Anti-slavery Reporter hätte Marokko etwa 120,000 Sclaven wovon 2000 in der kaiserlichen Garde. Sodann ist anzunehmen daß Tunis, Algier und Senegambien in Contrebande, sehr bedeutend angeschlagen, etwa 500 Sclaven erhalten.

Wir haben somit eine runde Zahl von 10,000 Köpfen. Von den in die muselmännische Sclaverei übergehenden Individuen bleibt etwa ein Viertheil im Sudan selbst, oder wird angekauft bevor die Karawane das Rif erreicht. Ein zweites Viertel stirbt im Sudan oder auf der Reise, sodaß etwa die Hälfte in den Ländern des Rif anlangt. Drei Achtel kommen gar nicht über diese Region hinaus. Ein Achtel etwa geht in die europäische und asiatische Türkei und nach Persien ꝛc. Wir haben oben bemerkt daß im Rif 10,000 Sclaven ankommen. Wenn das die Hälfte der Gesammtziffer ist, so erhalten wir:

Sclaven die im Sudan verkauft werden, etwa . . . 5000
Es sterben im Sudan und unterwegs 5000
In den Ländern des Rif werden verkauft 7500
In Europa und Asien werden verkauft 2500

zusammen 20,000 Sclaven, die im Sudan einen Geldwerth von höchstens 1,500,000 Francs haben. Im Sudan sind die Sclaven zahlreicher als im Rif, weil sie dort weniger von Krankheiten leiden als in einem kalten oder gemäßigten Klima, auch noch nicht durch langes und beschwerliches Reisen in der Wüste erschöpft sind. Zudem haben sie stets weibliche Personen zur Verfügung und liefern Nachwuchs. Im Rif gelten 7500 Sclaven, von denen etwa 1000 ausgesuchte von bester Qualität sind, entweder Abyssinier oder andere, etwa drei Millionen Francs. Jene 2500 Sclaven in der Türkei und Persien haben einen Geldwerth von anderthalb Millionen Francs. Man sieht demnach daß im muselmännischen Sclavenhandel ein nicht unbeträchtliches Capital steckt; es wirft den Unternehmern erheblichen Vortheil ab. Tripoli und Benghazy behalten nur wenig von den dort importirten Sclaven; das Meiste geht nach Konstantinopel oder Smyrna; Marokko dagegen exportirt nicht. Der Imam von Maskat trieb früher einen beträchtlichen Sclavenhandel nach Arabien und Persien, seit 1847

Der afrikanische Sclavenhandel. — Eunuchen.

hat derselbe aber aufgehört; der Imam schloß nämlich einen Vertrag mit England, durch welchen er gegen eine jährliche Entschädigungssumme sich verpflichtet hat, ferner im Norden des Aequators keinen Sclavenhandel mehr zu treiben. Die Sclaven sind freilich an der ganzen Küste von Zanguebar im Preise stark gefallen, aber die Insel Zanzibar gewinnt dadurch, weil man nun die wohlfeile Waare beim Feldbau verwendet. Namentlich hat der Imam seitdem seinen Anpflanzungen von Gewürznelken eine große Ausdehnung gegeben.

Im Sclavenhandel nach Amerika werden vorzugsweise kräftige, ausgewachsene Männer gesucht, welche Beschwerden ertragen und auf den Pflanzungen arbeiten können. Die Muselmänner verlangen dagegen Sclaven zumeist nur für den häuslichen Dienst und nehmen Weiber und Kinder. Die bei weitem überwiegende Mehrzahl der Männer, welche die Ghazwas liefern, kommen zumeist nicht über die Grenzen des Sudan hinaus. Dort müssen sie allerdings schwere Arbeiten verrichten oder werden als Soldaten eingestellt. Es ist begreiflich weshalb die Muselmänner im Rif, die Türken und überhaupt die Asiaten am liebsten Kinder kaufen; sie gewöhnen sich leicht ein, sind folgsam, kennen auf der weiten Welt nichts als das Haus ihres Herrn, und sind in der Regel demselben treu und anhänglich. Den besten Preis bringen männliche Sclaven von kräftigem Wuchs, zwischen sechs und sieben Spannen hoch (Sedasi und Sebāi). Die von fünf Spannen (Khomasi) und die Halberwachsenen (Balegh) gelten ein Drittel weniger. Mädchen welche mannbar werden oder vor Kurzem es geworden sind, und Racen angehören die sich vom europäischen Typus nicht allzuweit entfernen, gelten fünfzig Procent mehr als Sebastijünglinge; sind sie mehr negerartig so stehen sie nur fünfundzwanzig Procent höher. Verschnittene werden noch theurer bezahlt und gelten durchschnittlich doppelt so viel als unbeschnittene Sclaven von demselben Alter und aus demselben Volke. Die Entmannung wird im eigentlichen muselmännischen Sudan weit seltener vorgenommen als an der südlichen Grenze. Die Götzendiener entmannen ihre Gefangenen; die Abyssinier, welche Christen sind, und die Gallas, thun dasselbe. In Abyssinien ist die Anzahl solcher Verstümmelten sehr beträchtlich. Dieser Misbrauch ist in Afrika sehr alt; wir ersehen aus alten Sculpturen daß Gefangene auch bei den alten Aegyptern zu Eunuchen gemacht wurden. Ihre Nachkommen, die Kopten, wußten aus einem so abscheulichen Verbrechen Gewinn zu ziehen. Jahrhunderte lang hatten christliche Mönche eines Klosters in der Nähe von Dschirdscheh das Monopol einer Industrie welche den Mohamedanern zu schimpflich vorkam, als daß sie sich mit derselben hätten befassen mögen. Allerdings waren sie aber Käufer der Eunuchen; das waren aber auch die Griechen, wo das Gynaikäon seine Verschnittenen hatte, lange bevor dergleichen im Harem vorkamen. Und das heilige christliche Rom hat ja auch Castraten, deren Stimmen den Gottesdienst in der sytinischen Capelle und in anderen Kirchen — verherrlichen helfen. Im Morgenland ist die Zahl der schwarzen Eunuchen nicht unbeträchtlich; jeder Pascha hat deren einige und reiche Privatleute haben wenigstens einen. Der Verschnittene muß die Frau seines Herrn auf ihren Ausgängen begleiten, ist aber viel weniger Späher und Aufseher als man im Abendlande glaubt, und in das Frauengemach (Haremlik) kommt er nur sehr selten.

Sechstes Kapitel.
Der Handelsverkehr im Sudan.
1. Geschichte des Handelsverkehrs im Sudan.

Verbindungen mit den Ländern des Nil im Alterthum, vor der Eroberung Aegyptens und der barbareskischen Regentschaften durch die Türken. — Niederlassungen der Franzosen in Afrika. — Neue Stellung der Aegypter und Türken. — Unternehmungen der Engländer.

Die Aegypter haben seit den ältesten Zeiten in Handelsverkehr mit den Völkern des östlichen Sudan gestanden, und aus Obernubien und Aethiopien dieselben Waaren bezogen welche sie auch heute noch von dort beziehen. Von ihren Kriegszügen brachten sie Sclaven mit, welche zuweilen selbst auf europäische Märkte zum Verkauf gebracht wurden. Aber sie hüteten sich anderen Völkern von ihren Handelsunternehmungen genaue Kunde zu geben; deshalb haben die Schriftsteller des Alterthums nur so dürftige und ungenaue Nachrichten über das Innere Afrika's. Die Karthager waren eben so wenig zu Mittheilungen geneigt wie die Aegypter; aber als kühne und geschickte Seefahrer zogen sie den Wüstenbahnen den Seeweg vor; sie holten die Erzeugnisse Centralafrika's entweder vom Senegal oder wenigstens aus nördlicher gelegenen Regionen am Ocean. Die Römer verstanden sich besser auf den Krieg als auf den Handel, und waren keine unternehmenden Kauffahrer zur See. Ihre Züge in den Sudan waren eigentlich nur kriegerischer Art, wir besitzen ohnehin keine umfassende Kunde derselben und wissen nur daß sie von J. Maternus und S. Flaccus befehligt wurden; die Expeditionen des C. Balbus und S. Paulinus gingen nicht über die Nordgrenze der Sahara hinaus. Auf alle Fälle war es damals weit schwerer als gegenwärtig, mit den Völkern des Sudan regelmäßige Verbindungen anzuknüpfen und zu unterhalten. Aber die Beschaffenheit des Landes ist dieselbe geblieben wie damals, die Wüste hat ihren Charakter nicht verändert; und die Völker, damals noch rohe Götzendiener und Fetischanbeter, lebten in ähnlichen gesellschaftlichen Verhältnissen wie heute die Bewohner des äquatorialen Sudan. Wir dürfen annehmen, daß sie eben so schüchtern und mistrauisch waren, und daß sich ihnen schwer beikommen ließ. Es ging nicht an daß die Römer etwa ein starkes Heer in den Sudan geschickt und dasselbe dort ständig unterhalten, das Land wie eine römische Provinz behandelt hätten. Sie machten nicht einmal den Versuch im Sudan zu erobern. Es bedurfte ganz anderer Mittel und Hebel als jene über welche die Römer zu verfügen hatten, um diesen Sudan in seinen Tiefen aufzuregen, den Geist seiner Bevölkerung umzuwandeln, und ihn mit der übrigen Menschheit in Verbindung zu bringen. Diese neue Gewalt war der Islam, mit dem Feuer und der Kraft welche er in den ersten Jahrhunderten besaß; er war unwiderstehlich durch Lehre und Schwert. Die Schwarzen erhielten von den Arabern gleichzeitig eine neue Religion und neue Gesetze, nahmen theilweise arabische Gebräuche und Sitten an, und von nun an bildeten sich Handelsverbindungen zwischen dem Sudan und dem Rif. Der Rif wurde gleichsam ein großes Waarenlager zwischen Afrika und Europa und seine Handelsplätze vermittelten diesen Verkehr bis zum sechzehnten

Jahrhundert. Damals aber wurden die Türken Herren eines großen Theils von Nordafrika, und die Eroberung wirkte unheilvoll auf den Handel und die Civilisation überhaupt.

Das ottomanische Reich war zu ausgedehnt und seine innere Einrichtung zu mangelhaft, als daß die Gewalt der Sultane in den fernen afrikanischen Provinzen mit vollem Nachdruck hätte geltend gemacht werden können. Selbst die Kriegsleute welche sie mit Geltendmachung ihrer Befugnisse beauftragt hatten, konnten nicht durchgreifen. Bald herrschte überall Unordnung, und dann völlige Anarchie; Umwälzungen, Mord und Todtschlag waren an der Tagesordnung, und das Land war Banditen und Seeräubern preisgegeben, die mit dem Säbel in der Faust einander das Recht streitig machten, die Provinzen auszusaugen und überall zu rauben und zu plündern. Selbst die seefahrenden Völker Europa's ließen sich mit unbegreiflicher Langmuth einige Jahrhunderte hindurch die Seeräubereien der Barbaresken gefallen. Aber als das achtzehnte Jahrhundert zu Ende gegangen war, vernichtete General Bonaparte die Mameluken bei den Pyramiden, und faßte in Aegypten den Plan, Dar Fur dem französischen Handel zu eröffnen, zugleich auch den Nil in eine französische Wasserstraße umzuwandeln. Das gelang nicht; aber Frankreich nahm 1830 Algier und besetzte nach und nach die ganze ehemalige Regentschaft. So wurde auf verschiedenen Seiten die alte Ausschließlichkeit der Barbarei gebrochen; Mohamed Ali dehnte 1821 die Grenze seines Reiches bis nach Fasogl aus, und eröffnete so fern abliegende Gegenden den Forschungen der Europäer. Die Türkei endlich, die man im Morgenlande mit einer Schaukel vergleicht deren Balkenenden bald auf- bald absteigen, hatte zwar das dem Namen nach von ihr abhängige Algier verloren, gewann aber 1835 die Regentschaft Tripoli wieder, und damit war den Europäern ungehinderter Zugang bei Sicherheit der Person und des Eigenthums gewährt. Seither hatte das Geschlecht der Karamanlis eine barbarische Herrschaft geführt; es war unklug genug bei Familienstreitigkeiten die Vermittelung der Pforte in Anspruch zu nehmen.

Nachdem Frankreich sich im Besitze Algiers befand, hätte es wohlgethan genaue Nachrichten über die Handelsverhältnisse im Sudan einzuziehen und wo möglich Einfluß in demselben geltend zu machen. Das Letztere wäre nicht eben schwierig gewesen da in Algerien eine feste Grundlage gewonnen war, und die Volksstämme des Landes als nützliche Bundesgenossen hätten verwendet werden können. Die französische Regierung faßte jedoch diesen wichtigen Gegenstand nicht ins Auge, wohl aber unterstützte sie einige Unternehmungen die nicht gelingen konnten, weil sie allzukühn waren. Ich war gerade in Zanzibar als Maizan seine unmögliche Reise antrat. Er mußte seinen heldenmüthigen Leichtsinn mit dem Leben büßen. England besitzt in Afrika keine so feste Grundlage als Frankreich in Algerien; es fehlte ihm dort an zuverlässigen Hilfsgenossen, und zu den Schwierigkeiten welche an und für sich der Sudan darbietet, kamen noch manche Uebelstände welche die Briten sich selber schufen. Die öffentliche Meinung drang darauf, daß die Entdeckungsreisenden den Sclavenhändlern gegenüber als Abolitionisten, den eifrigen Mohamedanern gegenüber als christliche Glaubensboten oder zum wenigsten als Agenten der Bibelgesellschaften auftraten. Aber England hat seine Zwecke mit Folgerichtigkeit und Ausdauer im Auge behalten; die Aristokratie welche in jenem Lande das Ruder führt, arbeitet nicht für den Augenblick, sondern behält den Zusammenhang der Dinge im Auge, will Ergebnisse, welche die Gegenwart versagt, doch wenigstens einer nachfolgenden Zeit sichern, und sie begriff auch die große Wichtigkeit des Sudan. Die Reihe der muthigen Entdeckungsreisenden welche in Afrika ihr Grab fanden ist lang; es hat Houghton und Mungo Park, den Deutschen Hornemann, und Laing, Ritchie, Toole, Oudney, Clapperton und so viele andere verschlungen. Aber immer finden sich wieder kühne Männer die sich in die Bahnen wagen, welche für so manche von ihnen verhängnißvoll wurden. Richardson bringt in den Sudan ein; auch er unterliegt, aber an seine Stelle treten andere, und sterben auch sie, so erliegen sie ruhmvoll.*) Bisher hat aber England noch keine großen Resultate gewonnen. Wer sich ins Innere Afrika's als Entdeckungsreisender wagt, bedarf mancher Kenntnisse die schon einzeln genommen selten sind, noch seltener aber bei einem und demselben

---

*) So ist es mit Richardson's Gefahrten, unserm Landsmann Overweg gegangen. A.

Manne vereinigt angetroffen werden. Nur wenige Reisende sprachen das Arabische geläufig, kannten den Islam, und hatten die richtigen Ansichten von der Gesundheitskunde, ohne deren Beobachtung der Aufenthalt in der heißen Zone allstündlich Todesgefahr bringen kann.*) Indessen können muthige Männer auch ohne gründliche Sprach- und Religionskenntnisse große Ergebnisse erlangen, wie das Beispiel Denham's zeigt. Er war aber Soldat.

2. Die Handelswaaren der Wüste und des Sudan.

Was diese Länder in Zukunft dem Verkehr zu liefern vermögen. — Ein- und Ausfuhren aus dem Rif und aus Europa. — Vortheile welche der Handel mit dem Sudan abwirft.

Großbritannien hat als Grundlage für seine Operationen die Regentschaft Tripoli genommen. In der Sahara hält es Handelsagenten zu Ghadames und in Murzuk. Der Handel Marokko's, der sogenannten Barbareskenländer und Aegyptens mit Europa ist bekannt, und ich habe mich eben so wenig mit demselben zu beschäftigen als mit dem Sclavenhandel. Dieser letztere ist schon früher ausführlich von mir erörtert worden. Hier habe ich lediglich den Handelsverkehr des Sudan und der Wüste ins Auge zu fassen, gehe aber nicht in alle Einzelheiten ein, sondern fasse die Hauptpunkte ins Auge.

Der nördliche Theil der Wüste liefert Salz, das von den Salzseen im Belad el Dscherid oder am Gestade der Syrte gewonnen wird, welches offenbar noch als ein Theil der Wüste betrachtet werden muß. Schwefel wird in der Nähe der Syrte gewonnen; Natron kommt häufiger nach Aegypten hin vor, eben so Alaun und einige andere derartige mineralische Substanzen. Ferner liefert die nördliche Region der Wüste Wolle und Häute, namentlich Ziegenfelle; aus diesen bereitet man Maroquin und Schläuche, Gherwas; Wachs und Gummi von geringer Qualität.

Aus dem südlichen Theil der Wüste kommen in den Verkehr: Steinsalz; es wird an einigen Stellen gebrochen, sodann aber

---

*) Schwerlich sind je Reisende besser vorbereitet und vorsichtiger gewesen als Overweg, Barth und Vogel.

an den Salzseen gewonnen, deren es bei Bilma viele giebt; ferner einige andere mineralische Substanzen; Ochsen- und Ziegenhäute; Straußenfedern; diese liefert wohl auch die nördliche Wüste, aber in keiner beträchtlichen Menge; Senesblätter werden an der Grenze des Sudan gesammelt. Alle Oasen der Wüste liefern Datteln, manchmal auch Getreide, nämlich Mais, Sorgho und Gerste. Salz oder Natron werden in der Nähe der Oasen gesammelt; dort weiden auch zahlreiche Heerden von Schafen, Kameelen, Ziegen und Rindvieh.

Europa erhält aus der Wüste weder Salz noch Datteln, auch keine Häute oder Wolle; wenigstens ist der Bezug, wenn er überhaupt vorkommt, kein regelmäßiger. Wolle geht nach Europa nur aus dem Rif; der Dattelhandel könnte auf den Verkehr von keinem bedeutenden Einfluß sein. Die Menschen welche in der nördlichen Wüste wohnen oder sie durchziehen, tauschen gegen ihre Wolle und Datteln namentlich Getreide und Manufacturwaaren aus dem Rif ein. Aus der Wolle die im Rif oder in der Sahara erzeugt wird, verfertigt man in Tunis, in Kerwan und da und dort in Algerien Burnus, Decken und Scheschiah (Fes, Tarbusch; die bekannten rothen Kappen). Marokko liefert ausgezeichnet zubereitetes Leder und vortreffliches Schuhwerk; die Wollenwaaren sind nicht so gut wie in Tunis. Aegypten hat schon ziemlich mannigfaltige Manufacturen; nach Afrika gehen von dort besonders grobe Baumwollenzeuge und einige Wollenwaaren.

Die Bewohner der südlichen Wüste verbrauchen den Ertrag ihrer ohnehin nicht sehr beträchtlichen Dattelernte selbst; ihren Bedarf an Getreide aus dem Sudan, namentlich an Sorgho und Dokhn, eine Art Reis, tauschen sie gegen Steinsalz und den Ertrag ihrer Heerden ein. Straußenfedern, Senesblätter und einige andere Artikel lassen sie an die Karawanen ab, von denen sie dafür europäische Fabrikate bekommen.

Der Sudan liefert folgende Waaren in den Ausfuhrhandel: Gold. Man erhält dasselbe zu Dschenneh durch Waschung; im Fasogl hat man nach Gold gesucht aber ohne eben günstigen Erfolg. Es wird exportirt entweder als Goldstaub (Teber) oder in der Form von kleinen Ringen, Armringen und Goldstangen. Elfenbein in Menge und überall; eben so Rhinoceros- und Hippopotamuszähne und

Straußenfedern. Zibeth, das im centralen Sudan gesammelt wird; Wachs, Senesblätter, Tamarinden und andere in der Pharmacie gebräuchliche Waaren. Sehr gutes Gummi arabicum. Indigo der sehr reich an Färbestoff ist. Ferner liefert der Sudan vortrefflichen Sesam, Baumwolle mit kurzem Stapel und von geringer Qualität, die sogenannte nubische Baumwolle; Henneh, und Gurunüsse, welche im innern Afrika einen sehr gesuchten Handelsartikel bilden.

Es unterliegt nicht dem geringsten Zweifel daß alle Colonialwaaren im Sudan mit Vortheil erzeugt werden könnten, denn das Klima entspricht jenem der Antillen, der Philippinen und der Sunda-Inseln. Man könnte langstapelige Baumwolle und Kaffe, Gewürze, namentlich Zimmt, Pfeffer und Nelken anpflanzen; insbesondere die Cultur dieser Gewürze eignet sich für eine so wenig active Bevölkerung. Dabei hat der Sudan vor den Colonien voraus daß hier der Grund und Boden nichts kostet, und die Handarbeit ganz außerordentlich wohlfeil ist. Dagegen ist aber freilich zu erwägen, daß überhaupt noch geringe Sicherheit herrscht und sich der Waarentransport als sehr kostspielig herausstellt. Aber auch von den Colonialwaaren könnten außer dem Gummi arabicum noch andere Gummiarten geliefert werden, zum Beispiel Kautschuk, Gutta percha und Copal. Ich habe gelesen, daß ein in Indien angesiedelter Engländer aus dem Saft der Asclepias gigantea, die im Sudan ganz ungemein häufig ist, eine Substanz gewonnen hat, die dem Kautschuk gleicht. Man darf nicht vergessen wie wenig der Sudan bekannt und daß er eigentlich noch gar nicht durchforscht ist. Die Einwohner selbst wissen kaum mehr als was sie eben um und neben sich sehen. Die Entdeckung Amerika's war Ursache daß unsere Gewerbe eine Menge von Stoffen erhielten, deren sie gar nicht mehr entbehren können; auch viele neue Nahrungsmittel haben wir in Folge derselben erhalten. Einige derselben wurden von den wilden Amerikanern gar nicht beachtet; vielleicht ist Aehnliches in Afrika der Fall. In einem so ausgedehnten Festlande mag gar wohl ein neuer Färbestoff oder ein Gewürz von belangreichem Werth vorhanden sein, oder ein nützliches Heilmittel wie das Kussa, von dessen Dasein wir Jahrhunderte lang nichts wußten, und das in der Pharmacie von so großem Nutzen ist.

Im Sudan wird Gold gesammelt weil dieses Metall in die Augen fällt und leicht zu gewinnen ist; aber im Uebrigen sind die Mineralschätze kaum einiger Aufmerksamkeit gewürdigt worden. Nur die Furier liefern Kupfer, und einige andere Völker verstehen Eisen zu bereiten; das ist aber auch Alles.

Unzählige Heerden jener Nomaden welche an den Grenzen des Sudan leben, könnten für den Ausfuhrhandel liefern: Häute, entweder trockene oder mit Gorad (einer Art Gummibaum) gefärbte; Hörner von beträchtlicher Größe; auch ließe sich das Fleisch trocknen, und man könnte Beinschwarz und Leim bereiten. Es leidet übrigens keinen Zweifel daß der Sudan einst dem europäischen Unternehmungsgeiste eben so erschlossen werden wird, wie es mit anderen einst wenig zugängigen Ländern der Fall war. Afrika hat uns nur erst wenig von seinen Schätzen offenbar werden lassen, aber ganz richtig hat Richardson bemerkt, daß sein Handel im Fortschreiten sei. Zum Beleg für diesen Ausspruch weist er darauf hin daß vor sechs Jahren Tripoli zuerst aus dem Sudan Indigo erhielt, welchen dieser Platz früher nur vermittelst des europäischen Handels bezog, der überhaupt viel Indigo in die afrikanischen Küstenplätze liefert.

Alle Erzeugnisse der Manufacturen Aegyptens, aus Tripoli, Tunis und Marokko, finden im Sudan leicht und willig Absatz, wo man sie denselben Waarengattungen die aus europäischen Fabriken kommen, allemal vorzieht, selbst wenn diese letzteren auch wohlfeiler angeboten werden; denn diese afrikanischen Manufacturwaaren sind sorgfältiger und dauerhafter gearbeitet. Ferner ahmen die europäischen Fabrikanten die Muster schlecht nach, und treffen Formen und Farben, welche den Afrikanern gefallen, nicht genau genug. Endlich haben die Sudanier von jeher vorzugsweise nur Erzeugnisse des muselmännischen Gewerbfleißes verbraucht, und wechseln in ihren Gewohnheiten nicht gern.

Nichtsdestoweniger finden doch viele europäische Waaren, durch Vermittelung arabischer Kaufleute, ihren Abzug in das Innere von Afrika. Dahin gehören: Baumwollenzeuge; England hat in diesem Artikel eine Art Monopol, doch führen auch Oesterreich und Frankreich einiges ein. Tuche kommen aus Frankreich, Oesterreich und England;

Quincailleriewaaren aus denselben Ländern. Eisen kommt aus England, in geringerer Menge auch aus Oesterreich und Frankreich. Glaswaaren, namentlich Perlen, liefert Oesterreich. Ferner kommen aus Europa noch chemische Producte, Töpfergeschirr, einige Colonialwaaren und dergleichen mehr. Was an Waffen und Schießbedarf überhaupt bezogen wird, kommt aus England, Belgien, Oesterreich und Frankreich, es ist das aber nur wenig, weil die mohamedanischen Staaten an der Küste wohl aufpassen, daß von so gefährlichen Artikeln nur möglichst wenig in den Sudan gelangt. Denn sowohl die Aegypter wie die Tripolitaner und Marokkaner betrachten den Sudan als eine Eroberung welche die Zukunft ihnen aufspart, und es liegt ihnen schon deshalb viel daran, daß die Vertheidigungsfähigkeit der Völker in jener Region eine möglichst geringe bleibe. Aegypten ist schon im Besitz von Sennaar und Kordofan und möchte Dar Fur noch dazu erwerben, der Pascha von Tripoli möchte zu Fezzan auch noch Bornu haben, und in Timbuctu haben früher die Herrscher von Marokko einen Einfluß geübt, welchen die heutigen Scherife wieder zu erwerben trachten.

Es ist mir unmöglich, genaue Nachweise über den Betrag des Importhandels zu geben. Was von europäischen Waaren nach Tripoli, Alexandria und Sueyra eingeht, läßt sich allerdings mit leichter Mühe ermitteln; allein über die weitere Vertheilung fehlen alle näheren Angaben; man weiß nicht wie viel in Aegypten, Tripoli u. s. w. selbst verbraucht wird, und was und wie viel mit den Karawanen ins Innere geht, und dann wieder was unterwegs in den Oasen Verbraucher findet, und wieviel am Ende im Sudan wirklich anlangt. Als ausgemacht kann man aber annehmen, daß in dem Handel mit dem Sudan gegenwärtig nur geringe Capitalien angelegt sind, und daß diese Region im Verhältniß zu ihrer Ausdehnung und Volksmenge nur sehr wenig europäische Fabrikate verbraucht. Vermittelt wird dieser Handel durch jene wagenden Kaufleute, die in den arabischen Landen als Dschellabs bezeichnet werden. Bei dem geringen Mitbewerb, der schwachen Capitalanlage und der Gewandtheit welche den Dschellabs einmal nicht fehlen darf, machen diese Leute sehr bedeutenden Nutzen. Der Unterschied zwischen dem Ankaufspreis im Sudan und dem Verkaufspreise im Rif beträgt für Gummi, Elfenbein und Sclaven durchschnittlich 100 Procent; er erreicht aber zuweilen 150, 200 ja in einzelnen Fällen auch wohl 250 Procent. Die aus dem Rif nach dem Sudan eingeführten Manufacturwaaren bringen hier 80, 100 bis 150 Procent über den Einkaufspreis. Man vertauscht sie insgemein ohne Weiteres gegen Landeserzeugnisse, und hat dann allemal 150 Procent Nutzen. Aber dieser Preisunterschied stellt natürlich nicht den reinen Profit heraus, denn wir müssen von dem Verkaufspreise am Bestimmungsorte den Ankaufspreis der Waare am Orte ihrer Provenienz abziehen, ferner die Transportkosten, die Zölle und andere Nebenausgaben. Auch das Risico welches der Dschellab in der Wüste läuft, und die Geldopfer welche er bringt um dasselbe zu vermeiden, dürfen nicht übersehen werden. Der Ankaufspreis der Producte des Sudan erreicht sein Maximum in den Gegenden welche dem Atlantischen Ocean zunächst liegen und wohin auch europäische Handelsleute kommen; im centralen Sudan stellt er sich am geringsten. Die Transportkosten erreichen ihr Minimum in den Küstenstrichen und in der Nähe schiffbarer Ströme. Das Maximum tritt ein wenn der Zug durch die Wüste unumgänglich ist. Der Miethpreis für ein Kameel das auf einer langen Reise durch die Wüste nicht über zweihundert Kilogramme, oder etwa vier Centner, Gewicht tragen kann, stellt sich für die Tagereise von vierundzwanzig bis dreißig Kilometer, demnach etwa sieben deutschen Meilen, auf einen Franc fünfundzwanzig Centimes, also zehn Neugroschen. Dieser Preis ist derselbe auf den Karawanenstraßen von und nach Aegypten, Marokko oder Tripoli. Die Frachtkosten stellen sich hiernach als Minimum auf einundzwanzig, als Maximum auf sechsundzwanzig Centimes für den Myriameter (zweiundeinhalb alte französische Lieues, also etwa drei deutsche Wegstunden) und den metrischen Centner; im Rif betragen sie aber das Doppelte und manchmal das Dreifache. Eine Handelscampagne nach dem Sudan erfordert neun bis zehn Monate Zeit. Die Abgaben welche an den Grenzen des Rif und der Wüste gezahlt werden müssen, werden durch die Erpressungen gesteigert, ohne welche es bei den Beamten in den Barbareskenstaaten nicht abgeht. Das Risico ist in den Küstenländern äußerst gering; in der Wüste dagegen sehr beträchtlich; doch ließe sich auch hier dasselbe beseitigen.

Die Rohstoffe welche der Sudan ausführt und die verschiedenen Erzeugnisse welche er importirt, lassen sich in zwei Gruppen theilen. Die erste umfaßt die werthvolleren Artikel, die eben ihrer Beschaffenheit und ihres innern Werthes wegen die kostspieligste Fracht zu tragen im Stande sind. Dahin gehören für den Export: Gold, Straußenfedern, Zibeth, Elfenbein, Rhinoceroshörner, Hippopotamuszähne und dergleichen. Für den Import: Manufacturwaaren, also Gewebe, Glas- und Quincaillleriewaaren, Waffen u. s. w. Zur zweiten Gruppe gehören alle Waaren, die schwer ins Gewicht fallen und deren innerer Werth gering ist; bei ihnen kommt Alles darauf an daß sie auch mit möglichst geringen Kosten an den Bestimmungsplatz geschafft werden; z. B. für den Export Gummi, Senesblätter, Tamarinden, Häute, Ochsenhörner u. s. w.; für die Einfuhr: Colonialwaaren, mit Ausnahme der Gewürze, Eisen, Salz, Datteln u. s. w. Die werthvolleren Artikel können allemal ohne Beeinträchtigung des Vortheils durch die Wüste nach dem Verkaufsorte transportirt werden, die umfangreicheren und wohlfeileren, so weit die Einfuhr in Frage kommt, blos dann, wenn derjenige Theil des Sudan wohin sie gebracht werden, überhaupt nur vermittelst einer Reise durch die Wüste zugängig ist. Der geringe Unterschied, welcher sich am Einkaufsplatze zwischen dem Preise der englischen, österreichischen und französischen Manufacturwaaren herausstellt, verschwindet als durchaus unbelangreich, sobald diese Waaren nur auf dem Wege durch die Wüste nach dem Sudan gelangen können, denn die Transportkosten sind sehr hoch, und der Nutzen welchen der Verkauf bringt ist allemal sehr beträchtlich. Schwer ins Gewicht fallende Exportartikel können überhaupt nur dann aus dem Sudan ausgeführt werden, sobald ihr Ankaufspreis so gering ist, daß sie alle Zuschlagskosten tragen und dann in den Küstenländern doch noch äußerst wohlfeil verkauft werden können. Gummi zum Beispiel gilt in den französischen Häfen, im Freilager, etwa 75 Francs, in Kordofan gilt es nur 10, und in Bornu muß der Preis noch geringer sein. Man findet es überall, es ist keines Menschen Eigenthum und läßt sich mit leichter Mühe einsammeln. In Rücksicht auf den eben angegebenen Preis müßten also die Frachtkosten bis nach Tripoli sich auf 60 Francs für den Centner belaufen, was aber unmöglich ist, wenn die Speculation schlecht ausfallen sollte. Wird demnach jene Handelsoperation nicht unternommen, so rührt das daher, weil Unternehmungen anderer Art großen Nutzen abwerfen und weil der Handel nach dem Sudan noch nicht Capitalien genug anzieht. Uebrigens wird das von Timbuctu exportirte Gummi in Mogador nach England verschifft.

Der Anbau mancher Colonialproducte, zum Beispiel des Zuckerrohrs, und einiger Nahrungspflanzen würde dem Handel Europa's mit dem Sudan keinen Nachtheil bringen. Anders würde es sich verhalten wenn der Anbau der Gewürze oder überhaupt solcher Colonialproducte in Aufnahme käme, deren Werth im Rif 2 Francs und mehr beträgt. Dahin gehören Indigo, Opium, Aloe, Ricinusöl, Cochenille, Ingwer, Vanille, Kanneel, Gewürznelken, Tabak, Rocou (Orleans) und dergleichen mehr.

3. Die Handelsbahnen.

Die Seegrenzen des Sudan. — Senegal und Niger. — Die Verkehrsstraßen durch die Wüste. — Mogador; Tripoli; Benghazy. — Der Nil. — Handel von Korbofan. — Die Karawane von Syut nach Dar Fur. — Die Straßen von Sbaken nach Berber, und von Keneh nach Kosseir.

Im Norden des Aequators hat der Sudan eine dreifache Begrenzung. Die eine wird durch die Grenze der Sommerregen bestimmt und trennt ihn von der Wüste; die beiden andern sind Seegrenzen. Nach Westen liegt der Atlantische Ocean, nach Osten der Indische Ocean und das Rothe Meer. Gerade von den beiden Meeresseiten her könnte der Sudan in noch weit lebendigern Verkehr treten. Bekanntlich ist das ganze Gestadeland von der Mündung des Senegal bis zur Biafrabay schon seit Jahrhunderten dem europäischen Handel offen; dort liegen Factoreien und Niederlassungen in großer Menge, welche lebhafte Verbindungen mit dem Innern unterhalten. Am Rothen Meere und im Indischen Ocean ist dagegen der Verkehr ungleich weniger belebt. Vor Zeiten waren die Portugiesen Gebieter von Abyssinien und Indien, und besaßen an der Ostküste Afrika's viele Niederlassungen; gegenwärtig sind nur noch einige wenige, und diese südlich vom Aequator in ihren Händen. England hat eine regelmäßige Dampfschifffahrt auf dem Rothen Meere und sich der Stadt Aden bemächtigt.

In ihr besitzt es nicht blos einen militärischen Schlüssel, sondern es hat dieses Aden zu einem Stapelplatz erhoben, sowohl für den Handel mit Arabien selbst als auch mit der gegenüberliegenden afrikanischen Küste, wo die türkischen Häfen Soaken und Massawa und die beiden Hafenplätze der Somalis, nämlich Zeyla und Berbera, von erheblichem Belang sind. In Zeyla und Berbera unterhält England Handelsagenten, entweder Eingeborene oder Parsis; manchmal ist der Agent, welcher die britische Regierung vertritt, auch wohl ein Engländer. Beide Häfen möchte es gern erwerben, namentlich Berbera, wohin alljährlich aus dem Innern eine große Karawane kommt; sie besteht gewöhnlich aus etwa viertausend Kameelen, von welchen ungefähr sechshundert mit Gummi beladen sind, vierzig mit Elfenbein, zwanzig mit Myrrhen, zehn mit Wachs, die übrigen mit Kaffee. Englische Kriegsfahrzeuge erscheinen vor Berbera häufig, und die Wohnung des Agenten gleicht einer kleinen Festung. Frankreichs Handel im Rothen Meer ist unbedeutend, und beschäftigt kaum ein paar Schiffe; vielleicht hebt er sich mit der Zeit. Die Franzosen haben Mayotte (eine der Comoro Inseln) in Besitz genommen, und Verbindungen mit dem Imam von Maskat angeknüpft. Dadurch sind sie dem Rothen Meere näher gerückt.*)

Auf der westlichen Seite des Festlandes erleichtern zwei große Flüsse, Senegal und Gambia, die Waarenbeförderung aus dem Innern nach der Küste. Frankreich bezieht fast das gesammte Quantum Gummi welches seine Fabriken verbrauchen vom Senegal. Die Einsammlungszeit (Campagne) vom 10. April bis zum 31. Juli 1853 lieferte von diesem Artikel etwa anderthalb Millionen Kilogramme. Der untere Lauf des Niger könnte dem Sudanhandel die kürzeste und wohlfeilste, weil am günstigsten gelegene Verkehrsstraße darbieten; aber er ist für den europäischen Handel seither noch unbenützt geblieben, und wird vielleicht auf längere Zeit noch nicht zugängig. Die

---

*) Manchmal erscheinen auch deutsche Schiffe aus Bremen und Hamburg in den Häfen des Rothen Meeres und an der Ostküste Afrika's. In der neuesten Zeit hat man denselben auch in Triest und Venedig die gebührende Aufmerksamkeit zugewendet, und 1854 in der alten Königin des Adriatischen Meeres vier Dreimaster gebaut, welche für den Handel mit Ostafrika und dem Rothen Meer bestimmt sind. A.

Bemühungen der Engländer, dort einen Verkehr zu eröffnen, sind allerdings nicht völlig gescheitert, aber die Ergebnisse waren der Art, daß sich auch der Muthige wohl durch sie zurückschrecken lassen könnte. Die Eingeborenen haben den Nigerexpeditionen keine Hindernisse in den Weg gelegt, auch würde man leicht mit ihnen fertig werden, falls von ihrer Seite dergleichen entständen. Der Strom ist tief, breit, und sicherlich auch noch weit über den Punkt hinaus schiffbar, bis zu welchem Allen vorgedrungen ist. Aber das Klima ist mörderisch, heißfeucht, die Luft mit ungesunden Dünsten übermäßig stark geschwängert, daher jene verheerenden Krankheiten, von welchen beinahe die gesammte Schiffsmannschaft hinweggerafft wurde.

Ich will nun die Bahnen verzeichnen, welche an der Nordgrenze des Sudan beginnen, die Wüste durchziehen und am Mittelländischen Meer oder in dessen Nähe endigen. Bei jeder Wüstenbahn unterscheide ich 1) die äußersten Anfangs- und Endpunkte; sie sind entweder Mittelpunkte für die Production, wie Sackatu oder Tunis; oder sie sind einfache Lager- und Stapelplätze, wie Timbuctu und Tripoli. 2) Die wichtigen Stationen am nördlichen oder südlichen Grenzsaume der Wüste; ich bezeichne sie als Schlüssel zum Rif oder als Schlüssel zum Sudan. 3) Die nicht minder wichtigen Stationen welche auf Punkten liegen wo zwei oder mehrere Bahnen mit einander zusammentreffen. 4) Die bewohnten Ortschaften oder Gegenden im Allgemeinen. 5) Die Brunnen und Wasserplätze, an welchen die Bahnen vorüber führen. 6) Die Brunnen und Wasserplätze, welche nicht am Wege liegen aber doch nicht weit entfernt sind. Alle diese Punkte haben in der Wüste unbestreitbar eine strategische Bedeutung, weil sie durch ihre Vertheilung, ihre Lage u. s. w. für die Karawanen von der äußersten Wichtigkeit sind, und sogar das Schicksal der letzteren von ihnen abhängt.

Ausgangspunkte für die Karawanen des Sudan bilden: Timbuctu und Dschenneh, Sackatu, Kaschenah und Kano, Kuka, Wara, Kobbeh, Lobeidh, Khartum, Sennaar und Fasogl. Diese Straßen, Karawanenwege, Wüstenbahnen haben ihre Endpunkte am Atlantischen Ocean zu Mogador (Soueyra); — am Mittelländischen Meere zu Tripoli und Benghazy; — am Nil zu Syut, Korosko, Dongola und von dort weiter stromabwärts, bis nach Alexandria; — am Rothen Meere ist Soaken der Endpunkt für die Karawanen aus dem Sudan. Die wichtigeren **Schlüssel zum Rif** sind: Ain es Salah, Ghadames, Ghât, Murzuk, Audschela, Syut; die **Schlüssel zum Sudan**: Aghades und Ahir, Bilma, Dongola, Khartum und Berber.

Wer einen Blick auf die Charte wirft, ersieht, daß aus der Vertheilung dieser Punkte, ihrer relativen Lage und anderer Umstände wegen, die Richtung dieser verschiedenen Straßen an gewisse Bedingungen geknüpft ist. Einige halten die gerade Linie inne und nehmen den kürzesten Weg; andere sind lang und nicht gerade; hier sind zahlreiche, nahe bei einander liegende Wasserplätze, dort nur wenige, die zudem weit von einander entfernt liegen; die eine Bahn ist sicher und wohl bewacht, die andere voller Gefahren, weil auf ihr die Karawanen von Küstenräubern überfallen werden, und mit schwerem Lösegeld sich freikaufen müssen. Alle diese einzelnen Umstände entscheiden, ob eine Bahn stark und oft oder schwach und nur selten benützt wird; einige Routen, die vielleicht später einmal sehr wichtige Verkehrsstraßen werden, sind bis heute gar noch nicht einmal benützt worden.

Im Rif unterhalten gegenwärtig nur vier Hafenplätze regelmäßig fortgesetzten Verkehr mit dem Sudan, nämlich in Marokko: **Mogador**; im Paschalik Tripoli: **Tripoli** und **Benghazy**; in Aegypten: **Alexandria**. Ein jeder dieser vier Häfen hat einen gewissen Antheil des Sudanhandels an sich gezogen.

In **Mogador** haben die Karawanen von Timbuctu und Dschenneh ihren Endpunkt. Sie folgen der natürlichen Bahn von Timbuctu nach dem Rif; denn sie ist kürzer als die Straße welche von demselben Punkte aus, über Ghat und Ghadames, oder über diese letztere Oase allein, nach Tripoli führt. Sie hat aber auch ihre Uebelstände, ist keineswegs sicher, sehr wasserarm und wegen der Dünen und des Flugsandes voller Gefahren. Mogador bezieht aus Timbuctu Goldstaub und Gummi; ein Theil dieses letzteren wird unterwegs gekauft. Mogador hat 1850 exportirt 502,000 Kilogramme Gummi, im Geldwerth von etwa 557,000 Francs. Davon hat allein England für 538,000 Francs genommen, Frankreich nur für 14,000, Portugal für 5000. Großbritannien treibt mit Marokko einen sehr ausgedehnten Handel, namentlich in Mogador, dem beträchtlichsten Hafen dieses Reiches, dessen Exporte 3,323,000 Francs im Jahre 1850 betrugen. Der gesammte Ausfuhrhandel des Sultanates Marokko betrug nur 8,384,000 Francs; die Einfuhren beliefen sich auf 9,114,000 Francs, wovon 3,792,000 auf Mogador fallen. Von der marokkanischen Gesammtausfuhr kamen auf England für 4,882,000, von der Einfuhr 6,544,000 Francs, auf Frankreich nur 1,978,000. Von Artikeln die im Sudan Absatz haben, verkaufte England in Mogador für 2,436,000 Francs Baumwollenzeuge, nämlich beinahe den ganzen Bedarf, da der Gesammtimport von diesem Artikel sich auf nur 2,445,000 Francs belief. Jener der Wollengewebe betrug 290,000 Francs; davon lieferte England für 257,000, Frankreich nur für 33,000 Francs. Eisen, Stahl, Kupfer und Blei wurden importirt für 323,000 Francs, wovon auf England für 270,000, auf Frankreich nur etwa 50,000 Francs fallen. Quincaillerie für 151,000 Francs, wovon England für 126,000, Frankreich für 16,000.

Tripoli steht mit Timbuctu vermittelst einer sehr weiten und nur wenig benützten Straße in Verbindung. Die richtige Bahn aus dem Sudan nach Tripoli geht von Kaschena und Kano über Ahir und Ghat, und von dort über Ghadames oder über Murzuk. Richardson, Barth und Overweg haben sie ihrer ganzen Länge nach benützt. Die Karawanen von Sackatu gewinnen diese Straße bei Zinder; jene die von Timbuctu kommen, gehen manchmal erst südöstlich bis Sackatu, von da nach Zinder und weiter nach Aghades und Ghat. Eine eben so natürliche Straße wie jene von Kaschena, die aber weniger benützt wird als jene, geht von Kuka aus, dem Westufer des Tschad-Sees entlang, über den Yeu, nach Bilma und von da nach Murzuk.*) — Tripoli bezog aus dem Sudan 1851: 47,000 Kilogramme Elfenbein, im Werthe von etwa 235,000 Francs; 114,500 Grammen Goldstaub = 380,000 Francs. Beide Artikel gingen nach Malta und Toscana. Das Gold wirft nur geringen Nutzen ab; es wird von Israeliten aufgekauft, die es wohl auch nach Tunis schicken, um damit die Artikel zu bezahlen welche sie aus jener Regentschaft beziehen. In

---

*) Auf dieser Straße reiste Dr. Vogel von Tripoli nach Kuka 1853; wie früher Major Denham. R.

dem genannten Jahre importirte Tripoli noch folgende Artikel, von welchen ein Theil weiter landeinwärts nach dem Sudan ging: Baumwollen-Gewebe für etwa 600,000 Francs, Wollengewebe für 125,000 Francs; beide kamen von Malta. Scheschiah oder Fes entweder aus tunesischen Manufacturen oder aus jenen zu Fuah in Aegypten, für 113,000 Francs. Glasperlen; sie sind alle für den Sudan bestimmt, für 134,000 Francs. Sie werden von maltesischen oder toscanischen Schiffen gebracht (— und kommen zumeist aus Böhmen und Venedig —). Die Türkei, Frankreich, Algerien, Griechenland und der Kirchenstaat sind am Handelsverkehr mit Tripoli beinahe gar nicht betheiligt.

Benghazy ist der Endpunkt für Karawanen aus Waday. Sie kommen auf einem directen Wege der zu Anfang unseres Jahrhunderts von einem Beherrscher des Waday, Sultan Mohamed Abd el Kerim el Abbasi, mit dem Zunamen Sabuhn, eröffnet wurde. Diese Straße geht über Tekro, Kebabo in der Oase Kufara, und Audschelah. Von Tekro nach Kebabo haben die Karawanen eine Strecke von zwölf Tagereisen durch die Wüste zu machen, auf welcher sie keinen einzigen Brunnen oder Wasserplatz antreffen. Waday hat 1851 nach Benghazy geschickt 41,000 Kilogramme Elfenbein, im Werth von etwa 300,000 Francs; diese Waare ging nach Malta und der Türkei. Aus Europa bezog der Platz: Baumwollenwaaren für 170,000 Francs, Tuche für 100,000 Francs, Glaswaaren für 90,000 Francs, Alles durch Vermittelung maltesischer und toscanischer Schiffe. Frankreich hat gar keinen Verkehr mit Benghazy.

Den Handelsverkehr des östlichen Sudan bespreche ich weiter unten und brauche deshalb hier nicht darauf einzugehen. Tunis bezieht keine Waaren aus dem Sudan; einmal liegt es sehr entfernt und die Karawanenreisen würden längere Zeit erfordern als nach den übrigen genannten Hafenplätzen; sodann hat Ahmed Bey den Sclavenhandel verboten, und seine Verwaltung ist abscheulich. Raub und Anarchie sind in Tunis an der Tagesordnung. Algerien liegt noch mehr fern ab vom Sudan, und eine hohe, nicht selten schneebedeckte Gebirgskette verschließt beinahe den Karawanen den Zug nach dem Gestadelande und dessen Häfen. Allein die Sicherheit welche in Algerien herrscht, und die geordnete Verwaltung, sind geeignet den arabischen Handelsmann anzuziehen, denn in Marokko und in Murzuk wird er gerade von denselben Behörden übervortheilt welche ihn schützen sollten. Wenn einmal im nordafrikanischen Handel eine Wandelung vorgeht, — und sie kann nicht ausbleiben sobald einmal die französische Regierung sich ernstlich mit einem so wichtigen Gegenstande befassen will, — dann würde eine neue Karawanenstraße von Algier über Ain es Salah nach Timbuctu eröffnet werden; von Ain es Salah würde eine Bahn nach Ahir abzweigen, von wo die Karawanen nach Kaschena und Kano ziehen, während über Timbuctu die wichtigen Plätze Dschenneh und Sackatu zu erreichen sind.*) Man könnte auch über Tüggürt oder Wargla eine mehr östliche Route eröffnen als die eben genannte; sie würde Ghat berühren und dieser Ort könnte zum Rasten benutzt werden.

Auf der andern Seite der Wüste wird in Zukunft vielleicht eine directe Karawanenstraße zwischen Waday und der Bucht von Bomba eröffnet. Diese Bucht gehört zum Paschalik Tripoli und bildet, wenn ich mich nicht irre, die Grenzen desselben; sie hat einen vortrefflichen, vollkommen sichern und geräumigen Ankerplatz. Allerdings fehlt es an gutem Trinkwasser, aber darauf kommt im Mittelmeer nicht viel an, weil die Ueberfahrten immer nur kurz sind. Das Gestade ist unbewohnt und wird nur ab und zu von einigen Arabern besucht. England hegt vielleicht die Absicht eine Niederlassung an dieser Küste zu gründen und hat deshalb auch vor mehreren Jahren die Bucht von Bomba genau untersuchen lassen.

Die Handelsbahnen folgen im Allgemeinen weit mehr den Meridianen als den Parallelen; sie werden hauptsächlich belebt durch den Transport der Bodenerzeugnisse und Rohstoffe, welche den Gewerben unentbehrlich sind und sich durch andere Producte nicht ersetzen lassen. Jene Bodenproducte sind aber unter denselben Breitengraden auch ziemlich dieselben, und geben somit keinen Anlaß zu großartigem Austausch. Deshalb wird Afrika in der Richtung von Osten nach Westen nicht eigentlich von Karawanen durchzogen, es hat hier keine großen Handelsbahnen. Man spricht wohl von jener welche Marokko zum Aus-

---

*) Der Weg von Ahir nach Sackatu, der ohnehin schon eine sehr belebte Karawanenstraße bildet, ist viel näher.   A.

gangspunkte hat, durch Nordafrika führt und in Mekka ihren Endpunkt findet. Als noch maltesische Galeeren auf dem Mittelländischen Meere mohamedanischen Schiffen auflauerten, um Repressalien für die Räubereien der Barbaresken auszuüben, sammelten sich allerdings in jedem Jahre einige tausend Pilger und zogen durch das weite Land. Aber dabei handelte es sich nicht um eine Handelsstraße im eigentlichen Sinne. Seit langen lieben Jahren sind jedoch die Verhältnisse völlig andere geworden. Die Pilger besteigen in Tandscher (Tanger), Algier, Bona oder Tunis ein Dampfschiff, das sie nach Alexandria bringt. Von dort gehen sie nach Kairo und nach Suez, wo sie sich nach Dschidda einschiffen, oder sie fahren nilaufwärts bis Káneh, und reisen von dort nach Kosseir, wo sie gleichfalls Schiffsgelegenheit nach Arabien finden. Sie können auch eine dritte Reisegelegenheit wählen, indem sie mit der Karawane ziehen welche in den ersten Tagen des Monats Schewal von Kairo nach Mekka abgeht. Das ist aber eine lange und beschwerliche Reise. Die Karawane von Marokko lebt nur noch in der Erinnerung, sie ist wie ein abgeblaßtes Bild. Auch vom Senegal nach Soaken gehen keine Pilgerkarawanen. Allerdings findet man unterwegs zwischen beiden Punkten viele Pilger hin und herwandern, aber sie reisen vereinzelt und führen keine Handelswaaren.

Unter allen Flüssen Afrika's hat der Nil vielleicht den längsten Lauf, jedenfalls hält er die geradeste Richtung inne. Er hat nur auf einer verhältnißmäßig kurzen Strecke einige Stromschnellen, die doch auch für Barken zu passiren sind. Er ist zur Zeit des hohen Wasserstandes bis weit über den Punkt hinaus schiffbar welchen Arnaud's Expedition erreichte, und über jenen bis zu welchem der unglückliche Angelo Vico gelangte. Der Nil hat einen günstigern Lauf als der Ganges, der Amazonenstrom und der Niger, denn er strömt von Süden nach Norden durch den heidnischen wie den mohamedanischen Suban, Nubien und Aegypten. In seinem Wasser spiegeln sich der Reihe nach der Deleyb, der Baobab, der Bambus und die Dattelpalme; er rollt in seinen Betten durch verschiedene Klimate und diese bringen auch verschiedene Erzeugnisse hervor. So erleichtert dieser Strom die Ausfuhr und den Austausch der Producte. Vom Nil kann man mit vollem Rechte sagen er sei ein wandelnder Weg, eine sich fortbewegende Straße.

Denn er trägt die, welche stromab fahren, zu Ibal, ohne daß sie nöthig hätten sich anzustrengen. Wer aber zu Berg stroman will fängt in seinen Segeln den Nordwind auf, der beinahe das ganze Jahr hindurch in Aegypten vorherrscht. Keine andere Wasserstraße Afrika's ist ihrer ganzen Länge nach einem und demselben Herrscher unterworfen; mit dem Nil jedoch ist das allerdings der Fall. Das Paschalik Tripoli reicht nicht über Fezzan hinaus, aber der Nil soweit er bekannt ist, bis zum vierten Grade nördlicher Breite, steht unter der ägyptischen Regierung, welche vermöge schreckbarer Strenge in jenen Landen eine Sicherheit herzustellen wußte, die in muselmännischen Staaten sonst nicht gefunden wird, für den Handel aber doppelt schätzenswerth ist.

Ich will zunächst den Handelsverkehr des ägyptischen Sudan ins Auge fassen, und dann einige Mittheilungen über die Karawane aus Dar Fur geben, bei deren Ankunft in Syut 1850, im Ramadhan 1266, ich zugegen war. Kordofan exportirt Gummi, Elfenbein, Straußenfedern, Tamarinden, und Sclaven von geringem Werth. Diese Artikel kommen entweder aus Kordofan selbst oder aus Taggeleh und Dar Fur. Khartum ist der Stapelplatz für Sennaar, Taka und Fasogl, und steht über Gadaref mit Gondar in Verbindung; nach Khartum kommen insbesondere auch Gold aus Fasogl und sowohl abyssinische Sclaven als Gallas (Macadis), die zu Fadassi gekauft oder an den Grenzen von Gondar gestohlen werden.

Schon früher habe ich eine Schilderung der ausgedehnten Waldungen gegeben, welche den Sudan bedecken. In diesen Wäldern steht der Gummibaum, dessen Körner die Eingeborenen zum Gerben des Leders benützen, und dessen reichlich aus dem Stamme hervorquellender Saft einen so wichtigen Handelsartikel bildet. Der Baum verlangt nicht die allergeringste Pflege, er hat keinen Eigenthümer, wer das Gummi sammelt mag es verkaufen. Darauf stützte sich Mohamed Ali; als er das Handelsmonopol in Aegypten fallen ließ, behielt er sich doch den Handel mit Sennesblättern, Gummi und Elfenbein vor. Diese waren, seiner Behauptung nach, Eigenthum des Herrschers, ebenso wie die Bergwerke; er nahm also Gummi in Zahlung, wenn die von ihm auferlegten entsetzlich hohen Steuern entrichtet wurden. Der Preis zu welchem seine Behörden das Gummi annahmen, war von ihm für den Centner auf fünfzig ägyptische Piaster, also auf zwölfundeinhalb Francs festgesetzt worden. Nichtsdestoweniger verkauften die Gummisucher ihre Waare um vierzig bis fünfundvierzig Piaster lieber an Handelsleute welche durch Bestechungen sich die Möglichkeit verschafft hatten, Schleichhandel zu treiben; sie wollten lieber noch von dem geringen Preise einiges einbüßen, als mit des Vicekönigs koptischen Schreibern, Waagemeistern und Magazinverwaltern etwas zu schaffen haben. Das Monopol wirkte auch in diesem Falle wie überall verderblich. Seit Jahren ist nun der Gummihandel wieder frei geworden. Die Waare welche auf den Preis von siebzig bis achtzig Piaster hinaufgeschraubt worden war, kostete während meines Aufenthalts zu Lobeidh, im März und April 1850 nur noch siebenundzwanzig Piaster, und wurde mit vollständiger Verpackung für zweiunddreißig bis fünfunddreißig Piaster abgeliefert.

Das Einsammeln des Gummi muß vor Eintritt der Regenzeit vorgenommen werden; geht man zu früh ans Werk so fällt der Ertrag nicht reichlich genug aus; bei zu spätem Einernten wird die Waare naß und röthlich. Die Gummisammler sind den ganzen Tag über an der Arbeit, durchstreifen die Wälder, halten in der einen Hand ein Körbchen, in der andern einen Stab mit welchem sie das Gummi abschlagen, erst wenn sie Abends heimkommen genießen sie Speise und Trank. Ein geschickter Arbeiter kann binnen drei Monaten eine Kameel-Ladung von fünf Centnern (Rahal) sammeln; er erwirbt demnach in etwa neunzig Tagen zweihundert Piaster, was für Kordofan allerdings eine beträchtliche Summe ist. Die Kaufleute in Kordofan haben im Jahre 1850 etwa 25,000 Centner versandt. Die ägyptische Regierung hat von einer Jahresernte niemals mehr als 36,000 Centner verschickt; allem Anschein nach wird aber dieser Handelszweig bald einen größern Aufschwung gewinnen. Das Gummi von Kordofan ist das schönste welches überhaupt im Handel vorkommt, und wird in Kairo um ein Drittel höher bezahlt als das aus Sennaar, Taka oder Hedschas; es ist auch weit besser als das vom Senegal, da dieses häufig vom Regen gelitten hat. Der Ankaufspreis ist verschieden; während man in Kordofan dreißig Piaster zahlte, gab man in Khartum fünfundvierzig Piaster, in Soaken fünfundneunzig Piaster (oder hundertzwanzig bis hundertsechzig Rotolis), in Dschidda hundertzehn Piaster, in Aden für gereinigtes hundertvierzig; am Senegal giebt man acht Stücken Zeug (Toiles), was, neun Francs für die Toile, zweiundsiebzig Francs oder zweihundertfunfzig Piaster macht. In Kordofan wird das Gummi insgemein nicht nach dem Gewicht sondern nach dem Ansehen gekauft, und daraus erwächst den Kaufleuten ein nicht unerheblicher Vortheil. Der Gummihandel wird vorzugsweise in den Ortschaften Lobeidh, Kurssi, Bara, Abu Haras und Dar Hammer betrieben, und zwar in der Weise daß den Mittelspersonen welche das Gummi von den Einsammlern aufkaufen, eine Summe Geldes oder eine Quantität Waaren anvertraut wird. Nur selten misbrauchen diese Leute das Vertrauen welches man ihnen schenkt. Das Gummi hat eine doppelte Verpackung; die innere besteht aus einem Strohüberzug, die äußere in Ochsenhaut: eine solche im Werth von sechs bis zwölf Piaster genügt für etwa drei Centner.

Der Elfenbeinhandel wirft keinen großen Gewinn ab. Die Waare kostete 1849 in Kordofan 1400 Piaster, in Khartum 1500 Piaster, in Soaken 1600 Piaster; Elfenbein aus Dar Fur stellte sich zu Syut auf 1800 Piaster, und das ist auch zu Kairo der ungefähre Preis. In Zanzibar kaufen die Amerikaner das Faresel von 32 Pfund um 155 Francs, also den Centner um 470 Francs oder 1900 Piaster; in Berbera zahlt man nur 1400 Piaster. Ueber Tamarinden und Straußenfedern will ich weiter nichts bemerken; die Ausfuhr ist gering und in den Händen einiger wenigen nubischen Kaufleute; auch der Handel mit dem im Fasogl gewonnenen Golde ist ohne Erheblichkeit. Sennesblätter sind im ganzen Sudan vorhanden, werden aber mehr in Nubien gesammelt, und gelten in Dongola 15—20 Piaster der Centner; ihre Qualität ist gut und die Sorte welche im Handel die meiste Nachfrage erfährt, kommt gerade am häufigsten vor.

Die ägyptische Regierung ließ alljährlich aus dem Sudan 15—20,000 Stück Ochsen nach Aegypten treiben; es war kein Vortheil dabei, weil viele Thiere den Anstrengungen der weiten Reise und Krankheiten erlagen.

Der Einfuhr- und der Ausfuhrhandel befindet sich in den Händen von etwa einem halben Dutzend europäischer Kaufleute, einiger fremden

Muselmänner, und ungefähr hundert nubischer Kaufleute oder Dschellabs, von denen manche mit dem geringen Capital von kaum tausend Francs arbeiten. Manche Europäer geben sich mit den Einfuhren gar nicht mehr ab, weil die Waaren nur langsam abgesetzt werden und die Zahlung schwer einkommt. Sie bringen Maria Theresiathaler, spanische Piaster und viel kleine Münze mit, und kaufen wenn es ihnen gerade gelegen ist. Sie bewerkstelligen ihre Einkäufe allemal rasch und das schönste Gummi kommt in ihre Hände.

Der Transport von Khartum nach Kairo stellt sich für den Rahat, das heißt fünf Centner, folgendermaßen:

	Piaster	Tage
Von Khartum nach Berber, in der Barke	4—8	—
Mit Karawane, am Nil entlang	50	10
Von Berber nach Korosko, über Abu Hamed	160—180	15—20
Von Korosko nach Assuan, in der Barke	3—4	3
Kameelmiethe, bei den Katarakten	3	½
In der Barke von Assuan nach Kairo	10—12	15—20
Eine andere Straße ist folgende:		
Von Khartum nach Debbeh, über Atmur Bahiuda	50—60	12
Von Debbeh nach Dongola, in der Barke	3—4	3
Von Dongola nach Wadi Halfa mit der Karawane*)	50	12
Von Wadi Halfa nach Assuan in der Barke	5—6	8

Das Uebrige wie oben.

Die Straße von Kordofan nach Kairo geht von Lobeidh nach Khartum über Kurffi, Sanzür, Koamat, Tor el Rhada; die Reise dauert zehn Tage, die Fracht beträgt funfzig bis sechzig Piaster. Diese Straße wird nicht viel benutzt; von Khartum schlägt man den weitern Weg wie oben ein. Eine andere Straße führt von Lobeidh nach Debbeh über Bara, Kaymar, Dschebel Haraza, Way und Ombelilla, oder über Elai, Simria u. s. w.,: funfzehn bis achtzehn Tage und achtzig Piaster.

---

*) Der Nil bietet auf dieser Strecke einige Gefahren, und viele Kaufleute ziehen die Karawanenstraße vor.

Unter allen Wegen, welche durch die Wüste führen, ist jener von Berber nach Korosko am allerbeschwerlichsten; am unsichersten ist jener von Lobeidh nach Debbeh, weil er in der Nähe der Grenze von Dar Fur hinzieht. Man muß für diese Strecke die Kameele der Kubabisch miethen. Die Beni Dscherar und Hababin-Araber überfallen oft die Karawane, nehmen die Kameele weg, rauben Datteln und Manufacturwaaren, vergreifen sich aber nicht am Gummi das sie in Menge im eigenen Lande haben. Während meiner Reise von Debbeh nach Lobeidh wurde unserer Karawane von dem Gum (dem Haufen, den Plünderern) aufgelauert. Der Gum läßt sich nicht eher blicken als wenn er zum Angriffe schreiten will, und diesen unternimmt er nur Abends oder früh am Morgen, sobald die Karawanenführer mit dem Ab- oder Aufladen alle Hände voll zu thun haben. Wir hatten aber viele Feuerwaffen, und hielten die ganze Nacht hindurch sehr aufmerksame Wacht. Deshalb wagten sie sich nicht an uns, und zogen wieder gen Dar Fur nachdem sie noch ein paar Tage lang uns gefolgt waren.

Wenn man zu dem Ankaufspreise, mit welchem das Gummi zu Lobeidh bezahlt wird, noch etwa 150 Piaster rechnet, welche der Transport für den Rahal bis Kairo kostet (den Zoll von zwölf Procent, welcher in Alt-Kairo von den aus dem Sudan kommenden Waaren erhoben wird, zahlen die Käufer), so stellt sich der Centner Gummi in Kairo auf etwas über 80 Piaster. Er wurde aber dort 1850 für 220 Piaster verkauft, und wirft demnach einen reinen Nutzen von 175 Procent ab.

Von Dar Fur sollte eigentlich, wie aus allen anderen mohamedanischen Staaten, in jedem Jahr eine Pilgerkarawane nach Mekka abgehen, um die von den Gläubigen für das Grab des Propheten und die heilige Moschee bestimmten Opfer an ihren Bestimmungsort zu befördern. Aber die Reise ist lang, voller Beschwerlichkeiten, und wegen der drohenden Gefahren manchmal gar nicht zu unternehmen. So kommt es daß die Pilgerkarawane (Dschellaba) aus Dar Fur manchmal in Syut gar nicht eintrifft, sondern völlig unterbleibt. Die Pilgerwanderungen sind in den mohamedanischen Ländern ein Hauptbeförderungsmittel des Verkehrs. Die reichen Kaufleute benützen alljährlich diese Karawanenbewegungen um vermittelst derselben die werthvollsten Waaren zu versenden. Auch der wohlhabende Pilger, und selbst der arme Takruri welcher zu Fuß neben den Kameelen hergeht, treibt etwas Handel, tauscht dieses ein und jenes aus. Der Pilger hat einige Sclaven, etwas Elfenbein, oder Straußenfedern, oder ein wenig Goldstaub. Damit bestreitet er seine Reisekosten; an den einzelnen Punkten, wo die Karawane rastet, oder im Hedschas verkauft er das eine oder andere von seiner Habe; während der Heimreise findet ganz dasselbe statt.

Die Karawane welche aus Dar Fur nach Syut, der Hauptstadt des Said, in Aegypten gelangt, zieht von Kobeh (Kobbe oder Kobeyh) aus, und gelangt von dort in einem Tage nach dem Dorfe Omm Sidr, wo ein Bach fließt, oder an den Fluß Inca, je nachdem man da oder dort hinlänglich Wasser zu finden hofft. An einem dieser Wasserplätze wird zwei Tage lang gehalten, damit Nachzügler sich anschließen können und die ganze Karawane vollständig wird. Nach zwei ferneren Tagereisen wird Malha erreicht, das auf einem Berge liegt; nach weiteren zwei Tagen gelangt man in das Dorf Medob hinab, wo eine aus dem Abhange des Dschebel Doan hervorbrechende Quelle süßes Wasser liefert. Die Karawane zieht dann über das Gebirge Gheribat, welches die Grenze von Dar Fur und wie ich glaube auch jene der Sommerregen bildet. Von Medob reist man sieben Tage um nach Zaghawa zu gelangen. Dieses Dorf hat zwei Brunnen, der eine hält trinkbares Wasser, der andere viel Natron. In Zaghawa bleibt die Karawane manchmal vier Wochen liegen, schlägt einen Bazar auf, hält eine Art Messe und stärkt sich für die Beschwerden welche ihrer bald harren. Die Kameele fressen auf den umliegenden Weiden Salem und Hhad; diese Pflanzen wachsen in Dongola häufig, sind aber in Kordofan und Dar Fur seltener. Von Zaghawa bis Legheia sind sieben Tagereisen; auf dem Berge Legheia befindet sich eine Quelle mit süßem Wasser. Die Wüste hat ihre Sagen und Fabeln eben sowohl als der Ocean; in jenem Berge hausen böse Geister; alle Dschellabs welche des Weges zogen, haben gehört wie sie des Nachts heulten, gerade so wie jeder Matrose den fliegenden Holländer oder die Seeschlange gesehen haben muß. Die Araber glauben fest an das Dasein jener Geister. Von Legheia erreicht die Karawane nach vier

Tagereisen die Oase Selimeh, wo sie Datteln und sehr weißes Steinsalz findet. Sie ist schon ägyptisches Gebiet, und man hat von dort bis zum Dorfe Soleb, das am Nil in der nubischen Provinz Sukkot liegt, nur dritthalb Tagereisen in südsüdöstlicher Richtung. Man geht von Soleb nach Selimeh bei Nacht und behält den Polarstern im rechten Auge.

Von Kobeh nach Selimeh hält die Straße bis nach Zaghawa eine nördliche Richtung inne; von da ab zieht sie ein klein wenig nach Nordosten. Von Selimeh behält man den Polarstern im rechten Auge und gelangt in zwei Tagen nach Schebb. Dieser Theil der Reise führt durch eine ganz flache Wüste, deren weißer Sand wie ein Spiegel glänzt; nicht eine Spur von Pflanzenwuchs ist zu sehen. Diesen Charakter trägt aber die Wüste schon seit dem Dschebel Gheribat, also seitdem man die Nordgrenze der Regenprovinz überschritten. Es bedarf zwei weiterer Tage um von Schebb nach Batn el Murr zu gelangen; dort findet man bitteres, mit Soda und Magnesia geschwängertes Wasser, das stark abführend wirkt. Nachdem man alsdann noch eine Strecke durch bewegliche Sanddünen (Ghrud) zurückgelegt hat, gelangt man auf der Straße von Abu Bayan nach drei Tagen zu Mügueß an, durchzieht nun die Oase Khardscheh, kommt nach Ain el Ghzal, und trifft nach zehn oder zwölf Tagereisen von dort in Syut ein. Es sind demnach achtunddreißig bis vierzig Tagereisen erforderlich um den Weg von Kobeh nach Syut zurückzulegen; die Reise selbst nimmt aber doppelt so lange Zeit in Anspruch, weil unterwegs so oft und so lange gerastet wird. Die Dschellaba jedoch welche im Ramadhan 1265, das heißt im August 1850 in Syut ankam, war vom Dschebel Gheribat bis zu ihrem Bestimmungspunkte nur fünfundvierzig Tage unterwegs gewesen. Die Karawane reist in Abtheilungen (Frik) die einige Tagereisen von einander entfernt bleiben, damit die Brunnen und Wasserplätze nicht auf einmal ausgeschöpft werden und sich wieder füllen können.

Wer diese Karawanenstraße auf der Karte verfolgt, fragt ohne Zweifel, weshalb die Karawane nicht von Selimeh aus geradenwegs an den ganz in der Nähe strömenden Nil zieht, und sich etwa in Wadi Halfa nach Aegypten einschifft? Aber man muß bedenken, daß die Kameele aus denen die Karawane besteht insgemein den Dschellabs gehören, welche für ihre Thiere einen weit bessern Preis in Syut als in Nubien erhalten. Sie werden durch die lange Reise sehr erschöpft, haben entsetzlich vom Hunger zu leiden, und erholen sich erst wieder nachdem man sie ein paar Monate gut gefüttert und verpflegt hat. Das thun die Fellahs, welche dann auch ihrerseits beim Verkauf der Kameele Profit machen. Auf der Heimkehr zählt die Karawane allemal viel weniger Thiere, weil sie bei Weitem nicht so vieler Kameele bedarf als während der Hinreise wo sie umfangreiche Waaren transportiren mußten. Nun hat sie werthvollere Artikel, namentlich Manufacturwaaren, die nicht so stark ins Gewicht fallen. Die meisten Dschellabs nehmen bei ihrer Abreise von Dar Fur für jede Last von fünf Centnern (Kahal) zwei Kameele mit; auch kann so der Abgang ersetzt werden, der unterwegs allemal stattfindet. In Syut bleibt die Karawane wohl sechs Monate; dann aber schließen sich ihr die Pilger welche sie mitgebracht hat, und die über Käneh und Koseir nach Arabien gegangen waren, wieder an. Von Dar Fur zieht sie allemal so aus, daß sie zum Monat Ramadhan in Syut ist, wo sie dann bleibt. Jene welche ich dort im Ramadhan 1266 sah, war von keiner großen Bedeutung; sie brachte etwa 1000 Centner Elfenbein, das zu 1800 Piaster verkauft wurde, und 945 Sclaven, davon galten in Syut die Mädchen 1200, die Knaben 8—900 Piaster. Allerdings waren viele Sclaven unterwegs gestorben. Manche von Denen welche ich sah, waren geimpft. Dr. Cuny, Oberarzt der Provinz, hatte sich bemüht, Eingeborene im Impfen zu unterweisen. In Folge seiner unermüdlichen Thätigkeit sind im Said binnen anderthalb Jahren etwa 20,000 Menschen mit künstlichen Blattern versehen worden.

Dar Fur schickt einige Karawanen nach Kordofan, sie bringen Elfenbein, ordinäre Sclaven und Gummi; diese letzteren Artikel können die Transportkosten bis Syut nicht tragen. Diese Karawanen schlagen folgenden Weg ein:

Von Kobeh nach El Fascher ein Tag; südöstlich. Von El Fascher nach Dschebel Ghanem zwei Tage, ostsüdöstlich; nach Dschebel Fafa ein Tag; dieselbe Richtung; Wasser findet man in den Baobabs; nach

El Atuascha zwei Tage; dieselbe Richtung. Der Name dieses Brunnens bedeutet: Sammmelplatz für solche die Durst haben. Man findet dort viel Wasser; die Hababin, Beni Omran, Medschanin, Ulad Bahar, Bidscha und andere Araber führen ihre Heerden dorthin zur Tränke, und hier sammeln sich auch die Karawanen welche von Kordofan nach Dar Fur ziehen. Von Atuascha nach Dar Hammer, sieben Tage, dieselbe Richtung. Auch auf dieser Strecke findet man Wasser in den Baobabs, die deshalb ausgehölt worden sind. Von Dar Hammer gelangt man über Abu Haras, wo ein Kaschef wohnt, in zwei Tagen nach Lobeidh.

Der Anführer eines Gum, welcher Dar Fur und Waday genau kennt, hat mir folgenden Wegweiser für die Straße von Kobeh nach Bergü (oder Wara?) mitgetheilt: Von Kobeh nach Bir Tauil eine Tagereise; dann je eine Tagereise nach Kablabia, nach Motkora, nach Dschebel Amer, nach Dschebel Heris, nach Baragueff, von da über Dar Murin nach Terdscha; von Terdscha nach Bergü rechnete er vier Tagereisen. Richtung dieser Route Ost und West.

Der Weg von Soaken nach Berber wird von den Karawanen in zwölf Tagen zurückgelegt; ein Theil desselben führt durch Berge welche das Stromgebiet des Nil vom Rothen Meer scheiden. Vom ersten Brunnen, der etwa fünf Stunden von Berber entfernt liegt, und erst vor einigen Jahren gegraben worden ist, hat man vier Tagereisen bis zum Brunnen von Ruay. Der ägyptischen Regierung liegt daran die Verbindung zwischen beiden Städten zu erleichtern, sie hat daher an mehreren Punkten der Wüste zwischen jenem Brunnen und Ruay Bohrversuche angestellt, aber selbst in einer Tiefe von etwa hundert Fuß noch kein Wasser gefunden. Ueber Ruay hinaus wird dagegen fast alle Tage Wasser gefunden. Auf jener Straße ziehen nubische Hirten umher, die Amarer, Hadendoa, Omran und andere. Soaken steht nicht mehr unter ägyptischer Regierung, sondern ist dem türkischen Paschalik Hedschas zugetheilt worden. Die Grenze zwischen den Staaten des Sultans und den Besitzungen des Pascha's von Aegypten liegt in der Wüste, und folgt der Wasserscheide; doch ist keine eigentliche Trennung da. Die Araber zahlen bald der einen bald der an-

dern Regierung Tribut, in der Regel geben sie aber keiner von beiden
etwas. Die türkischen Behörden sind in jenen fernen Gegenden ohne
Macht und Gewalt, und können nicht einmal verhindern, daß einzelne
Reisende oder ganze Karawanen von Erpressungen dieser Araber heimgesucht werden. Sie begnügen sich übrigens mit einem geringen Lösegelde, und ich selbst bin mit etwa zwanzig Francs bei ihnen abgekommen. Die Gabe wurde sehr höflich verlangt, und ich durfte sie nicht
verweigern, weil ich sonst meine Kameele, die bei Ruay im Gesträuch
weideten, schwerlich jemals wieder zu Gesicht bekommen hätte. Auch
Gegenwehr hätte zu nichts geführt; ich war mitten in der Wüste, von
Nomadenstämmen umgeben und besaß keine zahlreiche Dienerschaft.
Diese Straße zwischen Berber und Soaken wird alljährlich von etwa
einen Dutzend Dschellabs durchzogen, von welchen jeder etwa funfzig
bis sechszig Kameelladungen besitzt. Von Soaken nach Berber bringen
sie indischen Tabak aus Surate, indische Stoffe, Sandelholz, Wohlgerüche und dergleichen. Die Fracht stellt sich von sechszig bis achtzig
Piaster für das Kameel. Von Berber nach Soaken bringen sie Gummi,
Elfenbein und einige Sclaven; aber im Allgemeinen machen sie ihre
Einkäufe lieber in Taka, das etwas südlich von dieser Straße ab liegt.
Die Byschara, welche in dieser Gegend ihre Heimat haben, machen
häufig Ghazwas im nördlichen Abyssinien, und rauben Weiber und
Kinder aus den Dörfern; man hat mir erzählt daß die Bewohner sich
nicht einmal zur Wehr setzen. Das Gummi kommt von Musselimieh,
Abu Haras und Gadaref.

Von Khartum führen zwei Wege nach Taka. Der nächste ist
ohne Wasser und kann nur bei sehr starken Tagereisen mit Dromedaren
zurückgelegt werden. Der zweite geht den Nil entlang bis zur Mündung des Atbara, und an diesem Flusse bis beinahe nach Taka; er ist
aber sehr weit und nimmt funfzehn bis zwanzig Tage in Anspruch.
Man zieht ihn aber der Route über Berber oft vor, namentlich thun
es die schwarzen Pilger oder Takriris, welche dabei den Vortheil haben daß sie fast an jedem Abend in einem Dorfe einkehren können.
Von Taka nach Soaken ist man zehn Tage unterwegs.

Ich will hier Einiges über die Straße von Keneh nach
Kosseir bemerken. Sie wird, bei sechszig Stunden Reisezeit, von

den Karawanen in etwa fünf Tagen zurückgelegt; ich selber habe diese Reise in sechzig Stunden ohne anzuhalten gemacht; man trifft unterwegs mehrere Brunnen, und einige Lagerplätze der Araber. Dieses Wegs ziehen viele Pilger aus Aegypten und dem Gharb; noch weit zahlreicher sind aber die Nubier und die Furier, welche mit der großen Karawane nach Syut kamen und von dort nach Kosseir gehen. Waaren aus dem Sudan werden auf dieser Straße nicht befördert; doch findet eine anderweitige Handelsbewegung auf ihr statt, die allerdings von Bedeutung aber seither noch wenig bekannt ist. Die Provinz Said ist eine der fruchtbarsten in Aegypten; namentlich liefert sie Getreide, Bohnen und Linsen. Die Ernte aus dem Bezirk Syut findet ihren Abzug meist nach Kairo, jene von Keneh aber geht über Kosseir nach Dschidda. Die Regierung ist Eigenthümer des größten Theils der Ländereien, erhält einen Theil der Steuern in Naturproducten, und versendet auf jenem Wege jährlich etwa 120,000 Ardebs; die Privatleute erzeugen 80,000, wovon 50,000 zur Versendung kommen. Dieses Geschäft wird durch einige sehr reiche arabische Kaufleute vermittelt. Die Fracht bis Kosseir beträgt für das Kameel dreißig Piaster, und die Schiffsfracht von Kosseir nach Dschidda zwanzig Piaster per Ardeb; der Weizen kostete 1850 in Keneh fünfunddreißig Piaster. Unterwegs stehlen die Kameeltreiber etwa zehn Procent von dem ihnen überlieferten Getreide, das sie anfeuchten um das Gewicht wieder voll zu machen. Der Rais, das heißt der Schiffspatron auf dem Rothen Meere, macht es ebenso. Es erklärt sich also weshalb der Weizen in den Lagerhäusern zu Dschidda bald auskeimt, und ein ungesundes Brot liefert. Die Schiffspatrone entschuldigen sich damit, daß sie sehr arm seien. Auf dem Rothen Meere fahren drei bis vierhundert Barken, die von vierhundert bis achthundert Ardebs laden können; für den Handel ist die Zahl der Schiffe viel zu beträchtlich. Die Schiffsleute werden für jede einzelne Reise geheuert; selten werden im Jahre mehr als zwei Fahrten gemacht, und ein Rais verdient in zwölf Monaten nur etwa fünfhundert Piaster. Auch auf den Nilbarken wird diese Verfälschung des Getreides betrieben. Aegypten verbraucht kaum ein Drittel seines Ernteertrages; in den Magazinen fressen Ratten und

Würmer die kostbaren Brotfrüchte auf, und das Getreide kommt nicht in den Handel, weil es so nachlässig behandelt wird.

Alljährlich gehen etwa sechstausend Pilger, wovon funfzehnhundert aus Algerien, über Kosseir nach Mekka.

4. Die Karawanenzüge.

Merkzeichen und Zeitmessung. — Die Sandspuren. — Die Führer. — Die Brunnen der Wüste. — Beschaffenheit des Wassers.

Die Richtung welche die Karawanen durch die Wüste nehmen, wird durch die Lage der Brunnen bestimmt. Sie erreichen daher das Ziel ihrer Reise nur bei einzelnen Strecken auf geradem Wege; insgemein aber haben sie Winkel oder Bogen zu machen, und die Zeitdauer in welcher man einen gegebenen Punkt erreicht, hängt nicht etwa von der Entfernung desselben in gerader Linie ab, sondern vorzugsweise von der Lage und Anzahl der Brunnen. In einem wohlbewässerten Lande, wie dem Belad el Dscherid oder in der mit Gesträuchen bedeckten Wüstenregion, welche am Sudan wie ein Saum hinzieht, legt man dieselbe Strecke weit schneller zurück als in der Sahara oder der libyschen Wüste, weil in jenem Falle weit mehr der gerade Weg eingehalten werden kann. Reisende mit einer kleinen Anzahl von Begleitern und Eilboten haben über die Karawanen den Vortheil voraus, daß sie weit schneller fortkommen und weniger Wasser nöthig haben; sie können über weit ausgedehnte wasserlose Flächen rasch hinweg eilen, während die Karawanen, eben weil sie einer großen Menge Wassers bedürfen, nicht selten weite Umwege machen müssen, und, wie gesagt, von der Lage der Brunnen abhängig sind.

Wer die Karawanen als Führer durch die Wüste geleiten will, muß also Richtung und Länge der ganzen Wegstrecke und die einzelnen Abtheilungen derselben genau kennen; ganz so wie der Schiffscapitain mit dem Meere vertraut ist; er muß aber auch genau in der Nachbarschaft und Umgebung der Brunnen Bescheid wissen, um bei guter Zeit einen etwaigen Irrthum wieder gut machen zu können, er muß seine Karawane an die Wasserstelle bringen, wie der Lootse ein Schiff in den Hafen führt. Manchmal bilden Streifen von Sandbünen steinige

Anhöhen oder ferne Gebirge, Merkzeichen nach welchen der Führer sich richten kann; sehr häufig ist jedoch die Wüste ohne auffallende Landmarken. Sie liegt als unermeßliche Fläche vor dem Auge des Reisenden, der Horizont rundet sich ab wie auf dem Meere und bietet denselben einförmigen Anblick dar. Nichts deutet Weg oder Bahn an, die ohnehin flüchtigen Spuren der Karawane werden vom nächsten Winde verweht, und Niemand darf darauf rechnen, dergleichen zu finden und als Wegweiser zu benützen. Der Führer kennt die eigenthümlichen Veränderungen an der Gestaltung des Bodens, welche sich insgemein in der Nähe von Brunnen und Wasserstellen zeigen, und weiß wann und wo feuchter Boden kommt. Aber auf einem dreihundert Stunden langem Wege von äußerst ermüdender Einförmigkeit ist er nicht im Stande all und jede Einzelheit sich genau einzuprägen; ohnehin wechseln zum Beispiel Aussehen und Lage der Dünen fast alljährlich.

Der Khabir, das heißt der Führer, bedient sich aber nicht etwa der Magnetnadel; der Beduine hat keinen Begriff von diesem Werkzeuge das ihm völlig unbekannt ist. Auch würde der Gebrauch des Compasses mit großen Schwierigkeiten verbunden sein. Der Khabir müßte ihn auf dem Sattelknopfe des Kameels vor sich haben und unablässig beobachten. Dazu ist der träumerische Araber ohnehin nicht geneigt; er beobachtet Sonne und Sterne und findet am Himmel mehr Merkzeichen als er braucht. Er weiß wie zu jeder Stunde der Nacht die Stellung der Gestirne zu einander ist, und kennt alle die für ihn von Belang sind bei Namen. Der Polarstern zeigt ihm den Norden an, ein anderes Gestirn sagt ihm wo Süden ist; er weiß wie viele Grade er in einer beliebigen Nachtstunde dasselbe zur Rechten oder Linken lassen muß, um nicht vom Wege abzukommen. Am Tage scheint die Sonne, deren Declination in jeder Jahreszeit er gleichfalls genau kennt. So sicher ist er seiner Sache, daß auf Strecken von mehreren hundert Stunden nur selten irgend ein erheblicher Irrthum vorkommt. Allerdings bedarf der Führer eines heitern Himmels, der zum Glück in der Wüste fast niemals bedeckt ist; bei länger anhaltendem trüben Wetter würde die Karawane Rast halten oder nach dem jüngst verlassenen Brunnen zurückkehren. Der Beduine bedarf ebenso wenig einer Uhr als einer Bussole; er theilt den Tag nicht in Stunden und Minuten; er weiß aber allemal am Stande der Sonne oder an der Stellung der Gestirne wie lange Tag oder Nacht noch dauern werden. Als Antwort auf die Frage: wieviel Zeit wohl noch vergehe bis man da oder dorthin gelange, zeigt er mit ausgestrecktem Arme auf den Punkt am Himmel wo die Sonne steht, beugt ihn langsam in der Richtung welche der scheinbare Gang der Sonne nimmt, und spricht: „Wenn Du Dich jetzt auf den Weg machst, so langst Du an sobald die Sonne auf jenem Punkte steht." Manchmal richtet sich der Araber auch nach der Länge, welche der Schatten wirft, wenn er die Zeit messen will; aber er kümmert sich nicht um die Richtung desselben, weil dazu die Bestimmung einer Mittagslinie erforderlich wäre, sondern er beantwortet die eben schon einmal aufgeworfene Frage in folgender Weise: „Machst Du Dich auf den Weg sobald vor Mittag Dein Schatten doppelt so lang ist wie Dein Körper, so kommst Du Nachmittags an sobald er dreiundeinhalb Mal so lang ist wie Dein Körper." Nur sehr selten wird er sich um eine Kleinigkeit irren.

Die muselmännische Ueberlieferung verlangt für die Bestimmung der Zeit die materielle Beobachtung, und schließt sowohl mechanische Hilfsmittel als die Berechnung aus. Der Ramadhan fängt an sobald der Neumond des Ramadhan eintritt und angezeigt wird; der Kalender wird dabei nicht befragt, und beim Gebet in der Moschee bekümmert sich Niemand um Uhr und Glockenstunde; statt ihrer befragt man den Sonnenzeiger, und wo ein solcher nicht vorhanden ist, die Länge des Schattens. Am besten läßt sich nach dieser letztern der Zeitpunkt bestimmen, wann das Gebet Aser begonnen werden muß. Nach dem Schafey-Ritus, und im Allgemeinen auch bei den übrigen, beginnt das Aser in dem Augenblicke, da der Schatten eines Menschen zwölfmal die Länge seiner Sohlen erreicht oder doppelt so lang wird als sein Körper.

Der Khabir muß sich nothwendig auf eine genaue Kunde der Spuren (Darb, Ethar) verstehen. Ueberhaupt verstehen alle Nomaden „im Sande zu lesen" wie sie sagen. An den Spuren der Tritte welche ein Thier im Sande zurückgelassen hat, erkennen sie Alter und Geschlecht desselben; das Weibchen des Kameels hat nämlich ein anderes Becken als der Hengst, und tritt mit seinen Hinterbeinen etwas breiter aus. Wie lange die Spuren schon vorhanden und wie alt sie sind, nimmt man daraus ab, wie frisch und reinlich sie sind und wieviel Sand bereits der Wind in sie hinein geweht hat. Aus tausend Anzeichen, welche dem Blick eines Europäers entgehen, kann der Araber sich jeden Augenblick gleichsam eine Chronik der Wüste zusammenstellen. Aus tiefen Spuren nimmt er ab daß die Thiere schwer beladen waren; an leichteren Spuren von Kameelen verschiedener Größe erkennt er, daß eine Heerde von den Hirten nach einer Weide hingetrieben wurde. Sieht er, daß Spuren die weder sehr oberflächlich noch sehr tief sind, von vollständig ausgewachsenen Kameelen herrühren, und findet er neben denselben Fußstapfen weder von Weibern noch von Kindern, dann weiß er daß ein Gum, ein Raubzug in der Nähe ist mit Dromedaren. Auf unscheinbare Spuren begründet der Führer manchmal eine ausführliche Geschichte, deren Inhalt uns im Anfang wohl überrascht; man begreift aber später wie genau und richtig die Erzählung war. Eines Tages bemerkte ich in der Wüste zwischen Lobeidh und dem Sennaar die Spuren zweier Kameele im Sande, und fragte meinen Führer was er davon halte? Er entgegnete: „Auf diesen Kameelen reitet eine türkische Familie, begleitet von einem arabischen Diener, der am Fuße eine Wunde hat. Die Familie besteht aus einem Türken von untergeordnetem Range, dessen Frau oder einer Sclavin, und einem Kinde von höchstens zwei Jahren." Die Angabe so vieler Einzelheiten setzte mich in Erstaunen, und ich fragte den Führer, ob er denn jene Leute gesehen habe? Lächelnd bemerkte er: „Gesehen habe ich sie nicht; aber es müssen zwei berittene Personen nebst einem Kinde sein, denn sonst würde der verwundete Diener nicht mit seinem Fuße hinterhergehen, sondern auf einem Kameele reiten. Daß ein kleines Kind da ist, habe ich vor etwa einer Stunde an Excrementen gesehen, die keinem Erwachsenen angehören konnten. Ich habe übrigens keine Fußtritte von ihm gesehen, und ich glaube es wird getragen, wenn man Halt macht." — „Das ist Alles recht gut," sprach ich, „aber woraus erkennst Du daß es Türken sind?" — „Türken oder Aegypter müssen es sein, denn sie haben einen Teppich ausgebreitet als sie Rast hielten; die Nubas und Araber thun das nicht, sondern setzen sich auf den bloßen Sand; auch trugen sie Schuhe, nur der Sclav hatte nackte Füße. Ihre ärmliche

Ausstattung zeigt daß sie nicht wohlhabend sind; sie reisen mit zwei Kameelen und haben keine Zelte, auch werden sie nur von einem einzigen Menschen bedient. Also ist dieser Türke höchstens ein Sergeant oder ein Civilbeamter untergeordneten Ranges." Schon am nächsten Morgen konnte ich mich überzeugen wie genau die obige Auskunft war, denn ich traf mit den Reisenden zusammen welche mein Führer mir so genau geschildert hatte. Der Mann war ein ägyptischer Kopte und bei der Landesverwaltung angestellt.

So gründliche und genaue Kunde aller Verhältnisse der Wüste darf man allerdings nur bei den in ihr heimischen Nomaden suchen. Deswegen wählen die Karawanen gerade unter diesen Leuten ihre Führer. Die Kaufleute selbst mögen die Regionen des innern Afrika nach allen Richtungen durchziehen, ohne daß sie darum doch überall Bescheid wissen; von ihnen darf man nicht einmal über die Richtung der Straßen und Wege so genaue und zuverlässige Auskunft erwarten, daß der Geograph sich auf dieselben verlassen und sie benützen könnte. Es ist auch erklärlich daß der Handelsmann sich auf der Reise durch die Wüste vorzugsweise mit ganz anderen Dingen beschäftigt und vor Allem daran denkt, wann er ans Ziel kommen werde. Wer viele Kaufleute befragt wird viele einander widersprechende Nachrichten erhalten, und es am Ende unmöglich finden aus einer solchen Menge von Irrthümern das Wahre herauszukennen. Um zu der Ueberzeugung zu gelangen wie wenig Werth die Aussagen der Dschellabs haben, braucht man nur mit ihnen über die Routen zu sprechen, die man selber gemacht und verzeichnet hat, oder die auf den Karten ganz richtig eingetragen sind. Ich habe mir das Vergnügen gemacht in Kordofan allerlei Erkundigungen über den Lauf des Nil zwischen Dongola und Berber einzuziehen, also über eine bekannte Strecke, deren Lauf die Karten vollkommen richtig angeben. Ich überzeugte mich abermals wiewenig Zuverlässigkeit die Nachrichten der Kaufleute haben; auf die Aussagen der Führer dagegen darf man etwas geben; sie sind, wie ich schon hervorhob, scharfe und genaue Beobachter, und können uns immer eine ungefähre Schätzung des zurückgelegten und des noch vor dem Reisenden liegenden Weges geben; und sie bestimmen die Entfernung weit genauer, als zum Beispiel der Seefahrer auf dem Meere es vermag, weil das Schiff die Einwirkungen der Meeresströmungen erfährt und dadurch abweicht, während der Khabir immer festen Boden unter den Füßen behält.

Die Wasserplätze der Wüste werden Brunnen (Bir, Biar) genannt, sind es aber keineswegs immer in dem Sinne, welchen wir mit dieser Benennung verbinden; sowohl in der Region der Winterregen also im Belad el Dscherid, als in jener des Sommerregens, also im Sudan, sind es lachen- oder teichartige Ansammlungen, natürliche Becken, ausgedehnte Behälter, in welchen das Wasser nur während der ersten Zeit der trocknen Monate vorhanden ist, also die sogenannten Fulas; oder in denen es überhaupt nicht ausgeht; diese letzteren Wasserplätze heißen Birket. Eigentliche Brunnen findet man in der Wüste nicht. Aber der Nomade welcher die Sahara durchstreift, braucht in den sandigen Boden nicht tief einzugraben; er findet oft schon wenige Ellen tief Wasser, und in einigen Oasen springt es sogar hervor. Unter der Sahara liegen große Wasserseen, artesische Becken. Die Tuareks überdecken manchmal die enge Oeffnung ihrer Brunnen mit Zweigen, legen darüber eine Ochsen- oder Kameelhaut, und werfen über das Ganze eine dünne Lage Sand. Manchmal spürt ein durstiges Kameel diesen verborgenen Schatz doch aus; entdeckt ihn aber der Feind nicht und liegt er in der Nähe seines Gebietes, dann ist der Tuarek in den Stand gesetzt die kühnsten Handstreiche zu wagen; er kann sich in der Wüste selbst in den Hinterhalt legen, lange verweilen und auflauern weil er Wasser hat, und braucht an keinem Brunnen zu erscheinen, wo der Feind ihn wenigstens bemerken, vielleicht auch überfallen würde.

Den Arabern sind bei weitem nicht alle Stellen in der Wüste bekannt, wo Wasser zu finden ist; der Hirt trennt sich nicht von seinen Heerden und die Reisenden ziehen immer und ewig ein und dieselbe Straße. Die unbewohnten Theile der Sahara und der libyschen Wüste werden nur äußerst selten von Menschen besucht; der Nomade wagt sich nur dann hinein, wenn ein Wild, dem er schon längere Zeit nachgestellt, sich dorthin flüchtet; in solchem Falle verfolgt er wohl eine Antilope oder Girafe bis zu einer Wasserstelle, die er dann nach dem Thiere benennt welches ihm zu der werthvollen Entdeckung Veranlassung gab. So kommt es daß man in der Wüste eine Menge solcher Stellen bezeichnet findet als: Brunnen der Gazelle, des Straußes, der Girafe; wohl auch des Kameeles, Hammels, Stieres; in diesen letzteren Fällen hat sich ein solches Hausthier verirrt, und ist zunächst bei dem Wasser zu welchem der Naturtrieb es geführt, wiedergefunden worden.

Die meisten Brunnen haben brakiges schlechtes Wasser; es kommt entweder aus einem mit Steinsalz, Natron, Magnesia u. s. w. geschwängerten Boden, oder es steht lange den heißen Sonnenstrahlen ausgesetzt. Insekten fallen hinein und verwesen, und der Schmuz von den Thieren, welche zur Tränke kommen, trägt gleichfalls dazu bei das Wasser zu verunreinigen; es wird grün oder schwarz, kleberig, riecht sehr übel und hat einen scharfen oder auch faden Geschmack. Das eigentliche Brunnenwasser ist oft bitter und verursacht bei Denen welche es trinken müssen angreifende Purganzen; das in den Tümpeln und Lachen widersteht mehr dem Geruch, und wirkt manchmal auf den Körper wie ein septisches Gift, doch ohne gerade sehr nachtheilige Folgen zu hinterlassen. Ein fortgesetzter Gebrauch dieses verderbten Wassers würde allerdings bald gefährlich werden. Jene Araber welche auf dergleichen Wasser angewiesen sind, leiden an Skorbut, Skropheln und Leberkrankheiten. Merkwürdig bleibt daß die Kameele, bei welchen gerade Leberkrankheiten so häufig vorkommen, dieses trübe unreine Wasser dem klaren und gesunden des Nil vorziehen; denn sie trinken allemal bei weitem weniger, wenn sie die Ufer des Stromes erreichen als wenn sie bei den schlammigen Pfützen in der Wüste anhalten. Vielleicht wird gerade durch den Salzgehalt dieses Wassers ihr Durst vermehrt.

5. Transportmittel in der Wüste.

Kameele und Dromedare. — Wie man sie abrichtet. — Karawanen und ihre Art zu reisen.

Man hat das Kameel als das Schiff der Wüste bezeichnet; die Araber, welche sich besser auf die Kameele als auf Fahrzeuge verstehen, sagen ihrerseits, das Schiff sei das Kameel des Meeres.

Es giebt bekanntlich zwei Varietäten des Kameeles. Camelus bactrianus mit zwei Höckern kommt in Afrika nicht vor; Camelus dromedarius mit einem Höcker ist dagegen in diesem Erdtheile weit verbreitet. Diese letztere Art hat wieder eine große Menge von Nebenarten, gerade wie das Pferd. Wie verschieden ist das Anezipferd der Araber von einem schottischen Pony oder von einem londoner Brauerpferde; ähnlich ist es mit dem Kameele. Die eine Art zeichnet sich durch raschen Gang aus und trabt rascher als ein Maulthier, eine andere durch Stärke und Kraft; sie geht langsam und schaukelt mit ihren breiten Schultern hin und her.

Bei den Sattelkameelen, die ich mit dem arabischen Namen Hedschin bezeichne, finden wieder Unterscheidungen statt. Der Beduine im Hedschas reitet ein falbes Dromedar von sanftem aber lebhaftem Gange, das mit der Nase beinahe den Boden streift. Der Tuarek hat sein Mehari, dessen Schnelligkeit jene des Pferdes hinter sich läßt; er durchfliegt mit demselben weite Entfernungen wunderbar rasch, und trabt vier bis fünf Tage fast ohne alle Unterbrechung; dann erst gönnt er diesem bewundernswürdigen Thier einige Ruhe, ohne daß es scheint, als ob dasselbe einer solchen eben sehr bedürftig wäre. Der Bischarihirt züchtet ein Hedschin von zierlicheren Formen, kurzem glatten Haar, das insgemein weiß oder lichtgrau ist, selten falb, manchmal gefleckt wie bei der Giraffe; die Unterlippe hängt herab, die Ohren stehen und sind kurz, die Stirn ist breit und gewölbt, das Auge blickt sehr verständig. Dieses Kameel schreitet mit leichtem Tritte, es scheint den Boden kaum zu streifen, und reitet sich ungemein sanft; aber wo viele Steine liegen wird es manchmal stolpern, fällt aber nicht. Es ist ungemein lenksam, hält die größten Beschwerden aus. Neben seinem langsamen abgemessenen Schritte hat es noch einen ihm eigenthümlichen Gang, den „Schritt des Hedschin", nämlich einen Paßgang. Dieses Mehari der Byschara macht in der Stunde eine deutsche Meile, und sein Trott kommt an Schnelligkeit jenem der Pferde gleich. Es ist gehorsam, versteht seines Reiters Worte, und bekommt nur selten einen Schlag; es ist sehr erkenntlich für gute Behandlung; dagegen rächt es sich an Denen welche ihm Mishandlungen zufügen oder ihm Futter wegnehmen. Ich habe ein Byscharidromedar gehabt und häufig geritten, das mir nie zu Klagen Anlaß gab; es hatte aber nicht lange bevor ich es kaufte einen Treiber getödtet, der es viel geschlagen und ihm oft Futter genommen hatte. Als er einst ohne Peitsche an dem Thier vorüber ging, fiel das Hedschin über ihn her, packte seinen Ueberwurf mit den Zähnen, riß den Mann zu Boden, rollte ihn ein paarmal um und trat ihm die Brust ein.

Die schätzbarste Eigenschaft des Satteldromedars ist nicht etwa seine Schnelligkeit, sondern viel mehr noch die wunderbare Fähigkeit die äußersten Anstrengungen zu ertragen. Es giebt solcher Thiere, welche binnen vierundzwanzig Stunden eine Strecke zurücklegen, zu welcher man sonst fünf gewöhnliche Tagemärsche nöthig hat; manche sind im Stande sieben oder acht Tage hintereinander fünfundzwanzig bis dreißig Lieues, also vierzehn bis sechzehn deutsche Meilen, täglich zu machen. Bei den Tuarek soll es Mehara geben, die noch weit mehr leisten; so haben mich diese Nomaden selbst versichert.

Ich reiste im Mai 1849 nach Tripoli in der Berberei. Zu Anfang jenes Monates erhielten wir Kunde, daß ein Trupp mit Mehara berittener Schamba, im Angesichte von Ghadames dreihundert Kameele geraubt hatten, welche den Tuarek gehörten und unter der Aufsicht von Kindern auf der Weide gingen. Zwölf Tage später erfuhr man in Tripoli daß die Tuarek, zwei Tage nachdem die Heerde geraubt worden war, zurückgekommen seien. Als sie hörten was vorgegangen war, ritten sie unverweilt in das Land der Schamba, nahmen denselben in der Gegend von Wargla ungefähr fünfhundert Kameele fort und trieben sie unverweilt nach Ghadames. Dieses ist von Wargla etwa hundert Stunden entfernt. Demgemäß hätten die Tuarek, deren Mehara doch schon ermüdet waren in zehn Tagen zweihundert Wegstunden zurückgelegt, und dabei noch eine Beute heimgebracht, die nur mit Mühe rasch fortgeschafft werden konnte.

Man führt das Hedschin an einer Art Halfter, der entweder aus einem Seil besteht oder aus einem zierlichen Ledergeflecht; der eine Theil geht um den Hals und über den obern Theil der Schnauze, der andere hat am Ende einen Ring von Eisen, Kupfer oder Silber; dieser wird beim Aufzäumen durch ein Nasenloch gezogen, und bleibt manchmal ganz darin. Die Reitsättel der Araber auf der Halbinsel sowohl wie der Nomaden in der Sahara, weichen nicht eben von den Pferdesätteln ab; manche haben auch Steigbügel. Es ist aber weit bequemer und überhaupt besser, wenn man die Beine vor dem Sattelknopf übers Kreuz schlägt und auf dem Halse des Kameels ruhen läßt; man kann es dann mit den Hacken eben so lenken wie ein Pferd mit den Knien. Unter allen Sätteln erscheint mir der nubische, Ghabit, als der zweckmäßigste; man legt ihn, wie überhaupt jeden Kameelsattel, oben auf den Höcker, auf welchem er vermittelst seiner beiden mit Stroh gefütterten Kissen ruht. Diese sind so eingerichtet daß sie bequem auf dem Rücken ruhen und den Höcker möglichst schonen, weil dieser oben, gleich dem Widerrist am Pferde, frei bleiben muß. Auf jene beiden Sattelkissen legen die Araber auf der Halbinsel noch ein kleines Polster, eine Art Schabracke. Die Byschara verfahren schon sinnreicher, und setzen ein etwas concaves Stühlchen hinauf, das vorne etwas breit, in der Mitte etwas offen ist, damit der Höcker ungedrückt bleibe; sie decken ein Leder darüber und zuletzt noch ein Schaffell. Die Araber im Hedschas haben auf dem vordern und hintern Sattelknopfe gewöhnlich eiserne Spitzen, bei den Nubiern findet man diese Unbequemlichkeit, die zugleich gefährlich werden kann, niemals. Befestigt wird dieser Sattel vermittelst Gurt, Brustriemen und Schnallen; Schwanzriemen werden selten benützt. Das Hedschin kniet nieder um den Reiter auffitzen zu lassen; er nimmt den Zaum, legt die rechte Hand auf den hintern Sattelknopf, schlägt dann rasch das rechte Bein über den vordern Sattelknopf, und faßt diesen zugleich mit der linken Hand; der Körper muß diesen Bewegungen schnell folgen. Nun ist er im Sattel und giebt durch einen leichten Schlag mit der Gerte dem Hedschin das Zeichen zum Aufstehen. Wer im Auffitzen nicht geübt ist oder besorgt, daß das Hedschin plötzlich aufspringe während er gerade in den Sattel steigen will, kann den linken Fuß auf den Hals stellen, ehe er das rechte Bein um den Sattelknopf schlägt; oder ein Diener stellt sich auf eines der Vorderfüße des Kameels. Man thut wohl die Hände an den Sattelknöpfen zu haben, wenn dasselbe aufsteht, und diese gleichfalls zu fassen, wenn das Thier knien soll; dann zieht man den Zaum stark an, und läßt rauhe Kehllaute vernehmen. Das Dromedar weiß was man will; sollte es nicht gleich gehorchen, so reicht ein leichter Schlag auf die Vorderbeine vollkommen aus, um es zum Knien zu bringen. Ein im Gange befindliches Hedschin besteigt man so, daß man den Zügel faßt, den Kopf nieder beugt, den linken Fuß auf den Hals stellt, den vordern Sattelknopf ergreift, und sich zurecht setzt. In Trab bringt der Reiter sein Thier wenn er den Zaum beim Anziehen schüttelt und gleich wieder locker läßt; er hebt dann die Hacken und drückt sie fest ein, muntert durch Zuruf an, und schlägt einige Male mit der Peitsche unten an den Bauch. Waffen werden am Sattelriemen verwahrt, den Säbel steckt man auch wohl an den hintern Sattelknopf, so daß er auf der linken Seite herabhängt; an demselben wird auch eine Zemzemieh befestigt, das heißt ein mit Wasser gefülltes ledernes Gefäß, und zwar so daß es möglichst wenig den Sonnenstrahlen ausgesetzt wird. Am vordern Sattelknopfe steckt der Tschibuk, die Tabackspfeife, die man von Zeit zu Zeit füllt und dampfen läßt, um die Langweile der Reise zu unterbrechen; am Sattel hängt ferner die Senieh, ein ledernes Säckchen, in welchem man den Imbis aufbewahrt.

Ich habe der Hedschins von Nubien, der Sahara und der arabischen Halbinsel erwähnt; in anderen Ländern giebt es dergleichen nicht. Das Kameel mit einem Höcker ist von Aleppo bis an den Senegal verbreitet, aber in Syrien, Aegypten und in dem größten Theil seiner afrikanischen Verbreitungssphäre findet man nur die gröberen und gemeineren Arten, die übrigens sehr kräftig sind und den Karawanen so werthvolle Dienste leisten. Die Kameele welche man in Aegypten antrifft sind zumeist aus dem Hedschas dorhin gebracht worden; sie werden gut gefüttert, alle Tage getränkt, und sind daher am Nil weit stärker und ansehnlicher als in Arabien; sie können ohne große Mühe eine Last von sieben bis acht Centnern tragen. Jene im nördlichen Afrika und in Syrien, denen gleichfalls Nahrung und Wasser nicht mangelt, leisten beinahe dasselbe; aber alle diese an Wohlleben gewöhnten Thiere sind außer Stande, die Entbehrungen und Anstrengungen der Wüste zu tragen. Deshalb verliert die Karawane, welche alljährlich von Kairo nach Mekka zieht, unterwegs eine große Menge Thiere; während die Karawane von Damaskus, weil sie nur Beduinenkameele aus dem steinigen Arabien benützt, nur wenige oder gar keine unterwegs einbüßt.

Die Kameele, welche von den Stämmen an den Grenzen des Sudan gezüchtet werden, ertragen am besten Hunger, Durst und Anstrengungen. Sie müssen viel und oft darben und sich abmühen, und sind deshalb nicht so voll in Fleisch wie jene in den Gestadeländern des Mittelmeeres; auch können sie keine so schweren Lasten tragen, und man darf ihnen nicht mehr als fünf Centner aufladen. Auf sehr langen und beschwerlichen Reisen, zum Beispiel aus Dar Fur nach Syut, sind vierhundert Pfund das Aeußerste, und man muß zudem noch eine Menge Kameele zur gelegentlichen Aushilfe mitnehmen, um sie statt derer zu verwenden, welche sich beschädigen, vor Ermüdung unfähig werden eine noch so geringe Last zu tragen, oder sterben.

Im Durchschnitt legt eine Karawane zu Anfang der Reise in der Stunde etwa 3500 Meter zurück, also etwa eine kleine Poststunde oder eine halbe Postmeile; späterhin kommt sie nur langsamer vorwärts. Die Kameele können, je nach der Jahreszeit, drei bis sieben Tage ohne Wasser und ungefähr zwei Tage ohne Futter sich behelfen. Bei Reisen über völlig dürre Wüstenstrecken nehmen die Kameelführer etwas Getreide mit, und geben alle zwei Tage den Thieren einiges davon zu fressen. Die Furier legen auf ihre Kameele Saumsättel, die sehr stark mit Stroh ausgestopft sind; dieses verfüttern sie unterwegs. Die Landleute, die Stadtbewohner und Kaufleute behandeln ihre Kameele durchschnittlich sehr gut, weit besser als die Araber thun; diese haben Ueberfluß an Kameelen und legen nicht viel Werth darauf ob sie eins verlieren. Von Getreidearten sagen dem Kameel Mais, Durah, Dokhn und dann Bohnen zu; Gerste soll man ihnen nur geben, wenn kein anderes Futter vorhanden ist; Datteln sind keine gute Nahrung. Getreide füttert man immer nur Abends, damit das Thier gemächlich verdauen könne.

Für lange Reisen trifft man eigenthümliche Vorkehrungen. Zuvor muß man sich vergewissert haben daß die Kameele im Stande sind alle Beschwerden zu ertragen. Dann giebt man ihnen, etwa fünf Tage vor dem Aufbrechen, einige Maß voll Merissa, damit sie abführen; nachher bekommen sie möglichst viel Grünes zu fressen, insbesondere Klee, und dazu am Abend grobgestoßenes Getreide, das angefeuchtet wird und einen Zusatz von Salz erhält. Dieses Futter, Derischa genannt, reizt den Appetit; drei oder vier Tage lang giebt man ihnen kein Wasser, und erst ein paar Stunden vor dem Aufbruche, der gewöhnlich um drei Uhr Nachmittags stattfindet, führt man sie zur Tränke. Dann saufen sie so viel sie nur vermögen, und sind nun im Stande, ohne Durst zu spüren, bis zum ersten Brunnen zu gehen, der vielleicht drei, vier oder fünf Tagereisen entfernt liegt. Vorher hat man sie mit einer Auflösung von Theer überstrichen, um sie gegen Räude zu schützen, und Luft und Insecten von den wunden Stellen abzuhalten, welche sie etwa haben. Im Fortgang der Reise verlieren sie an Fleisch und werden mager; vor dem Aufbruch bildete der Höcker eine rundliche Masse welche sanft auf den Schultern hin und her schwankte; späterhin gewahrt man ihn kaum noch. Am Ziel der Reise ist das Kameel völlig abgetrieben und außer Stande gleich wieder in Dienst zu treten; es bedarf mehrerer Tage und manchmal vieler Wochen um sich wieder zu erholen; alte Thiere kommen vielleicht gar nicht wieder zu Kräften und haben dann allen Werth verloren. Der Miethpreis der Kameele ist gerade deshalb so hoch weil die Reise so stark angreift. In Kordofan kostet ein Kameel nur etwa fünfundzwanzig Francs, man muß aber zwanzig Francs für ein Kameel zahlen, wenn man dasselbe von Lobeidh bis Dongola miethet, also für eine Reise von fünfzehn bis achtzehn Tagen; für eine Kameellast von Dar Fur nach Syut zahlt man doppelt so viel als das Kameel werth ist, denn es kann vorkommen, daß zwei oder drei Thiere unter ein und derselben Last erliegen, und wenn die Kameele aus Kobeh in Syut ankommen, beträgt der Geldwerth des Thiers nur etwa sieben bis acht Francs. Man kann sie durchschnittlich für die Rückreise nicht wieder gebrauchen.

Jede Karawane hat einen Anführer, eine Art von Oberhaupt, den entweder die Ortsbehörde ernennt oder die Karawanenmitglieder aus ihrer Mitte wählen. Die Karawanen von Damaskus oder Kairo welche nach Mekka werthvolle Geschenke bringen, bedürfen einer starken Bedeckung, einer bewaffneten Macht über welche ein Oberst oder General den Oberbefehl führt. Dieser hält mit militairischer Strenge darauf, daß seine Befehle genau vollzogen werden. Bei bloßen Handelskarawanen wählt man etwa den reichsten Kaufmann zum Führer, oder einen Andern, welcher die Reise schon öfter gemacht hat. Aber eine durchgreifende Gewalt geht ihm ab. Er will zum Beispiel daß an einem beliebigen Wasserplatze zwei Tage Rast gehalten werden solle, aber die Mehrheit entscheidet daß man ohne Aufenthalt weiter ziehen müsse; dann bleibt ihm nichts übrig als nachzugeben. Der Wegweiser wird gewöhnlich von allen Reisenden gemeinschaftlich bezahlt und ist daher nicht von einem Einzigen abhängig. In Streitigkeiten mischt der Anführer sich nur wenn man ihn um seine Vermittlung angeht; sie ist meistentheils unwirksam. Es geht bei einer Karawane wie auf einem Schiffe oder in einem Kloster. Fortwährend kommen Leute mit einander in Berührung, deren Ansichten und Charakter gänzlich von einander verschieden sind, und welche doch bei dem Mangel an Beschäftigung und der großen Langweile sich mit einander beschäftigen und um einander bekümmern. Da legt man dann auf die geringfügigsten Dinge unverhältnißmäßig großen Werth, und geräth in Häkeleien und Streitigkeiten, die bei den Entbehrungen und Anstrengungen der Reise, welche die Reizbarkeit steigern, in heftigen Zorn und Haß ausarten. Am Ziel der Wanderung findet dann wohl Versöhnung statt, weil die Freude über glückliche Ankunft allen Groll vergessen macht. Man hat keine langen Tagereisen und keine Gefahren mehr vor sich, ist zum Vergessen und Vergeben geneigt; die neue Umgebung zerstreut auch, man hat seine Waaren unterzubringen und für deren Absatz zu sorgen, und so schwindet dann bald der Groll hinweg.

Es ist ein großer Uebelstand daß dem Anführer der Karawane nicht eine durchgreifende Gewalt zusteht. Unter etwa einem Dutzend Kaufleute sind allemal wenigstens zwei oder drei welche sich mehr oder mindestens ebenso viel dünken als der Anführer, und gar nicht begreifen, weshalb gerade auf ihn die Wahl gefallen ist. Nun haben sie an Allem was er angiebt oder verordnet etwas auszusetzen, und folgen seinen Weisungen nur, wenn sie nicht noch andere zu sich hinüberziehen können. Ueber solchen nichtsnutzigen Eifersüchteleien vergißt man wohl auch die drohenden Gefahren. Oft wird der zweckmäßigste Rath unbeachtet gelassen, die gewöhnlichste von der Lage der Dinge gebotene Vorsicht verabsäumt. Man stellt keine Nachtwachen aus, weil Keiner wachen will; man stellt keine Vorposten aus, weil Keiner sich verpflichtet erachtet den Anderen Dienste zu leisten; an den Wasserplätzen herrscht Unordnung, und von einer billigen Vertheilung des Wassers ist keine Rede. Wer zuerst kommt versorgt sich, verunreinigt auch wohl das

Wasser und macht es schlammig; die zuletzt kommen, finden vielleicht keinen Tropfen mehr vor. Wenn der Feind nahet, denkt jeder Einzelne nur an sich selbst; der Eine trotzt der Gum, der Andere sucht sich in Sicherheit zu bringen, und es kann gar keine Verwunderung erregen, daß so Karawanen überfallen und geplündert werden. Und doch ist durch mehr als ein Beispiel erwiesen, daß etwa ein halbes Hundert gut bewaffneter Männer, wenn sie von einem tapfern und verständigen Manne befehligt werden, die Wüste durchziehen können, ohne daß sie etwas von den Räubern zu befahren hätten. Denn der Araber oder Tuarek überfällt nicht etwa eine Karawane aus Liebhaberei oder um Ruhm zu erwerben; er will rauben, plündern, Beute machen. Sobald er einsieht, daß der mögliche Vortheil in keinem Verhältnisse zu den wirklichen Gefahren steht, die seiner harren, dann zieht er sicherlich ab und sucht anderweitige Abenteuer auf. Ich selber bin in der Wüste niemals angegriffen worden, obwohl der Gum mehr als einmal mir folgte. Aber ich war Tag und Nacht auf meiner Hut.

Die Karawanen benützen zur Reise gewöhnlich die Tageszeit; die Kameeltreiber, welche nur nothdürftig bezahlt werden, und sich nicht aufgemuntert fühlen den Kaufleuten Gefälligkeiten zu erweisen, ziehen es vor bei Nacht zu rasten. In gewisser Hinsicht hat das seine Vortheile; denn was bei Tage etwa verloren geht wird leicht wieder gefunden, aber nicht in der Dunkelheit. Auch während der heißesten Tagesstunden wird nicht angehalten, weil man in diesem Falle die Kameele täglich zweimal entlasten und wieder beladen müßte; das ist aber allemal eine zeitraubende und oft, wenn die Waaren nicht sehr gut verpackt sind, auch unvortheilhafte Arbeit. Die Karawanen benützen deshalb die Nachtzeit nur wenn sie sich vom Gum verfolgt wissen; dann halten sie bei Tagesanbruch in irgend einer tiefen Schlucht und verbergen sich hinter den Felsen. Sie haben nichts zu fürchten wenn den Räubern die Spur entgeht, und diese nicht merken, daß die Karawane vom Wege abgewichen ist. Die Kaufleute zünden dann bei Nacht kein großes Feuer an, weil sie durch ein solches verrathen werden könnten. Wo möglich nehmen sie auch so viel Wasser mit, daß sie solchen Brunnenstellen, welche für gefahrvoll gelten, nicht nahe zu kommen brauchen.

Bei meinen Reisen in der Wüste pflege ich in folgender Weise zu verfahren: Ich richte es, wenn irgend möglich, so ein daß ich am siebenten oder achten Tage des Mondsmonates aufbreche, weil ich dann während eines Theiles der Nacht die Helle des Mondes benützen kann. Um drei Uhr Nachmittags trete ich die Wanderung an und halte erst an wenn der Mond untergeht. Meine Diener reiten ein wenig voraus nach dem vorher bestimmten Lagerplatze, wo ich bei meiner Ankunft die Zelte bereits aufgepflanzt finde. Sie haben ein Feuer angemacht wenn sie unterwegs in der Wüste irgendwo etwas Holz fanden; im Sudan ist an dergleichen kein Mangel. Die Kameele erhalten Korn, ich speise zu Nacht und ordne die Nachtwachen an, stelle, wenn eine kleine Karawane sich mir angeschlossen hat, ein Paar Posten in einiger Entfernung vom Lagerplatz aus, und lasse Runden machen. Dann lege ich mich schlafen, stehe aber ein paarmal auf, um mich persönlich zu vergewissern, daß die Schildwachen nicht schlafen und Alles ruhig ist. Gewöhnlich reise ich aber allein, und habe immer zwei Führer und sieben oder acht Diener bei mir; dann stelle ich Nachts einen Posten mit zwei Schildwachen aus. Ein einzelner Mann wird leicht müde; zwei dagegen sprechen mit einander und erzählen sich Geschichten, sie werden nicht so leicht schläfrig und überwachen einander. So haben meine Leute Nachts drei Wachen; die Führer müssen die Runde machen. Die erste Wacht fällt den Köchen zu, die letzte den Kameeltreibern. Wenn ich mehrere Posten in einiger Entfernung von einander ausgestellt habe, dann müssen sie einander mit Sprüchen aus dem Koran anrufen. Alle halbe Stunden ruft die eine Schildwacht den ersten Vers des Surat el Iklaß, des Surat en Nas oder des Surat el Kafirun; der zweite Posten muß mit dem zweiten Verse desselben Kapitels antworten, und so ferner. Auf diese Weise vergewissert man sich daß die Wachen nicht schlafen, denn sie müssen die Worte verstanden haben auf welche sie antworten sollen.

Anderthalb Stunden vor Sonnenaufgang gebe ich Befehl zum Aufladen und zur Weiterreise. Nun findet die Ablösung statt, die Kameele werden bepackt, ich nehme einen leichten Imbis, und die beladenen Thiere setzen sich in Bewegung. Ich selber bin der letzte und sehe nach ob nichts zurückgeblieben oder vergessen worden ist; dann besteige ich mein gutes Hedschin, hole mit meinem Tütündschi und einem Führer die Leute bald ein und überhole sie. Dann schließt der Führer, welcher sie bisher geleitete, sich mir an, weil sie fortan nur nöthig haben meinen Spuren zu folgen. Ich steige ab sobald ich der Karawane um etwa eine gute halbe Stunde voraus bin; die Farua, welche über meinem Sattel liegt, wird auf dem Boden ausgebreitet, mein Diener bereitet mir eine Schale Kaffee, und der Führer schließt sich der Karawane wieder an sobald sie weiter vorüber zieht. Ich bleibe sitzen, rauche noch ein wenig, steige dann wieder zu Kameel, überhole meine Leute abermals, und so fort. Kurz vor Mittag reiten sechs Diener mit einem Führer vorweg, um einen Ruheplatz zu wählen, auf welchem sie in wenigen Minuten die Zelte aufschlagen und herrichten. So finde ich Alles bei meiner Ankunft bereit, das Feuer brennt, man bringt mir Kaffee, ich speise etwas und ruhe dann bis drei Uhr. Je länger Nachts der Mond am Himmel steht, um so weniger reise ich am Tage; denn die Kameele gehen des Nachts besser vorwärts, und fressen am Tage mit mehr Begierde, wenn etwa die Wüste einiges Futter darbietet.

Oft habe ich auf den Schlaf verzichten müssen und diese Entbehrung ist mir am peinlichsten gewesen. Ich spürte allmälig wie meine Gedanken sich verwirrten; vergeblich gab ich mir Mühe mit meinen Führern zu sprechen oder zu singen; ich stieg manchmal vom Kameele und wollte eine Strecke weit gehen, besprengte mir auch das Gesicht mit Wasser. Aber es schien mir als ob der Horizont sich ringsum gleich einer Mauer emporthürme, der Himmel bildete das Gewölbe eines ungeheuern Saales, der von allen Seiten geschlossen war, und die Sterne erschienen mir wie Lampen und Kronleuchter und flimmerten mir vor den Augen. Dann fielen diese langsam zu, und das Haupt sank herab. Plötzlich fühlte ich daß ich das Gleichgewicht verlor, rückte mich dann im Sattel wieder zurecht, versuchte abermals zu singen und den Feind der mich plagte, zu verscheuchen; aber ich konnte kein Wort sprechen, sondern nur noch lallen, denn die Stimme versagte mir den Dienst; ich verfiel wieder in den frühern Zustand, und kam dann abermals erst zur Besinnung wenn ich nahe daran war vom Kameel hinabzufallen. Dergleichen Erscheinungen traten aber erst nach zwei oder drei durchwachten Nächten ein. Der Mangel an Schlaf reizt am Ende das Blut dermaßen daß man nicht einschlafen kann. Einst war ich in Aegypten drei Nächte hintereinander unterwegs, und glaubte dann endlich eines ruhigen Schlafes mich erfreuen zu können. Das war aber keineswegs der Fall. Ich befand mich im Uebrigen wohl, das Essen schmeckte mir, ich konnte aber nach meiner Ankunft Tag und Nacht keinen Schlummer finden. Am andern Tage ging ich ins Bad um mein Blut zu beruhigen, und es wirkte so vortrefflich daß ich im Ankleidezimmer sogleich in Schlaf verfiel, und bis Sonnenuntergang liegen blieb. Einer von meinen Dienern, der nicht so gut die Anstrengungen der Reise auszuhalten vermochte, ließ in der dritten Nacht seinen Tschibuk herabfallen, und stieg von seinem Hedschin um die Pfeife wieder aufzunehmen. Aber er konnte nicht einmal die wenigen Schritte thun, sondern verfiel in Schlaf sobald er Boden unter den Füßen hatte. Wir bemerkten noch zu rechter Zeit daß er fehlte, sonst wäre er bis zum hellen Tage liegen geblieben und hätte nicht einmal sich erinnert was mit ihm vorgegangen war.

Doctor Moreau in Tours hat in einem bemerkenswerthen Buche über die Anwendung des Haschisch in Geisteskrankheiten nachgewiesen, daß fast alle Visionen und Abspurigkeiten des Irren, sich im Zustande des Halbwachens gleichfalls zeigen. Ich kann diese Wahrnehmungen bestätigen, denn ich habe sie an mir selber beobachtet. Einst war ich Nachts, in der Wüste am Weißen Nil, im Halbschlaf. Ich hörte deutlich eine Hyäne heulen; es war mir genau so als zöge ich ein Pistol aus dem Halfter, zielte nach dem Thiere, traf es, und sah wie es sich im Sande wälzte. Dann schwirrten mir wieder andere Gedanken durch den Kopf, aber die Täuschung war vollständig. Ich ritt neben meinem Führer, und sagte: „Hast Du gesehen wie ich die Hyäne geschossen habe?" Er antwortete: „Die Hyäne habe ich gesehen, nicht aber daß Du nach ihr geschossen hast." — „Wie, ich hätte nicht mit dem Pistol nach ihr geschossen?" — Er lachte und sprach: „Das ist der Schlaf. Sieh nur Deine Pistolen an." Und richtig; sie waren beide noch geladen.

Ein andermal war ich gegen Morgen meiner Karawane etwas voraus, machte ein falsche Bewegung und mein Hedschin drehte sich um. Ich kam aus dem Gleichgewicht, schlug die Augen auf, und sah nun wie meine kleine Karawane gerade auf mich zukam. Ich erkannte sie aber nicht und glaubte es sei eine andere welche meinen Weg kreuze. Ich rief sie an: „Willkommen, Reisende, seid gegrüßt! Woher kommt ihr?" Die Antwort lautete: „Wir sind Deine Diener." Der Mann welcher diese Worte sprach, hatte vollkommen recht.

Die Araber schlafen oft auf ihren Kameelen; sie kauern sich zwischen die Waarenballen, wissen sich so zu setzen daß sie nicht hinabrutschen, und erfreuen sich des besten Schlummers, trotz aller Stöße, und ungeachtet sie von den Stricken gescheuert, von den Kisten die ihnen zum Ruhebette dienen, gestoßen werden. Für jenen Zweck ist der Takht-rahwan sehr bequem, er wird aber in Afrika weniger als in Asien benützt, und paßt sich, was auch die Türken sagen mögen, besser für Frauen als Männer, die namentlich auf der Reise ihrer Dienerschaft mit guten Beispielen vorangehen und zeigen müssen, daß sie Schlaf und Anstrengungen zu besiegen verstehen. Jener Takht-rahwan ist ein viereckiger Kasten von sechs Fuß Länge und vier Fuß Höhe und mit vielen Wasistas durchlöchert, die Thür ist an der Seite und man steigt auf einer Stufenleiter hinein. Im Kasten liegt eine Matratze und ein Teppich; so daß man nach Belieben sich setzen oder legen kann, und wer sich darauf versteht kann dabei sogar den Narghileh, die Wasserpfeife, rauchen, was auf Reisen ein wahres Labsal ist. Der Takht-rahwan wird wie eine Sänfte von zwei Maulthieren getragen, denen man einen Saumsattel auf den Rücken legt. Dieser Sattel wird mit Straußfedern, Kupferplättchen und kleinen Fahnen verziert.

In Afrika ist die Schebrieh gebräuchlich. Im Sudan sieht sie aus wie eine Wiege, die über dem Höcker des Kameeles liegt; sie besteht aus einem biegsamen weidenartigen Holze, ist oben mit einem Stück Zeug, einer Matte, einer Ochsen- oder Schafhaut überspannt, kurz und eng und faßt nur eine Person. Der Nomade läßt seine Frau und kleine Kinder darin sitzen, er selber führt das Thier, welches in solcher Weise seine Familie befördert, am Zaume. Die Schebrieh im Hedschas besteht aus zwei etwa vier Fuß langen Abtheilungen; sie sind jede nur zwei Fuß breit und drei Fuß hoch. Beide liegen oben auf dem Sattel, dessen beide Seiten sie bedecken, und sind in der Art zusammen befestigt, daß sie einen Koffer oder Kasten von ziemlich einerlei Länge und Breite bilden; man kann sich aber in demselben nicht in der Quere oder Breite ausstrecken, weil der Vorsprung des Sattels das nicht erlaubt. Die Schebrieh wird aus schwerem Holze verfertigt; gegen die Sonne schützt man sich vermittelst eines Stückes Zeug das oben übergespannt wird. Ich habe die Schebrieh nur auf meiner Reise von Kairo nach Jerusalem benützt. Ich kaufte ein solches Gestell, damit zwei Personen aus meinem Gefolge weniger unbequem reisen sollten, und stieg einige Male selber hinein; aber diese auf und niederschwankende, hartstoßende Maschine erschien mir als eine Marterkammer und ich war derselben bald überdrüssig; zudem ging es ohne einige Beulen und etliche Risse, die von schlecht eingehämmerten Nägeln herrührten, nicht ab. Ich reiste übrigens zu jener Zeit mit gemietheten Kameelen; meinen eigenen Thieren im Sudan hätte ich eine solche Last nicht aufbürden mögen. Ihr Gewicht ist zwar nicht so schwer als das einer gewöhnlichen Ladung, ermüdet aber viel mehr, und macht durch das stete Hin- und Herschaukeln die Kameele oft wund.

Man kann mit Leichtigkeit auf den Kameelen Alles fortschaffen, dessen man in der Wüste bedarf. Dadurch wird eine solche Reise ganz behaglich; man hat gewissermaßen sein Haus bei sich, hübsche große Zelte, Diwan, Kissen, Teppiche und Matten, Bibliothek und Keller, dazu hinreichende Vorräthe an Lebensmitteln, Kochöfen, und man kann, gerade wie in den Städten, sechs oder sieben Schüsseln bei jedem Mahle auf seiner Senieh haben. Das Wasser ist freilich schlecht, aber man kann Ale bei sich führen oder eine Kameelstute mitnehmen, die man oft trinken läßt; sie giebt dann mehr Milch als man nöthig hat.

Trotz aller Gefahren und Anstrengungen bin ich der Wüste noch keineswegs überdrüssig und ich gedenke sie abermals zu durchziehen.

Es ist mit der Wüste wie mit dem Meer. Bei langanhaltendem schlimmem Wetter oder bei Windstillen verwünscht der Seemann wohl sein Element. Aber er möchte schon wieder in See gehen sobald er eben ans Land getreten ist. Die geräuschvolle Stadt ermüdet einen bald, aber niemals wird man der Einförmigkeit des Weltmeeres oder der Einsamkeit der Wüste überdrüssig!

Register.

Ackerbau 200.
Agul 40.
Araber in Afrika 108.
Arabische Beredtsamkeit 118.
    „   Hirtenstämme 113. 124 ff.
    „   Sprache 114.
Arda-Ameise 45.
Aristokratie, arabische, 153.

Baobab 37.
Barabravölker 109.
Barbarei der Afrikaner 104.
Beda (Oasengärten) 10.
Bektaschis 83.
Belad-el-Dscherid 4.
Benghazy, Handel, 270.
Bewässerung der Oasen 4.
Blutpreis 75.
Blutrache 167.
Brunnen 197.
Byschara 110.

Cultus der Mohamedaner 60.

Dar Fur, Karawanen von, 278.
Dattelland 4.
Dattelpalme 4.
Dschihad 232.
Dünenbildung 17.

Eheliche Verhältnisse der Mohamedaner 69.
Einfuhrhandel des Sudan 262.
Elephant 43.
Elfenbeinhandel 275.
Eunuchen 253.
Europäer im Sudan 163.
Europäische Manufacturen 261.

Fakihs 217.
Frauen, arabische, 132.
Frauen, mohamedanische, 64.
Fulas 32.

Geberdensprache 120.
Gebote der Mohamedaner 58.
Geld 139.
Gerechtigkeitspflege 73.
Gesänge, arabische, 119.
Gewässer, unterirdische, 33.
Gewerbsamkeit 199.
Gharb 2.
Gháriangebirge 3.
Ghazwas 171. 231 ff.
Gorab 40.
Gum 171.
Gummi 40.
Gummihandel 274.

Habschi 216.
Handelsartikel des Suban. 259.
„   der Wüste 258.
Handelsbahnen im Suban 265.
Handelsgesetzgebung 71.
Handelsplätze an der Küste 268.
Handelsverkehr des Suban. 273.
Harmattan 16. 23.
Haschisch 96.
Hautbrennen 191.
Heirathen der Mohamedaner 67.
Hokmadar 211.
Hyänen 44.

Jagden der Araber 147.
Indifferenz, religiöse, 159.
Indigo 40.
Infibulation 192.
Islam, der, als polit. System 65.
„ religiöse Duldsamkeit 79.

Kadi 73.
Kameelarten 291.
Karawanen, Einrichtung derselben, 280.
Karawanenwege 267.
Karawanenzüge 284, 290 ff.
Kahtam 72.
Kat-yemeni 103.
Kennus 109.
Khamsin 16, 24.
Khartum 193.
Khatib 73.
Kleidertracht 199.
Klima der Wüste 12.
Koran 54.
Krankheiten im Suban 46.
Kriege der Araber 167.
Krieger, arabische, 152.
Kriegführung im Suban 209.
Kubabisch 112.

Lehenwesen 205.
Luftspiegelung 25.

Mameluken 248.
Marara 136.
Matmurahs 196.
Menschenfresser 188.
Merissa 201.
Mogador, Handel, 268.
Mohamed Ali 88.
Mohamedanismus 49.

Namengebung 156. 247.
Nilquellen 30.
Nubavölker 109.

Oasen 10.

Pilgerfahrt nach Mekka 59.
Pferde, arabische, 143.
Pflanzenwuchs im Suban 41 u. 37.

Raubzüge 171.
Regengrenzen 29.
Regierung, arabische, 149.
Religion der Schwarzen 229.
Religiöse Orden 83, 85.
Rif 3.
Rothes Meer, Handel, 266.

Sahara 2.
Sandhosen 23.
Sandregen 18.
Sandstürme 20.
Schoff 25, 3.
Schwarze Menschen 185 ff.
Seen im Suban 32.
Senes 40.
Senesblätter 275.
Silos 196.
Sittenverderbniß 92.

Sclaven, Gesetze über, 77.
Sclaven als Werthmesser 241.
Sclaverei, Gesetze über, 244.
Sclavenjagden 233 ff.
Soaken, Straße v., nach Berber 281.
Softas 217.
Sobha 2.
Stechfliegen 141.
Strafgesetze, mohamedanische 75.
Strauchwüsten 36.
Sunneh 56.

Taggeleh 221.
Takruri 219.
Tamarinden 40.
Tänze, arabische, 134.
Tell 3.
Temperatur der Wüste 12.
Thierwelt im Sudan 142.
Tibbos 111, 112.
Transportverhältnisse 276.

Tripoli, Handel, 269.
Tuareks 111, 112.
Tuggurt 3.
Türken im Sudan 215.
Türken in Afrika 81.

Verkehrswege 212.

Wadi 2.
Waffen, arabische, 176.
Wälder im Sudan 36.
Waffenplätze 289.
Weintrinken 94.
Winde, klimatischer Einfluß, 15.
Wohnungen im Sudan 195.
Wunderglaube 89.
Wüste, landschaftlicher Charakter, 11.
Wüstenwege 280.
Wüstenwinde 23.

Zweikämpfe 180.

www.ingramcontent.com/pod-product-compliance
Lightning Source LLC
Chambersburg PA
CBHW030806230426
43667CB00008B/1095